김의수 교수의 철학/에세이

상식철학으로 읽는 인류문명과 한국 사회 현실

김의수 교수의 철학/에세이

상식철학으로 읽는 인류문명과 한국 사회 현실

김의수 지음

서광사

"이 저서는 2011년도 전북대학교 저술장려연구비 지원에 의하여 연구되었음."

김의수 교수의 철학/에세이

상식철학으로 읽는 인류문명과 한국 사회 현실

김의수 지음

펴낸이—김신혁, 이숙
펴낸곳—도서출판 서광사
출판등록일—1977. 6. 30.
출판등록번호—제 406-2006-000010호

(413-756) 경기도 파주시 교하읍 문발리 534-1
대표전화 · (031) 955-4331 / 팩시밀리 · (031) 955-4336
E-mail · phil6161@chol.com
http://www.seokwangsa.co.kr / http://www.seokwangsa.kr

제1판 제1쇄 펴낸날 · 2012년 11월 10일
제1판 제2쇄 펴낸날 · 2014년 3월 20일

ISBN 978-89-306-2223-3 93100

지은이의 말

6년여 유학생활을 마치고 귀국할 때 가까이 지내던 교민이 나에게 애정 어린 조언을 해 주었다. 민주화운동에 너무 깊이 동참하지 말고 학문연구에만 전념하라는 것이다. 첫째는 위험하기 때문이고, 둘째는 좋은 연구 성과를 많이 내기를 바라기 때문이라고 했다. 나는 유감스럽지만 그렇게 할 수 없다고 말했다. 사회의 민주화와 학문의 발전은 둘 다 필요하지만, 전자가 더 급선무이었기 때문이다. 그리고 학문연구에만 전념하는 지식인은 많지만 민주화운동에 참여하는 지식인은 수가 적었기 때문이다. 내가 만일 그분의 조언을 따랐다면 어떻게 됐을까?

나는 27년이라는 긴 세월 동안 교수로 생활했고, 이제 정년을 앞두고 과연 어느 쪽이 더 보람된 길이었을까 생각해 본다. 어쩌면 큰 차이가 없었을지도 모른다. 만약 연구의 길을 걸으며 사회참여는 이름을 올리고 회비를 내는 정도였다면 지금보다는 더 많은 책과 논문들로 독자들을 만났을 것이다. 그러나 아무리 많은 양의 저서와 논문이 있다 하더라도 이론과 삶이 분리되어 있다면 무슨 의미가 있겠는가? 지금 한국에서는 교수들에게 많은 연구 업적을 요구하고 있지만, 자신의 삶과 철학을 보여 주기 위해서 연구 업적이 양적으로 그렇게 많을 필요는 없다고 생각한다.

지난 2008년 서울에서 있었던 세계철학대회에서 미국 네바다대학교 교수로 재직하고 있는 강혜령 교수를 만났다. 강 교수는 한국에서 공부할 때 우리와 함께 순수학문에만 머물지 않고 시대의 고민을 담아 연구하는 학술운동에 동참했고, 여성단체 활동을 통해 여성주의철학을 실천했었다. 미국 교수들은 그녀에게 한국에 실천현장이 있음을 부러워했다고 한다. 강 교수는 나의 발표 「신문명을 창조해야 한다 — 세계철학자들에게 고함」을 듣고 나에게 국제학술대회에 적극 참여하여 활동하기를 권했다. 삶과 철학을 하나로 생각하고 꾸준히 시민 사회운동에 참여해 온 나는 삶의 현실에 뿌리내린 철학을 하는 것이므로 어디서든 설득력을 가질 거라고 말했다. 내가 그런 기회를 만들어 가기는 쉽지 않겠지만, 철학하는 자세에 대한 우리의 공감은 후학들에게 좋은 암시가 되리라 믿는다.

나는 여기 실린 논문과 에세이들보다 몇 갑절 더 많은 시사평론들을 썼다. 한 사람의 문화 시민으로서 매일매일 살아가는 생활세계에서 접하는 문제들을 비판적으로 사고하고 올바른 가치를 지향하며 시민들이 연대하고 실천해야 할 과제들에 대해 꾸준히 주장을 펴왔다. 나는 현학적인 글쓰기를 기피한다. 어느 사상가의 문구를 한두 개씩 포함하는 것은 글의 맥락을 살려 주기도 하고, 때로는 품격을 높여 주기도 한다. 그러나 일반적으로는 엉뚱한 맥락에 왜곡된 의미로 사용하는 경우가 허다하다. 그러므로 되도록이면 현학적인 글쓰기를 누구나 피하는 것이 좋다고 생각한다. 그리고 나는 논문과 에세이, 시사평론에서도 "상식"을 기준으로 대안을 생각하고 실천하자고 주장한다. 상식 수준의 지식과 정보 그리고 실천의지를 가지면 우리에게 필요한 많은 일들을 이룰 수 있고, 여러 가지 문제들을 개선하여 우리의 삶을 질적으로 향상시킬 수 있기 때문이다.

나는 에세이나 평론에서와는 달리 논문에서 꽤 여러 사람의 문헌을 인용했다. 그러나 그 문헌들이 충분하거나 가장 핵심적인 문헌들만 모은 것은 아니다. 물론 주제와 관련된 문헌을 가능한 한 많이 찾아서 참고하려 노력은 했지만, 언제나 한계가 있었다. 따라서 내가 다룬 주제를 깊이 공부하려는 사람은 다시 새로운 문헌들을 찾아서 보태야 할 것이다. 그렇게 공부와 연구는 완료된 것이 아니라 끊임없이 새롭게 이어지는 것이다. 내가 인용하는 문헌들은 어디까지나 참고 자료이지, 내가 그대로 정답으로 받아들인 것은 아니다. 당연히 나의 글들도 독자들은 그렇게 받아들여야 한다. 사고를 위한 자료요, 토론을 위한 정보일 뿐이다.

나의 원고들을 검토하고 출판을 결정해 준 서광사에 고마움을 전한다. 편집부에서는 나에게 이 책을 무슨 철학으로 분류하면 좋겠느냐고 물어왔다. 현대철학, 사회철학, 역사철학, 문화철학, 정치철학, 현상학, 해석학 그리고 종교철학 논문들과 삶의 철학 에세이들이 포함돼 있으니, 어느 한 곳에 분류해 넣기가 어렵다는 것이다. 나도 고민스럽기는 마찬가지였다. 그래서 넓은 의미로 문화철학에 분류하자고 말했다.

나는 세기말 및 밀레니엄 전환기를 앞두고 독일에 1년 교환교수로 나가면서 "문화 다원주의와 21세기 인류의 철학적 지향"이라는 큰 연구주제를 가지고 갔다. 사회주의권이 무너지고 미국 1극체제의 신자유주의 자본주의 체제가 어떤 길을 밟게 될 것인지, 인류는 어떤 가치로 새로운 세기를 맞아야 할지, 세계철학자들의 생각을 연구해 보려는 것이었다. 그 이후 이 큰 주제에서 함께 다뤘던 문명, 유토피아, 공동체, 민족주의, 신자유주의, 경제위기와 희망철학 등 구체화된 소주제들로 연구논문들을 썼다. 그리고 교육, 사회, 정치, 종교에 대해서도 논문을 썼다.

나는 실천적 삶을 통한 철학하기를 추구해 온 사람으로서 우선 여기에 논문들을 중심으로 에세이 몇 편을 붙여서 책 한 권을 내놓는다. 그동안 대학에서 주로 학생들과 대화하고 소통했는데, 이제 사회로 나가 시민들과 만나고 교류하려 한다.

여기 실은 논문들의 출처는 다음과 같다. 논문을 쓴 시기가 다르고, 오래전에 쓴 글들도 있어서 당시의 호칭 등이 현재는 어색한 경우도 있으나 그대로 두었다. 독자들은 텍스트를 그 시대적 문화적 맥락과 함께 읽기 바란다.

제1부

1. 「신문명을 창조해야 한다 — 세계철학자들에게 고함」, 2008년 제22차 세계철학대회발표문.
2. 「문화 다원주의와 21세기 인류의 철학적 지향」, 『시대와 철학』, 1999, 봄호.
3. 「찰스 테일러에서 공동체와 민족주의」, 『범한철학』, 2007, 봄호.
4. 「딜타이의 해석학적 철학과 형이상학」, 『철학연구』, 제21집, 1986.
5. 「서양 현대철학에서 유토피아 논쟁과 미래 사회」, 『신학과 사회』, 제12집, 1998.

제2부

1. 「한국 사회와 공동체」, 『세계화와 자아 정체성 — 사회와 철학 1』 2001.
2. 「민족주의의 양면성과 한민족 공동체 — 건강한 공동체 지향의 생활세계를 위하여」, 『시대와 철학』, 2002, 봄호.
3. 「한국 사회 현실과 민주주의 전망 — 독일 사회민주주의와 녹색민주

주의의 사례를 참고하여」, 『범한철학』, 2002, 여름호.

4. 「한국인의 종교생활 1 — 상식철학으로 읽는 기독교의 문제들과 대안들」, 『동서철학연구』, 제56호, 2010.

5. 「한국 사회와 교육」, 2009년 충남 교육시민단체 토론회 발제문.

6. 「한국인의 희망철학」, 『호남 사회연구』, 4 · 5집, 1998.

7. 「신자유주의와 생활문화 양식의 변화 — 한국 사회 그리고 전북 지역을 중심으로」, 『지역 사회연구』, 제18권, 1호, 2000.

8. 「한국인의 종교생활 2 — 상식철학으로 읽는 불교의 문제들과 대안들」, 『유학연구』, 제26집, 2012.

제3부

1. 「인생상담과 철학치료」, 『열린전북』, 2007, 9월호.
2. 「상큼, 쌉싸름한 철학이야기」, 『열린전북』, 2007, 7월호.
3. 「한국철학계의 시계는 거꾸로 도는가?」, 1999, 11월.
4. 「천 년을 보내며 띄우는 철학편지」, 『열린전북』, 1999, 12월호.
5. 「인생의 스승으로 사는 법」, 실버세대 철학특강 원고, 2009.

2012년 10월

김의수

차 례

서 론

상식철학이란 무엇인가?

필자는 상식철학을 주장하지만 이 철학이 서양철학에서 나온 것은 아니다. 스코틀랜드와 영국에는 꽤 오래 전에 "상식철학"이 있었다.[1] 그러나 나는 그들의 철학을 배워서 주장하는 것이 아니다. 나의 상식철학은 1980년대 한국 사회 현실에서 생긴 것이다. 한국 사회 현실의 모순과 그 해결책을 찾아 나선 과정에서 발견한 것이다. 상식철학은 실상 내가 만든 것도 아니다. 그 이름만 내가 붙인 것이지, 그 자체는 시민들 사이에 아주 널리 퍼져 있었던 생각이다.

우리는 오랜 군사독재 체제 아래에서 상식 밖의 일들을 너무 많이 보면서 살아왔다. 학교에서는 초등학교 때부터 민주주의를 배웠지만 현실에서는 전체주의 동원 체제와 감시 체제가 지배하고 있었고, 노동자들은 세계 최장시간 노동으로도 빈곤을 면치 못하는데, 기업가들은 천문

1 18세기 영국에는 상식철학을 주장한 스코틀랜드학파가 있었다. 토마스 리드(Thomas Reid)가 대표자이다. 상식(common sense)이라는 개념의 역사는 고대로 거슬러 올라가며, 서양철학에서 상식의 논의는 그 역사가 깊고 폭이 넓다. 그런 내용을 소상히 보여주는 책이 소피아 로젠펠드(Sophia Rosenfeld)의 『상식의 역사』(*Common Sense: A Political History*), 정명진 옮김, 부글북스, 2011이다.

학적인 비자금을 만들어 권력자들에게 바쳤다. 대학생들까지 두발과 복장 단속을 하는 경찰국가 체제를 유지면서 권력자들은 언제나 법질서를 초월해 있었다. 입법부와 사법부는 독재자의 시녀에 불과했고, 정당도 언론도 모두 교과서의 상식과는 너무 달랐다. 그래서 민주화를 요구하면서 사람들은 "상식이 통하는 세상"을 만들자고 말하기 시작한 것이다.

"상식"은 두 가지 상반된 의미로 사용된다. 너무나도 당연하고 기본적인 지식과 양식을 의미하기도 하고, 그저 일반적인 관행을 의미하기도 한다. 상식철학은 그중에서도 당연히 전자의 의미이다. 후자의 경우들은 대부분 상식철학이 고치고 해결하려 하는 문제점들이다. 기업인이 관공서에서 일을 빨리 처리하기 위해 돈 봉투를 건네는 일, 교육공무원이 승진을 위해 뇌물을 바치는 일, 회식 3차에서 불법적인 퇴폐행위를 하는 일, 자녀들을 사교육으로 혹사시키는 일 등은 그 영역에서 일종의 상식으로 통하지만, 그런 것은 고쳐야 할 관행이지 합리적인 상식이 아니다.

상식철학은 과학적, 문화적, 윤리적 상식을 기본으로 한다. 왜 과학적 상식인가? 우리는 더 이상 미신을 믿지 않는다. 물론 지식의 현재적 한계를 인정하고, 미지의 세계를 개방해 둔다. 그러나 미지의 것을 곧바로 초월적인 것으로 맹신해서는 안 된다. 상식철학이 문화적 상식을 기본으로 하는 이유는 우리가 야만을 거부하고, 교양을 지향하기 때문이다. 폭력과 파괴, 억지와 왜곡을 거부하고, 평화와 자연의 순리를 지향한다. 그리고 우리는 자유, 평등, 박애, 공동체정신을 존중한다. 우리는 경제적 평등, 젠더의 평등, 문화적 평등을 지향한다. 그러므로 윤리적 상식이 기본이다.

그런데 철학은 누구나 다 상식이라고 생각하고 자명한 것으로 인정하는 것을 근본적으로 전복하고 처음부터 다시 고찰하는 데에서 시작하지 않는가? 맞는 말이다. 근본적 사고로 상식을 뒤엎는 것이 철학이라고 하더라도 그렇게 하여 훌륭한 생각으로 인정받으면, 그것은 곧 다시 상식이 되는 것이다. 상식은 고정된 것이 아니며 변화한다. 시대적으로 변하고, 공간적으로 차이를 나타낼 수 있다. 상식의 지평은 융합한다. 시간적, 공간적 상식의 융합은 상식의 변화 과정이 된다. 그래서 냉전 시대의 상식과 탈냉전 시대의 상식이 다르고, 중세의 상식과 근현대의 상식이 다르다. 상식은 그 시대의 기초 지식이며, 비교적 어떤 지식보다도 절대적 지식에 가깝다. 상식의 공유가 중요하다. 상식은 문화교류를 통해 공유되고, 가치관에 대한 토론을 통해 공유할 수 있다. 따라서 토론의 일상화, 다각화가 중요하다. 개방적 토론, 다른 눈으로 보기, 현상학적 · 해석학적으로 본질 찾기가 상식의 진리성과 상식의 공유를 증진시켜 준다.

새로운 지식은 상식인 지식을 넘어서려 한다. 그것은 좋은 일이다. 그러나 지금 진리에 가장 가까운 지식은 상식이다. 우리는 대부분 그 확실한 지식을 실천하면서 살아야 한다. 구체적으로 의문이 생기면 그때는 새로운 탐구를 시작하는 거다. 우리는 상식을 낮게 평가하는 경향이 있다. 상식을 넘어 전문적인 지식을 가져야 한다고 생각한다. 그러나 전문성과 최고 수준만을 강조하는 허위 의식 속에서 실제로는 기본적인 지식과 교양조차 갖추지 못한 허약한 모습들을 여기저기서 노정하고 있다. 그래서 나는 상식의 중요성을 강조하는 것이다. 사람들이 상식에 머물기 때문에 문제인가? 아니다. 사람들은 상식조차도 무시하기 때문에 문제다. 상식을 넘어 새로운 지식 세계로 발전해야 한다고 말들하지만, 사실은 상식의 세계에 발을 내려놓지도 않고 있기 때문에 문제다. 아직도 상식 밖의 (상식에도 못 미치는) 수준에 머물기 때문에 문제다.

2008년 서울에서 개최된 제22차 세계철학대회는 한국철학계가 오랫동안 기억하고 자랑할 행사였다. 이 행사가 끝난 후 1년이 지나 한국철학회에서는 "세계철학대회의 반성과 한국철학의 전망"이라는 주제로 학술대회를 개최했다. 여기서 씨알철학과 세계철학이라는 주제로 발제한 김상봉 교수는 유영모, 함석헌의 사상은 '상식'이지 '철학'이 아니라고 말한 대회조직위원장의 인터뷰 내용을 소개하며, 한국철학자들은 아주 상이한 철학관을 가지고 있다고 주장하였다. 한국철학계의 주류로 자리 잡은 지도적 철학자들은 김재권, 이광세, 조가경 등 미국에서 활동하는 철학자들을 한국을 대표하는 현대 한국철학자들이라고 생각한다. 그러나 젊은 후배 철학자들은 그들이 한국 출신의 훌륭한 철학자들이기는 하지만, 한국의 현실을 고민하는 현대 한국철학자들은 아니라고 말한다. 그래서 이른바 "상식" 수준의 이야기를 했다는 유영모, 함석헌의 사상이 한국의 대표적 현대 사상이라고 믿는다고 말한다.

우리는 상식철학과 고도의 전문적 철학 이론을 구분할 수 있다. 그러나 쉽고 당연해 보이는 상식철학보다 어렵고 복잡/세밀한 전문적 이론이 더 훌륭하다고 말할 수는 없다. 그것들은 그야말로 차이가 있을 뿐 차별해야 할 이유는 전혀 없는 것이다. 나는 상식철학이 이 시대를 사는 대부분의 사람들이 관심 갖고 추구하며 실천해야 할 철학이라고 생각한다. 전문적이고 추상적이거나 미세한 이론들은 그 자체로 소중한 것이기는 하지만, 대부분의 사람들이 거기에 매달리는 것은 어리석은 일이라고 생각한다. 100여명의 세계적인 분석철학자 중에 한국인이 몇 명 포함돼 있다면 그것은 좋은 일이다. 그들에게 박수와 격려를 보낼 일이다. 그러나 모든 철학자들이 그들처럼 되려고 노력해야 하는 것은 결코 아니다. 한국에서 한국의 문제들을 풀어 가는데 필요한 만큼 철학 이론을 연구하고 적용하면 충분하다. 그런 정도 소양을 학생들에게 가르치면 족하다. 모두가 세계 최고를 지향하고, 그것이 안 되니까 콤플렉스에 빠지고, 모든 학생들에게 경쟁만 강조하여 결국 대부분의 학생들이 열등 의식을 갖게 만든다면 그것처럼 어리석은 일이 또 있을까?

그렇다면 상식철학은 어떻게 하는 것인가? 건강한 상식을 알고, 실천하며 살아가는 것이다. 우리의 생활 세계에서 만나는 다양한 영역에서 요구되는 상식을 익히고, 그것을 지키며 사는 것이다. 필요한 상식을 익히기 위하여 사색하고, 독서하고, 토론하며, 자료를 찾아 탐구해야 한다.

필자는 독일 유학을 마친 후 전북대에서 강의를 시작한 이래 줄곧 토론식 강의를 진행하였다. 토론식 강의는 교육 방법으로서도 의미가 크고, 교육의 장을 넘어 생활 세계에서 토론문화의 형성을 위한 기초가 되기도 한다. 나의 토론식 강의에서는 교재를 연구하여 발표하는 것도 학생들이고, 토론 주제를 제안하는 것도 학생들이다. 그리고 조별로 나누어 모두가 활발히 참여하는 토론을 벌인 후 인터넷 카페에서 계속 토론을 이어간다. 교수가 하는 일은 이러한 강의방식을 제안하고, 교재를 소개하며, 학생들의 토론주제에 한 가지 주제를 더 보태기도 하고, 조원들과 함께 토론하는 것이다. 그리고 인터넷 까페에서 학생들의 토론에 꼬리말을 달고 가끔은 토론 자료를 직접 올리기도 한다. 그러니까 교수는 학생들이 주도적으로 참여하는 수업에서 철저히 보조자 역할을 한다. 학생들은 스스로 교재를 연구하기 때문에 한번을 해도 확실하게 이해하는 것이 생기고, 주제 의식이 생기며, 스스로 자료들을 찾아 나서게 된다. 학생들의 발표는 언제나 멋진 PPT와 다양한 영상 자료들로 진행된다. 토론은 학생들이 관심 갖는 주제들이므로 누구나 참여한다. 얘기는 가볍게 시작하지만, 시간이 지나면서 내용이 깊어지고, 형식도 잘 갖추게 된다. 이러한 방식으로 진행되는 필자의 철학 강의는 학생들의 컴퓨터 실력 발휘로 최첨단기술이 도입된 입체 영상 강의가 되고, 학생들이 주도하는 학습자 주도형 강의이며, 모두가 활발히 토론에 참여하는 토론식 강의이다. 그리고 활발히 운영되는 인터넷 카페 활동을 통한 사이버 강의이며, 전공의 문턱을 대폭 낮춰서 누구나 참여할 수 있는 열린 철학 강좌이다.

우리는 자신이 익힌 상식을 공동체 구성원과 함께 나누기 위하여 글을 쓰고, 말을 하며, 다양한 매체를 활용한다. 상식을 세우고 실천하는 운동을 전개할 수도 있고, 그것은 개인적인 활동이 되어도 좋고, 공동체적 활동이 될 수도 있다. 그런데 이것은 그저 상식적인 삶일 뿐이지 않은가? 그렇다. 상식적인 삶이다. 그래도 "상식철학"이라는 말에 대해 고개를 갸웃거리는 사람이 있을지 모른다. 이렇게 생각해 보자. 우리는 공기를 마시며 산다. 그것은 너무도 당연하다. 공기의 존재를 알든 모르든 실제로 우리가 숨을 쉬는 것은 달라지지 않는다. 그래도 "공기"의 존재를 발견한 물리학 이론은 중요한 지식이 된다. 더구나 공기가 오염됐다면 공기의 존재를 알고 그것을 정화시키는 일은 우리의 생존과 관련되는 중요한 일이 된다. 상식도 마찬가지다. 상식이 지켜지지 않거나 왜곡되어 있다면, 우리의 삶은 건강성을 유지하기 힘들다. 그러므로 모두가 청정한 공기의 중요성을 알고 실천해야 하듯이, 모두가 상식의 중요성을 알고 건강한 상식을 세우도록 노력해야 한다. 정말 상식이 통하는 세상을 만들어야 한다. 이것이 곧 건강한 삶이고, 그래서 우리는 새삼스럽게 상식철학이 필요한 것이다.

모든 철학자가 상식철학을 연구해야 하는가? 그렇다. 모든 철학자들은 당연히 상식철학자가 되어야 한다. 상식도 모르면서 어떻게 철학을 가르치겠는가? 다만 모든 영역의 상식에 능통해야 한다는 말은 아니다. 일정 정도면 족하다. 시민정신, 세계시민정신 정도는 모든 철학자들이 가져야 한다. 그리고 그것은 철학자들만의 일도 아니다. 모든 지식인이 가져야 하고, 모든 교양인이 가져야 한다.

물론 어디까지가 상식적인 수준이고, 어디부터가 전문적인 수준인지, 명확한 구분은 어렵다. 전문가 수준의 아마추어들이 얼마나 많은가? 그리고 전문가라지만, 너무 좁은 영역에만 갇혀 있는 사람들이 얼마나 많은가? 상식철학을 하는 사람들은 쉬지 않고 공부한다. 자신의 삶에 필요한 지식이 나날이 변화 · 발전하기 때문이다. 상식철학을 강조하는 사람들은 삶의 기반이 되는 기본 영역의 상식을 알고 지키며 바로 세우기 위하여 끊임없이 연구하고 실천하며 연대한다.

이 책은 필자의 논문들을 모아 체계적으로 정리한 것이다. 1부는 문명론 등 인류보편의 주제들을 다루고, 2부는 한국 사회 현실과 한국인들의 생활 세계 주제들을 다룬다. 그리고 3부에는 상식철학 에세이를 싣는다. 문명, 공동체, 민족, 정치, 종교, 교육, 문화, 경제 등 다양한 주제를 다룬 논문들이지만 상식철학을 주장하는 내용들이어서 누구나 어렵지 않게 읽을 수 있고, 또 누구나 생각해 봐야할 내용들이다. 나는 상식철학을 주장하지만, 상식철학에 대한 체계를 세우지는 않는다. 상식철학이 무엇인지는 각주에서 몇 마디하는 정도이다. 나는 상식철학으로 삶의 주제에 접근하고 정리한다. 이 논문들은 누구나 쉽게 이해할 수 있고, 그것을 실천할 수 있다. 상식에 입각하기 때문이다. 그렇게 이해하고 실천하며 연대하면 우리 현실은 달라진다. 우리가 사는 세계가 달라진다. 상식철학만 잘 세우면 지금 우리가 살고 있는 시민의 시대, 성 평등 시대, 사이버 시대, 생태주의 지향 시대를 잘 살 수 있고, 나아가 지구시대 이후를 준비하는 자세도 가다듬을 수 있을 것이다.

필자는 강의실과 철학자 세계에서 나누던 담론을 일반 독자들과 함께 나누게 된 것을 기쁘게 생각한다. 이 책의 내용들이 많은 개인과 그룹들에게 사색과 토론을 위한 자료가 되기를 희망하며, 그런 과정을 거쳐서 또 다른 자료들이 만들어지기를 기대한다.

1부
상식철학자의 문명론

제 1 장

신문명을 창조해야 한다

— 세계철학자들에게 고함

1. 위기에 직면한 인류문명과 새로운 가치 "지속가능성"

근대 이후 학문은 빠르게 발전해 왔다. 그리고 과학지식을 전달하는 교육은 보편화됐고, 지금은 정보화 시대를 맞아 인류의 지적 생활은 가히 '찬란하다' 고 말할 수 있다. 그것은 생산수단의 발전으로 최고의 풍요를 누리며 역사상 최절정기를 자랑하고 있는 현대 인류의 물질생활과 더불어 마치 "찬란한 문명"의 징표가 되고 있는 느낌이다.

그런데 아이러니하게도 자연과학자들은 인류에게 닥칠 재앙을 경고하고 있다. 에너지 재앙과 기후 재앙이 그 첫째다. 겨우 몇 십 년이면 지구의 석유에너지가 고갈될 것이다. 그리고 지구온난화로 인한 오존층의 파괴는 전 지구에 자연 재앙을 몰고 오게 된다. 이러한 일들이 실제로 일어나게 되면 인류문명은 순식간에 자취를 감추게 될 것이다. 이러한 지식 또는 정보들은 고도로 발달한 첨단과학들이 증명해 주는 내용이며, 그 해법은 바로 그 첨단과학들의 종합으로도 잘 찾아지지 않는다.

지구의 지속가능성, 인류 삶의 지속가능성, 건강한 자연환경과 건강한 생활환경의 지속가능성이 문제되기 시작한 이유가 거기에 있다. 산업문명의 발달이 역사의 비약적 발전이라고 생각해 온 확고한 역사 지식은 한꺼번에 뒤흔들리게 되었다. 선진국들을 중심으로 전 세계국가들이 개발과 성장만을 추구하며 생산과 소비의 과잉을 반복하던 현대문명에 경고등이 켜지고, 인류생존을 위한 새로운 기초적 가치 기준이 자리잡게 된 것이다.

이러한 새로운 각성과 흐름은 서양에서 철학의 전통과 정신문화 전반의 각성을 동반하였다. 서양철학의 전통은 이성중심주의(Logozentrismus), 인간중심주의(Anthropozentrismus) 그리고 유럽중심주의(Eurozentrismus)의 맥을 이어 왔다. 전인(全人)보다 이성적 존재에 초점이 맞춰졌고, 인간이 자연과 우주 속에서 조화로운 삶을 추구하기보다는 자연을 지배하고 개발하는 대상으로 생각하였으며, 서양인들은 다양한 문화 속에서 고유한 지혜로 삶을 영위하는 세계의 민족문화들을 무시하고 언제나 자신들을 중심에 두고 세계의 문화를 지배하려 하였다.

서양철학은 20세기 초반에 두 차례나 세계대전을 경험한 후 '이성적 존재'인 인간에 대한 회의와 실존에 대해 고민하게 되었다. 그리고 20세기 후반, 문명에 대한 회의와 환경에 대한 염려는 인간중심주의와 유럽중심주의를 벗어나게 하는 계기가 되었다. 이제 문화 다원주의(Kulturpluralismus)는 인류의 철학적 기초가 되었으며,[1] '평등'과 '평화'의 이념도 경제적, 법률적, 군사적 의미를 넘어 보다 넓고 깊은 의미를 갖게 되었다. 그리고 서양의 일반시민들의 생활 속에서도 불교철학과 도가사상을 배경으로 하는 요가와 명상이 널리 퍼졌고, 호지의 『오래된 미래』[2]는 베스트셀러가 되었다.

1 김의수, 「문화 다원주의와 21세기 인류의 철학적 지향」, 『시대와 철학』, 1999, 봄호.

2 Helena Norberg-Hodge, *Ancient Futures: Learning from Ladakh*, Rider 1992, 번역

2. 정신적 각성이 아직 무력한 이유는 무엇인가?

힘의 논리가 지배하는 세계의 현실

학문, 정치, 자연환경, 생활문화 등 인간 삶의 모든 영역에서 "지속가능성"이라는 가치는 이제 당연하고 필수적인 기준이 되었다. 그럼에도 불구하고 우리의 구체적 현실은 전혀 그런 모습을 보여 주지 못하고 있다. 선진강국들은 어차피 단기간에 고갈될 석유자원의 확보를 위해 막무가내로 전쟁을 일으키고 있고, 열대지방의 국가들은 지구의 심장인 열대림들을 마구 훼손시키고 있다. 모든 나라들은 여전히 개발과 경제 성상에 몰두하고 있고, 겨우 소수의 시민들만이 그 거대한 파괴의 물결에 온몸으로 저항하고 있지만, 역부족이다.

철학적, 정신적 각성에도 불구하고 여전히 힘의 논리가 전 세계를 지배하는 이유는 무엇인가? 정신적 각성은 개별적이고 단편적인데 비해 경제와 정치는 조직적이며 지속적으로 이윤의 추구와 권력의 유지에 집착하기 때문이다. 지적 재산의 장기독점, 대량생산-대량소비, 전쟁과 파괴를 불사하는 이윤추구 관행을 멈추지 않는 선진 강대국들의 정책이 인류의 철학적 각성을 무의미하게 만들고 있다.

이제 인류는 새로운 문명에 대한 전망을 세워야 한다. 지구의 파괴와 인명의 대량살상, 빈부격차와 문화 다양성 괴멸을 초래하는 현대문명을 극복하고, 지구의 생존, 인류의 생존을 가능하게 할 신문명을 창조해야 한다. 개별 강대국들 중심의 세계 체제를 개혁하고, UN과 신문명을 지향하는 세계 NGO들이 주도하는 새로운 인류문명의 질서를 세워야 한다. 그리고 동아시아 공동체, EU 등 지역 공동체가 새로운 문명에 대한

본: 『오래된 미래: 라다크로부터 배운다』, 김종철 옮김, 녹색평론사, 1996.

이념을 지향해야 하고, 개별 국가들과 각급 정치조직들 그리고 수많은 시민 공동체들이 신문명 창조에 나서야 한다.

3. 한국철학자들이 성찰하고 있는 일들

한국철학자들은 동·서양의 고전철학들을 학습하고 연구하는 데 몰두해 왔다. 세계적인 수준의 연구논문을 쓰는 데 집중했고, 그 결과 상당한 수준에 이르게 되었다. 하지만 우리의 이러한 태도를 반성해야 한다. 왜냐하면 고전을 읽고 해석하는 데 머물러서는 안 된다고 생각하기 때문이다. 그것은 우리의 삶 속에서 살아 움직이는 철학이 될 수 없고, 또 그렇게 해서는 우리 고유의 철학을 세울 수 없기 때문이다. 이제는 우리 삶의 터전에서 마주하는 문제들을 가지고 철학해야 한다. 오늘을 사는 사람으로서 시대의 문제를 철학하는 것이 필요함을 공감하고 있다.[3] 이러한 맥락에서 우리는 사회운동가이며 재야철학자였던 함석헌 선생의 사상을 새삼스럽게 다시 주목한다.

다음으로, 한국철학자들은 군부독재 정권의 이데올로그로 활동했던 선배 철학자들을 비판하고, 현재의 주요 이슈에 대한 철학자들의 집단적 견해를 피력하고 있다. 과거에 박종홍은 한국의 대표적 철학자로 추앙받았다. 그러나 그는 말년에 군인독재자 박정희의 국정자문위원으로 활동했다. 최근 몇 년 동안 한국에서는 그의 철학과 정치적 활동에 대해 체계적인 비판이 이루어지고 있다.[4] 이규호 등 유신이데올로그로 활동

3 소흥렬, 「한국의 철학을 다시 생각한다」, 『한국철학(계) 발전을 위한 대토론회 자료집』, 2007.

4 김석수, 『현실 속의 철학 철학 속의 현실』, 책세상, 2001.

했던 철학자들에 대한 비판과 평가에 대해서도 공감하고 있다. 최근에 네트워크를 형성한 철학자 모임(PEN)은 송두율 교수 재판에 대한 견해, 이라크 주둔군 철수 요구, 삼성 스캔들에 대한 견해 등 적극적인 활동을 보이고 있다.[5]

이처럼 민주화 사회에서 철학하는 오늘의 한국철학자들은 다양한 시대적 이슈들에 대한 철학적 방향 제시와 해결방안들을 모색한다. 우리는 민주화운동의 전통을 자랑스럽게 생각하고, 민주주의에 역행했던 선배철학자들을 비판하면서 새 시대에 걸맞는 철학의 역할을 다하려 노력하고 있다. 우리는 이제 새로운 주제들 즉 민족의 통일(열린 민족주의), 다문화 사회(다문화주의), 지역 공동체(동아시아 공동체)의 철학적 비전 등에 주목한다. 우리는 평화의 철학을 지향하고, 환경 · 생태철학을 확산시킨다.

4. 아시아철학자들에게 고함[6]

아시아의 문화들(문화적 현실)은 너무도 다양하다. 세계의 다수 문명의 발상지가 아시아였고, 현재 시점에서는 세계적 문화들이 모두 아시아에 현존하고 있다. 유교 문화, 불교 문화, 힌두 문화, 이슬람 문화, 그리고 기독교 문화 등이 그것들이다. 따라서 우리는 문화적 측면에서 아시아적인 것은 지구적인 것이라고 당당하게 말해도 좋을 것이다.

이병수, 「열암 박종홍의 정치참여의 동기와 문제점」, 『시대와 철학』, 제15권, 1호, 2004, 서울; 홍윤기, 「박종홍 철학 연구」, 『역사비평』, 2001, 서울.

5 [illegible]네트워크(PEN) Philosophical Engagement Network. http://home.freechal.com/pen2004.

6 김의수, 「동아시아 공동체의 철학적 문화적 지향」, 『범한철학 2006년 여름호』 참조.

아시아 공동체의 정체성을 찾는 것은 쉽지 않다. 오히려 아시아국가들은 문화가 다양하여 공통적이지 않다는 사실을 인정하는 것이 중요하다. 아마도 다양성과 차이에도 불구하고 하나의 공동체를 형성해 나가자는 신념(시대정신)을 확산시켜 나간다면, 그것이야말로 정체성이 될 수 있을 것이다. 공존과 평화의 정신(철학)을 공유한다면 그것이 바로 아시아의 정체성이 될 것이며, 그것은 곧 세계적인 것(보편적인 지향성)으로 자리 잡을 것이다.

(1) 아시아 패권국의 배격과 갈등 극복의 한 사례

아시아의 강하고 큰 국가들은 패권주의를 배격해야 한다. 일본은 과거를 반성하는 토대 위에서 미래를 준비해야 하고, 중국은 중화주의를 포기하여 패권주의 국가가 아님을 보여 주어야 한다. 아시아국가들이 공동체로 나아가기 위해서는 인접국들 간의 갈등과 전쟁을 확실하게 마감해야 한다. 아시아에 핵무기 보유국가가 없어야 하고, 아시아의 모든 국가들은 함께 나서서 아시아지역 국가 간의 갈등을 해소시켜야 한다. 동아시아 3국(한국, 중국, 일본)의 현안문제 중 하나가 "역사의 왜곡"이다. 이에 대해 한중일 3국 역사편찬위원회가 기울인 노력의 결과는 중요한 시사점을 제공한다. 3국의 학자, 교사, 시민활동가들이 4년 동안 공동으로 기획하고 집필하여 출판한 『미래를 여는 역사』는 전쟁으로 얼룩진 과거 역사를 함께 반성하고, 평화 인권 민주주의를 지향한다.[7] 이 책이 나오기까지 보여 준 위원들의 열린 자세와 지향성은 더 없이 바람직한 것이었다. 아시아 지역 내의 여러 부분에서 발생하고 있는 갈등들도 이 사례처럼 해결방안을 모색해야 한다. 소지역별 갈등 해결의 노하

---

7 한중일3국역사교과서편찬위원회, 『미래를 여는 역사』, 한겨레신문사, 2005.

우는 지역 공동체의 구성과 운영을 위해 핵심적인 요소가 될 것이다.

(2) 개방적 태도, 자기성찰로 문화 공동체를 건설해야 한다

중국도 일본도 세계 패권주의 지향의 경험이 있고, 의혹을 살 수 있다. 일본이 과거사를 반성하지 않고, 군국주의 노선으로 회귀하려는 것은 아시아에 공동체의 가능성보다도 새로운 갈등의 불씨를 키우는 것이다. 한국은 조정(균형자) 역할을 자임하기 전에 미국에 대한 종속을 반성해야 하고(이라크 파병을 서둘러 철수해야 한다), 아시아 여러 나라 노동자들에 대한 비인간적 대우를 수정해야 한다.

이 세 나라가 개방적 태도로 자기성찰을 한다면 과거의 문제를 풀고 미래를 열어갈 수 있을 것이다. 우리는 폐쇄적인 민족주의를 버리고, 개방적인 민족주의를 바탕으로[8] 아시아 공동체의 건설로 나아가야 한다. 이러한 노력이 모든 아시아국가들 사이에 필요하다.

지금 동아시아에서는 동아시아 공동체[ASEAN+3]를 준비하고 있다. 그러나 동아시아 공동체는 경제 공동체와 함께 문화 공동체를 만들어야 한다. 고유성과 다양성이 꽃피는 문화의 교류와 보편적 가치를 공유하는 문화 공동체가 돼야 한다. 문화 공동체는 좁은 의미의 문화 및 학술의 교류를 넘어 새로운 가치를 실현할 다양한 제도들을 포괄해야 한다. 공존과 평화의 교육 협약, 기후 · 환경 · 보건 협약, 인신매매 · 성매매 근절 협약, 시민 사회의 연대 등을 주요 내용으로 포괄해야 한다.

---

8 김의수, 「민족주의의 양면성과 한민족 공동체」, 『시대와 철학』, 제13권, 1호, 2002.

5. 세계철학자들에게 고함

(1) 자연 재앙과 지구철학

2004년 12월 26일 인도네시아 북수마트라 인근에서 거대한 지진이 발생했다. 그것은 30만명 이상의 목숨을 앗아간 최대 최악의 자연 재앙이었다. 그러한 자연 재앙은 우리를 무력하게 만들고, 인간이 할 수 있는 일이 무엇인지 회의하게 만든다. 커다란 자연 재앙은 어떤 가치 체계도 무력한 것으로 만들어 버린다.

미국 영화 「투모로우」는 엄청난 재앙을 가져오는 기후 급변 현상을 보여 준다. 영국의 신문은 매년 기후 재앙에 대한 예측 기사를 반복적으로 내보냈다. 그리고 석유자원의 고갈도 얼마 남지 않았다는 것이 과학적 상식이다. 엘 고어는 이러한 현상들을 "불편한 진실"이라고 명명하고 전 세계인을 향해 강의를 하였다. 이러한 자연재앙의 징후들은[9] 우리에게 지구철학을 요구한다.

모더니즘도, 포스트모더니즘도 넘어서 우리는 이제 지구를 철학해야(philosophieren) 한다. 지구의 말에 귀를 기울여야 하고 지구의 단순명쾌한 메시지를 존중해야 한다. 지구는 말한다. 지구는 선언한다. 지구는 꾸짖는다.

"나의 나이는 46억년이지만, 인류는 겨우 1만년이다. 나는 앞으로 46억년 더 살게 되지만, 인류는 기껏해야 몇 백 년을 더 살아남을지 모른

---

9 Joy A. Palmer, David Cooper, Peter B. Corcoran(ed), *Fifty Key Thinkers on the Environment*, New York(Routledge), 2001; Andrew Light/Holmes Rolston III(ed.), *Environmental Ethics*, Oxford, Berlin, 2003; 이필렬, 『다시 태양의 시대로』, 양문, 2004; 앨 고어, 「불편한 진실」(*An Inconvenient*), 다큐멘터리 영화. 이러한 활동으로 2007 노벨평화상 수상.

다. 너희는 20년 간 더 사용할 석유를 확보하려고 남의 나라를 침략하며 문화를 파괴하고 사람들을 죽인다. 너희는 10년 앞을 내다보지 못하고 환경을 마구 파괴하고 자원을 허비한다. 오존층을 파괴하여 인류의 멸망을 앞당긴다. 핵폭탄을 제조하여 가슴에 안고 살아간다. 너희의 어리석음은 하늘을 찌른다. 그래, 너희 마음대로 해라. 그 핵폭탄 다 터쳐 버려라. 생물들을 닥치는 대로 죽여 버려라. 그 후에 남는 것이 무엇인지 아느냐? 나 지구뿐이다. 너희가 모든 고귀한 생명들을 파괴해 버리고 전 인류가 자폭하더라도, 나 지구는 나의 수명을 다 할 것이다."

우리가 지구의 소리를 듣는 것이 지구를 철학하는 것이다. 실존철학은 개개 인간의 죽음을 철학하지만, 지구의 철학은 인류 전체의 죽음을 철학하는 것이다. 지구의 철학은 모든 가치 체계를 새롭게 할 것이다. 지구의 철학이 모든 가치 체계를 건강하게 유지하게 하는 근본이 되어야 한다. 물론 지구의 철학은 우주의 철학으로 연결된다.

(2) 문명은 공존해야 한다

서양이 세계를 지배한 과정은 제국주의였다. 그것은 폭력과 전쟁의 과정이었다. 세계시민들의 가치판단은 제국주의를 배격한다. 그러나 현실 속에서는 지금도 강대국이 약소국을 침략한다. 미국의 철학자 촘스키는 미국이 세계의 경찰국가처럼 행동하지만, 사실은 아주 오랫동안 많은 '더러운 전쟁' (dirty wars)을 감행하였고, 21세기 인류역사를 갈등의 시대로 만들고 있는 장본인임을 강조한다.[10] 독일철학자 슬로터다이크는 한국에 와서 미국의 문제들을 신랄하게 비판한 바 있다.[11] 헌팅턴은

---

10 Noam Chomsky, *Hegemony or Survival: America's Quest for Global Dominance*, 2003.

문명의 충돌을 말한다.[12] 그러나 나는 하랄드 뮐러와 함께 문명의 공존을 주장한다.[13] 한국을 비롯한 아시아국가들에는 다양한 종교 문화들이 공존한다. 종교들 간의 긴장과 대립이 있기도 하지만, 그것은 지극히 미미하다. 그에 비해 정치적, 경제적 이해관계로 인한 갈등이 훨씬 심각하다. 종교 문화가 다른 이스라엘과 팔레스타인, 미국과 이라크 사이에만 분쟁이 있는 것이 아니며, 종교 문화가 똑같은 이라크와 이란, 그리고 동티모르와 인도네시아 사이에도 갈등이 있다.

다수의 세계인들과 세계 종교인들의 다수는 평화를 지향한다.[14] 이슬람 근본주의자들과 미국의 기독교 근본주의자들은 모두 각각의 종교 문화 가치 체계에서 이단자들이다.[15] 소수의 불건강한 가치를 내세우는 근본주의자들이 패권주의 정치 세력과 결탁함으로써 전쟁이 일어난다.

(3) 신문명을 창조하자

인도양에서 발생한 쓰나미 재앙의 경험에서 우리는 자연 재앙을 예방하고, 예측하며, 공동 대응하는 것이 얼마나 중요한지 배웠다. 지진의 예측을 위한 장비를 마련하는 데에 드는 비용은 세계 각국의 군사비들에 비하면 아주 적은 비용밖에 들지 않는다. 지역 공동체들은 우선 자연 재

---

11 Peter Sloterdijk, "Die amirikanische Ausnahme: Anatomie einer Versuchung", Vortrag, 2004, Seoul.

12 Samuel P. Huntington, *The Clash of Civilizations*, 1996.

13 Harald Muller, *Das Zusammenleben der Kulturen*, Frankfurt, 1998.

14 Jonathan Sacks, *Dignity of Difference*, Continuum, 2002, 번역본: 『차이의 존중』, 임재서 옮김, 말글빛냄, 2007.

15 B. R. Barber, *Jihad vs. McWorld*, 1995. 이 책은 "자본주의와 근본주의가 어떻게 민주주의와 자유를 파괴하는가"라는 부제를 달고 있다. 독일에서는 이듬해 『코카콜라와 성전』(*Coca-Cola und Heiliger Krieg*)으로 번역되었다.

앙에 대한 공동 대응 체계를 마련하는 일부터 시작할 수 있어야 할 것이다. 이것은 신문명의 창조다.

과학과 문명은 우리의 생활을 편리하게 하고 세계에 대한 지식을 주었으나, 지금은 대량살상무기를 만들어 전쟁과 대량학살의 야만으로 몰아가고 있다. 이제 우리는 전쟁을 중단하고 지구의 재앙을 방어하는 협력체계를 발전시켜야 한다. 야만으로 떨어진 문명은 이제 신문명으로 다시 태어나야 한다.

내가 여기서 주장하는 내용들은 상식적인 주장이다. 우리는 우선적으로 상식의 철학을 생활화해야 한다.[16] 세계 시민의 상식은 평화의 추구다. 우리는 평화를 위해 연대해야 한다. 우리는 상식의 철학에 따라 새로운 가치체계를 창출해야 한다. 자본(시장)의 논리, 폭력(힘)의 논리, 이기적인 논리를 버리고, 생명의 논리, 존중과 배려의 논리, 공(상)생의 논리, 평화와 평등의 논리를 따라야 한다. 힘(폭력)이 지배하는 국제연

16 - 내가 말하는 상식은 ① 과학적 상식이고, ② 문화적 상식이며, ③ 윤리적 상식이다. ① 우리는 더 이상 미신을 믿지 않는다. 물론 지식의 현재적 한계를 인정하고, 미지의 세계를 개방해 둔다. 그러나 미지의 것을 곧바로 초월적인 것으로 맹신해서는 안 된다. ② 우리는 야만을 거부하고, 교양을 지향한다. 폭력과 파괴, 억지와 왜곡을 거부하고, 평화와 자연의 순리를 지향한다. ③ 우리는 자유, 평등, 박애, 공동체정신을 존중한다. 우리는 경제적 평등, 젠더의 평등, 문화적 평등을 지향한다.
- 상식은 고정된 것이 아니며 변화한다. 시대적으로 변하고, 공간적으로 차이를 나타낼 수 있다. 상식의 지평은 융합한다. 시간적 공간적 상식의 융합은 상식의 변화 과정이 된다. 그래서 냉전 시대의 상식과 탈냉전 시대의 상식이 다르고, 중세의 상식과 근현내의 상식이 다르다. 상식은 그 시대의 기초 지식이며, 어떤 지식보다도 비교적, 절대적 지식에 가깝다.
- 상식의 공유가 중요하다. 문화교류를 통해 공유되고, 가치관에 대한 토론을 통해 공유할 수 있다. 따라서 토론의 일상화, 다각화가 중요하다. 개방적 토론, 다른 눈으로 보기, 현상학적으로 본질 찾기가 상식의 진리성과 상식의 공유를 증진시켜 준다.

합, 지역연합, 국가와 사회들을 인간-자연-우주의 순리가 지배하게 해야 한다.

제 2 장

문화 다원주의와 21세기 인류의 철학적 지향

1. 들어가는 말

냉전 시대의 종식 이후 인류 사회는 문화 다원주의가 지배하는 시대로 접어 들었다. 문화 다원주의는 다양한 문화들의 공존과 조화를 떠올리게 하지만, 헌팅턴(S. P. Huntington)은 문명(즉 문화)의 충돌을 말한다. 문화들의 평화 공존이 아니라, 문화권 간의 갈등과 전쟁을 전망한다.

다른 한편으로는 현재 일어나고 있는 현상이 진정으로 문화 다원화인가 아니면 오히려 획일화인가에 대해 우리를 혼란스럽게 한다. 신자유주의 이념으로 무장한 초국적 자본의 세계지배인 지구화가 급속히 관철되고 있고, 사회주의권의 붕괴 이후 세계 정치질서는 미국의 유일 지배 체제로 굳어졌기 때문이다.

이 글은 시대의 전환기이며 동시에 세계 정치질서와 사회 문화적 이념의 대 전환기를 맞아 수많은 논의와 모색이 시도되고 있는 서양의 사상계를 훑어보고, 몇 가지 주요 쟁점들을 중심으로 사회철학적 방향을 모색해 보려는 의도로 쓰게 되었다. 하나의 논문으로는 너무 크고 방대한 주제이지만, 개괄적으로나마 역사적, 사회적 전망을 찾아보자는 의

욕으로 시작했고, 문명론 · 공동체론 · 지구화와 신자유주의 비판, 성찰적 현대화론 등을 포괄하게 되었다. 주제의 범위가 크다는 것 외에도 필자는 평소에 획기적인 새로운 이론의 추구나 논쟁 제기의 성격을 갖는 글쓰기보다는 우리 현실의 사실을 토대로 지금 필요한 최소한의 실천적 요구를 담는 글쓰기에 관심을 갖기 때문에 이 글은 대체적이고 기본적인 방향 모색 이상이 되지 않을 것이다.

예상과 달리 필자가 유럽에 나가 확인한 것은 보수주의자들이 역사는 끝났다며 자본주의의 승리를 자랑하던 것은 겨우 1990년대 초 1, 2년에 불과했다는 것이다. 신자유주의의 가장 큰 피해자들인 우리는 그런 사실조차 감지하지 못하고 있을 때, 유럽은 이미 좌파권력이 유럽연합을 미 · 일 · 영의 신자유주의 블록으로부터 떼어 놓고 지구화의 폐해들을 소리 높이 외치고 있었다.

이 글은 그러한 과정에서 서구의 일반 시민들도 알고 관심 갖는 몇 가지 주요 사회철학 주제들을 필자의 입장에서 정리하고 주체적인 수용을 시도해 본 것이다(각 항별로 평가와 수용을 시도하며, 그것들을 다시 종합하지는 않는다). 이러한 문제들을 정리해 나가기에 앞서 우선 개념의 정리가 필요하다. 문명인가, 문화인가?

2. 문화와 문명

문화와 문명은 그 어원이 다르지만 서유럽의 영어권과 프랑스어권에서는 그 둘을 혼용하고 있다. 이 말들은 라틴어에서 유래한다. Kultur의 어원은 colere(거주하다 · 머무르다/사육하다 · 재배하다)이고, Zivilisation의 어원은 civis(시민)이다. 문화는 자연을 변화시키고 다스려서 인간이 발전한다는 것을 의미했고, 문명은 야만적이지 않게 개명(開明)된 것을 의미했다.

이러한 긍정적 의미의 문화나 문명은 이성을 중심에 두고 단선적인 진보의 신념을 가진 계몽철학자들을 거쳐[1] 유럽국가들이 세계를 지배한 제국주의 시대에 이르기까지 단수로 사용되었다. 오직 하나의 세계 문화/문명이 있고, 그것은 유럽의 기독교 문화/문명이었다. 그들이 보기에 여타의 민족과 국가들은 문화/문명이 없는 야만 상태였고, 그래서 자신들의 문화/문명을 심어 주기 위해 전진해야만 했다.

이러한 낙관주의적이며 계몽주의적인 단선적 진보의 문화/문명관이 바뀌기 시작한 것은 두 가지 경향에서이다. 하나는 인류학자 및 민속학자들의 원시문화 연구이고, 다른 하나는 순환적 문명론이다. 서구의 제국주의적 세계지배 과정에서 파생된 인류학자들의 연구는 비서구 사회, 특히 원시 사회에도 문화가 있었다는 것을 발견한다. 이때부터 문화는 중립적인 개념이 되고 복수의 문화론이 발전하게 되었다. 19세기 후반 러시아의 다닐렙스키(N. Danilevski)는 동서고금의 문명을 10개로 분류했고, 토인비(A. Toynbee)는 역사상의 문명을 21개의 문명권으로 분류했다. 아래에서 다루게 될 헌팅턴은 8개의 문명권으로 나누었다. 다닐렙스키가 언어와 정치적 독립성을 기준으로 삼은 데 비해, 토인비와 헌팅턴은 종교를 기준으로 삼았다. 이들의 문명론은 서구의 단일 문명론을 무력화하고 복수의 문화/문명 개념을 인정한 것 외에도 각각의 문명/문화가 흥망의 과정을 밟아간다는 사실을 주장한 것이다. 이로써 제국주의적 문명관은 힘을 잃은 것이다.

---

1 칸트는 계몽의 기본 도식을 "자연의 후견으로부터 빠져나와 자유의 상태로" 가는 것이라고 했고, "문화가 인간의 최종목적"이라고 했다. I. Kant, Muthmasslicher Anfang der Menschengeschichte, *Kritik der Urteilskraft*, §83, 1968, 115쪽.

우리는 흔히 "정신 문화"와 "물질 문명"이라는 말을 대립 개념으로 사용한다. 이렇게 사용할 때 전자는 훌륭하고 창달해야 할 것으로, 후자는 저급하거나 너무 빨리 발전하지 않아야 할 것으로 사용된다.

그러나 이런 것은 바람직한 용어의 사용이라고 말할 수 없다. 문화든 문명이든 각각 긍정적인 의미와 부정적인 의미를 내포하고 있는데, 긍정적인 의미의 문화와 부정적인 의미의 문명을 극단적으로 대립시켜 사용하는 것은 잘못이기 때문이다. 오늘날 한자문화권에서 사용하고 있는 '문화'와 '문명'이라는 개념은 본래 동양의 고유한 용어가 아니고 서구어의 번역어로 성립한 것이며, 서양에서도 문화와 문명을 비대칭적인 대립 개념으로 사용하는 것은 독일에서만이고, 그것은 독일의 문화이데올로기로서 나치즘에 의해 악용된 개념이어서 이 개념들의 사용에 유의할 필요가 있다.

독일의 문화이데올로기

18세기말 이후로 독일에서는 문화와 문명 개념이 영국과 프랑스에서와는 다른 의미로 사용되었다. 프랑스의 지식인들이 18세기에 파리를 "문명"의 중심지로 선포한 이래로 독일의 철학자들과 시인들은 그러한 보편성 요구에 대항해서 자신들의 문화를 지키기에 열중했다. 그들은 "문명"이라는 말을 비하하기 시작했고, 그것은 근대성에 대한 비판의 범주로 사용되었다. 그에 반해 문화는 우리의 삶에 하나의 특별한 의미를 주는 고상한 것을 나타내었다.

문화와 문명 개념을 이데올로기적 성격 없이 구분했던 칸트(I. Kant), 훔볼트(W. v. Humboldt), 드로이젠(J. G. Droysen)을 거쳐 19세기로 넘어와 바그너(R. Wagner)에게서부터 독일의 문화이데올로기 전통이 시작된다. 그것은 체임벌린(H. St. Chamberlain)에게서 절정에 이른다. 그는 문명을 점점 더 높은 가능성을 갖고, 더 부지런하며 더 안락하고 더 부자유한 개미 나라들의 존재 — 즉 인간적인 것이 아니라 동물적 차원 — 라고 말하고, 유대주의를 폄하하면서 그것은 오로지 "문명적인 권력"이라고 비난했다.[2] 이러한 민족주의적 문화이데올로기의 형성은 국가 사회주의(나치)의 인종주의 광란을 위한 직접적인 준비 과정이었다. 체임벌린의 책은 그 후 1942년까지 28판이나 발간됐다.

슈펭글러(O. Spengler)[3]는 개별 세계문화들이 유기체적인 성장 단계를 갖는다고 말하고, 각 문화의 노년기, 즉 쇠퇴기를 "문명"이라고 불렀다. 토마스 만(Th. Mann)[4]은 문화와 문명의 대립을 정신과 정치, 예술과 문학의 대립에 비교했고, 독일적인 것은 바로 문화, 정신, 예술 등이라고 말했다.

이러한 맥락의 연장선에서 문화와 문명을 극단적으로 대립시켜 온 독일 지성계의 지배적 경향과는 달리, 문명을 단순한 인류의 물질적 업적으로 환원시키지도 않고 또 문화에 정신적 우월성을 부여하지도 않는 엘리아스(N. Elias)[5]의 개념 사용은 적합한 것으로 인정된다. 엘리아스에 의하면 문명 개념 속에서는 상승, 세련, 진보 등의 과정과 그 과정의 결과들이 더 강조된다. 그래서 문명 개념은 민족적 차이들을 일정 정도 후퇴시키고, 모든 인간에게 공통된 것을 강조한다. 반면에 문화 개념은

---

2 Chamberlain, H. St., *Die Grundlagen des Neunzehnten Jahrhunderts*, 1899, 68쪽.

3 Spengler, Oswald, *Der Untergang des Abendlandes. Umrisse einer Morphologie der Weltgeschichte*, Muenchen, 1918/1920.

4 Mann, Thomas, *Betrachtungen eines Unpolitischen*, 1918.

5 Elias, Nobert, 1939/1998, *Ueber den Prozess der Ziwilisation*, Frankfurt/M. 1-2 Bde. 엘리아스는 이 책 1권 7-42쪽에서 "문화"와 "문명"이 독일에서 적대적인 개념으로 발전돼 온 과정을 기술한다.

각 민족의 고유성을 강조한다. 문화 개념은 경계를 긋는다.

인류의 "문명화" 과정의 결과들은 사회, 정치, 과학, 기술 영역에서 하나의 무한한 진보의 여러 단계들 — 경험적으로 증명가능한 — 이다. 그에 반해 문화 개념은 종교, 신화, 철학, 예술, 문학에서 표현능력들의 일회성과 고유성을 강조한다.

이상과 같이 정리하고 보면 문화와 문명은 규범적으로 대립되는 개념이라기보다 그 내포와 뉘앙스를 달리하면서 상보적인 관계를 갖는 개념들임을 알 수 있다. 영국과 프랑스 등에서 처럼 — 그리고 미국에서도 — 두 개의 개념을 기준 없이 혼용하거나[6] 독일에서처럼 문화이데올로기의 잔재로서 비대칭적으로 대립시키지 않고 보다 섬세하게 구분하여 사용할 필요가 있다.[7]

3. 문화 다원주의

서구의 제국주의적 세계 지배의 시대가 지난 후에도 인류 사회는 군사

---

6 헌팅턴이 사용한 '문명'(civilisation)이라는 말은 독일어 번역본에서 '문화'(Kultur), '문화권'(Kulturkreis), '고급문화'(Hochkultur)로 번역되고, 반대로 '문화'(culture)라는 단어는 '문명'(zivilisation)이라고 번역되거나 경우에 따라서 '문화'(Kultur)로 번역되기도 했다.

7 바로 이러한 맥락에서 로디는 이 개념쌍을 재정리하여 그 상보적인 관계를 통해 극단화하기 쉬운 정치 사회 문화의 대립된 입장들 사이에서 올바른 방향성을 제시하고자 하는 비판적 휴머니즘을 주장한다. 그는 특히 독일인들이 자신들의 치부이기 때문에 잘 다루지 않는 나치 시대의 문화이데올로기 문제를 (유대인으로서 나치의 직접적인 피해자였던 엘리아스도 이 부분을 빠뜨리고 있다) 분명하게 정리해 주고 있다. F. Rodi, "Kultur und Zivilisation-Versuch einer Neubesinnung auf ein abgewertetes Begriffspaar-", in: Baruzzi, Arno/Takeichi, Akihiro(Hg.), *Ethos des Interkulturellen*, Wuerzburg., 1998.

적, 경제적 강대국을 중심으로 하는 이념적 대립(자본주의 대 사회주의)과 산업과 기술을 기준으로 선진국과 후진국으로 구분되어 대립과 갈등을 겪어 왔다. 지금은 미국의 유일 지배 경향 속에 특히 초국적 기업들이 세계의 대중 소비 문화를 전일적으로 지배해 가는 추세 속에 있다. 이러한 구도의 문제점을 인식하는 사람들의 다양한 국가적, 문화적 대응과 모색이 진행되고 있다.

문화 다원주의는 21세기 인류 사회의 기본 전제다.[8] 그런데 문화 다원주의(Kulturpluralismus)와 다문화주의(Multikulturalismus)는 구분된다. 다문화주의는 다수의 민족이 국가의 성원을 구성하고 있는 사회의 문제이거나, 또는 지구화를 전제로 민족국가나 국민국가의 경계를 허물고 모든 인류가 혼합해서 살아가는 사회를 상정할 때 예상되는 현상이다. 그에 반해 문화 다원주의는 개별 문화의 고유성이 유지된다는 전제 아래 고유한 문화들이 조화를 이루고 고유성을 인정한 선에서 교류하는 경우를 말한다.

먼 미래에 인류 사회가 어떻게 변해 갈지는 아직 판단하기가 어렵지만, 지금 특수한 역사적 배경에 의해 다수의 민족이 혼재하는 몇몇 국가의 경우(예, 미국과 캐나다, 그리고 외국인문제가 부각되고 있는 유럽연합)와 자본주의 상품 문화의 범람과 활발한 문화교류에 의해 생기는 다문화주의 현상에 대해서는 사회과학 분야에서 그리고 정치사회적 쟁점으로 많은 토론이 벌어지고 있다. 그러나 문화 다원주의는 모든 인류에게 상식적으로 받아들여지는 전제다.

문화 다원주의는 당연히 상대주의를 전제로 한다.[9] 그것은 자기문화

---

8 Berger, Peter L.(Hg.), *Die Grenzen der Gemeinschaft*, 1997, 11-28쪽.

9 상대주의에는 온건한 상대주의와 극단적인 상대주의가 있다. 문화 다원주의에 전제

중심주의에 반대하고 다양한 문화들의 가치를 인정하며 그 각각을 존중하는 것이다. 여기에는 개방성이라는 기본 태도와 관용이라는 가치가 요구된다. 그런데 그간의 다원적 문화들이 이제 새롭게 보편 문명적 경향을 보이고 있다는 주장이 있다.

헌팅턴은 네폴(V. S. Naipaul)의 보편 문명(universal civilization) 개념과 그 가능성을 다음과 같이 정리한다. 보편 문명이란 인류의 문화적 융합으로 공통된 가치관, 신념, 지향점, 관습, 제도가 생겨나는 현상을 의미하고, 그 구체적인 내용은 다음과 같다. ① 기본적 가치관(살인은 죄악)과 기본적 제도(가족 구조)를 공유. ② 원시 사회, 야만 사회와 구별되는 도시 생활과 문자 해독. ③ 개인주의, 시장 경제, 정치적 민주주의에 대한 공통된 믿음 ④ 서구의 소비 양식과 대중 문화가 지구화를 통해 보편 문명화. ⑤ 글로벌 커뮤니케이션과 문화의 지구화 ⑥ 영어의 보편화.[10] 헌팅턴은 보편문명의 개념이 서구 문명의 특징적 산물이라고 보고, 보편 문명론의 두 가지 가정을 추적한다. ① 공산권의 몰락과 자유민주주의 보편적 승리 ② 무역, 통신, 관광, 투자, 방송 등의 교류가 공동의 세계 문화 형성.[11]

이러한 보편 문명론에 대해 헌팅턴은 일일이 반박한다. 이러한 이론은 서구 문명의 대다수 사람들과 다른 문명의 일부 사람들을 기준으로 하고 있는데, 서구를 제외하면 세계 인구의 1% 또는 0.1%에 불과하므로 결코 보편 문명이라고 할 수 없다는 것이다. 그러한 주장은 깊이도 타당성도 없다는 것이다. 맥버거를 먹는다고 서구화하는 것은 아니다.

되는 상대주의는 전자이다.

10 Huntington, Samuel P., *The Clash of Civilizations*, 1996, 번역본: 『문명의 충돌』 이희재 옮김, 김영사, 69-82쪽(페이지 표기는 번역본의 쪽 수로 표시함).

11 같은 책, 83-86쪽.

1970-80년대 미국인들의 일본 상품 선호는 일본화가 아니었으며 오히려 일본에 대한 적대감만 커졌다. 글로벌 커뮤니케이션도 상황을 바꾸어 놓지는 않을 것이다. 영어의 보편화를 말하지만, 1994년 CNN은 세계 인구의 1%(5,500만 명)가 잠재 시청자이고, 그중 2-4%의 시청자에게만 영어 방송이 호소력을 갖는다고 예상했을 뿐이다. 그리고 세계 곳곳에서 영어를 쓰고 있지만 사람들은 지역에 따라 점점 상이한 영어를 쓴다. 즉 영어를 쓰면서도 의사 소통이 안될 수 있다. 그리고 보편 종교의 출현가능성도 없다. 금세기 세계 종교의 상대적 교세에는 두드러진 변화가 없었다. 앞으로는 인구 증가로 인해 이슬람 세력만 늘어갈 것이다. 또한 권위주의, 민족주의, 협동조합주의(corporatism), 시장 공산주의(중국) 등이 잘 굴러가고 있고, 종교적 대안들도 많기 때문에 서구식 자유주의가 유일한 대안이라는 생각은 너무도 오만한 발상이다. 끝으로 무역도 평화와 전쟁의 이중적 가능성을 갖는다. 지구화의 추세 속에서도 자기문명의 정체성을 강조하기 때문에 문명적, 사회적, 민족적 자의식은 심화된다.

이처럼 헌팅턴은 분명히 문화 다원주의가 오늘을 지배한다고 말하지만 그의 입장은 개방적 다원주의가 아니다. 그는 미국이 유럽과 함께 세계를 선도하고 지배하는 서구문화 쇼비니즘에 빠져 있다. 이를 우리는 다음 항에서 자세히 다루게 될 것이다.

문화 상대주의를 반대하는 또 다른 미국인 쇼비니스트의 예가 앨런 블룸(A. Bloom)이다. 그는 1980년대 후반 미국에서 베스트셀러가 된 책 『미국정신의 종말』에서 자신의 입장을 적나라하게 표현한다.[12]

---

12 Bloom, Allen, *The Closing of the American Mind: How Higher Education Has Failed Democracy and Impoverished the Souls of Today's Students*, New York, 1987.

블룸에 의하면 문화 상대주의는 훌륭한 삶을 모색한다는 교육의 동기를 말살시킨다. 그것은 선 자체마저도 파괴해 버리는 경향이 있다. 우리는 누구나 편견을 가지고 있는데, 특히 미국인들은 서구 문명의 후예로서 강한 편견을 가져야만 한다. 서구의 편견은 다른 문화보다 우수하며, 처음부터 편견이 없는 정신이란 공허하다. 그래서 블룸은 자신이 미국의 학생들에게 이러한 편견을 가르치고 있다는 사실에 자부심마저 느끼고 있다고 말한다.[13]

문화 상대주의와 문화 다원주의의 정신을 벗어나는 것은 이러한 지배문화의 쇼비니즘에 국한되지 않는다. 그것은 방어적 쇼비니즘에 의해서도 자행된다. 인권을 무시하고, 공개적 테러를 자행하는 파시즘적 독재지배자들이 문화적 자율성을 내세우는 경우가 그에 해당된다.

한경구는 문화 상대주의를 옹호한다. 그러나 동시에 문화 상대주의를 남용해서는 안 된다고 강조한다.[14] 인권 침해나, 나치 그리고 일본 천황제 파시즘 등은 결코 문화 상대주의로 옹호될 수 없다는 것을 분명히 한다. 한경구는 한국에서 특히 약간의 경제 성장으로 인한 자신감에서 비롯된 뒤틀린 민족 우월감 때문에 문화 상대주의가 절실히 요구된다고 말한다. 외국인 노동자의 학대, 해외 진출 기업의 현지 노동자 착취, 미국의 저질 문화 범람, 영어의 지배 현상 등은 문화 상대주의의 수용을

13 같은 책, 34-42쪽.

14 한경구, 「문화상대주의」, 『신인문』, 1997(창간호), 226쪽. 한국적 민주주의론은 하나의 예이다. 한국적 민주주의론에 대한 지식인들의 비판이 충분히 이루어지고 있음에도 이른 바 박정희 신드롬 등은 아직도 수구 세력이 청산되지 않고 있는 한국의 현실을 말해 준다. 참조: 김영명, 『동아시아 발전모델의 재검토 — 한국과 일본』, 소화, 1996, 114-115쪽; 『전통과 현대』, 1997(창간호)의 김병국, 이승환의 글 그리고 좌담.

통해 극복해야 할 일들이다. 우리 사회에서 발생하는 문화 분야의 문제는 서구 문화의 우수성이나 우리 민족의 우월성을 지나치게 강조한 결과이지, 결코 동남아시아나 아프리카의 문화가 서구 문화 못지않게 가치를 갖고 있다(또는 문제점도 갖고 있다)는 문화 상대주의적 신념에서 초래된 가치의 혼란과 무기력에서 비롯된 것은 아니기 때문이다. 한경구는 문화 상대주의의 결핍에서 유래할 맹목적인 오만과 완고함, 비굴한 추종과 모방, 열등감과 우월감의 기묘한 교차가 빚어내고 있는 현실에 어떻게 대처할 것인가를 진지하게 고민해야 한다고 호소한다.[15]

문화의 지구화현상에 대해서도 보는 시각에 따라 평가가 달라진다. 김호기는 국내에서 전개된 논의를 문화 제국주의 시각과 문화 다원주의 시각으로 구분하고, 전자는 문화의 다양성과 문화의 주체적인 수용 과정을 과소평가하고, 문화 다원주의적 시각은 문화의 수용에 내재되어 있는 자본의 논리와 권력관계의 재생산을 과소평가하고 있다고 정리한다.

그는 문화의 중요한 특징은 그 다양성에 있으며 이 다양성은 타 문화와의 끊임없는 상호작용 속에서 형성되는 것임을 강조한다. 민족 문화의 과도한 옹호는 폐쇄적인 자기문화중심주의로 흐를 가능성이 존재하므로 개방적 민족주의의 시각이 중요하고, 다양한 문화민주주의 전략들이 모색되어야 한다고 말한다.[16]

우리는 이상의 논의들을 보면서 문화 다원주의와 문화 상대주의에 관하여 잘못되고 뒤틀린 주장과 건강하고 개방적인 주장을 쉽게 확인할 수 있다.

---

15 같은 책, 225-232쪽.

16 김호기, 「문화의 세계화: 이론과 현실」, 『신인문』, 1997(창간호), 276-297쪽.

4. 문화 공동체들과 권력투쟁

냉전적 세계 정치질서가 무너지고, 이데올로기 대립과 그에 기초한 군사적 대립이 소멸된 후 전 세계적으로 민족주의가 부활하는 경향을 보이고 있다. 이는 곧 민족 문화의 문제로 연결되고, 국민국가 체제나 국가연합의 문제와 직결되어 많은 학문적 논의를 야기하고 있다. 민족주의의 부활로 국민국가 체제가 수많은 민족국가 체제로 변할 것이라는 주장(J. Naisbitt, 1994)에서부터, 지구화의 진전으로 민족주의는 고사하고 국민국가마저도 그 경계가 무너져 갈 것이라는 전망(E. J. Hobsbawm, 1990), 또는 민족주의의 부활이나 초국가 체제의 등장 등 양면의 위협에도 불구하고 기존의 국민국가 체제에 획기적인 변화는 없을 것(M. Mann, 1993)이라는 견해에까지 다양한 논의들이 진행되고 있다. 특히 유럽연합(EU)의 발전과 더불어 이러한 논의는 당분간 가장 활발한 논쟁 이슈가 될 것이다.[17]

이러한 맥락에서 많은 관심과 논쟁의 대상이 되고 있는 두 명의 미국 정치철학자의 문화(문명)론을 짚어 보기로 하자.

(1) 헌팅턴의 문명 충돌론

동서 대립이 끝난 이후 가장 많이 주목받고 인용되는 정치 이론서 중 하나가 헌팅턴의 『문명의 충돌』(*The Clash of Civilizations*, 1996)이다. (독일에서는 이 책을 『문화들의 투쟁』(*Der Kampf der Kulturen*)이라고

---

17 성경륭, 「전환기의 문명 충돌과 민족 갈등」, 『신인문』, 1997(창간호), 178-205쪽. 그 외에 Albrow, 1998; Beck, 1998a, 1998b; Gellner, 1991; Ross, 1998; Weidenfeld, 1995 등 참조.

번역했다). 헌팅턴은 이 책에서 세계를 8개의 문명권(서구권, 유교권, 일본권, 이슬람권, 힌두권, 슬라브권, 남미권, 아프리카권)으로 나누고 이들 문명권 간의 갈등이 앞으로의 세계 정치지형에 핵심적인 역할을 할 것이라고 했다.

헌팅턴의 책이 주목받는 이유는 사회주의권의 붕괴 이후 세계의 새로운 대립 전선을 선명하게 제시하고,[18] 그가 제시한 도식이 현실 세계에서 구체적인 사례로 나타나고 있다고 생각되기 때문이다. 그가 제시한 대립 구도는 서양 기독교 문화권과 이슬람 등 기타 문화권 간의 충돌이다(그는 심지어 구체적인 전쟁 시나리오까지 그려 놓고 있다).[19] 그의 이러한 주장은 이슬람 근본주의의 돌풍(이집트, 알제리 등에서의 테러리즘과 학살)과 전 유고 연방의 내전 등에 직결되어 많은 사람들에게 적확한 예언으로 받아들여지고 있다.

특히 밀레니엄의 전환기를 맞아 보다 큰 단위의 역사와 세계 문화의 변화에 대한 관심이 고조되고 있다는 것도 그의 책이 잘 팔리는 하나의 원인이다. 그러나 전문가들은 헌팅턴의 문화론이 갖는 취약성을 신랄하게 파헤친다. 취약성이라기 보다는 오히려 사악성이라고 표현하는 것이 맞는 말일 것이다. 그는 거시적인 시대 문명을 다루는 듯이 보이지만, 사실은 미국의 국익을 강조하는 하나의 전략을 내세우고 있으며, 그것도 지극히 폐쇄적이며 배타적인 것이기 때문이다.

그나마 헌팅턴의 주장이 공헌한 바가 있다면, 그가 미국정부에게 전 세계에 대한 유일 지배권력의 욕구를 포기하라는 말이다. 그러나 그의 이 긍정적일 수 있는 주장은 곧바로 미국의 국익을 지키고, 미국과 유럽

18 Huntington, 앞의 책, 333-351쪽.

19 같은 책, 429-437쪽.

의 기독교 문화권이 하나로 뭉쳐 이슬람 문화권을 비롯한 여타 문화권에 대항할 준비를 해야 한다는 공격적 방어 논리로 이어지고 있다. "건국 강령과 서구 문명의 유산을 거부한다는 것은 미국의 종말을 의미한다. 그것은 사실상 서구 문명의 종말을 뜻한다." "미국인은 문화적으로 서구 가족의 일원이다."[20] "서구는 20세기에 들어와서 미국이 주도하는 제2의 발전 단계로 접어들었다. 만일 북미와 유럽이 스스로를 쇄신하고 문화적 동질감을 쌓으며 NATO의 안보 협력을 보완하는 경제적, 정치적 결속의 틀을 강화해 나간다면 경제적 풍요와 정치적 영향력을 구사하는 제3의 유럽아메리카 단계로 약진할 수 있을 것이다. 그 전에 미국이 스스로를 서구 국가로서 재확인하고 자신의 세계적 위치를 서구 문명의 지도국으로서 정의해야 한다."[21] 정치적, 경제적, 군사적 결속을 한층 강화하고 정책 공조를 도모하여 다른 문명의 국가들이 유럽과 미국의 반목을 이용하지 못하게 막는다. 유럽연합과 NATO 안으로 중부유럽 곧 비제그라드 국가들, 발트 공화국들, 슬로베니아, 크로아티아를 끌어들인다. 라틴아메리카의 '서구화'를 후원하고 라틴아메리카와 서구의 긴밀한 결속을 최대한 도모한다. 이슬람국가들과 중화국가들이 재래식, 비재래식 전력의 강화에 나서는 것을 견제한다. 일본이 서구로부터 거리를 두면서 중국에 접근하는 속도를 늦추게 한다. 러시아를 정교 문명의 핵심국으로서, 남부 국경 지역의 자국 안보에 합당한 관심을 가진 지역 강국으로서 받아들인다. 다른 문명에 대한 서구의 기술적, 군사적 우위를 유지한다.[22]

20 같은 책, 421쪽.

21 같은 책, 423쪽.

22 같은 책, 428쪽.

헌팅턴의 글을 특별히 길게 소개하는 것은 이 논문에서 다루고 있는 모든 주제들과 직간접으로 관련되기 때문이며, 그의 주장이 얼마나 문제가 많은가를 실감할 필요가 있기 때문이다. 헌팅턴은 자기모순적인 주장들을 거침없이 내놓는다. 그는 한편으로 보편 문명을 비판하다가 다른 한편으로는 미국에서 다문화주의를 비판하고, 유럽아메리카 시대의 개막을 주창하다가 곧 세계의 다원 문화주의를 주장한다. 바로 이 다문화 세계에서 평화를 구축하기 위해 3가지의 원칙, 곧 자제의 원칙, 중재의 원칙, 동질성의 원칙이 중요하다고 말한다.[23] 이처럼 그럴듯해 보이는 헌팅턴의 부분적 언설들은 앞에서 본 폐쇄적 미국주의에 입각한 공격적 방어 논리와 전혀 맞지 않는 말들이다.

한정숙은 "헌팅턴의 문명 충돌론은 현상 분석 및 전망이라는 외관을 띠는 듯 보이지만, 사실은 세력 재편성의 구심점으로서 문명적 정체성을 들고 나오면서 이를 대내외적 세력 구축에 적극 활용해야 한다는 점을 기존의 헤게모니 집단에게 강력히 권유하고 있기 때문에 그 이데올로기성이 명백하다"고 비판한다.[24]

헌팅턴은 그의 책 서문에서 이 책이 사회과학서가 아니며, 냉전 후 세계의 정세를 바라보는 해석틀로서의 패러다임을 제시하려는 것이라고 말한다. 그리고 문명에 바탕을 둔 자신의 접근이 20세기 말과 21세기 초의 세계 정세를 이해하는 데 유용할지 모르지만 이것이 20세기 중반에도 유용했다거나 21세기 중반에도 유용하리라고 내다 보는 것은 아니라고 고백한다.[25] 헌팅턴의 이러한 전제를 무시한 채 마치 그의 이론이

23 같은 책, 423-440쪽.

24 한정숙, 「문명과 문명론 — 헌팅턴의 문명 충돌론 비판을 위한 시론」, 『신인문』, 1997(창간호), 39쪽.

거시적 문명론인 것처럼 받아들이는 것은 잘못이다. 이 책은 미국의 외교 전략의 방향을 제시하려는 보수적 정치학자의 대안 제시로 읽어야 할 것이다.

(2) 바버의 자본주의 문화 비판

역시 미국의 정치철학자인 바버(B. R. Barber)는 헌팅턴이 종교 문화를 기준으로 문화론을 편 것과는 달리 자본주의 문화와 근본주의 종교 문화를 대치시키는 구도의 또 다른 문화론을 편다(『쥐하드 대 맥월드 — 자본주의와 근본주의가 어떻게 민주주의와 자유를 파괴하는가』(*Jihad vs. McWorld*, 1995)).[26] 헌팅턴의 이론이 이슬람 문화 전체를 적대적으로 표현하는 것에 비해 바버는 비민주적이며 근본주의적인 일부 테러적 이슬람 종교단체와 마찬가지의 속성과 경향 — 바버는 이를 "쥐하드"(성스러운 전쟁)라고 표현한다 — 을 가진 세력이 미국 내에도 엄존한다는 사실을 실증적으로 보여 준다. 백인 미국인들의 극우 기독교 세력이 바로 그런 테러적 근본주의의 경향을 갖고 있다는 것이다.[27] 이념적 대립 구도를 상실한 20세기 말 인류 사회를 "맥월드"와 "쥐하드"라는 두 개의 극단적인 부정적 문화 현상의 대립 구도로 분석하는 바버는 기술과 정보로 무장하고 엄청난 물량으로 전 세계의 소비자를 덮쳐 오는 세계 자본의 초현대적 문화 세계인 맥월드 — 맥도널드, 코카콜라, 매킨토시, MTV로 상징되는 — 의 지배를 인류가 당한 최대의 문제로 파악한다. 바버는 미국 사회가 '국가'와 '개인'(사적인 관심의 주체)으로만

---

25 Huntington, 앞의 책, 7쪽.

26 여기서는 독일어 번역인 *Coca-Cola und Heiliger Krieg*, 1996을 인용한다.

27 같은 책, 219-231쪽.

구성되어 있을 뿐 공공의 영역인 민주적 '사회' 영역을 결하고 있다고 비판한다.[28] 그리고 미국뿐만 아니라 전 세계가 바로 이러한 민주적 시민 사회의 확대와 공공 영역의 확보를 통해(민족적 종교적 근본주의의 테러리즘을 통해서가 아니라) 다가오는 세기의 근본 문제들을 극복해야 한다고 주장한다.[29] 헌팅턴의 국가(또는 종교 문화) 쇼비니즘적인 해법과는 달리 민주적 시민 사회의 확대와 공공 영역의 확보를 통한 해법을 강조하는 바버는 개인의 자유와 권리를 우선시하는 자유주의에 반하여 공동선을 강조하는 공동체주의자다.

5. 공동체주의

위에서 우리는 '문화 공동체'를 민족과 국가를 포괄하는 문화권(Kulturkreis)의 의미로 사용했다. 그러나 '공동체'는 다양한 의미로 사용될 수 있다. 우리는 특히 공동체정신을 강조하고, 공동선을 기본적이며 보편적인 가치로 받아들인다. 아래에서는 영미의 정치철학에서 10년 이상 진행된 "공동체주의 논쟁"과 최근 로마클럽이 발간한 시대 진단서 『공동체의 한계』의 내용을 중심으로 공동체 문화에 대해 정리해 보고자 한다.

(1) 21세기와 공동체의 한계

1972년에 『성장의 한계』라는 보고서를 낸 이후 세계의 주요 변화와 문제를 진단하는 대표적 기관으로 자리 잡은 로마클럽이 1997년에는 『공동체의 한계』[30]라는 새로운 보고서를 발간했다. 앞의 책이 경제 성장과

28 같은 책, 288, 291쪽.

29 같은 책, 277-300쪽.

산업화로 자원의 고갈과 환경의 파괴를 가져온다는 점을 부각시켜 전 세계에 널리 읽히고 대단히 많이 인용되었다는 것은 주지의 사실이다. 이번에 발간된 책은 세계 여러 나라에서 겪었거나 겪고 있는 가치 및 규범의 갈등을 다루고, 이들 갈등이 사회 공동체의 응집력을 훼손하여 결국 공동체의 유지를 불가능하게 할 소지가 있음을 일깨운다. 새로운 세계정치의 시대에는 우리들의 사회에서 응집력의 한계를 인식시키는 일이 중요하다. 우리는 사회의 문화 자원들, 즉 규범, 가치, 사회적 기본자세를 아주 민감하고 신중하게 생각해야 한다.[31] 문화들 간의 전 세계적인 대화가 점점 더 필요하다.[32] 이 보고서는 21세기 인류 사회의 문제들을 예진하고, 그 해결의 모형을 추구하고 제시하는 작업을 하고 있다. 11개 나라에 대한 분석에서 시민 사회의 형성이 갖는 중요성과 또 그 한계를 보여 주고, 민주주의가 발달하지 않고 종교적, 계급적 위계질서가 지배하는 비서구 사회에서 관용과 민주성의 확보가 어떻게 가능하며, 민주주의 이외의 갈등 해소 방법에 대한 관심을 보인다. 무엇보다도 갈등 해소를 위한 매개 기관들(의사 소통 구조들)의 현황을 소개하고 그것들의 강화와 새로운 창출을 강조한다.[33]

이 책에서 다루고 있는 일본(정치와 경제에 밀린 평화주의 및 환경운동)[34]과 대만(환경운동),[35] 그리고 최근 독일(통일 후 실업문제로 시

---

30 *Berger, Peter L.(Hg.), Die Grenzen der Gemeinschaft-Konflikt und Vermittlung in pluralistischen Gesellschaften*, Gutersloh, 1997.

31 같은 책, 13쪽.

32 같은 책, 18쪽.

33 같은 책, 21-28쪽.

34 같은 책, 489-579쪽.

35 같은 책, 531-579쪽.

민운동권의 주장 약화)[36]의 예에서 드러나듯이, 특히 경제 상황이 어려워질 때는 규범 갈등의 해소를 위한 토론과 매개의 과정이 허약해지고, 이는 공동체의 불균형 발전으로 이어진다.

이 연구 보고서가 보여 주는 것은 세계의 여러 나라가 안고 있는 갈등의 내용과 양상은 다 각각 다르고, 그 해결의 길도 구체적으로는 서로 다를 수밖에 없지만, — 각 사회의 문화적 배경, 민주주의의 정착 정도, 시민들의 이론 의식과 실천 의지 등의 차이 때문에 — 그러나 공동체의 유지, 민주주의, 시민 참여, 올바른 역사적 사회적 (책임) 의식이 기본 전제가 된다는 사실에서 공통점을 갖는다는 것이다.[37]

(2) 자유주의와 공동체주의 논쟁

공동체의 중요성을 강조하는 정치철학 분야의 한 조류가 있다. 자유주의 이론의 한계를 비판하면서 10년이 넘도록 논쟁을 벌여온 공동체주의자들이 그들이다.

정치철학 분야에서 거대 이론의 가능성이 사라지는 듯한 시점에 롤스(J. Rawls)의 『정의론』(1971)이 나타났다. 이에 대해 공동체주의적 비판은 전통적으로 계약론적 입장이나 칸트적 입장에 반대했던 주장들의 현재화된 변형으로 다시 나타난다.[38]

---

36 같은 책, 155-197쪽.

37 같은 책, 581-614쪽.

38 이 논쟁에 참여한 논객들과 그 주요 내용은 황경식, 「자유주의와 공동체주의」, 『사회철학대계 2』, 1993, 419-475쪽 참조. 그 외의 문헌 중 일부를 첨가하면 다음과 같다; Avinery, Shlomo/de Shalit, Avner, *Communitarianism and Individualism*, Oxford UP, 1992; Honneth, Axel(Hg.), *Kommunitarismus*, *Frankfurt*/M, 1992; Kersting, Wolfgang, "Die Liberalismus-Kommunitarismus-Kontroverse in der amerikanischen politischen Philosophie", in: *Politisches Jahrbuch*, Stuttgart, 1991.

이 논쟁이 복잡한 것은 존재론적, 규범적, 사회학적, 정치 이론적, 해석학적-도덕론적 주장들이 섞여 있기 때문이다. 그러나 이 논쟁은 시대 진단적 의미를 내포하고 있었기 때문에 지속적으로 관심의 대상이 되었다.

정치철학에서 공동체주의 논쟁의 주된 문제는 민주 사회 정치질서의 정당화를 위해서는 합리적으로 구성된 보편주의적 정의 원리들이 우선하는가 아니면 문화적으로 전승된 윤리적 선(善)의 표상들이 우선하는가이다. 보다 단순하게 표현하여 개인의 권리를 우선시할 것인가 공동체적 선을 우선시할 것인가이다. 이 논쟁에는 많은 사람들이 참여하여 장기간에 걸쳐 진행됐을 뿐만 아니라, 같은 진영에 속하는 사람들도 각각 차이가 있기 때문에 간단히 정리하는 일이 쉽지 않다. 영 · 미철학계에서 벌어진 이 논쟁의 후반부에 들어와 독일철학자들도 일부 참여하게 된다. 전체적으로 볼 때 이 논쟁은 여러 단계들을 거쳐 오게 됐고, 그 진행 과정에서 입장 차이가 점점 더 벌어지기보다는 상호접근하고 공통의 기반을 넓혀 가게 되었다.

포스트(R. Forst)는 그 과정을 4개의 단계로 구분하여 설명한다.[39]

처음엔 사회를 구성하는 인간 주체에 대한 (인격 개념에 대한) 규정의 문제로 출발했다. 롤즈의 인격 개념을 비판한 샌델(M. Sandel 1982)의 중심 테제는 '고립된 주체들이 있을 수 없고, 따라서 고립된 도덕도 있을 수 없다' 는 것이다. 그러나 몇 차례의 공방이 오고 간 이후 이 논제는 더 이상 생산적이지 않다는 결론에 이른다. 테일러는 원자론과 자유주의의 일차원적 연결에 반대하고,[40] 왈처도 그런 논쟁이 비생산적 전

39 Forst, Rainer "Kommunitarismus und Liberalismus-Stationen einer Debatte", in: Axel Honneth(Hg.), *Kommunitarismus-Eine Debatte ueber die moralische Grundlagen moderner Gesellschaften*, 1993, 181-212쪽.

40 Taylor, Charles, "Cross-Purposes: *The Liberal-Communication Debate*", in: Nancy

쟁터라고 말한다.[41]

두 번째 단계의 논제는 윤리적 중립성, 그리고 선에 대한 정의 원리들의 우선성의 문제다. 중립성의 문제는 자유주의의 핵심이다. 동등한 시민적 권리들과 동등한 사회적 기회의 원리들은 개인적 신념과 삶의 방식들에 대해 관대해야 한다는 것이다. 그러나 그 관대함의 경계가 어디인가에서 두 입장은 긴장관계를 갖는 것이다.

세 번째로는 정치적 통합, 정당화 그리고 시민정신의 문제이다. 정치공동체는 선을 통해서 통합되는가, 법을 통해서 통합되는가? 공동체주의자들은 사유주의 사회들이 개인적 집단적으로 공동선 지향을 상실하여 어려움을 겪고 있으며, 이것은 하나의 위험이 되고 있다고 진단한다(Sullivan, 1982; Bellah, 1985 1991; Barber 1984; Taylor, 1989; Lasch, 1988). 규범적 사회 통합은 추상적 원리들에 의해서가 아니라 선에 대한 공통된 이해 — 삶의 방식 속에 들어 있는 하나의 에토스 —를 통해 결과된다. 정치적 정당화는 시민들이 공동선과의 동일화에 기초한 정치적 참여라는 강력한 개념이 필요하다. 시민은 문화적으로 통합된 공동체의 구성원으로 이해되어야 한다.

끝으로 보편주의와 맥락주의의 문제다. 왈처에 의하면 롤스의 정초프로그램, 하버마스(J. Habermas)의 담론 윤리학, 아커만(B. Ackerman)의 이론은 정의 원리들을 비사회적인 공간에서(im asozialen Raum) "가설적 대화"의 모델에 따라 정당화하려는 오류를 범하고 있

L. Rosenblum(Hg.), *Liberalism and the Moral Life*, Harvard University Press, 1989, 159-182쪽.

41 Walzer, Michael, "The Communitarian Critique of Liberalism", *Political Theory*, 1, 1990, 6-23쪽.

다. 이 "도덕철학의 길"은 관념적 인격체들이 이상적 장소에서 만나서 이상 사회를 위한 이상적 원리들을 고안하는 길이다.[42] 따라서 이러한 오류에 빠지지 않는 유일하게 적합한 길은 "해석의 길"이라는 것이 왈처의 주장이다. 그리고 테일러는 보편적으로 타당하고 모든 인간 존재들에 대한 동등한 존중을 요구하는 규범들이 존재하지만, 그것들도 선에 대한 "우리의" 이해들의 "도덕적 원천들"로부터 나온다는 것을 강조한다.[43] 그러나 보편주의적 입장에서는 현실 공동체에 충실한 맥락주의는 한계를 가질 수밖에 없으며, 테일러의 테제는 과정주의적 정의론들을 배제하지 않는 테제로 보인다.

(3) 한국 사회와 공동체

한국철학계에서 이 방대한 논쟁을 충분히 이해하고 세분화된 주제들을 보다 구체적으로 천착하는 일은 유익한 일이 될 것이다. 다만 세세한 논제들에 대해 나름대로의 주장을 세우고 논쟁의 한복판으로 뛰어들기에 앞서 서구 사회와 우리 사회의 차이를 주목할 필요가 있다. 혼네트(A. Honneth)는 자유주의와 공동체주의의 입장을 더 이상 "이익 사회" 혹은 "공동 사회"로 나눌 수 없다고 말한다. 두 입장 모두 전통 이후의, 민주적인 공동체를 염두에 두고 있기 때문이다.[44] 우리에게는 공동체적 특성이 아직도 전근대적인 차원에 머물고 있어서 그것이 미래 사회로

42 Walzer, Michael, *Interpretation and Social Criticism*, Cambridge, Mass. Chap.1, 1987.

43 Taylor, Charles, *Sources of the Self. The Making of the Modern Identity*, Cambridge, Mass., 1989, 520쪽.

44 Honneth, Axel(Hg.), *Kommunitarismus-Eine Debatte ueber die moralische Grundlagen moderner Gesellschaften*, 1993, 16쪽.

나아가는 비전으로보다는 사회의 기본 질서를 흐리고 발전을 저해하는 요소로 먼저 자리 잡고 있다. 이런 맥락에서 황경식이 우리 사회의 문제를 해결하기 위한 근원적이고 기본적 전략은 정당한 공권력에 의한 엄정한 법질서의 확립이라고 강조한 것은 타당한 주장이다.[45]

서양에서 공동선의 이념이 그룹 이기주의와 사회적 이해관계에 의해 조장된 전체 사회의 파편화와의 대결을 통해 생겨났다면,[46] 우리는 한편으로 집중화와 권위주의의 전통에서 무시돼 온 공동선 지향과 민주적 질서를 회복시켜야 하고 또한 동시에 나타나는 파편화 현상의 극복을 위해 공동체운동을 선개해야 한다.

필자는 한국 사회의 위기를 다루면서 법치 사회의 확립 — 이것은 자유주의의 입장이다 — 을 강조했다. 그러나 전체적으로는 개인의 권리보다는 공동체정신을 강조하는 입장이었다. 이때의 공동체는 전근대적인 속성을 벗어나야 하고, 올바른 역사 의식과 사회 의식을 바탕으로 하는 새로운 공동체이어야 한다는 것이었다.[47]

공동체 문화는 경제 현상의 분석에서도 하나의 중요한 요소로 작용한다. 동아시아의 경제 발전 모델은 공동체적 경제 모델, 또는 유교적 경제 발전 모델로 알려져 왔다. 기본적으로 경제 발전에 대한 문화적 설명방식의 한계가 지적되기도 하지만, 신자유주의적 경제 발전론의 맥락에서 강조되는 공동체적 요소들은 전근대성의 악용이라는 의혹을 살 수 있는 것들이라 하겠다. IMF 위기 이후 동아시아 모델에 대한 전면적인

---

45 황경식, 『시민 공동체를 향하여-근대성, 그 한국 사회적 함축』, 민음사, 1997, 57, 344-345쪽.

46 Acham, Karl, "Historismus-Multikulturalismus-Kommunitarismus", in: Scholz, Gunter, (Hg.), *Historismus am Ende des 20. Jahrhundets*, Berlin, 1997.

47 김의수, 『현실과 철학 사이』, 동녘, 51-52, 65쪽.

재검토의 필요성이 강조되고 있지만, 아직도 우리 사회에서는 신자유주의의 세계 지배라는 지구화의 현상에 대한 문제 의식이 미약하다 하겠다.[48]

6. 신자유주의 비판과 성찰적 현대화(제3의 길)

이념 대립의 시대가 지나고 문화 다원주의 시대가 도래했다고 해서 21세기의 인류가 자유롭고 다양한, 평화롭고 조화로운 삶을 살아갈 것으로 예상하는 사람은 드물다. 헌팅턴처럼 민족 및 문화들 사이의 충돌과 전쟁을 말하기도 하고, 혹은 신자유주의 이데올로기의 유일 지배와 전횡을 경고하기도 한다. 지구화의 거센 물결로 그 위용을 떨치고 있는 신자유주의의 지배에 대한 저항과 대안 모색이 유럽에서는 한창이다.

(1) 지구화의 폐해들

김영삼 정권은 "세계화"를 통치이데올로기로 활용했었고, 그 정권이 비참하게 몰락했기 때문에 지구화의 문제가 우리 사회에서는 사회과학적 주제로 제대로 자리 잡지 못한 측면이 강하다.[49] IMF 위기를 계기로 진보적인 사회과학자들에 의해서 신자유주의에 대한 비판이 부각되면서도 그것은 곧 지구화에 대한 비판이라는 사실이 일반인들에게는 잘 의식되지 않는 듯하다. "지구화"는 21세기로 이어지는 세계인들의 주된

48 유석춘, 「유교자본주의의 가능성과 한계」, 『전통과 현대』, 1997(창간호); 한국정치연구회, 『동아시아 발전모델은 실패했는가』, 1998 참조.

49 이러한 과정에서 "세계화"라는 용어도 "지구화", "범지구화", "범세계화" 등으로 혼란스럽게 사용되는 결과를 초래했다. 필자는 "지구화"라는 용어로 사용한다. 송두율, 『21세기와의 대화』, 한겨레신문사, 1998, 43-51쪽.

화두다. 그것은 한 차례 유행으로 이슈화되었다가 지나가는 개념으로서가 아니라 세계인의 삶을 결정해 가는 정치, 경제, 문화의 문제로서 지속적으로 씨름의 대상이 될 것이다.

『세계화의 덫』[50]에서 저자들은 세계의 경영자들, 학자들, 정치지도자들이 "지구화"된 시대인 21세기의 "새로운 문명"을 말하지만, 그 문명의 방향은 전근대적인 시대로 거꾸로 가고 있는 것 같다고 말한다. 세계가 "20 대 80의 사회"[51]로 전락하고, 전 세계를 수만 개의 다국적 기업들이 장악하는 것이 바로 지구화의 모습이기 때문이다. 정치가 경제의 발목을 삽아서는 안 된다는 논리가 바로 지구화를 관철시키는 신자유주의의 이데올로기이며, 이처럼 경제 논리가 정치 논리를 지배하는 경우 전 지구적인 재앙의 위험이 있다는 것을 1929년 세계 대공황의 예를 들어 경고한다.[52]

그들은 독일의 유수 기업이 말레이시아에 공장을 차려 놓고, 또 다른 외국인 노동자들인 인도네시아의 노동자들을 고용하여 노예적인 노동과 착취 그리고 인권 침해를 일삼고 있는 현실을 고발한다.[53]

지구화의 결과는 대기업들의 합법적 세금 포탈과 노동자 서민의 경제적 궁핍, 그리고 국제적 범죄의 범람으로 나타나고 있음을 통계 수치를 통해 보여 주고 있다.[54]

---

50 Martin, Hans-Peter/Schuhmann, Harald, *Die Globalisierungsfalle*, Hamburg, 1996, 번역본: 『세계화의 덫』, 강수돌 옮김, 영림카디널, 2003.

51 이는 제레미 리프킨(Rifkin)의 『노동의 종말』에서 나온 21세기에는 노동가능한 인구 중 20%만 일하고 나머지 80%는 실업자가 된다는 의미이다.

52 Martin, Hans-Peter/Schuhmann, Harald, 같은 책, 22-39쪽.

53 같은 책, 261-262쪽.

54 같은 책, 345-375쪽.

『지구화의 10가지 거짓주장』[55]의 저자들도 명쾌한 논리로 지구화의 폐해를 지적한다.

독일의 경우 시장의 전지구화로 인해 무역량과 금융자본 거래량 등이 기하 급수로 증가했지만, 공무원과 노동자의 임금은 15년 전 수준이며, 특히 실업률이 사상 최악의 상태를 보여 주고 있다. 문자 그대로 지구화가 실현된 영역은 자본 시장뿐이다. 세계 어디서나 다양한 금융 상품들의 시세를 확인할 수 있고, 주식 · 환 · 채권들을 사고팔 수 있다. 금융 시장들은 지구촌이 되었다. 그 외에는 전적으로 지구화된 영역이 없으며(무역과 노동 시장마저도), 그럼에도 불구하고 신자유주의는 전 세계적으로 지구화를 관철시켜 나간다. 이로 인해 서구의 복지국가 이상은 무너지고, 멕시코와 동아시아에는 경제위기가 닥쳤다.[56]

이 책은 지구화에 대한 주요 논리는 모두 거짓임을 폭로한다. ① "지구화는 멈출 수 없는 추세다." ② "사회적 국가(Sozialstaat)는 너무 비용이 많이 든다." ③ "지구화는 실업 극복을 위한 하나의 기회이다." ④ "독일의 임금은 너무 높다." ⑤ "국가가 경제에 너무 많이 개입한다." ⑥ "독일 산업의 해외 투자는 독일이 얼마나 매력이 없는지 보여 준다." ⑦ "유로화는 우리 모두에게 유익하다." ⑧ "영국과 미국은 일자리의 창출과 복지에 있어서 모범이 된다." ⑨ "후진국들은 지구화를 통해 이익을 본다." ⑩ "지구화는 세계를 다원화한다."[57]

이들은 이러한 비판과 함께 대안도 제시하고 있다.[58] 이들의 대안은

---

55 Boxberger, Gerald/Klimenta, Harald, *Die 10 Globalisierungsluegen*, Muenchen, 1998.

56 같은 책, 9-50쪽.

57 같은 책, 51-164쪽.

58 위 두 책 외에 '세계화 사회에서 경제, 환경, 정치'라는 부제를 달고 있는 Altvater ·

유럽과 독일을 위한 정책 대안들이다. 그러나 이들 대안이 우리에게 중요한 참고가 되는 것은 헌팅턴류의 미국 보수 세력의 끊임없는 유럽아메리카에 대한 유혹에도 불구하고 유럽인들은 자율성의 확립과 올바른 사회 발전을 위해 얼마나 노력하고 있는가를 볼 수 있기 때문이다. (물론 그들의 대안 중에는 그대로 우리가 수용할 수 있는 부분도 포함되어 있다.)

이들과는 좀 다른 톤으로 지구화의 현상을 진단하는 일군의 사람들이 있다. 이들은 지구화와 더불어 나타날 수 있는 긍정적 가능성도 함께 보면서 대안을 추구한다.

(2) 제3의 길과 성찰적 현대화

기든스(A. Giddens)는 단호한 어조로 신자유주의 시대가 끝났음을 선언한다. 지난 20년 동안 신자유주의가 풍미했던 것처럼 앞으로 20년은 제3의 정치가 지배할 것이다. 극우파는 현재 세계 곳곳에서 경제적, 문화적 보호주의를 주창하고 있다. 제3의 길 정치는 이러한 경향에 단호히 맞서야 한다.[59] 기든스는 지구화가 인위적인 노력과 무관한 자연적인 흐름도 아니며, 경제라는 단일 요소적인 현상도 아님을 지적한다. 국가, 기업, 그리고 여타 집단들은 적극적으로 지구화의 진전을 촉진해 왔다.[60] 지구화는 정치적, 경제적 영향들의 혼합에 의해 이루어지는, 여러 가지 과정의 복합적 영역이다.[61]

Mahnkopf의 『지구화의 한계들』(*Grenzen der Globalisierung*, 1997)은 보다 전문적인 책으로서 많이 읽히고 있다.

59 Giddens, Anthony, *The Third Way*, Londen, 1998, 번역본: 『제3의 길』, 한상진 · 박찬우 옮김, 생각의나무, 1998.

60 같은 책, 72쪽.

그러나 기든스는 지구화가 꼭 나쁜 면만을 가진 것이 아니라고 말한다. 지구화는 중심국의 패권을 확산하는 과정일 뿐만 아니라 지역의 문화 의식과 주권을 활성화하는 계기도 된다.[62] 신자유주의에 대한 대안이 필요하며 시장 근본주의나 고전적 복지민주주의는 결코 대안이 될 수 없다. 시장에 의해 움직이는 역동적 경제와 정의, 평등과 연대의 가치를 조화시키는 새로운 틀을 짜야 한다.[63] 세계주의적 민족 또는 시민사회가 가능하다. 제3의 길은 폐쇄적인 민족주의나 민족중심주의를 떠나 세계의 다원성을 이루는 민족과 인종 또는 문화 간의 대화를 촉구한다. 기든스는 지구적 민주주의의 가능성을 옹호하고, 여섯 가지의 중심과제를 제시한다: ① 정부의 재창출, ② 시민 사회의 재구성, ③ 규제 완화와 민영화, ④ 복지 체제 개편(인적 자원 개발, 위험 사회 대처), ⑤ 생태적 현대화, ⑥ 범세계적 관할 체제[64]

기든스와 함께 『성찰적 현대화』라는 책을 공동 집필한 벡(Ulrich Beck)도 지구화를 복합적인 현상으로 진단한다. 지구화는 아주 복잡한 현상이다. 한 측면은 동일화, 보편화, 그리고 지구적인 준거 틀의 경제화이다. 이 준거 틀에서 하나의 언어 등이 지적될 수 있다. 동시에 다른 측면은 차이에 대한 인식이 폭발하고 있다는 것이다. 이 두 가지 현상이 동시에 일어나고 있다. 어떻게 어떤 조건하에서 일어나는가는 알기가 어렵고, 그리 많이 알고 있지도 않다.[65]

발전론과 현대화론을 비판하는 벡은 산업적 현대화("제1의 현대")가

---

61 같은 책, 73쪽.

62 같은 책, 263-264쪽.

63 같은 책, 265쪽.

64 같은 책, 266쪽.

65 Ulrich Beck, *Die Erfindung des Politischen*, Frankfurt/M, 1993, 번역본: 『정치의 재

가져온 재해와 위험을 경고하고, "제2의 현대"로 나아가는 성찰적 현대화를 주장한다. 그는 성찰적 현대화 과정의 두 측면을 개인화와 지구화라고 말하고,[66] 지구화가 재앙이기만 한 것이 아니며 제2의 현대로 나아갈 수 있는 기회로도 본다. 그는 지구화의 포괄적 의미를 나타내기 위하여 신자유주의의 경제 지상주의는 "지구주의"(Globalismus)라고 표현한다. 이것은 세계 시장이 정치적인 행위들을 제거해 가는 과정이며, 신자유주의의 이데올로기가 지배적으로 강화되는 과정이다. 이에 반해 지구화(Globalisierung)에는 생태 · 문화 · 정치 · 시민 사회적인 차원이 포함된다고 말한다.[67]

이상의 논의들을 보면 지금까지 경제 발전과 과학기술의 선진화에 초점이 맞춰진 지구화 시대에 대한 기대와 준비에 좁혀져 있던 우리의 시각은 교정되어야 함을 절감하게 된다. 신자유주의 이념과 자본주의 체제가 지배하는 지구화를 시대적 대세로 인정하고, 비주체적이며 비체계적인 자세로 미국주의를 추종하는 태도를 벗어나야 한다. 그러기 위해서 우리는 유럽의 경험과 시도에 주목할 필요가 있다.

우리는 과거 권위주의 체제에서 독재자들의 무지한 권력 남용으로 많은 사회적 비용을 낭비해 왔다. 경제 부문에서 그러한 현상을 시정하기 위하여 문민정부에서는 신경제정책을 펴기 시작했고, 정치가 경제의 발목을 잡지 않아야 한다는 원칙을 강조했다. 그러한 원칙은 국민정부에서도 그 기조가 유지되고 있다.[68] 그런데 신자유주의의 지배에 대한 강력한

발견』, 문순홍 옮김, 거름, 1998, 358쪽.

66 Giddens, A., Beck, U., Lash, S., *Reflexive Modernization*, Standford, 1994, 번역본: 『성찰적 근대화』, 임현진 · 정일준 옮김, 한울, 1998, 38쪽.

67 Ulrich Beck, *Was ist Globalisierung*, Frankfurt/M, 1997, 26-27쪽.

68 재벌의 구조조정 등 정부의 간섭이 어느 때보다도 큰 것처럼 보이나, 이는 IMF구제

비판과 특히 세계적인 위기를 피하기 위하여 정치 논리가 경제 논리를 지배해야 한다는 주장은 우리에게 신선한 충격을 주기에 충분하다.

『제3의 길』의 번역자들은 한국 사회도 제3의 길이 필요하다고 강조한다. 그러나 그것이 서구 중심적 사고이어서는 안 된다고 말한다. 무엇보다도 이들이 한국 사회에서 개혁 세력의 성장은 수준 높은 교육과 특히 사회운동의 전통에 연유한다고 분석한 것은 중요한 지적이다.[69] 한국 사회가 개혁을 실현하고 미래 지향적인 발전을 이룰 수 있기 위해서는 바로 그 사회운동 세력이 주체로 설 수 있어야 한다. 우리가 선진국들과 대등하게 새로운 세계 정치질서를 논할 수 있는 길은 하루 빨리 수구적 잔재를 청산하고 합리성에 기반한 민주질서를 확립하는 것이다. 그러한 기초 위에서 우리가 갖고 있는 공동체정신을 발휘할 때 우리는 우리 자신의 성숙과 발전을 넘어 모든 인류와 함께 미래를 열어 갈 수 있을 것이다.

7. 21세기 인류의 철학적 지향

문화 다원주의(Kulturpluralismus)의 적(敵)은 문화 제국주의와 문화 쇼비니즘이다. 보편주의인가 특수주의인가, 세계주의인가 다문화주의인가는 선택의 문제가 아니라 강조의 문제이다. 중요한 것은 신자유주의인가 아닌가(자본의 무한 지배인가, 인간성과 평등을 포괄하는가), 자기문화중심주의인가, 개방주의(열린 민족주의)인가이다. 헌팅턴류의 서구중심주의, 서구 문화 헤게모니주의는 곤란하다는 것이다.

금융이라는 특수한 상황에 대한 대처 과정에서 나타난 일시적 현상이다.

69 Giddens, Anthony, 같은 책, 21쪽.

자유주의와 공동체주의의 대결은 법치주의와 공동체주의(참여와 연대)의 보완으로 수렴된다. 시민의 민주적 참여정신, 합리적 개별 시민의 공동선 지향이 강조되는 것이다.

제3의 길과 성찰적 현대화는 개발주의, 근(현)대화주의, 신자유주의의 보완적 극복을 위한 대안이다. 개혁적 사회민주주의이며, 위험 사회에 대한 경고와 보완 요구이다. 개발주의와 생태주의의 대화와 타협의 길을 제시하는 것이다.

이들 서양의 논쟁들은 시민 사회의 확대와 참여민주주의의 중요성을 강조한다. 시민들의 공동체운동과 시민 공동체의 정치운동의 중요성을 강조한다. 그리고 문화 다원주의는 누구나 받아들여야 하는 전제이다.

여기까지는 우리도 실현가능한 목표로 수용할 만한 내용이다. 그런데 현실에서는 아직도 잔존하는 수구성과 전근대성의 위력이 너무 강하다. 우리는 적어도 유럽 사회가 달성해 놓은 그리고 가까운 미래에 달성하게 될 사회적 목표들을 따라잡을 수 있도록 노력해야 한다. 그러기 위하여 그리고 그 이후를 위하여 우리는 보다 근본적인 이념적, 실천적 지향에 동참할 수 있어야 할 것이다.

필자는 지금까지 시대의 전환과 함께 추구되고 있는 인류의 경제적, 정치적, 문화적 삶의 새로운 가치 지향을 추적했다. 유럽과 미국에서 현재 가장 활발하게 논의되는 몇 가지 쟁점들을 개괄적으로 정리하면서 우리의 현실에 주는 시사점을 찾고 우리의 시각으로 비판을 가해 보았다. 이러한 과정에서 필자가 선택하고 주장하는 세계인들의 바람직한 가치 지향이 대체로 드러났다고 본다. 마지막으로 인류가 21세기에 지향해야 할 철학적 가치와 태도를 아주 추상적이고 포괄적인 형식, 즉 3가지의 원리로 간단히 언급하고자 한다.

1) 인간성과 생명의 원리

이것은 정신적, 육체적 억압과 착취에 대한 반대, 합리화 · 자동화로 인한 노동권 상실 저지, 정보화를 통한 인권 침해와 무기 개발 반대, 초국적 자본의 전일적인 지배에 대한 저항, 법과 제도에 의한 인간 소외의 예방, 인간 복제 등 유전자 공학의 폐해 예방, 공동체성의 회복, 과잉 생산과 소비로 인한 지구 자원의 고갈 방지, 환경파괴 정책과 행위 저지, 생태적 삶의 문화 형성, 퇴폐 문화와 범죄의 극복, 인간과 생명 위주의 과학 활동 등에 대한 전지구적 노력을 의미한다. 이것이 가능하기 위해서는 인간의 의식이 성숙해져야 하며, 올바른 역사 · 사회 의식으로 통제가능한 지구, 인간과 생명이 주인인 우주를 유지하겠다는 사명감을 인류가 공유해야 한다.

2) 균형의 원리

이것은 먼저 지금까지 인류 사회에 굳어진 불균형에 대한 바로잡기가 될 것이다. 자연보다는 인간이, 보존보다는 개발이, 절약보다는 낭비가, 저속보다는 급속도가, 최소 재화보다는 최대 재화가 우선시됨으로써 빚어진 엄청난 불균형을 바로잡으려는 힘겨운 노력을 말한다. 그리고 지금부터는 더 이상의 불균형을 초래하지 않는다는 원칙을 철저히 지켜나가는 것을 의미한다. 이것은 인간과 자연의 생존을 지향하고 인류의 평등을 지향하며, 진정한 다원주의를 지향하는 원리이다. 그러나 이것은 현재의 조건에서 적당히 절충하거나 타협하는 것이 아니라, 미래에 대한 책임 의식에서 첫 번째 원리인 "인간성과 생명의 원리"를 중심으로 끊임없이 균형을 찾아가는 과정의 원리인 것이다.

3) 연대의 원리

이것은 깨인 자 들의 교류와 결합을 의미한다. 위의 두 원리들에 동의하고 동참하는 사람들이 힘을 합하는 것이다. 이것은 작은 공동체운동이며, 이 중에는 전적으로 새로운 삶의 양식을 실천하는 이상적인 공동체 실험도 포함될 수 있다. 이것은 개별 공동체에 머무는 것이 아니라 공동체들의 연합운동이다. 정보 혁명을 활용한 세계 시민 연대이고, 네트워크를 통한 새로운 참여정치운동이다. 다원성 속에서 보편성을 확보하는 운동이고, 비인간화되고 부자연화된 병든 지구를 되살리는 인류적 생명연대운동이다 이것은 제1의 원리와 제2의 원리를 실현시키는 구체적인 실천의 원리이다. 이것은 21세기에 대한 비관적 전망을 가로질러 나아가는 희망의 원동력이다.

8. 나오는 말

인류는 지금 세기의 전환과 밀레니엄의 전환이 겹치는 특별한 시점에서 있다. 그런데 천 년은 고사하고, 다가오는 백 년에 대한 전망과 정향도 잘 잡히지 않는 지경이다. 게다가 우리는 경제위기를 맞아 하루와 한 달을 염려해야 하는 특수한 상황에 처해 있다.

이처럼 원근의 조건들이 어려우므로 우리는 미래를 정리할 여유와 능력을 상실한 채 살아가는 듯하다. 이럴 때일수록 사람들은 단순한 논리로 무장한 명쾌한 패러다임을 희구한다. 출판 상업주의는 이러한 바램에 편승하여 끊임없이 새로운 이론의 단기적 상품화에 매진한다.

기든스의 "제3의 길"은 지금 마침 그러한 바람을 타고 있다. 그러나 그러한 이론이 유행과 베스트셀러이 바람을 다고 너무 쉽게 지나가 버리는 것이 문제다. 그러한 논의는 적어도 우리 사회에서 수구적 태도들을 어느 정도 무력화할 때까지 진지한 담론의 주제로 남아 있어야 한다.

이 글에서 개괄적으로 다룬 이론들, 즉 아직 대중적으로 많이 알려지지 않은 공동체주의나 바버의 자본주의 문화 비판, 그리고 지구화 비판 담론과 로마클럽의 『공동체의 한계』 등이 보다 차분하게 우리의 관심과 논의의 대상이 될 수 있기를 기대해 본다.

제 3 장

공동체주의와 민족주의

— 찰스 테일러(C. Taylor)철학을 중심으로

1. 들어가는 말

필자는 이 논문을 구상하기 전에 이 주제와 관련된 두 개의 논문을 쓴 바 있다. 하나는 「한국 사회와 공동체」(2001)이고, 다른 하나는 「민족주의의 양면성과 한민족 공동체」(2002)이다. 그리고 그보다 앞선 논문 「문화 다원주의와 21세기 인류의 철학적 지향」(1999)에서 자유주의-공동체주의 논쟁을 일부 다룬 바 있다.

이러한 일련의 논문들을 통해 필자가 "공동체"와 "민족주의"에 관심을 갖고 있던 차에 찰스 테일러가 다산철학 강연의 강연자로 초청되었다. 그는 공동체주의자로 알려져 있고, 서양철학자들의 일반적인 경향과 달리 '민족주의'에 대해 보다 세심한 논의를 전개하고 있음을 발견하고 이 연구논문 주제를 설정하게 되었다. 우리 입장에서 공동체 사상의 정리와 미래의 새로운 사회상 제시의 필요성을 느끼면서 그 구체적인 시도에 앞서 테일러의 공동체 사상과 민족주의 사상을 정리해 보려 한 것이다. 자유주의의 보완이라는 맥락에서 그의 공동체 사상에 관심이 가고, 공동체주의자로서 특히 주류 서양철학의 반민족주의 경향[1]과

달리 민족주의를 민주주의, 다문화주의의 맥락으로 유의미하게 다루는 테일러의 민족주의 사상이 주목할 만한 내용이라고 생각했다.[2]

자유주의 대 공동체주의 논쟁에서 우리는 둘 중에 어느 하나를 선택해야 하는 것이 아니다. 양 진영에 소속된 이론가들이 각각의 고유한 세부 이론들을 전개하고 있어서 하나의 진영에 묶는 것도 무리한 측면이 있다. 그런데 정의 대 선, 법치 대 덕치, 개인 대 공동체, 보편주의 대 다원주의 등을 기준으로 양 진영을 나누는 경우에도 진보와 보수라는 다른 기준을 가져다 대보면 그 진영이 완전히 다르게 나누어질 수 있다는 점을 간과해서는 안 된다. 롤스는 자유주의 진영의 대표자이고, 왈처와 테일러는 공동체주의 진영의 대표들이다. 그런데 이 세 사람은 모두 사회민주주의를 지향하는 것으로 알려져 있다. 필자가 보기에 이 논쟁에

---

1 아펠의 다음과 같은 말은 서양철학자들의 반민족주의의 이유를 이해하게 한다. "나는 소위 공동체주의를 직접 경험하였다. 나치즘은 실질적이고 현실적인 공동체주의였다. 그때 우리는 공익은 개인의 이익에 우선하고 민족은 개인들보다 우선한다고 배웠다. 그것은 상당히 이타주의처럼 들리지만 결과적으로는 민족이 모든 것에 우선하고 개인은 무의미한 존재로 전락하는 것이었다. 보편적 가치들을 고려하지 않는다면 공동체주의는 이런 경향을 갖는다." 「칼 오토 아펠 교수 특별대담」, 『철학과 현실』, 1998, 겨울, 183-184쪽.

2 전북대 철학과에서는 테일러의 한국방문을 계기로 그에 대한 연구를 집중적으로 수행하였다. 그 결과 다음과 같은 논문들이 발표되었다. 박병섭, 「찰스 테일러의 현대진단 — 민주제적 포섭과 배제의 동학」, 『과학기술 시대의 철학-사회와 철학 7』, 이학사, 2004; 「C. Taylor의 근현대성 비판 — 자아 정체성의 서사를 중심으로」 전북대대학원, 박사, 2005; 이충한, 「자유주의-공동체주의 논쟁에 대한 연구 — 찰스 테일러의 문제 의식과 그 의의」 전북대대학원, 석사, 2005; 백훈승, "Selbstidentitaet und Anerkennung bei Hegel und Ch. Taylor", 제 26회 국제 헤겔 학회(26. Internationaler Hegel-Kongress)(2006. 9. 22 폴란드) 발표 논문; 백승훈, 「찰스 테일러와 헤겔에 있어서 자아정체성 및 공동체의 형성에 관한 연구」, 『철학연구 제100집』, 대한철학회, 2006.

주목하는 우리들에게 요구되는 것은 실천적으로 중요한 의미를 갖는 이러한 공통의 기반을 인식하는 것이다.[3]

더구나 이 논쟁을 마치 동양 대 서양의 대결로 그대로 전환시키는 것은 너무도 위험한 것이다. 그 단순함이 갖는 위험성에 대해서는 장은주가 예리하게 비판한 바 있다.[4] 그리고 아시아적 가치문제에 대한 새로운

---

3 박정순의 다음과 같은 주장들은 이 논쟁에 대한 우리의 이론적 관심 너머 실천적 태도를 위해 중요한 제안을 하고 있다고 볼 수 있다: 공동체주의자 왈처의 정의론과 사회비판에 대해 자유주의자들은 상대주의, 보수주의, 도덕적 불일치 등의 문제를 제기하고, 왈처는 최소 보편주의, 내재적 비판, 해석적 평결, 인간 재능의 광범위한 분산을 주장하며 대응한다. (박정순, 「공동체주의적 사회비판의 가능성 -마이클 왈처의 논의를 중심으로」, 『범한철학』 2003년 가을)(234쪽). 결국 왈처의 정의론은 가치의 사회적, 역사적 의미에 충실하여 고통받고 소외받는 자들에 대한 국민-대중적 비판을 시도하는 약자를 위한 보편주의다 왈처의 이러한 보편주의는 롤즈 정의론의 요체인 차등의 원칙과 일맥상통한다(238쪽). 롤즈의 자유주의적 정의론과 왈처의 공동체주의적 정의론은 각자의 주관을 반영했다기보다는 모두 미국의 정치적 전통에 대한 해석학적인 이해이다. 그들은 '정의'가 "사회비판과 사회개혁을 위한 실현가능한 이상"이라는 점을 견지하고 있다. 왈처가 강조한대로 "전통은 결코 그 보수주의적 옹호자들에게만 내맡겨서는 안 된다." 우리는 한국의 사상적 전통에 대한 심원하고 포괄적인 해석을 통해서 혁신주의적인 전복적 의미를 노정시켜야 할 것이다. 연고주의, 독점, 지배와 전제가 횡행하는 전근대적 모습을 많이 간직한 한국 사회에서 왈처의 복합평등론과 그에 따른 사회비판은 한국 사회의 각종 부당한 연결고리들을 절단할 수 있는 철학적 쾌도가 될 수 있을 것이다(238-240쪽).

4 서양에서 자유주의에 대한 공동체주의의 비판의 논점은 인권이나 개인의 자율의 이념 등과 같은 자유주의적 기본 가치들 그 자체에 대한 공격에 있지 않다. 민주적인 공동선과 공동체적 문화만이 그러한 자유주의 기본 가치들의 사회적 수용과 제도화를 가능하게 한다는 주장을 한 것이다. (장은주, 「인권과 민주적 연대성-유가 전통과 자유주의-공동체주의 논쟁」, 『시대와 철학』 2002년 봄호)(299쪽) 개개인들의 경쟁적 관계에서 방어적인 자유주의적인 개인주의인가 유교적 윤리론의 비판적 계승인가(송영배, 2000, 29쪽)? 그러나 양자택일은 불가능하다. 자유주의적 개인주의는 서구에 대해서도 잘못된 문화적 자기이해이고 그래서 공동체주의적 교정이 불가피

논의가 필요하다는 주장도 있다.[5]

위에서 나는 공동체 사상의 정리와 미래의 새로운 사회상 제시의 필요성을 느끼고 그 구체적인 시도를 해야 한다고 말했는데, 권용혁 등 5인의 공동 연구서인 『공동체란 무엇인가』는 일찍이 이러한 시도를 한 셈이다. 동양과 서양의 공동체 사상을 정리하고, 현재의 시점에서 한국 및 동양과 서양의 논의들을 아우르며 바람직한 공동체 상을 추구하려는 좋은 시도를 하고 있다. 여기서 자유주의-공동체주의 논쟁의 맥락을 짚어내고, 시대적 문화적 맥락이 다른 우리의 입장에서 문제를 추구하려 했다는 점이 훌륭하다고 생각한다.[6] 그들은 각자의 주제별 논문에 대해 매번 모두가 참여하는 토론을 시도하고 있는데, 마지막 종합토론으로 "통일과 공동체 개념"을 다룬다. 통일된 민족 공동체는 남북한이 노정하고 있는 왜곡된 공동체 전통을 지양하고 새로운 공동체 대안을 모색

했던 것이며, 반면에 '우리의 동아시아의 유교적 전통'은 바로 그 '자유주의적 개인주의'의 방향에서 교정이 필요하다. 그 교정들의 잣대는 민주주의적 삶의 양식이다(310-311 쪽).

5 이제 아시아적 가치논쟁도 새로운 각도에서 재고되어야 할 것이다. 한편으로 왈처의 특수주의적인 공동체주의 방법론은 가족적, 지역적 유대와 위계적 질서를 강조하는 유교 공동체적 가치관을 옹호하는 것처럼 보이지만, 다른 한편으로 왈처의 전복적인 내재적 비판은 아시아적 가치에 대한 자유주의적 해석의 가능성도 아울러 시사하고 있다. 왈처의 얇은 보편적 도덕과 두꺼운 특수적 도덕의 구분과 "민족 자결주의 원칙"은 아시아 사회가 정치적 압제와 빈자의 억압을 배제하여 기본적인 인권을 보장할 수 있는 도덕적 최소주의를 만족시킨다면, 아시아적 가치가 최대한의 본격적인 도덕으로서 다양한 방식으로 발현될 수 있다는 것도 말해 준다(박정순, 앞의 글, 239-240쪽).

6 이 논의 과정에서 권용혁은 퇴니스, 요아스, 리스-셰퍼 등의 주장을 소개하면서 유럽과 미국의 공동체 개념을 미세하게 구분하여 소개한다(230-236쪽). 이는 공동체주의의 이해에 도움이 되는 기초 지식이다.

해야 한다고 강조한다. 통일해야 한다는 감정적 당위성을 넘어 통일의 규범적 조건들을 논의해야 함을 강조하고, 우리는 통일을 준비하면서, 혈연적 민족 개념을 넘어 민주 공동체를 지향하는 새로운 실험의 기회로 삼아야 한다고 강조한다.[7]

테일러는 왈처와 함께 공동체주의의 대표자로 일컬어진다. 그러면서도 테일러는 자유주의에 대립하는 공동체주의자라기보다는 자유주의를 인정하고, 자유주의 사상의 장점과 중요성을 강조하는 사상가이다. 그래서 그는 '자유주의적 공동체주의자'라는 이름을 갖기도 한다.[8] 왈처와 테일러가 다산 강연의 연사로 한국에 다녀갔고, 그들에 대한 관심과 논의가 한 층 더 고조된 바 있다. 한국철학자들은 자유주의 대 공동체주의 논쟁을 소개하는 과정에서 한국(동양) 사회는 공동체주의적 경향을 강하게 가지고 있으므로 자유주의적 보완이 필요하다는 인식을 공유하고 있다.

테일러의 다산 강연은 그의 과거 이론들 중 다수를 포함하고 있다. 그가 당시에 새롭게 관심 갖고 정리하고자 하는 주제들을 다룬 것이면서도,[9] 그가 과거에 연구했던 주제들과 핵심적으로 주장했던 내용들을 포괄하고 있다.[10]

---

7 권용혁 외, 『공동체란 무엇인가?』, 273-292쪽. 권용혁 팀은 그 후에 이 주제 의식을 확장하여 동아시아 3국의 공동체 및 시민 사회에 대한 연구를 수행하고 있다.

8 테일러가 어떤 철학자인지에 대한 다양한 평가는 박병섭 박사학위 논문 51-52쪽에 소개되어 있다.

9 테일러, 『세속화와 현대문명』, 김선욱 외 옮김, 철학과현실사, 2003, 9쪽.

10 그래서 테일러의 저작들을 별로 접해 보지 않은 한국철학자들에게 테일러의 다산 강연들은 난해하게 느껴지기도 했고, 너무 포괄적이라고 느껴지기도 했다. 박병섭은 테일러의 다산 강연들의 독해를 위해 그 이론들의 근원을 추적하는 과정에서 다

2. 공동체

(1) 자아와 공동체

테일러에서 자아는 공동체와 뗄 수 없는 관계를 갖는다. 인간은 공동체와 더불어 있다. 자아는 공동체 안에서 정체성을 형성한다. 그래서 인간의 자아 정체성은 공동체가 인정하는 공동선을 기반으로 형성된다.

테일러는 자아를 사회적 모체 안에서만 존재한다고 본다. 사회적 모체 밖의 자아는 상상조차 할 수 없다는 것이다. 초기 사회의 사람들이 특정 맥락과 분리된 자아를 상상조차 할 수 없었듯이, 현대 사회 구성원에게도 이런 사실이 본질적으로는 계승되었다고 본다.[11] 테일러는 공동체가 인간의 행위와 자아인식의 구조적 전제조건이라고 확신한다. 왜냐하면 인간은 자기해석적 동물이며, 그런 자기해석의 언어적, 경험적 자원들이 다른 자아들과 함께 이루는 공동체의 맥락에서만 발견될 수 있기 때문이다.[12] 이처럼 테일러는 인간이 고래로부터 본래 공동체적이었음을 주목한다. 차축 시대를 지나면서 보편적 가치를 추구하게 되었고, 가족 공동체, 혈연 공동체를 넘어서는 보편가치의 공동체를 지향했다. 근현대로 넘어오면서 계급 사회가 해체되고 평등주의가 확산되었지만 새로이 애국심과 민족주의가 생겨났고, 현대 사회, 민주주의 사회에서도 공동체정신, 참여민주주의 정신과 함께 사회는 유지 발전된다.

인간은 원자적 개인이 아니다. 인간은 태어나면서부터 사람들과 더불

산 강연의 내용들이 과거의 저술들에서 이미 반복적으로 나타나고 있음을 발견하고, 그것들을 꼼꼼하게 정리하여 박사학위 논문을 작성하였다.

11 테일러, 앞의 책, 228쪽.

12 스테판 물홀 · 애덤 스위프트, 『자유주의와 공동체주의』, 한울, 2001, 170쪽.

어 산다. 부모 등 가족과 관계 속에서 성장하는 인간은 사람들과 대화적 관계 속에서 자기정체성을 확립한다. 그는 결코 고립된 원자적 존재가 아니다.[13] 테일러의 원자주의 비판은 근현대 인식론 비판과 직결된다. 데카르트와 로크의 표상주의적 인식론 전통이 자연과학주의적 원자주의에 입각해 있다고 지적하면서 테일러는 헤르더, 훔볼트, 딜타이, 하이데거, 비트겐슈타인, 메를로-퐁티의 입장을 옹호한다.[14]

테일러는 인간이 공동체적 존재임을 말하면서 언어, 도덕의 주제들을 핵심 영역으로 만난다. 인간 공동체는 언어 공동체이기 때문이며, 인간들이 공동체 내에서 자기정체성을 형성하는 과정에서 가치관과 공동선이 결정적인 영향을 미치기 때문이다.[15] 테일러는 인간 자아가 생물학적인 존재가 아니라 선(good)의 방향을 탐색하고 발견하는 중에 형성된다고 본다. 인간의 자아 정체성은 해석의 언어와 연결되어 있다. 그러므로 인간을 탐구한다는 것은 언어 속에서 구성되는 존재를 탐구하는 것이다. 자아는 단독으로 형성될 수 없고 '대화의 망들' 안에서만 자아가 된다. 이처럼 자아 정체성은 일정한 공동체를 전제한다. 그런데 서구 근대의 개인주의는 이런 공동체를 배제하는 '원자주의'적 편향도 발전시켰다. 우리는 어려서부터 대화의 공간 속에서 도덕적 정신적 식별 언어를 배우고, 역시 이 공간에서 혁신도 한다. 자아 정체성은 '대화의 선험적 조건'에서 형성된다.[16]

---

13 Taylor, *Philosophical Arguments*, Cambridge/London 1995, 187-190쪽.

14 테일러, 『헤겔철학과 현대의 위기』, 박찬국 옮김, 서광사, 1988, 244-264쪽. 테일러의 인식론 비판에 대해서는 박병섭 박사학위 논문 8장, 9장 참조.

15 테일러의 주저 중 하나인 『자아의 원천들』(1989) 제1부의 제목은 "정체성과 선"이며, 그 세부 소주제에는 '도덕 공간 안에서 자아' '도덕의 원천들' 등이 포함돼 있다.

16 Taylor, *Sources of the Self: The Making of the Modern Identity*, Cambridge: Harvard

(2) 민주주의와 공동체

테일러는 「민주주의는 얼마나 공동체를 필요로 하는가?」(1992)[17]라는 논문에서 민주주의 이론을 세 가지로 분류한다: 경제적 이론, 일반의지 이론, 참여민주주의론.

경제적 민주주의론은 미국정치학에서 주류가 되고 있는 이론을 말하며, 대표적으로 슘페터가 주장하는 이론이다. 이 이론은 로크와 홉스의 철학을 근원으로 하며, 그들을 계승한 계몽주의자들의 이론의 맥을 이은 것이다. 테일러는 이 이론의 한계를 지적하면서 자기 이론의 핵심을 드러낸다. 경제적 민주주의론은 민주 제도가 구성원들의 요구에 부응하는 것이며, 각 개인의 요구를 동등하게 취급하는 '정의'를 그 핵심으로 하는 이론이다. 그런데 여기서 효율성과 정의 사이에 모순이 생겨나고, 최선의 방법은 복수 정당과 규칙적인 선거이다. 즉 과정과 제도가 중요하다. 테일러는 이 이론에는 시민적 휴머니즘의 전체 전통이 빠져 있다고 비판한다. 즉 시민들의 강한 일체화가 빠져 있다는 것이다. 세금을 내고, 법을 지키며, 군복무를 하는 등 소위 애국심(18세기까지 사용된 개념)이 빠져 있다는 것이다.[18]

둘째로 일반의지의 이론은 루소의 일반의지(volonte generale) 이론을 근원으로 하며, 마르크스주의가 그것이다. 이것은 지배가 없는 사회를 지향하며, 당이 프롤레타리아트의 전위(Avangarde)가 된다. 이 이론에서는 차이, 경쟁, 다툼이 정당성(Legitimitaet)을 잃는다. 그런데 이런 것들이 제거되는 것은 억압에 의해서만 가능하므로 이 모델의 정권들은

University Press, 1989, 32-40쪽.

17 Taylor, *Wieviel Gemeinschaft braucht die Demokratie? Aufsaetze zur politischen Philosophie*, Frankfurt, 2002, 11-29쪽.

18 같은 책, 13-16쪽.

모두 독재정권이다.[19]

이들 두 가지 이론과 다른 이론을 주장하는 것이 테일러의 입장이다. 살아 있는 민주 사회 이론이라고 주장하는 이 이론은 경쟁과 다툼을 허용하며(일반의지 이론과 차이), 중심적, 통일적 동일화라는 중심축을 인정한다(경제적 이론과 차이). 이 이론의 근원은 토크빌이며, 현재는 한나 아렌트의 입장과 같은 것이다. 동일화라는 중심축은 법 속에 존재하며, 법은 정치 체제의 중심적 기구들과 제도들의 총체이다. 여기의 중심 기구들과 제도들은 구성원들의 존엄의 원천이며 보호막이므로 공동선이 되고, 그것은 헤아릴 수 없는 가치를 지닌다.[20]

테일러는 자신의 민주주의론을 전개하면서 세 가지 조건을 말하고, 마지막으로 자신이 주장하는 민주주의론에서 민주주의가 자본주의 및 사회주의와 갖는 관계를 정리한다. ① 통일성: 이것은 연대감에서 나오며, "애국심"이라는 개념의 구성요소이다. 지금은 애국심이라는 단어의 의미가 미국과 프랑스의 혁명기 의미와는 전혀 다르게 영어와 불어에서 "민족주의"와 유사한 의미로 사용된다. 많은 학자들의 눈에 민족주의는 민주주의에 반하여 작용했다.[21] ② 참여: 4년 간격의 선거만으로는 시민의 감각이 유지될 수 없다. 민주주의는 직접 참여에 의해 살아난다. 시민들의 자발적 조직운동이 필요하다. 생동적인 민주주의는 두 개의 다리로 선다; 공권력과 다양한 형태의 직접 참여.[22] ③ 상호존중: 이것은 민주적 조직(Gemeinwesen)을 위해 핵심적이다. 이것이 없으면 시민의 권리들을 공동체적으로 옹호할 이유가 없다. 현대 민주주의 사회들의

19 같은 책, 16–19쪽.
20 같은 책, 19–21쪽.
21 같은 책, 21–23쪽.
22 같은 책, 23–26쪽.

커다란 성과는 복지국가이다. 그런데 복지국가는 구성원들의 높은 기대와 관료조직 때문에 많은 비용과 커다란 문제들을 수반한다. 그래서 민주 사회는 딜레마에 빠졌다.[23] ④ 자본주의와 사회주의라는 경제 형태는 민주주의를 위해 어떤 의미를 갖는가? 자본주의는 노조운동과 복지국가를 통해 상호존중의 길을 마련했다. 비극적인 20세기 사회주의 역사에서 배울 것은 일반의지의 환상과 이별을 고하는 것이다. 민주적 사회주의는 경쟁과 갈등을 허용해야 한다. 양 체제의 위험성들 사이에서 민주주의는 자신의 길을 찾아야 한다. 사기업의 권력이 공공의 소유라는 형태로 전환하고, 시장은 중요한 역할을 하지만 어느 정도 계획에 의해 움직여야 한다. 사회의 권력은 탈중심화되어 중요한 결정들은 당사자들과 멀지 않아야 한다.[24]

테일러는 구체적으로 제도와 정책의 대안을 제시하는 것은 아니지만, 공동체성을 강조하면서도 자율적 참여와 분권, 그리고 상호인정의 다문화 공동체를 제시하고 있다.

(3) 파편화를 넘어서

테일러는 원자주의에 반대하고 파편화를 걱정하는 공동체주의자이지만, 미국 젊은이들의 상대주의적 무관심주의를 비판한 앨런 블룸[25]에 동조하지 않는다. 젊은이들의 태도에는 진정성의 원리가 포함되어 있다고 보기 때문이다. 그리고 그 진정성의 원리를 현재의 도덕적 이상이라고 말한다.[26]

---

23 같은 책, 26쪽.

24 같은 책, 26-29쪽.

25 Allen Bloom, *The Closing of the Amercan Mind: How Higher Education Has Failed Democracy and Impoverished the Souls of Today's Students*, New York, 1987.

테일러에 의하면 문화나 인생 태도의 변화들은 도덕적 이상과 관련이 있다. 그는 사회과학적 방법론의 한계를 지적하며 사물관계의 맥락에서만 이루어지는 설명으로는 현대 문화의 변화를 다 해명하지 못한다고 말한다. 테일러는 개인의 자유와 도구적 이성의 확대가 현대의 도덕적 이상인 진정성의 원리와 연관된다고 말한다. 그러나 테일러는 자신이 말하는 도덕적 이상으로서의 개인주의와 비도덕적 이기주의로서의 개인주의를 엄격히 구분한다. 현대 문화의 현상을 후자의 것으로 오해하거나 단순화시키는 오류를 지적하는 것이다.[27]

그러니까 테일러는 현대 문화의 모든 현상을 낙관적으로 해석하여 마땅히 있어야 할 것으로 보는 옹호자의 편에 서는 것도 아니다. 그는 비판자나 옹호자 모두와 거리를 두면서 자신의 주장을 편다. 진정성의 원리는 타당한 도덕적 이상이며, 이것은 주관주의가 아니라 이성적으로 논증이 가능한 것이고, 이는 모든 것을 체제(system)로 해석하는 것에 반대하는 것임을 강조한다.[28]

그런데 테일러가 보기에 실제에 있어서 현대 문화는 주관주의로 침몰하고, 천박한 삶의 양태에 불과한 나르시시즘의 문화로 전락하고 말았다. 그들은 사회적 원자주의로 향해 달려가고 역사, 전통, 사회, 자연, 신 등을 소홀히 대하고 극단적인 인간중심주의(anthrocentrism)에 빠졌다.[29] 테일러는 진정성이 자기결정의 자유 개념과 연결되어 있음을 상기시키면서, 인간중심주의와 함께 해체주의를 비판한다. 진정성은 자기결정의 자유와 함께 가서는 안 된다고 말한다. 그런데 인간중심주의

---

26 테일러, 『불안한 현대 사회』, 송영배 옮김, 이학사, 2001, 24-27쪽.

27 같은 책, 34-36쪽.

28 같은 책, 38-39쪽.

29 같은 책, 75, 79쪽.

가 인간 주위의 존재들, 즉 전통, 자연, 신 같은 모든 지평들을 철폐시켜서 현대인들에게 의미의 상실감을 안겨줬다고 비판한다. 이것은 곧 진정성과 그 존중에서 비롯되는 차이의 인정 윤리를 뒤엎는다는 것이다.[30]

테일러는 도구적 이성의 위협적인 지배에 대하여 다룬 후에 이런 사회 제도들을 뛰어넘으려는 기획 중 하나가 마르크스주의였음을 상기시킨다. 그리고 그는 강한 어조로 말한다: "공산주의와 함께 사망한 것은 현대 사회가 하나의 원리에 의해 경영될 수 있으리라는 신념"이라고. 그래서 그는 시장 메커니즘의 필수성을 부정할 수 없게 됐다고 말한다. 그러나 테일러는 동시에 시장 유토피아도 결코 현실적이지 않음을 지적한다.[31]

테일러가 진심으로 걱정하는 일은 파편화 현상이다. 사람들이 자신을 점점 더 원자주의적으로 보게 될 때, 연대감을 상실하게 될 때 파편화가 생긴다. 구성원이 자기가 속한 정치 사회를 자신의 공동체로 받아들이기가 점점 더 어려워지는 사회가 바로 파편화된 사회이다. 사회에 대한 자기동일화의 결핍은 사회를 순전히 도구적으로만 보게 되는 원자주의적 태도를 반영하고 있는 것이다.

여기서 테일러는 파편화 현상을 극복할 두 가지 대안을 제시한다. 첫째, 마구 달려가는 도구적 이성의 지배권력을 되잡을 수 있는 힘은 바로 민주적 시민운동(democratic initiative)뿐이다. 둘째, 정치적 무력감의 원인은 대규모의 중앙집권 관료주의 국가에 의해 통치받기 때문이다. 토크빌이 일찍이 주장했던 바, 국가권력의 분산화에 의하여 이런 정치적 무력감을 개선해야 한다.

---

30 같은 책, 91-93쪽.

31 같은 책, 139-140쪽.

이렇게 테일러는 미국의 중앙집권적 연방제보다 캐나다의 지방분권적 연방제가 좋다고 말한다. 미국이 가장 폭넓게 수용하고 있는 사회철학인 중립성을 강조하는 절차주의적 자유주의는 원자주의를 강화시키며, 그 원인은 시민적 공동 행동의 부재에 있다. 이러한 미국식 모형의 세력 확장과 함께 캐나다 정치도 실패하기 시작했다.

테일러는 앞에서 공산주의 실패의 교훈을 언급한 바 있지만, 파편화 극복과 연대감 확보의 길을 사회 전체의 공동기획 대신 부분적인 집단들(예: 지역 공동체, 인종적 소수 집단, 종교나 정치집단, 특수한 이익집단 등)의 공동기획에 있다고 말한다. 테일러에 의하면 시장과 관료국가는 점점 더 커지는 원자주의와 도구주의의 경향을 야기시킨다. 원자주의와 도구주의는 진정성을 점점 더 저질적으로 그리고 천박하게 만든 주범들이다. 현대의 상황은 복잡하고 다층적인 노력과 공동의 정치 행동을 요구한다.[32]

3. 민족주의

테일러는 『헤겔』(*Hegel*, 1975)이나 그 요약본인 『헤겔과 현대의 위기』(1979)에서만 해도 민족주의에 대해 서양철학자들의 일반적인 견해, 즉 소극적인 해석을 했었다.

테일러에 의하면 근현대 사회에서 사생활 및 가정생활은 낭만주의적이었고, 공적생활 및 실제생활은 공리주의 또는 도구주의였다. 후자에서는 표현보다 생산에 초점이 맞춰졌는데, 그것은 강력한 집단정서에 의해, 특히 낭만주의 시대에 배태된 민족주의에 의해서 주기적으로 저

---

32 같은 책, 143-150쪽.

지되기도 한다.[33]

테일러는 헤겔이 루소 및 칸트의 근본적 자율 요구와 헤르더의 표현주의를 결합하려 했다고 보고, 이 두 경향을 근현대의 딜레마였다고 분석한다. 근현대 사회가 공동체를 붕괴시키고 그 공백을 못 메워 인종적, 민족적 정체성이 대두되었다고 보며 민족주의는 국수주의의 경향을 가졌다고 보았다.

테일러가 민족주의 문제를 본격적으로 다룬 것은 「민족주의와 현대」(1995)라는 논문에서다. 그는 이 논문에서 20세기 말의 민족 분쟁에 주목하면서 보스니아의 세르비아인들과 퀘벡의 주민들을 민족주의라는 하나의 그릇 속에 밀어 넣을 수는 없다고 말한다. 그러면서 민족주의의 다양한 형태들과 현대적 정치 문화의 관계를 분석한다. 민족주의에 대한 탐구는 이어지는 논문 「민주주의와 배제」(1997)에서도 중요한 부분을 차지한다. 그리고 한국에서 행한 다산 강연에까지 이어진다.

테일러는 민족주의에 대한 대표적 이론가 겔너의 기본 이론에 동의하면서 그 부족분을 보충하려 한다. 겔너는 민족주의란 정치적 민족적 통일성을 형성하는 원리이며 문화, 언어, 종교 등에서 통일성을 갖는 각각의 민족들이 자기네의 정치질서를 스스로 선택할 권리를 전제한다고 말한다.[34] 이러한 겔너의 주장은 오늘날 민족주의를 지향하는 그룹들의 정치이념들과 맞아떨어진다. 테일러는 이것들의 원인을 추적하고, 그 차이를 드러내려 한다. 그는 반현대화의 길을 가는 것처럼 보이는 곳에서 민족주의와 이슬람근본주의가 나타난다고 분석한다.[35]

---

33 테일러, 『헤겔철학과 현대의 위기』, 박찬국 옮김, 서광사, 1988, 184쪽.

34 Ernest Gellner, *Nations and Nationalism*, Ithaca/London 1983, 1쪽.

35 Taylor, *Wieviel Gemeinschaft braucht die Demokratie? Aufsaetze zur politischen Philosophie*, Frankfurt, 2002, 140-141쪽.

(1) 민족주의, 국가 그리고 문화

겔너는 현대적 사회와 국가의 형태로부터 어떻게 민족주의가 나왔는지 기능주의적으로 다룬다. 그는 현대 사회를 경제 체제로 파악하고, 국가가 거기에 봉사한다고 본다. 현대적 경제 체제는 성장과 변화가 특징이다. 공동체적 유대가 사라지면서 보통교육과 문맹퇴치를 통해 사회적 결속을 다진다. 그리고 표준어가 있어야 한다. 농경 사회의 고급 문화는 지식인 계층에 국한되었으나, 현대 사회에서는 모든 시민들에게 교육되었다. 국가는 단일 언어와 단일 문화를 확산시켰다. 결국 민족주의에서 국가가 나온 것이 아니라, 국가가 민족주의를 필요해서 만들어 낸 것이다.[36]

테일러는 이러한 겔너의 주장에 동의한다. 그러나 겔너에 대한 여러 반론이 있음을 상기시키면서(19세기 동유럽이나 20세기 아프리카에서 생긴 민족주의는 겔너 이론으로 설명이 안 된다), 2중 언어국가의 갈등을 분석함으로서 겔너 이론의 결핍을 드러내고자 한다. 두 언어 사용 국가들의 갈등은 국가해체의 위협 앞에서는 어렵지 않게 봉합된다. 그런데 은밀한 쇼비니즘이 민족주의의 외피를 쓴다. 겔너의 설명 모델은 여기서 결핍이 드러난다.[37]

겔너는 민족주의적 갈등에서 무엇이 문제인지 정의 내렸고, 그것이 그의 큰 공헌이다. 현대 국가들은 하나의 공식언어, 즉 문화를 강제하므로 강한 민족주의 그룹들은 우선적으로 국가를 강화시키려 한다. 이래서 현대의 민족주의 인식들이 왜 자꾸만 국가를 맴도는지 설명한다. 그러나 테일러는 민족주의를 직접적으로 국가에 결부시키는 것에 반대하

36 같은 책, 141-142쪽.

37 같은 책, 144쪽.

다. 대체적으로는 그렇지만 전적으로는 아니라는 것이다. 그 예로 프랑스계 캐나다인 민족주의는 19-20세기에 오히려 비국가 기구들 특히 교회를 지원했다. 1960년대에 와서 국가가 전면에 나타났고, 그 전에는 배후에 머물렀다. 테일러는 현대 민족주의의 근원을 국가로 환원하는 것은 불충분하다고 말한다.[38]

(2) 상상된 공동체 '민족' 그리고 애국주의

앤더슨은 민족국가들은 상상된 공동체라고 말한다.[39] 그것은 특별한 사회적 상상을 표현한다. 현대의 사회적 상상은 두 가지 징표를 가진다. 첫째, 수평적 사회가 수직적 사회로부터 단절됐다는 것이고 둘째, 더 큰 공간 초월적 상들을 세속적 시간 속에 있는 공동의 행위 속에 뿌리박은 것으로 본다는 사실이다. 현대 사회는 매개를 통한 수직적 사회에서 직접 귀속되는 수평적 사회가 되었다. 이것은 평등성과 개인성에 관련되고, 현대적 개인주의는 도덕적으로 파악하면 아노미적 파편 형태보다는 더 넓고 익명적인 상들(국가, 단체, 인류 등)에 자신을 귀속시킨다는 것을 의미한다. 가족, 고향 등의 네트워크 정체성이 하나의 "범주적" 정체성으로 변한 것이다.[40]

현대 국가들은 인민의 이름으로 정당성을 확보하고 수평적 사회들이 그 배경을 형성한다. 자유 사회들에서는 시민들의 참여가 필수적이다. 즉 애국심을 필요로 한다. 그리고 애국심은 거의 구분이 어려울 만큼 민족주의에서 영양을 섭취한다.[41]

---

38 같은 책, 145쪽.

39 Benedict Anderson, *Imagined Communities: Reflections on the Origin and Spread of Nationalism*, London, 1983.

40 테일러, 앞의 책, 146-147쪽.

테일러는 민족 감정의 발생을 두 단계로 나눈다. 첫 번째 단계는 식민지 엘리트들이 식민지배국가의 문화를 익힌 후 자기방어의 과정에서 민족 감정을 갖게 된다. 그리고 두 번째는 엘리트들이 민족주의 조직을 세우는 데 성공하고 나면 그 후에 인민 대중을 무대로 끌어내는 단계이다. 현대는 전통 문화를 하나하나 삼켜 버리는 강력한 물줄기와 같다. 시장경제적 산업들, 헌법적 인민지배와 함께 관료주의 국가들이 출현하면서 그것은 엄청난 물결처럼 퍼져 나간다. 민족주의는 근현대화 물결에 대한 전형적인 반항이며, 엘리트들은 정복자들에게 자신의 존엄을 방어하든지 승자들과 동화하든지 해야 한다. 이 단계에서 엘리트들에게 정체성의 가치가 위협당했기 때문에 강한 민족주의 정서가 나타나게 된다.[42]

(3) 자유로운 민족주의 대 살인적 민족주의

테일러는 앤더슨에게 영감을 받아 겔너 설명모델의 갭을 메워 보려 시도했다. 그렇게 민족주의적 갈등들의 맥락을 스케치하고, 이어서 피식민지 엘리트들의 저항으로서 민족주의와 대중운동으로 확대된 과정을 설명했다.

테일러는 다양한 이슬람 근본주의와 프롤레타리아 국제주의(제3세계 공산주의)에서 민족주의의 형성 과정과 유사한 맥락을 생각한다. 현(근)대화 물결에 의한 존엄성의 훼손이 그들로 하여금 거대한 사탄인 서양(미국)을 거부하고, 세계무대에서 저항하게 만든다는 것이다.[43]

그러나 테일러는 자신이 살고 있는 캐나다의 퀘벡 주 예를 통해 민족

41 같은 책, 150쪽.

42 같은 책, 155-158쪽.

43 같은 책, 162쪽.

주의를 자유로운 것과 살인적인 것으로 엄격히 구분 짓는다. 퀘벡의 독립운동(민족주의)은 보스니아의 살인적인 민족주의와 근본적으로 차이가 있다고 말한다. 전자는 혁명적인 헌법애국주의를 보장했고, 민족 감정도 자유주의 기본 원리들을 포괄했다. 모든 시민들이 평등해야 하지만, 국가는 서로 다른 문화와 민족들을 하나로 포괄한다. 그것을 묶는 것은 자유로운 애국주의이며, 결코 국가에 충성하도록 희생을 강요하는 것이 아니다. 충성의 강요는 정체성을 배반하는 것이다. 그렇게 되면 자유로운 애국주의가 전혀 역할을 못하거나(독일의 파시즘) "문화 부재의 문명"이 지배하여 자유주의가 발을 딛지 못한다(발칸반도).[44] 테일러는 마지막으로 강조한다. 근본주의의 다양한 변양들을 민족주의에 유비해서 파악하되, 그 다양한 현상 형태들을 분명하게 구분하여 분리시켜야 한다고.

(4) 민주주의와 민족주의

테일러는 「민주주의와 배제」(1999)[45]에서 민족 갈등의 문제를 중요한 내용 중 하나로 다룬다. 그는 "민주주의는 얼마나 공동체를 필요로 하는가?"에서 주장한 내용을 여기서도 이어간다. 민주주의는 인민주권이 핵심이며, 그것은 공통의 정체성 의식을 전제로 작동된다. 그런데 그중 일

44 같은 책, 164-165쪽.

45 테일러, "Democratic Exclusion (and its remedies?)", The John Ambrose Stack Memeorial Lecture, in Citizenship, Diversity, and Pluralism: Canadian and Comparative Perspective, Alan C. Caims et al. (des.), Montreal and Kingston: McGill-Queen's University Press, 1999, pp. 265-287. 이 논문은 테일러가 Transit-Europaeische Revue, Heft 14, Winter 1997에 같은 제목으로 실었던 논문을 확대 수정한 내용이다. 여기서는 인터넷 자료(http://ptw.uchicago.edu//talylor00.pdf)를 사용한다.

부 그룹이 공통의 정체성 의식을 갖지 못하고, 배제됐다고 느끼면 민주 집단에서 일탈해 나오게 되며, 독립을 요구하고 저항한다. 이때에 주류인 다수집단은 소수집단의 요구를 무시하고 무력으로 제압해 버리려 한다. 그 가장 잔인한 형태가 인종청소다. 여기서 테일러는 남아공의 아파르트헤이드나 쿠르드족을 인정하지 않는 터키인들의 경우, 그리고 세르비아의 인종청소의 사례를 든다. 그리고 아메리카 원주민을 학살한 미국이나 헝가리 민족주의운동, 인도와 독일의 외국인 문제까지 다양한 사례들을 다룬다.[46]

테일러는 민족주의 자체가 반민주적인 속성을 가지고 있는 것처럼 보는 서양철학의 일반적 견해에 반하여 오히려 민족주의는 민주주의로부터 기원한다고 말한다.[47] 민주주의는 전체를 '포섭' 하려는 의도로 움직인다고 볼 수 있지만, 그것은 어쩔 수 없이 '배제' 를 낳게 된다는 것이다. 사회 구성원들이 서로 잘 알고, 믿고, 상호헌신의 감정을 느낄 때 민주주의가 잘 작동한다는 사실로부터 역설적이게도 배제가 생겨난다고 주장한다.[48]

자유주의 사회에서 사람들은 이러한 살인적 민족주의의 사례들 때문에 민족주의를 비난하는데, 테일러는 원래 민족주의는 민주제와 잘 조화를 이루는 것이었다고 말한다. 헤르더는 모든 민족들이 동등하게 존중되어야 한다고 강조했는데, 그것은 프랑스인들의 헤게모니적 주장에 대해 게르만 문화를 방어할 뿐만 아니라, 게르만의 침략에 대해 슬라브 민족을 방어하기 위해 사용하였다. 이것은 민주적 정당성을 갖는다.[49]

---

46 같은 글, 10-13쪽.

47 같은 글, 5쪽.

48 같은 글, 14쪽.

테일러의 민족주의 사상은 그의 다산 강연에서도 이어진다. '종교적 갈등과 인정 투쟁의 정치' 라는 부제를 단 논문 "종교와 정치"[50]에서 그는 민족주의, 종교 그리고 국제 갈등들에 대해 언급하고 민족주의에 관해 위에서 피력한 주장들을 다시 펼친다:

종교의 차이가 갈등의 원인이 아니다. 중요한 것은 역사적 정체성이다.[51] 정치적 정체성이 현안으로 떠오르는 상황에서야 종교적 차이가 중요성을 띠게 된다.[52] 엘리트 집단의 거부가 근대 민족주의적 전환의 한 원천이다.[53] 새로운 범주적 정체성의 형성 방법 중 하나가 민족주의이다.[54] 근현대 민족주의 정치는 인정의 정치이며 그 원형적 범례다.[55]

4. 나오는 말

이 논문은 찰스 테일러의 공동체 사상과 민족주의 사상을 다룬 것이지만, 먼저 서론에서 한국철학자들이 자유주의-공동체주의 논쟁을 어떻게 수용하고 있으며, 어떤 방향으로 생산적 모색을 하고 있는지 정리하였다. 철학에 대한 관심과 탐구가 언제나 우리가 발을 딛고 있는 역사적, 사회적 현실의 맥락을 벗어나지 않아야 한다는 필자의 지론에 따라 테일러의 사상도 어떤 맥락에서 이해하고 수용할 것인가를 먼저 확인하

49 같은 글, 23쪽.
50 테일러, 『세속화와 현대문명』, 김선욱 옮김, 철학과현실사, 2003, 223-327쪽.
51 같은 책, 244쪽.
52 같은 책, 254쪽.
53 같은 책, 258쪽.
54 같은 책, 260쪽.
55 같은 책, 261쪽.

는 것이 중요하기 때문이다. 그리고 한국철학자들의 연구 성과들 속에 필자가 결론으로 공유할 내용들도 포함돼 있다.

우리는 테일러 이론의 의미를 어디서 찾을 수 있을까?

여기에서 소개하는 주제와 내용은 필자가 테일러 이론 중에서 비교적 많이 공감하는 부분이다. 테일러는 민주주의와 공동체 그리고 민족주의에 대해서 조금씩 각도를 달리하면서 다양한 사례들과 함께 논리를 전개한다. 민족주의의 근원을 제국의 지배에 대한 엘리트들의 저항과 대중운동의 성공으로 묘사하기도 하고, 민주주의가 필연적으로 수반하는 배제의 한 부분 현상으로 묘사하기도 했다. 이런 접근과 주장에 대해 세세하게 비판적 논의를 시도하는 것도 중요하겠지만, 필자는 거기까지 하려 하지 않았다.[56] 우리는 다만 테일러가 캐나다인으로서 자신이 처한 현실문제들을 기반으로 이론들을 정리하고 있음에 주목할 필요가 있다.

이들 주제와 관련하여 필자가 썼던 이전 논문들 「한국 사회와 공동체」와 「민족주의의 양면성과 한민족 공동체」도 그런 맥락에서 시도했던 것이다. 서양철학에 축적된 공동체에 대한 정의와 이론들을 정리하고 소개하되, 한국 사회 현상에 구체적으로 적용해서 논의를 전개했고, 민족주의에 대한 서양 주류 이론이 갖는 장점을 수용하면서도 우리 현실의 맥락과 조건들에 맞는 이론을 추구하려 한 것이다. 이번에 정리하고

56 테일러에 관한 2차 문헌들을 일부 확보하고 있으면서도 거기까지 나아가지 않은 것은 필자가 서양철학자들에게 접근하는 태도와 관련된다. 어떤 논평자는 이러한 필자의 태도가 마치 비판 없는 수용의 태도로 오해하기도 하지만, 오히려 그와 정반대이다. 나는 한 논문 자체의 완성도나 어느 철학자에 대한 세밀한 연구보다는 다른 논문들을 포함하는 포괄적인 맥락에서 주제를 탐구하는 선에 머물려 하고, 특히 실천적 맥락에서 유의미성을 찾으려 하기 때문이다. 필자는 서양철학자나 서양철학 시각을 종합식 체계적 관점에서 선정하기보다 주어진 자료를 활용하여 필자의 논리 전개의 매개로 삼는 수준에 머물려 한다.

확인한 테일러의 주장들은 공동체와 민족주의에 대해 필자가 이전의 논문에서 주장한 것들 — 민주성과 합리성을 바탕으로 하는 새로운 공동체와 열린 민족주의 — 과 상통하는 내용들이다. 따라서 이 논문에서 정리한 테일러의 사상은 필자의 논문들을 뒷받침해 주는 효과를 갖는 셈이며, 새로운 연구에서 중요한 자료가 될 것이다. 마지막으로 두 가지 일화를 소개하면서 이 글을 마무리하고자 한다.[57]

1) 테일러가 한국에 와서 강연회를 했을 때 나는 그에게 질문했다. "테일러 교수의 이론들은 부드럽고 온건하면서도 설득력을 갖는 것 같다. 그런데 그것은 어디까지나 이 강당과 철학자들의 담론세계에서다. 이 담론의 세계 바깥에는 너무도 직접적이며 잔인하고 폭력적인 현실이 엄존한다. 나는 공동체주의에 대해 호감을 갖는 편인데, 미국과 독일의 지식인 성명전에 참여한 면면에는 에치오니(Etzioni), 왈처(Walzer) 등이 포함되어 있다. 그들이 어떻게 부시의 전쟁정책을 지지할 수 있는가?"

테일러는 "아마도 그렇지는 않을 것"이라면서 미국의 강력한 반정부 운동가 촘스키나 부시 양쪽을 다 비판하는, 그러니까 온건한 평화주의 입장을 말했을 거라고 답변했다. 테일러는 그 성명전에 대해 모르는 것 같았다.[58] 다시 테일러를 읽으면서 유사한 느낌을 받는다. 그가 자유주

57 이러한 일화의 삽입이 논평자들의 눈에 거슬릴 수 있음을 알면서도 필자는 이러한 글쓰기를 유지한다. 이런 일화들이 논문의 주제와 관련성이 떨어지고 논변의 치밀성에 방해가 된다고 보는 평자들이 있지만, 나는 매 논문마다 실천적 유의미성과 연결하려는 시도들을 하고자 하며, 사회철학 전문가가 아닌 사람들도 읽을 만한 논문을 쓰고자 하기 때문이다.

58 박정순, 「왈처 교수와 특별대담: "테러와의 전쟁"과 "정의로운 전쟁", 그리고 미국

의와 대결하지만, 그것은 어디까지나 미세한 차이들에 대한 전문적이며 섬세한 논쟁일 뿐, 구체적이고 상식적인 현실의 논의들과는 거리가 있다. 2005년에 다산 강연의 연사로 왔던 샌델도 자신의 공화제 주장이 미국의 [공화당 > 민주당] 관계로 오해하지 말 것을 주문한 바 있다. 신자유주의에 대해 통탄해 마지않는 것은 공동체주의자들뿐만 아니라 자유주의자들도 마찬가지일 것이다. 그럼에도 불구하고 보다 분명하게 선을 그어 상식적으로 옳은 길을 제시해 주기를 바라는 일반인들의 기대와는 달리, 그들이 머무는 공간은 대부분 이런 치열한 현실의 다툼 공간과는 거리가 멀다.

테일러는 대체로 시민 사회가 공감하는 정도의 입장을 견지한다. 사회주의 체제의 붕괴로 자본주의의 일방적 승리라고 우리가 받아들이고 있던 그 시기에(90년대 초) 테일러는 유럽철학자들과 함께 이미 두 체제 이외의 새로운 실서의 필요성을 말하고 그 방향을 모색했다. 이는 우리의 연구 태도를 위해서나 삶의 현실을 위해서도 시사하는 바가 크다 하겠다.

2) 몇 년 전 왈처의 "정의로운 전쟁론"을 주제로 한 「철학연구회」 심포지엄에서 한 젊은 정치학자는 미국의 이라크 전쟁은 정의로운 전쟁에 해당한다고 주장했다. 사실은 왈처 자신도 미국의 대 아프가니스탄 전쟁은 정의로운 전쟁의 요건을 상당히 갖췄지만, 이라크 전쟁은 그렇지 못하다고 비판한 상태였다. 그런데도 그는 마치 부시의 대변인이라도 되는 양 이라크 전쟁의 정당성을 강변했다. 그런 태도가 한국 친미주의자들의 한계이다. 그리고 한국의 극우주의자들은 모두 극우주의의 본래 특성과 모순되게도 외세 의존적이며, 그래서 친일 · 친미주의에 매몰돼

좌파의 향방」, 중앙일보, 2002년 9월 11일.

있다. 이 글을 마무리하며 나는 오늘도 이러한 우리의 현실을 아픈 마음으로 직시하게 됐다. 그리고 테일러의 사상들을 소개하고 활용하는 일의 중요성을 실감한다.

제 4 장

해석학적 철학과 형이상학적 의식

— 딜타이(W. Dilthey)의 철학

1. 들어가는 말

신학적, 문헌학적으로 오랜 전통을 갖고 있으며 특히 20세기 철학에서 크게 관심의 내상이 된 해석학은 오늘날 개별 과학으로 광범위하게 수용되어 전개되고 있다. 1960년대 이후로 전 세계적인 해석학 붐을 일으킨 가다머(H.-G. Gadamer)의 『진리와 방법』은 그 부제에서 "철학적 해석학"이라는 개념을 사용한다. 출판사의 제의에 따라 붙이게 됐다는 이 개념은 정확한 용어가 못되며, 푀겔러(O. Poeggeler)와 디머(A. Diemer)의 새로운 용어 "해석학적 철학"이 보다 적합한 개념이라고 정리되기에 이르렀다.[1] 볼노우(O. F. Bollnow)는 "철학적 해석학"(philosophische Hermeneutik)과 "해석학적 철학"(hermeneutische Philosophie)을 구분하여, 전자는 문헌학과 역사학에서 형성된 방법을 보다 높은 철학적 의식으로 고양시킨 것이라고 정의하고, 후자는 해석

1 O. Poeggeler(Hrsg.), *Hermeneutische Philosophie*, 1972.
A. Diemer, *Elementarkurs Philosophie. Hermeneutik*, 1977.

학적 방법 전체에 대한 철학의 관심, 즉 생활 세계의 현실에 대한 해석이라고 정의한다.[2] 따라서 가다머의 철학도 푀겔러나 디머가 명명한 것처럼 "해석학적 철학"이라고 불러야 옳다는 것이다. 이와 같은 개념 정의에 따라서 볼노우는 푀겔러와 더불어 딜타이의 철학을 "해석학적 철학"이라고 부른다. 딜타이가 "객관적 정신"(objektiver Geist)이라는 개념으로 표현했던 기초적 이해의 세계(die Welt des elementaren Verstehens)를 볼노우는 "환경전체"(die Umwelt als ganze)라고 고쳐 표현하고, 거기서는 처음부터 인간이 만나는 모든 것이 그 의미에서 이해되는 세계라고 말한다. 그와 더불어 "교재해석"(Textinterpretation)이라는 의미의 해석학은 전체적인 세계 이해 및 삶의 이해로, 즉 인식일반으로 확대된다. 이렇게 하여 "삶의 해석학"(Hermeneutik des Lebens), "역사적 삶의 철학"(geschichtliche Lebensphilosophie) 등으로 불리던 딜타이 철학은 새로운 용어 "해석학적 철학"으로 명명된다.[3]

딜타이의 해석학적 철학은 형이상학과 대립적인 관계에 선다. 딜타이는 형이상학의 붕괴를 말하고 과학으로서 형이상학의 불가능성을 주장한다. 이런 점에서 그는 후설(E. Husserl)과 상반된 입장에 선다.[4] 그러나 딜타이의 형이상학 비판은 형이상학의 문제들 자체를 거부하는 것이 아니며, 그것의 과학으로서의 정립과 세계와 삶의 총체를 논리필연적 방법으로 추구하려는 시도를 비판하는 것이다. 삶을 "사유적합성"(Ge-

---

2 O. F. Bollnow, Festrede zu W. Diltheys 150. Geburtstag. In: *Dilthey-Jahrbuch fuer Philosophie und Geshcichte der Geisteswisswnschaften* 2, 1984, S. 49f.

3 이것은 다음 절에서 보는 대로 그의 인식인간학과 상호보완 관계를 이루며 그의 근본 체계를 형성한다.

4 후설도 전통 형이상학을 비판했으나 그는 딜타이와는 반대로 오히려 그것이 과학이상(Wissenschaftlichkeitsideal)을 철저히 실현하지 못했음을 비판한다.

dankenmaessigkeit)과 "불가측성"(Unergruendlichkeit)의 긴장관계에서 파악하는 딜타이는 세계관(Weltanschauung)으로서의 형이상학이 종교나 예술처럼 삶과 세계의 일면을 드러내는 중요한 역할을 담당한다고 인정한다. 필자는 딜타이철학 체계의 기본 요체가 되는 정신과학의 기초학에 관한 문제를 출발점으로 하여 딜타이가 파악한 삶의 이중구조와 거기로부터 나오는 형이상학 비판 및 해석학적 방법의 도입을 다루려 한다. 그리고 미쉬(G. Misch)가 발전시킨 "해석학적 논리학"으로의 발전, 그리고 삶의 불가측성이 세계관으로서 형이상학을 다시 수용되게 하며 과학과 인간에 대한 개방성의 원칙(das Prinzip der Offenheit)을 가능하게 한다는 사실을 고찰하고자 한다.

2. 인식인간학(Erkenntnisanthropologie)과 해석학적 철학: 정신과학의 기초(Grundlage der Geisteswissenschaften)

"인식인간학"과 "해석학적 철학"이라는 두 개념은 "심리학"과 "해석학"이라고 불리워 딜타이철학의 전기와 후기를 특징짓던 것에 대한 최근의 새로운 용어들이다. 이 새 개념들은 딜타이철학의 발전 과정을 "심리학에서 해석학으로"라고 주장하던 과거의 딜타이의 해석을 지양하여 "인식인간학과 해석학적 철학의 상보성(Komplementaritaet)"을 딜타이철학의 근본 성격으로 새롭게 해석하려는 것이다.

딜타이는 사회적 · 역사적 현실(die gesellschaftlich-geschichtliche Wirklichkeit)을 대상으로 삼는 정신과학을 철학적으로 정초하려 했다. 그것은 주저 「정신과학 입문」(1883)[5]에서 시도되었던 바, 이 책의 서문

5 이것은 딜타이가 10여 년간 집중적으로 정신과학의 체계적 정초에 몰두한 결과 얻

에서 딜타이는 "정신과학 입문 제2권"에서 계속 탐구할 전체 목차의 구상을 밝혀 그의 기본 사상에 대한 암시를 준다. 그는 역사학파의 원칙과 사회에 관한 개별과학들의 작업을 철학적으로 정초하려 했고, "역사학파와 추상적 이론들 간의 논쟁을 중재하려" 했다. 이를 위해 딜타이는 하나의 기본 과학(Grundwissenschaft)의 수립이 필수적이라고 생각했다. 그것을 추구해 나가는 과정에서 그는 관념론 및 경험론적 인식론과 대치하게 되고, 이 대립에서 그는 "전체인간"(der ganze Mensch)으로의 복귀를 역설하게 된다. 인식의 주체는 표상하는 주체가 아니라, 하나의 전체(ein Ganzes)이며, 그것이 실제적 삶의 과정에서 의욕, 감정, 사고의 면으로 나타난다는 것이다. "우리의 표상과 현실인식의 가장 중요한 요소들 — 인격적 개인(persoenliche Lebenseinheit), 외계, 타인들, 시간 속에서의 그들의 삶, 그들의 상호작용 등 — 은 모두 우리의 이 전체적 인간본성으로부터 설명될 수 있다."[6] 딜타이는 이와 같은 자신의 "정신과학 인식론"(Erkenntnistheorie der Geisteswissenschaften) — 이것을 그는 "역사이성비판"(Kritik der historischen Vernunft)이라고 부르고, 평생 자기철학의 주제로 삼았다 — 을 전통적 인식론과 대비하여 "자기성찰"(Selbstbesinnung)이라고 불렀다. 그는 칸트의 관념적 · 비판적 인식론과 로크 · 흄 · 밀의 경험론적 인식론을 모두 "지성주의"(Intellektualismus)라고 비판했다. 그들은 경험과 인식을 단순히 표상작용에 속하는 요소(Tatbestand)로부터 설명함으로써 경험의 개념을 축소시켰다는 것이다. 그래서 딜타이는 데카르트의 "Cogito"와 칸트의

은 첫 번째 수확이며, 제2권을 내려던 계획을 끝까지 실현하지 못하고, 많은 양의 유고만 남겼다.

6 W. Dilthey, *G. S.* 1, S. XVIII.

"Ich denke" 대신에 자아 의식 속에 주어진 "Ich denke, ich will, ich fuerchte"의 통일성을 내세운다. 딜타이도 의식을 철학의 마지막 관련점으로 삼음으로써 사실상 관념주의적 전통에 서 있다: "철학의 대상은 의식의 사실들의 총체이다."[7] 의식과 무관해 보이는 외계의 대상들은 우리에게 다만 의식의 사실들로만 존재한다는 것이다: "실재(즉, 사물들, 사람들과 같은 모든 외적 사실들)는 의식의 조건들 아래에 놓인다."[8] 그런데 "의식의 사실들"의 연관(Zusammenhang)은 "심적 삶의 전체성"(Totalitaet des Seelenlebens) 속에 내포되어 있다. 여기서 칸트와 딜타이 사이에 결정적인 차이가 생긴다. 딜타이의 "자기성찰"은 의식의 사실들의 전체적인 요소와 연관을 분석한다. 그것은 과학들이 내포하는 모든 문장들로부터 그들의 권리근거와 전제들로 돌아가서 그 상대적 타당성과 한계를 확인하려는 것이다. 그것은 인식, 가치규정, 목적행위의 규칙 등 다양한 영역들을 포괄한다. 그것은 의식의 사실들의 연관 속에서 사고뿐만 아니라 행위 기반까지 발견한다.

딜타이는 정신과학의 정초에 대한 최초의 시도인 그의 첫 강의[9]에서 "심리학과 인간학"[10]을 "일반적 기초적 정신과학"(allgemeine grundlegende Wissenschaft des Geistes)이라고 했다. "자기성찰"이 의식의 사실들의 연관을 분석하는 것이고, 그 연관이 심적 삶의 전체성 속에 내포되어 있는 것이라면, 이 심적 삶의 전체성을 탐구하는 심리학이나 인간

7 W. Dithey, *G. S.* XIX, S. 47.

8 같은 책, S. 60쪽.

9 이것의 내용 요약이 "논리학과 철학적 학문 체계의 개요"라는 제목으로 1864/65 겨울학기 수강생들에게 나뉘어졌다.

10 딜타이는 "심리학"과 "인간학"을 여기서처럼 같은 의미로 사용하기도 하지만, 또 때로는 다른 의미로도 사용한다.

학이 당연히 그 기반이 될 것이다. 그것을 딜타이는 다시 여러 가지 유사한 이름들로 불렀는데, 실재심리학(Realpsychologie), 구조심리학(Strukturpsychologie), 기술적 · 분석적 심리학(beschreibende und zergliedernde Psychologie), 기술심리학(deskriptive Psychologie), 비교심리학(vergleichende Psychologie) 등등이다. 이와 같이 딜타이가 여러 가지 상이한 이름을 붙여 설명하려 한 내용을 우리는 오늘날 정신과학 이론에서 재빨리 인정받아 수용되고 있는 "인식인간학"이라는 개념으로 부름이 가장 적합하다고 본다. 이 용어는 아펠(K.-O. Apel)이 처음 사용했고, 『딜타이 전집 19권』[11]에서 편집자들은 그것을 개념에 대한 논의 없이 그대로 수용했다. 아펠은 이 개념을 다음과 같이 정의한다: "'인식인간학'이란 칸트의 '인식가능성의 조건들'에 대한 문제를 확장시켜 의식일반에게 객관적으로 타당한 통일적 세계표상의 조건들뿐만 아니라, 과학의 문제설정을 유의미한 문제설정으로 가능하게 만드는 모든 조건들이 주어지도록 하려는 것이다."[12] 위에서 본대로 딜타이의 "자기성찰"의 과정은 인간본성의 전체성에 관심을 갖는다. 여기서는 심적 삶의 세 가지 기초요소인 의지작용, 감정작용, 표상작용이 그 연관성의 관점에서 통찰된다. 동시에 이들 세 가지 심적 요소들의 신체적 기반과 그에 관련된 실재의 인식이 취급되고, 그때에 자아와 환경, 자아의식과 외계의 실재 사이의 관련 등이 문제된다. 나아가 타인들에 대한 이해의 문제가 제기된다. 이처럼 다양한 딜타이의 주제는 인간의 전인적 참여를 모든 인식의 필연적 조건으로 주시하는 아펠적 의미의 "인식

---

11 이것은 딜타이가 완성하지 못한 「정신학적 입문 제2권」(1982)을 그의 유고들로써 재구성한 것이다.

12 K.-O. Apel, *Transformation der Philosphie*, II, Ffm., 1973, S. 96.

인간학"의 과제와 일치한다. "인간의 인식은 '의식일반'의 대상에 대한 인식이 될 수 없고, 다만 온몸으로 참여하는, 실천적으로 관심에 싸여 있는 존재의 인식일 수밖에 없다."[13]

딜타이는 삶, 즉 인간의 특성 중 하나로 그 "역사성"(Geschichtlichkeit)을 강조한다. 삶은 고정되어 불변하는 것이 아니라, 역동적이며 흘러가는 것이다. 그러나 그것은 의미 없이 운행하는 영원한 반복이 아니며, 되돌이킬 수 없는 역사적 과정이다. 삶은 역사적 현실의 "분화된 전체"(gegliedertes Ganze)이다. 이와 같은 삶의 역사성 때문에 정신과학의 정초에는 언제나 삶의 역사적 객관화가 도입될 수밖에 없다. "인간이 무엇인지는 자신에 대한 심사숙고에 의해서나 심리학적 실험을 통해서가 아니라, 역사를 통해서 알 수 있다."[14] 따라서 인간의 삶을 추구하는 정신과학은 역사적 소산물(geschichtliche Produkte)들을 분석해야 하는 것이다. 여기서 해석학의 과제가 발생한다. 정신과학은 삶의 단순한 생산물로서, 삶이 객관화된 흔적으로서 우리에게 주어진 역사적 · 사회적 현실을 다시 그것이 생겨난 정신적 생동성으로 번역한다. 이런 작업을 담당하는 해석학은 정신가학의 기초학이 된다. 그러나 이것은 심리학, 즉 인간학이 해석학으로 대치됨을 의미하지 않는다. 딜타이는 그의 말년에 반복적으로 "인간의 역사에서의 자기인식"(Sicherkennen des Menschen in der Geschichte)을 말한다. 전체적 인간의 본성을 추구하는 인간학은 지나가 버리는 삶의 현상들(vergaengliche Lebenserscheinungen)로부터 남는 것(das Bleibende)을 끌어내기 위해 역사를 관찰해야 한다는 것이다. 이와 같은 인간학과 역사 의식의 결합에 대한

13 같은 책, S. 100f.

14 W. Dilthey, G. S. V, S. 100f.

딜타이의 사상은 그의 초기 작품에서부터 명백히 나타난다.[15] 이처럼 그의 일관된 철학 체계가 보여 주듯이, 그에게 인간학적인 문제설정과 해석학적 문제설정은 뗄 수 없는 특별한 관계를 유지한다. 딜타이에게 "삶"이란 우선 개인의 삶인데, 개인은 사회와 역사 속에서 살아간다. 전체적 인간의 삶의 내용을 탐구하는 인간학은 "모든 인간들에게 공통된 인식적 · 윤리적 아프리오리(kognitiv-sittliches Apriori)로 만족할 수 없다. 왜냐하면 거기로부터는 기껏해야 심적 삶의 형식들만 도출해 낼 수 있지, 역사적 · 문화교차적으로 변화하는 내용들은 나오지 않기 때문이다."[16] 인간학은 오히려 역사와 사회 속에 나타나는 삶의 현상들을 관찰해야 한다. 역사와 사회로부터 유리된 개인이 없기 때문에 인간학은 역사적, 사회적 현실의 해석의 통해서만 그 구체적인 작업을 수행할 수 있게 되는 것이며, 그와 반대로 역사적 삶에 대한 모든 인식에는 인간학이 그 기반이 된다. 왜냐하면 전체적인 삶의 현상들을 그 대상으로 삼는 해석학적 철학은 인간들의 상호이해의 기반으로서 "원칙적으로 동등한 인간본성"을 받아들이기 때문이다. 이렇게 하여 이제 해석학적 철학이 인간학적 보완을 필요로 하게 된다. 딜타이는 그의 초기 유고에서 자기의 방법을 "인간학적 — 역사적 방법"이라고 부르고 "형이상학적-추상적 방법"과 대치시킨다. 그는 "현실성의 입장"(Standpunkt der Wirklichkeit)에서 출발하려 하고, 인간학적이며 역사적인 두 관점은 "하나의 정신철학의 양면"(die beiden Seiten einer Geistesphilosophie)[17]임을 말한다. 그는 이러한 방법적 원칙을 그의 후기 사상에도 그

15 W. Dilthey, *Das Erlebnis und Dichtung*, Goettingen, 1970(15), S. 307.

16 H. Johach, *Handelnder Mensch und objectiver Geist*, MaG, 1974, S. 15.

17 W. Dilthey, *G. S.* X V VIII, S. 184.

대로 유지하고 있으며, 이와 같은 모든 사실은 그의 철학이 "심리학에서 해석학으로" 이전해 간 것이 아니라, "심리학, 즉 인식인간학과 해석학이 상보적 관계"로 그의 철학에 일관되고 있음을 말해 주는 것이다. 삶의 전체성을 탐구하는 인식인간학과 삶의 전체성으로부터 나온 기본 개념들을 가지고 삶을 이해하려는 해석학적 철학은 딜타이에게는 양자택일의 관계가 아니라 상호보완적 관계를 갖는다.[18]

3. 삶의 이중구조: "사유적합성"과 "불가측성"의 긴장관계

인간학적이며 해석학적 방법으로 삶을 파악하려는 딜타이는 "삶을 삶자체로부터 이해한다"(Verstehen des Lebens aus ihm selber)는 삶의 철학적 기반 위에 서 있다. 그런데 딜타이에게 있어 삶이란 "사유적합성"과 "불가측성"이라는 상반된 두 극의 사이에 놓인다. 삶은 우선 모든 사람에게 "가장 잘 알려지고 친숙한 것"[19]이다. 왜냐하면 사고작용이 삶의 구조 속에 "삶의 한 기능으로서"(als eine Funktion des Lebens) 존재하기 때문이다. 반면 삶은 또한 "가장 어두운 것"이며 "탐구불가능한 것"이다. 그것은 비합리적인 것으로서 측량할 없는 것이다. "삶은 사고작용에게 불가측한 것으로 남는다."[20] 왜냐하면 "사고작용은 삶의 배후로 돌아갈 수 없기"[21] 때문이다.

---

18 F. Rodi는 이들의 관계를 "지배적 경향이 변화함"(Prinzipwechselnder Dominanz)이라고 표현하고, H. Johach는 "심리학과 해석학은 같은 사상의 두 관점"(zwei Aspekte derselben Sache)이라고 말했다.

19 W. Dilthey, G. S. X I X, S. 344.

20 같은 책, 348. (cf) 307, 329–330, 346, 357, 359, 361–362, 364, 372–373.

21 같은 책, 357쪽.

딜타이는 「베를린」(정신과학 입문 제2권에 대한 종합계획) 초고와 「삶과 인식」이라는 유고에서 삶과 인식의 관계에 관한 근본적인 분석을 시도하고, 여기서 삶의 이중적 구조를 밝혀낸다. 먼저 그는 삶에는 언제나 사고작용이 하나의 기능으로서 내재해 있음을 말한다: "내적 삶이 나타나는 곳에서는 어디서나 의식(Bewusstsein), 성찰(Besinnung), 고려(Besonnenheit) 등이 있다. 모든 의식은 그 기관과 능력의 분화에 의해 사고작용(Denken)으로 상승된다. 의식의 기초적 작용들이 모든 심적 과정에 내포된다. 그것들은 감정상태, 의지 과정, 그리고 지각 · 판단 · 추론 등의 인식 과정에도 들어 있다. 어디서나 구분작용과 결합작용 등이 있다. 사고작용 자체는 그 기초적 작용들에 있어서 현실의 고정화일 필요가 없는 것이다: 가치의 사고행위(Denkakte), 의지의 사고행위 등도 똑같이 사고 과정들이다."[22] 여기서 우리는 딜타이가 사고작용이라는 것을 단순히 추론적 사고(diskursives Denken)로 보지 않고, 훨씬 확대된 의미로 파악하고 있음을 알 수 있다. 사고작용을 판단작용과 동일시하던 당시의 다른 철학자들과는 입장을 달리한다. 사고작용은 판단작용에 국한되지 않고, "모든 삶의 과정들의 고양된 한 형식"을 말한다. 사고행위들은 삶의 과정 자체 속에 그 기초를 갖고 있으며, "근원적 종합"[23]은 판단 속에서가 아니라 심적 구조 자체 속에서 이루어진다. 논리적 과정들은 고립된 요소들로서가 아니라 한 전체의 여러 부분들로서, 즉 "심적 삶의 전체적인 획득연관, 특히 현실의 연관에 의해 조건 지워진 것으로서"[24] 봐야 한다. 사고작용이 심적 연관이라는 전체의 한 부

---

22 같은 책, 318쪽.

23 이것은 신칸트학파의 용어이다. 사고의 통일성은 감각들의 단순한 병존으로부터 설명될 수 없으며, 근원적 종합을 필요로 한다는 것이다.

24 W. Dilthey, a. a. O., S. 321.

분으로서 거기에 종속되어 있는 한 그것은 삶의 한 기능인 것이다. 사고작용은 지각작용, 감정작용, 의지작용 등과 같은 심적 삶의 어느 한 단면을 말하는 것이 아니라, 심적 삶의 모든 과정들의 질적으로 고양된 고차적 단계를 말하며, 삶의 과정들은 전체의 연관에 기능적으로 종속되어 있다. 이와 같이 삶에는 사고작용이 하나의 기능으로서 내포되며, 삶은 사유적인 것이다.

그러나 사고작용은 삶의 안에 있고, 그것이 나타나고 성립하는 삶 그 배후로 돌아갈 수는 없다. 그것은 삶의 내부에 존재하며, 따라서 그 배후를 볼 수 없다는 것이다. 그러므로 딜타이는 심적 삶의 현상들은 일정수요 요소들을 매개로 하여 하나의 인과 연관 아래에 두려는 "설명심리학"을 배격하고 "기술적 · 분석적 심리학"을 내세운다. 설명심리학은 경험 속에 소여된 삶을 그 배후에 놓인 합리적 연관 위에 근거 지우려 하나, 심적 현상들의 연관은 "작위(Erwirken)의 관계들 속에서 내적 경험을 통해 우리에게 생생하고 자유로운 역사적 연관으로서 주어져"[25] 있으므로 우리는 그것을 기술하고 분석함으로써 드러낼 수 있을 뿐이라는 것이다. 심적 삶에 대한 과학은 내적 경험자체에 주어진 연관의 배후로 돌아갈 수 없다. 사고와 삶의 관계에는 "하나의 비극적 모순"(ein tragischer Widerspruch)이 성립한다: 사고는 삶의 연관을 파악하려 하지만 그 자체가 삶에서 나타나는 것이고, 따라서 결코 삶의 배후를 파악할 수 없다. 사고가 우리에게 주어진 현실을 넘어 하나의 합리적 연관을 구성하려 하면 그것은 하나의 추상화에 불과하게 되어 생동성을 감소시키고, 자연영역의 전제들을 끌어들이게 된다. 그러므로 삶은 사고로써 헤아릴 수 없는 것으로 남을 수밖에 없다.

---

25 W. Dilthey, *G. S.* V, S. 193.

이상에서 보는 대로 딜타이는 삶이 "사유적합성"과 "불가측성"이라는 대립된 두 측면을 동시에 갖고 있다고 강조하고, 이 둘의 어쩔 수 없는 긴장관계는 어느 한쪽이 손상됨이 없이 그대로 보존될 수 있어야 한다는 것이 딜타이의 삶과 과학(인식)에 대한 사상이다.

4. 형이상학의 불가능성과 해석학적 방법

딜타이는 형이상학이 정신과학의 기초학이 될 수 없음을 단호히 말한다. 그는 형이상학을 아리스토텔레스적인 의미, 즉 제1철학(Prima Philosophia)으로 이해하고, 그것의 본질적 특성으로 경험초월적 성격을 든다: "그것은 경험에 주어진 바를 객관적이며 일반적인 내적 연관 — 그것은 경험이 의식의 조건들 아래에서 가공됨으로써 생긴다 — 으로써 보완하려 한다."[26] "형이상학은 현실을 인식법칙 아래에 두는 데서 발생하는 자연적 체계이며,"[27] 그것의 근본 오류는 경험을 넘어서려는, 경험의 뒤로 돌아가서 현실의 저편에 있는 세계에 도달하려는 시도에 있다. 딜타이는 근세철학이 자아 의식과 내적 경험의 입장(Standpunkt des Selbstbewusstsein, der inneren Erfahrung)을 통해 과학으로서의 형이상학의 불가능성과, 따라서 정신과학의 기초로서 불가능함을 이미 명시했다고 본다. 그가 그의 후기 저작 『철학의 본질』에서 정리한 형이상학의 불가능성에 대한 내용을 요약하면 다음과 같다:[28] 형이상학의 내용은 세계와 삶의 수수께끼를 풀려는 것이고, 그 형식은 보편타당성이다.

---

26 W. Dilthey, *G. S.* I, S. 130f.

27 같은 책, 125쪽.

28 W. Dilthey, *G. S.* V, S. 404-406.

인간의 심적 구조 속에는 인과관계에 따른 실재의 인식, 가치의미에 대한 체험, 목적과 규칙을 가진 의지행위 등의 다양한 행위 양식들(Verhaltungsweisen)이 있다. 그들의 심적 관계는 체험 속에 주어져 있고, 의식의 사실들에 속한다. 주체는 다양한 방식으로 대상들에 관계하며, 이 사실을 넘어 하나의 근거(Grund)로 돌아갈 수 없다. 이들 행위 양식들에 따른 존재 · 원인 · 가치 · 목적의 범주들은 그들 중 어느 하나로 혹은 하나의 고차적 원리로 환원될 수 없다. 우리는 세계를 이들 기본 범주들 중 하나로 파악할 수 있을 뿐이며, 따라서 언제나 세계에 대한 우리의 관계의 일면만을 의식할 수 있지 이들 범주들의 종합을 통해 규정되는 전체관계는 결코 알 수 없다. 그런데 형이상학은 바로 이런 것을 시도하여, 결국 우리의 생동하는 행위에 내포된 바를 전달하고 추상화한다. 여기서 보는 것처럼 딜타이는 형이상학의 오류가 의식의 전체성으로서의 삶을 지성주의적으로 파악하려는 데 있다고 본다. 그러나 삶은 결코 지성주의적으로 파악될 수 없으니, 인간 의식의 전체성 속에 주어진 것이 하나의 단면에 불과한 표상작용 속에 완전히 용해될 수 없기 때문이다. 이와 같은 딜타이의 형이상학 비판은 전통적 인식론에 대한 그의 비판과 궤를 같이한다. 즉, 그는 인간존재의 전체성을 고려하는, 삶의 철학적으로 확장된 새로운 인식론을 세우려는 것이다. 지성주의적으로 축소된 의식의 개념, 외계와 타인의 실재에 대한 증명필연성이라는 명제, 시간을 지관의 단순한 형식으로 축소시키는 시간 개념, 논리주의, 사변적 역사철학, 실증주의적 사회학, 자연주의적 설명심리학 등등에 대한 딜타이의 비판적 입장은 항상 다음과 같은 전제 위에 서 있다: "삶이 일차적이고 현재적인 것이며, 인식작용의 추상물들은 이차적이고 그들은 오직 삶에 종속된다."[29] 이와 같은 기본 원리가 소홀히 되는 곳에서는 언제나 형이상학이 되살아난다. 딜타이의 철학은 이와 같은 형이상학적 잔재에 대해 끊임없이 투쟁하려는 것이다.

딜타이의 형이상학에 대한 비판은 "근거 지우는 이성 비판"(Kritik der begruendenden Vernunft)[30]을 나타낸다. 근거 지우는 이성은 최고 개념을 만들고 나머지 개념들은 거기로부터 도출해 내는 형이상학의 전제인 것이다. 그에 반해 딜타이는 세계가 오직 "삶의 범주들"로써만 파악될 수 있음을 강조한다. 삶으로부터 유리된 추상적인 범주들 — 형이상학의 기본 범주들인 "실체", "인과성" 등 — 을 그는 "형식적 범주"라 하고, 거기에 "실재적 범주들"(reale Kategorien)을 대치시킨다.[31] 전자는 이성 자체에 근거하며 투명함과 명백함을 그 특성으로 하고, 후자는 삶의 연관 자체(Lebensbezug selber)에 근거하며 그 특성은 사고로써 그 내용을 헤아릴 수 없다(die Unergruendlichkeit ihres Gehaltes durch das Denken)는 것이다. 이들은 그 특성이나 수, 그리고 배열이 고정될 수 없으며, 그것은 모든 범주에서 삶의 연관에 대한 개념적 사고의 불가측성이 반복되기 때문이라는 것이다. 딜타이는 첫째로 "실체" 대신에 "자기동일성"(Selbigkeit)이라는 범주를 제시한다. "자기동일성"이라는 근원적이며 일차적인 내적 경험을, 절단하고 통일하는 오성이 추상화시켜서 "실체"라는 개념이 생겼다는 것이다. 딜타이는 이 점을 다음과 같이 호되게 비판한다: "가장 가소로운 것은 자아 의식에 대한 생생한 경험을 이것의 약화(Verduennung)요, 기계화에 불과한 하나의 범주(즉, 형식적 범주)를 통해 해석하려는 형이상학의 시도이다."[32] 실체 개념에

29 W. Dilthey, *G. S.* I, S. 148.

30 M. Riedel, Diltheys Kritik der begrundenden Vernunft. In: E. W. Orth (Hrsq.), *Dilthey und Philosophie der Gegenwart*, Freiburg/Munchen 1985, S. 185ff.

31 W. Dilthey, *G. S.* V, X I X, S. 359ff.

32 같은 책, 368쪽.

는 외계로부터의 고정된 경직성이 붙어 있다는 것이다. 그런데 우리의 내적 삶의 흐름은 언제나 과정, 즉 행위성(Taet- igkeit)을 보여 준다. 내적 경험에 소여된 지속, 통일성 그리고 연관성은 오직 과정들 사이에 존립한다. 이와 똑같은 맥락에서 딜타이는 "인과성"(Kausalitaet)의 범주 대신에 "작용과 수용"(Wirken und Leiden)이라는 범주를, "본질"(Wesen)이라는 범주 대신에 "중심과 주변"(Zentrum-Peripherie)이라는 범주군을 주장한다. 이와 같은 딜타이의 새로운 범주론은 형이상학의 연연적 방법에 대항하는 해석학적 방법을 보여 준다. 이것은 위로부터 연역해 내려오는 것이 아니라, 아래로부터 사실성에 시작하여 삶의 연간을 분절적으로(artikulierend) 해명하려는 것이다. 딜타이는 형이상학적 범주들에 있어서 "사태가 전적으로 전도되었음"을 지적하고, 거꾸로 선범주들은 생동하는 근원으로 되돌려야 한다고 주장한다. 앞에서 이미 지적한 대로 딜타이의 추상적 형이상학적 방법에 대한 비판은 경험적 · 선험적 인식론에까지 적용되며, 이 모든 것들에는 추상화가 내포되어 결국 역사적 현실을 절단하는 보이지 않는 비약이 있다는 것이다. 이와 같은 잘못된, 삶과 역사적 현실에 연결되지 않는 추상화의 행렬에 대항하여 딜타이는 "인식인간학"적으로 그리고 "해석학"적으로 기초된 정신과학을 정초하려는 것이다.

5. 해석학적 논리학: 미쉬(G. Misch)[33]의 계승

1910년 후설이 그의 논문 「엄밀과학으로서의 철학」에서 딜타이를 "역

---

33 미쉬는 딜타이의 사위이며 수세사로서 딜타이철학의 영향사에 있어서 가장 중요한 역할을 한 사람이다. 딜타이의 전집 편찬을 위해 오랫동안 헌신적으로 노력했을 뿐

사적 상대주의"요, "회의주의"라고 비판한 후 딜타이와 후설은 몇 차례의 서신교환을 통해 대화를 시도했으나 딜타이의 사망으로 보다 생산적인 논쟁으로 발전하지 못했다. 1927년 하이데거(Heidegger)의 『존재와 시간』이 발표되어 딜타이철학이 하이데거에 의해 부분적 수용이라는 형식으로 압도당한 듯하게 되자, 미쉬는 그의 책 『삶의 철학과 현상학』에서 딜타이를 후설 및 하이데거와 대결시켜 논쟁을 시도한다. "현대철학의 공동목표를 발견하는 데 도움이 되고자" 시도한 이 대화는 나치정권의 수립으로 다시 중단되고 말았다. 미쉬는 여기서 그가 이미 여러 해 전에 딜타이철학을 정리하면서 주장한 바 있는 "삶의 철학으로부터 요구되는 논리적 기반의 확대"[34]라는 사상을 좀 더 구체화시키고, 이것이 후설과 하이데거에 대한 대결의 중요한 논점이 된다. 미쉬는 'Logik'의 어원인 'Logos'라는 말의 분석을 통해 딜타이철학과 연결시킨다.[35] 헤라클리트(Heraklit)에 의해 형이상학적 용어로 만들어진 'Logos'라는 말은 본래 일상언어에서 취해진 것이며, 거기에는 삶의 사유적합성과 불가측성의 이중적 측면이 다 관여된다는 것이다. 헤라클리트는 이것을 "이 지적 불타오름"(besonnener Feuer)이라는 변증법적 표현으로 잘 묘사했다. 이처럼 삶의 이중성을 포괄하는 'Logos'라는 개념의 본래적 의미로부터 미쉬는 'Logik'에 대한 새로운 이해와 가능성을 발견한다. 전통적 논리학을 붕괴시킨 삶의 철학이 이제 새로운 논리학을 가능하게 한다는 것이다. 여기서는 사유적합성에 대한 계몽과 무한자에 대한 형이상학적 지식이라는 철학의 상반된 두 주류가 결합된다. "재적으로 확

만 아니라, 주로 철학사가이자 문학사가 등으로 알려진 딜타이를 뚜렷한 사상을 가진 체계적 철학가로 인식되게 했다.

34 G. Misch, *Vom Lebens-und Gedankenkreis W. Diltheys*, Ffm., 1947, S. 47.

35 G. Misch, *Lebensphilosophie und Phaenomenologie*, Darmstadt 1967[3], S. 51f.

대된" 논리학이며, 미쉬는 이것으로써 "형이상학과 세계관까지도 포괄하는"[36] 지식론을 정초하려 한다. 그러나 이것은 과학성을 무시한 삶의 철학자들과는 달리 "객관성"에 대한 목표를 뚜렷이 한다. 이것이 미쉬가 보는 딜타이의 길이며 미쉬는 그것을 한 걸음 더 발전시키려는 것이다. 그의 논리학은 후설에서처럼 "선험적 주관성"이라는 절대적 기반을 필요로 하지 않으며, 하이데거처럼 대상적인 것에 대한 지향적 관계의 영역에 한정된 것이 아니다. 거기서는 논리적 기반이 충분히 확장되어 생생한 삶의 개념들을 수용할 뿐만 아니라, 나아가 자연과학 · 정신과학의 대립까지 극복할 수 있어야 한다는 것이나.[37] 미쉬에 의하면 "논리적인 것"은 처음부터 "과학"에 자리 잡은 것은 아니며, 오히려 동물의 세계에까지 연결되는 "행위의 영역"(Schicht des Verhaltens)에 뿌리내린 "표현" 속에 자리를 잡는다. 따라서 진정으로 포괄적인 지식론은 삶과 밀착된 정신과학적 개념들의 객관성가 엄밀과학의 순수 이론적 인식설정을 다 포괄해야 한다. 미쉬는 딜타이의 "객관화하는 사고 및 예시적 언명의 로고스"(Logos des objektivierenden Denkens und der evozierenden Aussage)를 후설의 "객관적 타당성을 가진 관념적 의미통일성의 로고스"(Logos einer objektiv gueltigen idealen Bedentungseinheit)에 대립시킨다. 의미란 말하기 전에 미리 고정된 것이 아니라 말하는 중에 형성된다. 언어표현은 "창조적 표출"(Schaffende Explikation)[38]이며, "하나의 생산적으로 객관화하는 표현"(eine produktiv-objektivierende Artikulation)이다. 처음부터 확고히 성립된 하나의 생

36 같은 책, 226쪽.

37 미쉬는 딜타이의 정신과학과 자연과학 간의 분리가 잠정적인 것이었으며, Dilthey 자신이 이미 그 극복에의 길을 나름대로 추구했다고 본다.

38 G. Misch, *Logik und Einleitung in die* Theorie des Wissens, S. X III, 112.

각이 언어에 의해 다만 표출되는 것이 아니라, 어떤 생각의 단초가 언어로 표현되는 과정에서 하나의 형태로 완성된다는 것이다. 미쉬는 자신이 추구하는 "내적으로 확대된 새로운 논리학"을 "해석학적 논리학"(hermeneutische Logik) 혹은 "삶의 논리학"(Lebenslogik)이라고 불렀다. 그는 이것을 그가 1930년대 초까지 괴팅엔대학에서 정기적으로 행한 강의 「논리학과 지식론 입문」에서 체계화했다.

미쉬는 모든 정신세계를 "표현의 세계"(Ausdruckswelt)로 본다. "왜냐하면 정신적 삶은 그것이 어떤 종류의 표현 속에서 — 말과 상징, 그리고 음악이나 다른 예술 및 종교에서 그 각각의 고유한 형식언어(Formensprache) 속에서 — 객관화됨으로써 의식으로, 성찰(Besinnung)로 나아가기 때문이다."[39] 물론 모든 역사적 언어는 한계를 가지며, 한 시대나 개인을 둘러싼 표상지평, 감정지평, 의지지평도 한계가 있다. 그래서 낭만주의자들은 순수 지향적인 살아 움직이는 생동성이 표현에 의해 왜곡될 수 있음(die Verfaelschbarkeit der rein intensiven gaerenden und stroemenden lebendigkeit durch jeden Ausdruck)을 말하고, 신비주의자들은 신과의 자기합일이라는 신비의 표현불가능성을 말하기도 한다. 그러나 그들은 말로 표현할 수 없다고 말함으로써 그 내용을 전달해 주고, 우리의 관심을 거기에 돌리게 한다. 즉, "언명불가능성"(Unaussagbarkeit)이란, 말로 표현할 수 있는 마지막 경계를 나타내는 것이며 문자 그대로의 "표현불가능성"(Unaussprechbarkeit)을 의미하지는 않는다.[40] 그 속에도 "의미"가 내포되어 있고, 의미란 본질적으로 표현일반에 속하기 때문이다. 미쉬는 표현의 영역을 신체를 갖고

---

39 G. Misch, a. a. O., S. V II, 72.

40 같은 책, V II, 82쪽.

움직이는 삶의 기저에까지 확대시켜 삶의 행위(Lebensverhalten) 속에 이미 의미와 이해가 뗄 수 없는 상호관계성을 맺고 있음을 지적한다.[41] 그뿐만 아니라 언어표현에 있어서도 그 폭을 충분히 넓힘으로써 논리적인 것의 영역자체를 확대시킨다. 말(Rede)은 문장으로 구성되고, 문장은 단어들로 구성되는데, 그것은 단절 없이 선처럼 연결된 것이거나 혹은 단편들의 단순한 모음이 아니다. 그것은 하나의 분화된 전체(ein gegliedertes Ganze)이며, 다자 속의 일자(多者 속의 一者, eine Einheit in der Vielheit)이다. 여기서 미쉬는 말(Rede)의 논리성(Diskursivitaet)을 발견하며, 그것을 "말의 일반적인 논리형식"(allgemeine diskursive Form der Rede)이라고 말한다. 이것은 다시 "순수 논리적인 형식"(rein diskursive Form)과 "예시적 형식"(evozierende Form)이라는 양극을 갖는데, 전자는 순수 이론적 인식태도에서 보여 주는 것이고, 후자는 논리적이기는 하되 색다른 논리성을 갖고 논리의 영역을 확대시키는 것이다. 우리의 현재 논의에서 관심을 끄는 것은 후자의 것이다. 앞에서 말한 언명할 수는 없으되(unaussagbar) 표현할 수는 있는(aussprechbar) 영역을 미쉬는 여기서 "예시적 언명"(evozierende Aussage)이라는 형식으로 논리학에 포용하려는 것이다. 이러한 것은 시에서 가장 잘 나타난다. 그것은 무질서하고 모호한 언어표현을 의미하는 것이 아니라, 이해가능한 단어들과 정리된 문장들로 구성되었으되, 그 개별 단어나 문장들 자체의 의미를 넘어서, 언명되지 않고 내포되어 있는 숨은 의미를 나타내 준다. 여기서의 개별 문장들은 그 자체로서 존립해 있는 것이 아니고, 대상의 의미를 드러내기 위한 수단으로서 존재

41 여기서 Misch는 Plessner의 행위 이론(Verhaltenstheorie)을 그대로 수용한다(김의수, "Anthropologie und Hermeneutik", S. 104f. 참고).

하며, 또 여기서의 논리성은 "내재된 의미"(des Ge- meinte)을 보이게 해 주는 수단으로 기여할 뿐이다.

이처럼 예시적 언명을 포괄하는 새로운 논리학을 주장하는 미쉬는 딜타이와 더불어 자신의 입장을 극단적인 합리주의와 비합리주의의 중간 위치에 놓는다. 전자는 삶을 죽은 개념 아래에 놓음으로써 고정화시키고, 후자는 가장 내적인 정신적 삶은 전혀 언어로 표현될 수 없으며, 다만 예언적 감정에게만 자신을 드러낸다고 한다. 미쉬는 딜타이와 더불어 생동하는 삶의 개념들을 추구하고 그런 개념들 속에 내포된 의미는 "하나의 사고운동을 따라감으로써만"(im Vollzuge einer Gedankenbewegung) 포착된다고 말한다. 여기서는 "개념이 다만 의미된 것을 예시(hindeuten)할 뿐이다."[42] 이와 같이 삶의 개념들과 예시적 언명의 "함께 따라가고 예시하는 특성"(Vollzugs-und Hindeutenscharakter) 속에 하나의 고유한 로고스가 있으며 해석학적 논리학은 이것을 탐구하려는 것이다. 사유 적합성뿐만 아니라 동시에 불가측성을 내포하는 인간의 삶은 추상적 개념과 좁은 의미의 논리성만으로는 파악될 수 없기 때문이다.

6. 삶의 불가측성과 "세계관"(Weltanschauung)으로서의 형이상학

우리는 앞에서 형이상학과 대립관계를 딜타이의 철학으로 고찰했다. 그런데 딜타이가 강조한 "불가측성"이라는 삶의 한 측면은 과학으로서 그리고 정신과학의 기초학으로서 그 불가능성이 증거된 형이상학을 새로운 형태로, 즉 "세계관"으로서 다시 수용하게 한다. 딜타이는 형이상학

42 G. Misch, a. a. O., S. XIV, 111.

의 본래적 과제는 "과학"이 아니라 "세계관"이어야 한다고 주장한다. 전통형이상학은 이러한 관점에서 볼 때 자신의 과제를 잘못 파악했다는 것이다. 사람들은 오랜 세월 동안 철학이 초월적 문제를 해결할 수 있는 것으로 기대해 왔으나, 철학은 현실에 대한 보다 완전하고 성숙한 의식을 통해서 개별적이고, 정신적인 과업들의 연관성과 이해의 근거를 보장함에 그 과제가 있다. 현실에 대한 의식이라는 관점에서 철학은 시나 종교와 만난다: "시인, 예언자, 철학자는 같은 현실과 삶을 예시하고 이해시키려 한다. …… 그들은 모두 같은 삶에 대해 말하는 바, 시는 묘사로써, 종교는 교리를 통해, 그리고 형이상학은 개념으로써 한다."[43]

이처럼 딜타이에 있어서 과학으로서의 형이상학은 붕괴했어도 형이상학적 정조(metaphysische Stimmung)는 남는다: "우리 삶의 das Meta-Physische가 인격적 경험, 즉 도덕적 · 종교적 진리로서 남는다."[44] 세계관은 하나의 삶의 형식이며, 그 진리는 논리적으로 증거될 수 있는 것이 아니라, 체험과 이해 속에서 뒤따라 살 수(nachvollzogen werden) 있을 뿐이다. 딜타이는 그의 말년에 "세계관론"(Weltanschauungslehre)을 체계화한다. 세계관의 유형들을 나누어 전체 정신사의 흐름을 추구하려는 것이다. 물론 그가 세계관을 유형별로 구분하는 것은 그가 비판한 논리주의나 형식주의로 다시 돌아감을 의미하지는 않는다. 세계관의 유형 구분은 다만 "역사를 보다 깊이 통찰하는데, 그것도 삶의 차원으로부터 통찰하는 데 기여할 뿐"이라고 그는 반복적으로 환기시킨다.[45] 딜타이는 역사적 현상들의 연관을 파악하려 하되, 그것을 삶 자체로부터

43 W. Dilthey, *G. S.* XIX, S. 306f.

44 W. Dilthey, *G. S.* I, S. 384f.

45 W. Dilthey, *G. S.* VIII, S. 86, 99f, 150, 160.

파악하려 한다. 그에게는 보편적 역사 발전의 법칙을 상정하는 사변적 역사철학의 요소는 전혀 없다. 그래서 그는 "세계관의 뿌리는 삶이다"[46] 라고 한다. 그런데 삶의 모든 형성(Gestaltung)은 언제나 "특수적"(partikular)이다. 그것은 결코 삶의 전모를 다룰 수 없다. 삶은 우리에게 결코 그 전체에 있어서 주어지지 않는다. 각각의 세계관은 언제나 "우리의 사유 한계 내에서 우주의 일면"을 표현한다. "각각은 진실된다. 그러나 각각은 일면적이다. 모든 면들을 종합적으로 볼 수는 없다. 진리의 순수한 빛은 다만 다양하게 굴절된 형태로만 비쳐온다."[47] 여기서 보는대로 딜타이의 세계관 이론은 초월적 문제로 넘어가는 것이 아니라 세계관을 삶으로부터 이해하려는 시도이다. "철학은 형이상학적 체계를 통해 세계의 본질을 파악하여 이 인식을 보편적으로 증명할 수 없다. 그러나 모든 진지한 시 속에서 전에 보이지 않던 삶의 한 연관이 보이듯이, 시가 항상 새로운 작품들 속에서 삶의 다양한 면들을 현시하듯이, 그렇게 철학의 전형적 세계관들 속에서 하나의 세계가 우리에게 다가온다. 그것은 우리가 어떤 예술 작품 속에서도 삶의 총체적 조망을 얻지 못하되, 그 모든 것을 매개로 우리가 총체적 파악으로 접근하는 것과 같다."[48] 그러나 이와 같은 모든 거대한 형이상학적 작업 이후에 "세계는 불가측적 심연을 갖는다"고 하는 역사적 의식이 남는다고 딜타이는 말한다. 그러나 그는 그것이 모든 세계관의 "상대성"보다는 오히려 그 각각을 초월하는 "정신의 자발성"(Souveraenitaet des Geistes)과 세계에 관한 우리의 "적극적 의식"을 나타내 준다고 본다. 그러므로 세계관론의 과제

46 같은 책, 78쪽.

47 같은 책, 229쪽.

48 W. Dilthey, *G. S.* V, 405f.

는 상대주의와는 반대로 "세계와 삶의 수수께끼에 대한 인간정신의 관계"를 다루는 것이다. "형이상학적 과학은 역사적으로 제한된 하나의 현상이지만, 인간의 비물리적 의식(das meta-physische Bewusstsein der Person)은 영원하다."[49]

7. 나오는 말: 삶의 불가측성과 "개방성의 원칙"

우리는 지금까지 인간학적 · 해석학적 방법으로 인간의 삶을 파악하려는 딜타이철학이 과학으로서의 형이상학을 부정되게 되고, 그러나 삶의 불가측적 측면을 함께 고려함으로써 과학의 폭을 넓힐 뿐만 아니라 세계관으로서의 형이상학이 들어설 자리를 다시 마련한 과정을 보아 왔다. 중간에 다루었던 미쉬의 "해석학적 논리학"은 이와 같은 딜타이철학의 근본 사상을 발전적으로 구체화시킨 것이다. 더 나아가 이는 철학적 인간학자 플레스너(H. Plessner)에게로 연결되고, 여기서 딜타이학파와 플레스너의 깊은 연관이 성립된다.[50] 마지막으로 우리는 삶의 "불가측성"과 "개방성의 원칙"에 관한 문제를 간단히 정리할 필요를 느낀다.

사고작용이 삶을 측정할 수 없다는 것은 한편으로 사고작용의 한계를 지시하지만, 다른 한편으로는 삶의 "위력"(Maechtigkeit des Lebens)을 나타내 준다. 따라서 이것을 "불확실성", "위험성" 등으로만 해석하면

---

49 W. Dilthey, *G. S.* I, S. 386.

50 이와 같은 Dilthey학파와 H. Plessner사이에 연결되는 큰 맥락을 정리하고, 거기에서 주요 문제로 나타나는 "표현"의 문제, "불가측성"과 "개방성"의 문제, 그리고 철학적 인간학의 방법적 원리들을 다룬 것이 필자의 학위논문 "Anthropologie und Hermeneutik. Die Explikation einer Fragestellung W. Diltheys in den Schriften von G. Misch, H. Plessner und O. F. Bollnow"이다.

딜타이에 대한 오해를 유발하게 된다. 딜타이가 삶의 불가측성을 회피하여 객관주의에 빠졌다고 비판한 가다머(H.-G. Gadamer)는 그처럼 "불가측성"을 부정적으로만 이해했다. 미쉬가 『삶의 철학과 현상학』(1930)에서 불가측성의 적극적 의미를 명백히 했고, 볼노우(O. F. Bollnow)는 일찍이 미쉬와 더불어 정신과학의 진리기준으로서의 "객관성"(Objektivitaet)의 문제를 정리했으나,[51] 가다머는 이러한 딜타이학파의 성과들을 고려하지 않고 딜타이를 일면적으로 봄으로써 그의 주장의 허약성을 드러냈다.[52] 나아가 그는 슐라이어마허(Schleiermacher)에서 절정을 이룬 전통적 해석학에 대하여도 "완결"(Abschluss)이 아니라 "접근"(Annaeherung)이라는 해석의 목표 설정을[53] 고려하지 않고 역시 일방적으로 객관주의라고 비판했던 것이다.

삶은 그 불가측성의 특성 때문에 새로운 가능성들로 개방된다. 이것은 미래 삶의 새로운 가능성들을 보장한다. 그렇기 때문에 삶의 불가측성은 곧 삶의 위력을 나타낸다. 이것은 과학과 해석의 개방성을 요구하게 되고, 이러한 과학과 해석의 개방성은 곧 인간들의 창의적 역사 형성을 가능하게 한다. 이것은 플레스너에 의해 철학적 인간학의 방법적 원

---

51 O. F. Bollnow, Zur Frage nach der Objektivitaet der Geisteswissenschaften. In: *Zeitschrift fur die gesamte Staatswisseuschaft* 97(1937), S. 335-363.

52 가다머는 딜타이의 후기철학에만 의존했었으며, 그 후로 딜타이의 중기철학에 대한 연구가 활발해져 미쉬와 볼노우의 주장을 더욱 뒷받침하게 됐다. 한국철학계에서 해석학의 문제를 본격적으로 논의하기 시작한 1985년 가을 학술발표회에서는 가다머의 『진리와 방법』(1960)이후에 새롭게 큰 진척을 보인 딜타이철학에 대한 연구내용들이 전혀 논의되지 못했음을 엿볼 수 있다(참고: 한국철학회, 『철학』, 1985, 가을호).

53 강돈구, 「보편적 해석학의기초로서의 언어와 사유」. 한국철학회, 『철학』, 1985, 가을호, 52쪽.

칙으로 수용된다. 삶의 불가측성은 과학과 해석의 개방성뿐만 아니라 인간 본성의 규정에 대한 개방성도 요구하기 때문이다. 그런데 여기서 우리의 주의를 요하는 것은 이 개방성이라는 것이 지나친 "상대주의"나 비당파성을 빙자한 "무관심주의"(Indifferentismus)를 의미하지 않는다는 것이다. 플레스너는 그의 "개방성의 원칙" 논의에서 이 점을 분명히 하고 있다. 딜타이가 모든 인간적 삶이 특수적임을 강조했듯이, 미쉬를 통해 딜타이를 수용한 플레스너는 "유럽중심주의"를 거부하고, 모든 문화의 "가치민주적 동등성"(wertdemokratische Gleichheit)을 주장한다. 이것은 상대주의나 무관심주의와는 전적으로 다르며, 플레스너는 무관심주의란 결국 인간과 삶의 본질을 떠나는 것이라고 강조한다.[54] 지나친 당파성도 또 무관심주의도 극복해야 함을 주장하는 플레스너적 의미의 개방성은 가치의 무정부주의나 주체적 입장이 부정되는 극단적 상대주의에 빠질 수 없는 것이다. 해석학적 다양성은 먼저 다양성이 수용되는 터전을 전제로 하는 것이며, 학문적 독단주의나 전체주의적인 정치 · 사회적 배경은 자동적으로 해석학적 철학의 투쟁 대상이 되는 것이다. 역사적 · 사회적 현실을 무시한 채 "해석의 다양성 자체"만을 주장하는 것은 해석학적 철학이 요구하는 개방성의 원칙을 떠나는 것이다. 해석학은 본질적으로 이데올로기(Ideologie)비판을 수반하는 것이다.[55]

54 플레스너는 독일에서의 "끔찍한 당파성"(나치)은 19세기 후반기의 독일철학자들이 정치적 무관심주의에 빠졌던 것에도 그 책임이 있다고 주장한다.

55 A. Diemer, *Elementarkurs Philosophie. Hermeneutik*, S. 223.

제 5 장

서양 현대철학에서 유토피아 논쟁과 미래 사회

1. 들어가는 말

16세기에 영국인 토머스 모어가 만든 유토피아 어원은 그리스어 topos(장소)와 ou(부정)이며, 이 세상 "어디에도 없는 곳"이라는 의미를 갖는다. 그러나 이 말은 이상향을 기대하는 사람들의 꿈과 희망을 나타내 주기도 한다. 이 글을 쓰는 1998년, 우리는 유토피아가 활발히 논의될 만한 시점에 놓여 있었다.

첫째, 새천년이 시작되는 시점에 이르고 있기 때문이다. 종교적 유토피아로 천년왕국설이 대표적인 예이듯이 천 년이라는 단위는 인간들에 의해 커다란 의미가 부여되었고,[1] 더구나 최근 1, 2세기 동안의 변화에 비추어 앞으로 다가올 천 년은 예측불허의 대 격변을 예고하고 있다.

둘째, 자본주의와 사회주의라는 양대 이데올로기 대립의 시대가 지나가고, 새로운 경제 체제와 사회 체제가 모색되고 있기 때문이다. 세계 체제가 재편되고 있고, 문화들의 침윤과 충돌이 활발하게 이루어지고

1 Gould, S. J., 『새로운 천 년에 대한 질문』, 김종갑 옮김, 생각의나무, 1998.

있다.

셋째, 지구화(Globalisierung)를 21세기 인류 문화의 대세로 형성시키면서 신자유주의가 지배적인 이데올로기로 자리를 굳혀 나가고 있기 때문이다. 신자유주의의 문제점은 일찍부터 지적되었고, 벌써 그 폐해가 심각하게 나타나고 있는 상황에서 새로운 가능성과 대안이 긴박하게 요청되고 있기 때문이다.

넷째, 환경오염으로 인한 생태계의 파괴와 자원의 고갈로 지구 자체의 생명이 급격히 단축되고 있기 때문이다. 인류에게 유토피아적 희망과 행복을 약속하던 자연과학의 발달과 경제의 성장이 오히려 인류 말살과 지구 파괴의 재앙으로 둔갑하고 있다.

다섯째, 전 세계적인 경제위기를 맞아 비약적인 탈출구를 모색하거나 또는 현실도피적인 공상이나 초월의 세계에 관심을 갖기 때문이다.

이상의 여러 가지 조건들로 인해 지금 유토피아에 대한 관심과 논의가 활발해질 수 있는 정황인 것이다. 이러한 시기에는 무분별하고 혼란스럽게 유토피아가 제시되고 특히 사이비 종교적인 유토피아가 제시되고 특히 사이비 종교적인 유토피아설들이 등장하여 건강한 사고와 성실한 삶 자체를 흐려 놓을 수 있다. 우리의 논의는 이러한 문제들을 예방할 수 있도록 유토피아 논의의 장을 이론적으로 정리하고, 미래 사회에 대한 진지한 추구라는 긍정적 기능의 관점에서 유토피아를 탐구해 보는 생산적인 자리가 되어야 할 것이다. 우리는 우리의 의도와 무관하게 나타날 수 있는 유행으로서의 유토피아 논의나 더구나 현실 도피와 몽상으로서의 유토피아에 대한 대중들의 잘못된 관심을 조장하는 부산물이 생겨나지 않도록 노력해야 할 것이다.

2. 유토피아 사상의 긍정적 의미(기능)와 부정적 의미(기능)

유토피아는 기존 현실에 대해 비판적인 태도를 취하는 가운데 좀 더 나은 것을 정의해 나아가는 하나의 과정이다.

Walerstein/성백용 1994:241, 김영한/임지현 1994:41

유토피아는 모든 진보의 원리며 더 좋은 미래를 위한 시도이다.

김영한/임지현 1994:42

유토피아는 인간이 본래부터 가지고 있던 꿈이며 의식이다. 그것은 미래에 대한 꿈이며 소망이다. 유토피아는 불안과 위기의 시대, 격동하는 전환기에 활발히 전개되었다. 그것은 새로운 가치관과 세계관을 형성시켜주는 좋은 터전이 될 수 있다. 유토피아는 인간의 무한한 가능성이나 선한 본성을 전제한다. 이는 진보사상, 낙관주의 등으로 연결되어 인간들의 진취적인 노력을 가능하게 한다.

김영한/임지현 1994:17

유토피아는 세계상 및 인간상을 변화시킴으로써 본질적인 전환점을 마련하는 데 기여한다.

Buhr/Klaus 1975:1254.

유토피아들의 포기와 더불어 인간은 역사를 창조하려는 의지를 잃게 될 것이며 그와 함께 역사를 이해하는 능력마저 잃어버리게 될 것이다.

Mannheim/황성모 1975:478

유토피아는 대중을 행동과 고통으로 나아가도록 고무할 수 있고, 역사적 힘인 '신화'로서 기적적인 힘을 발휘한다.

Jonas 1984:288

유토피아가 불안과 위기의 시대에 활발히 나타난다는 사실은 그것이 대중의 현실도피 심리에 편승한다는 의혹을 갖게 한다. 유토피아는 인간의 선한 본성을 전제로 하며, 이는 선함과 악함을 함께 가진 인간 본성에 대한 잘못된 파악이므로, 섣부른 낙관주의로 오도한다.

Jonas 1984:385

유토피아는 시대착오적이다. 보다 나은 미래에 대한 기대는 우리가 살고 있는 현재의 막강한 운동 속에서 충분히 보장된다.

Buhr/Klaus 1975:같은 곳

유토피아는 도덕적 사회에 대한 주관적인 성찰로서 지적으로 부적절하며 정치적으로 해로운 것이다. 그것은 부르주아 계급에 의해 구속받는 하나의 이데올로기일 뿐이다.

Engels-Walerstein/성백용 1994:226-227

이처럼 유토피아 사상은 여러 가지 긍정적 의미(기능)를 가지며, 또 그만큼 부정적인 의미(기능)도 갖는다. 그러므로 유토피아 사상은 처음부터 논쟁을 수반할 수밖에 없었다. 필자는 서양 현대철학에서 유토피아 논쟁의 구도를 크게 둘로 나누고자 한다. 하나는 사회주의 내부의 논쟁이고 다른 하나는 사회주의적 입장과 반(反)사회주의적 입장 사이의 논쟁이다. 전자는 정통 마르크스주의(동구 사회주의권)의 반유토피아주의와 이른바 수정 마르크스주의(블로흐)의 유토피아주의 사이의 논쟁이며, 후자에는 앞의 두 입장을 다 유토피아주의로 규정하고 반유토피아주의를 주장하는 요나스가 속한다.

3. 정통 마르크스주의와 수정 마르크스주의의 유토피아 논쟁

정통 마르크스주의자들이 반유토피아주의나 수정 마르크스주의자의 유토피아주의는 둘 다 마르크스-엥겔스의 사상에 근거하여 자신들의 주장을 편다. 두 입장은 각각 자신의 주장이 유토피아 사회주의와 과학적 사회주의를 구분하고, 과학적 사회주의의 길을 걸어간 마르크스와 엥겔스의 입장에 충실한 것이라고 주장한다.

마르크스는 『철학의 빈곤』에서 프롤레타리아 계급이 충분히 성장하지 못하고, 생산력의 발전이 미진하여 새로운 사회의 건설에 필요한 물질적 조건이 통찰되지 못하면, 이론가들은 유토피아주의자들에 머물 수 밖에 없다고 말한다(Marx/Engels 1972:4, 513). 엥겔스도 『반뒤링론』에서 유토피아주의자들은 그들이 아직 자본주의가 충분히 발전하지 못한 시대에 살았기 때문에 역사에 호소하지 못하고 다만 머릿속에서만 새로운 사회의 요소들을 구성했다고 말했다(Marx/Engels 1972:20, 247).

그런데 정통 마르크스주의자들과 블로흐(Ernst Bloch)는 이러한 마르크스-엥겔스의 주장을 서로 다르게 해석한다. 전자는 마르크스-엥겔스가 사회주의자들의 공로를 일부 인정하면서도 그것은 과학적 사회주의에 의해 완전히 극복되었으며, 마르크스-엥겔스는 유토피아주의의 역사적, 계급적 한계를 통찰하고 공산주의 혁명론을 통해 그것과 근본적인 단절을 보여 주고 있다고 주장한다. 과학적 사회주의는 유토피아의 종언을 의미하고, 유토피아는 사회주의에서 그 의미를 상실한다고 말한다. 따라서 이제 유토피아는 시대착오적이라고 말한다(Buhr/Klaus 1975:1254). 이에 반해 블로흐는 마르크스-엥겔스의 과학적 사회주의가 "구체적 유토피아"로서 사회주의 선구자들의 "추상적 유토피아"와 구분된다고 말한다(Bloch 1959:366). 마르크스가 그의 저서 중 90%를 현재의 구체적 현실상 비판에 할애하고 미래 국가에 관해서는 약간만 언급하고 있음을 그는 마르크스주의가 "유토피아가 아닌 것이 아니라 오히려 참된 유토피아, 즉 구체적으로 매개되어 있으며 과정적으로 열려 있는 현실적 유토피아라고 말한다. 그리고 그는 유토피아가 전혀 없다면 희망도, 목표에 대한 믿음도, 나눠 줄 수 있는 믿음의 여분도 없다고 말한다. 유토피아주의는 너무 추상적이어서 손해를 보고 있으며 이 세상과 거리감이 있다고 수천 년 동안 오해받고 조소의 대상이 되어 왔지만, 그러나 소련이 출현한 이래로 그러한 조소는 사라졌다. 그러나 다른 한편 사회주의 사회에서는 유토피아를 추구하는 노력이 반동적이거나 불필요한 사고로 간주되기 시작했다. 그러나 블로흐는 유토피아가 평화, 자유, 그리고 빵을 갈구하는 충동력을 가지고 있다고 옹호한다(Bloch 1959:680).

정통 마르크스주의에서는 블로흐를 무정부주의적 수정주의라고 비판한다. 이들이 블로흐를 그렇게 비판하는 이유는 마르크스주의가 기존의 현실 사회주의 국가에서 완성되었으며, 그것은 곧 인류역사 발전의 최종목표에 도달한 것이라는 전제 때문이다. 그러나 블로흐는 그러한 정통 마르크스주의의 입장에 대해 마르크스주의의 총세적 특성을 현재의 문제에만 국한시켜 버린 것이라고 비판한다. 그것은 그들이 유토피아로부터 과학으로 향하는 사회주의의 발전을 너무 급하게 진척시켰기 때문이라는 것이다. 구체적 유토피아는 한편으로 강인하고 유요한 구체적인 꿈이며, 다른 한편 현실 속에서 이룩되지 않은 내용에 몰두하여 놀라운 힘으로 그것을 해결한다고 말한다. 블로흐에 의하면 구체적 유토피아는 역사의 운동 속에 담겨 있는, 인간 삶에 관한 꿈을 정확하고 이해하는 일을 한다(Bloch 1959:727). 유토피아는 목표를 이루는 과정에서 자신의 역할을 다하고 파기된다. 왜냐하면 변화된 새로운 현실은 다시금 새로운 유토피아를 낳게 되기 때문이다(Bloch 1959:366).

마르크스주의를 "구체적 유토피아"라고 말하는 블로흐는 마르크스주의를 새롭게 해석하는 것이다. 정통 마르크스주의가 "과학적"이라는 규정어를 붙여 마르크스-레닌주의를 도그마화한 데 반하여 블로흐는 마르크스주의 사회상의 개방성을 강조했다. 고정된 어떤 정적인 상 대신에 그 내용이 구체적으로 채워지지 않은 열린 사회상을 암시만 했던 마르크스와 엥겔스를 부각시킨다. 유토피아는 "아직 의식되지 않은 것(das Noch-Nicht-Bewusste)", "아직 이루어지지 않은 것(das Noch-Nicht-Gewordene)", "아직 이루어지지 않은 존재(das Noch-Nicht-Sein)"(Bloch 1959:149-166, 728)라는 것이다. 현실 사회주의 옹호자들은 블로흐를 무정부주의자라고 비판했지만, 블로흐는 그들에게 현실 사회주의도 불완전할 수밖에 없음을 인정하고 마르크스주의를 역사적, 사회적 현실 속에 살아 움직이는 사상으로 수용해야 함을 강조한 것이다. 이러한 블로흐의 주장에 귀를 기울이지 않고 블로흐를 강력하게 비판했던 사람들은 이제 현실 사회주의 사회와 함께 몰락해 버렸다. 블로흐는 어떤 면에서 승리한 셈이다. 그러나 그 승리는 현실적으로 의미를 상실하고 만다. 미래에 새로운 열린 사회주의 사상이 등장할 때에나 블로흐의 승리는 현실적 의미를 되찾게 될 것이다. 그러나 그는 먼저 요나스의 비판 앞에 서야 하며 생태학적 관심의 주도에 밀려 소외된 채로 얼마간을 기다려야 할 것 같다.

4. 블로흐와 요나스; 유토피아주의자와 반유토피아주의자

블로흐는 유토피아주의자이고 요나스는 반유토피아주의자이다. 요나스는 블로흐의 유토피아를 비판하고, 유토피아 사상 자체를 비판한다. 블로흐는 마르크스주의의 좌파로부터 비판을 받았고, 이번에는 다시 비마르크스주의자로부터 비판을 받는다. 유토피아에 대해 상반된 입장으로 대립된 블로흐와 요나스는 각각 무엇을 지향하고 있는지, 그리고 요나스는 어떤 미래 사회를 꿈꾸는지 알아보자.

(1) 유토피아주의자 블로흐

블로흐는 유토피아의 사회상들(사회적 유토피아들) 속에서 인류 역사와 더불어 지속된 인간의 인간에 의한 착취가 폐지된다는 사실에 먼저 주목한다. 거기서는 피억압자들이 사라지고 가진 것 없는 사람들이 만족스럽고 정의롭게 살아가는 빛의 나라를 그린다(Bloch 1959:550). 물론 블로흐는 유토피아 사회상들 중에는 알려진 것보다 훨씬 커다란 문제점을 가진 것들이 있음을 지적한다(예: 플라톤의 『국가』에 나오는 '모든 것이 공동의 소유' 라는 말은 유토피아의 가장 고귀한 표어가 되었지만, 실제로는 두 개의 귀족층에 국한된 반동적인 것이다. 어거스틴의 『신국』은 지상의 국가로는 출현이 불가능하다는 비관주의를 보여 준다(Bloch 1959:554).

그럼에도 불구하고 블로흐는 유토피아가 그리고 있는 사회(국가)는 낳은 새로운 시사를 내포한다고 말한다. 심지어 오류조차도 많은 교훈을 간직하고, 그 속에 나타난 주장이 어떤 필연성을 지니고 있다고 말한다. 그는 '이 세상의 지도가 유토피아라는 땅을 포함하지 않는다면, 시도를 들여다 볼 가치가 전혀 없다' 는 오스카 와일드의 말을 인용한다.

블로흐에 의하면 유토피아 사회상들은 막강한 권력이나 일상화되어 버린 저열한 인간 삶에 대해서 '아니오'라고 말할 수 있었다. 사람에게 주어진 현실의 변화를 투영시켜 줄 수 있었다는 것이다(Bloch 1959:555).

블로흐는 마르크스 이전의 추상적 유토피아주의자들이 새로운 사회 건설을 위한 구체적인 방안을 제시하지 않았으며, 그래서 세상이 그들의 계획에 관심을 갖지 않았지만, 그래도 그들은 존재 가치가 있었다고 말한다. 사회 변화를 위한 그들의 의지는 확고했고, 그들은 모든 현실을 정적으로 관망만 하지는 않았기 때문이다.

그러나 블로흐는 추상적 유토피아의 한계를 지적하고, 마르크스주의가 비로소 바람직하고 구체적이며 현실적인 유토피아임을 강조한다. 마르크스는 완전한 이상을 제시하려 하지 않고, 다음의 사회 단계만 말했다. 자유의 왕국을 확장시키는 인간은 구체적인 사회상과 함께 변모하며, 인간 역시 스스로 변화를 갈구하는 한 변신할 수 있다는 것이 마르크스주의의 입장이라고 블로흐는 말한다.

블로흐는 천년왕국설마저도 긍정적으로 수용한다. 마르크스주의가 볼셰비키에 의해서 수행될 때도 급진적 재세례파의 유형이 다시 모습을 드러냈으며, 이는 천년왕국설의 내용으로 나타나는 혁명적 사고라는 것이다(Bloch 1959:679).

블로흐는 3가지 소그룹의 특수한 유토피아에 주목한다(Bloch 1959:680-713). 그것은 청년 그룹, 여성 그룹, 그리고 유태인 그룹이다. 청년 그룹의 낡은 것에 대한 저항의식에 주목한 블로흐는 나치가 시민 사회의 청년들의 열정을 악용할 수 있었던 점을 지적하고, 프롤레타리아 청년운동의 미래지향성에 기대를 보낸다. 두 번째로 블로흐는 1871년 이전에는 그렇게 뜨거웠던 시민적 자유의 열기가 독일제국이 들어서면서 체제 옹호적으로 변하였던 사실을 상기시킨다. 그는 성의 차이를 계급 사회가 생산해 낸 인위적 차이점들과는 다른 영역에 위치하고 있다고 말하고, 계급 사회의 문제가 해결되었다 하더라도 성 차이의 문제는 그대로 함께 해결될 수 없다고 강조한다. 끝으로 블로흐는 시온조의의 인종주의적 경향과 시민주의적 이중성이 문제라고 지적하고, 시온주의는 끊임없이 억압받아 온 유태인이 자신들의 국가를 건설하는 차원에 머물 것이 아니라 전 세계의 피억압자들을 위한 방향으로 나아가야 한다고 말한다.

블로흐가 이러한 소그룹들의 유토피아에 주목한 것은 특별히 중요한 의미를 갖는다. 사회주의 국가가 모든 것을 하나의 체제로 묶고, 전체주의적인 지배를 강화시켜 나가는 것에 반해 다양한 사회 그룹들의 자율성을 강조한 것이기 때문이다.

블로흐는 또한 유토피아가 내면적 꿈이나 가장 바람직한 사회의 법 등에 제한될 수 없다고 보고, 유토피아의 영역은 사회의 전역으로 확장되어 있다고 주장한다. 그것은 기술과 건축, 회화, 문학과 음악 그리고 윤리와 종교의 영역으로 확장된다. 과학기술의 유토피아도 존재하고, 모든 예술 작품과 철학은 유토피아라는 창문을 달고 있다(Bloch 1959: 727).

구체적 유토피아로서의 마르크스주의는 목표에 대한 의식과 주어진 현실의 분석이 서로 결합된 사상이다. 블로흐는 인간의 대담한 의지는 변화가 일어나는 세계와 맞물리게 되고 보다 나은 미래에 대한 희망은 현실 변화의 과정에 대한 인식과 합쳐지게 된다고 말한다. 구체적 유토피아가 문제 삼는 것은 역사의 운동 속에 담겨 있는, 인간 삶에 관한 꿈을 정확하게 이해하는 일이다. 즉 과거에 나타난 인간 삶에 대한 꿈이 오늘날 현대 사회에서 이미 해결되어 있다면, 우리는 그 꿈의 내용과 형식을 당대의 사회로부터 떼내야 한다는 것이다. 구체적 유토피아는 보수주의 사고나 세력에 부딪치는 경향성(Tendenz)과 아직 실현되지 못한 현실의 객관적 가능성으로서의 잠재성(Latenz)으로서 현실 속에 내재한다. 경향성과 잠재성이 전달되고 의식되는 곳이라면, 어디서나 유토피아의 터전은 마련될 수 있다는 것이 블로흐의 생각이다. 그는 유토피아의 터전이 존재하지 않는다면, 어떠한 가치도 창출되는 법이 없을 것이라고 말한다(같은 곳).

이상에서 우리는 유토피아주의자 블로흐를 살펴보았다. 우리는 그가 유토피아의 의미를 얼마나 철저하게 추적하는지 볼 수 있었다. 그는 유토피아의 의미를 확장시켰고, 그 영역도 확장시켰다. 유토피아 사회주의를 극복하고 과학적 사회주의를 주장한 마르크스와 엥겔스의 사상을 유토피아 사상으로 재정리하였다. 즉 전자는 추상적 유토피아이고 후자는 구체적 유토피아라는 것이다. 이처럼 블로흐의 확장된 유토피아 개념과 구체적 유토피아로서의 마르크스주의 해석은 마르크스주의를 열린 사상, 미래로 개방되어 있는 사상으로 재정리하고, 그래서 사회주의가 고정되거나 전체주의화되지 않아야 한다는 것을 강조한 것이다. 그러나 위에서 본 것처럼 그의 이러한 열린 사고는 현실 사회주의 사회로부터 완전히 배격되고 말았다.

(2) 반유토피아주의자 요나스

요나스(Hans Jonas)는 새로운 윤리학을 세우려 한다. 왜냐하면 현대 과학기술의 힘과 더불어 인간 행위의 본질이 변했다고 보기 때문이다. 그것은 전통 윤리학의 관점과 규준에 의해서는 전혀 예견되지 않았던 새로운 차원의 윤리적 의미를 열었기 때문이다(Jonas 1984:15).

이 새로운 윤리학은 책임의 윤리학이다. 이전 윤리학의 대상이었던 부분적이며 순간적 행위가 기술의 발달로 인해 지금은 그대로 전지구적인 행위로 확산되고, 그 장기적인 결과는 엄청난 규모와 환원불가능성을 동반하므로 이는 곧 인류의 미래와 직결되기 때문에 책임을 윤리학의 중심에 세우지 않을 수 없다는 것이다(Jonas 1984:9).

요나스에 의하면 전 세계를 포괄하고 있는 기술 진보의 동력은 그 자체에 유토피아주의를 함의하고 있다. 그러나 그가 보기에 예전의 안일한 유토피아주의는 이제 오늘날 인류의 가장 위험한 유혹이 되었다. 요나스는 유토피아 비판을 통해서 책임의 윤리학으로 나아가고자 한다(같은 곳).

그런데 요나스가 비판하는 유토피아주의는 마르크스와 엥겔스가 비판했던 유토피아가 아니다. 마르크스-엥겔스의 유토피아다. 요나스는 정통 마르크스주의와는 달리 마르크스-엥겔스의 사회주의 이상을 유토피아라고 규정한다. 그리고 그 유토피아가 기술과 연합되어 있다는 사실에 초점을 맞춘다. 기술은 권력이고 그것은 사이비 유토피아적 활력을 함축한다. 마르크스적 유토피아는 기술의 진보를 종말론적으로 극단화하여 제시하고 있기 때문에 요나스에게서 마르크스 유토피아의 비판은 곧 기술 비판의 극치가 된다(Jonas 1984:388).

그렇다고 요나스가 보수 우익의 반공주의 철학자는 아니다. 그가 관심 갖는 것은 기술의 진보와 경제의 발전이 인류에게 가져오는 재앙이며, 그것을 막아야 하는 책임이다. 현대의 과학적, 경제적 발전으로 인류가 누리는 풍요는 자원의 고갈과 생태계의 파괴를 수반했고, 그 정도가 한계에 도달하고 있어서 결국 인류의 미래, 지구의 미래를 위협하고 있기 때문이다. 요나스가 보기에 지금 인류가 직면하는 전적으로 새로운 국면은 과거의 이데올로기 대립, 즉 사회주의 사회 대 개인주의 사회 또는 권위주의 사회 대 자유주의 사회의 대립을 2차적인 문제로 만든다. 그는 인류가 더 이상 풍요와 진보를 추구하기보다는 금욕과 절제를 실천해야 한다고 요청한다. 그런데 이런 일은 인간의 본성상 쉬운 일이 아니며, 따라서 이미 극단적인 고도성장과 과다한 소비가 일상화된 선진자본주의 국가들보다는 생산과 소비가 그보다 훨씬 적은 공산주의 국가들이 요나스 자신이 주장하는 새로운 윤리를 실천하기에 더 유리하다고 본다(Jonas 1984:256-269).

그런데 마르크스주의는 기술 진보에 대한 환상이 포함된 유토피아를 내세우고 있기 때문에 인류에게 허황된 꿈을 갖게 하며, 따라서 미래에 대한 책임을 강조하는 새로운 윤리학은 마르크스주의와 정면 대결을 하지 않을 수 없다는 것이다. 요나스는 기술적 충동이 마르크스주의의 근본 특성 속에 내재하며, 이제 기술의 진보가 "대중을 위한 아편"이 되어 버렸다고 말한다. 물자 부족은 불충분한 기술이나 악의적 시장 조작의 책임이며 그 지속은 계급 때문이라는 사회주의 국가의 이념 속에 그러한 기술 유토피아가 자리 잡고 있다는 것이다(Jonas 1984:275-277).

물론 요나스가 마르크스주의에서 기술 유토피아만을 보는 것은 아니다. "인간"의 보다 차원 높은 실현이 마르크스주의의 유토피아다. "본래"의 진정한 인간적 잠재력이 제대로 피어날 수 있는 사회가 유토피아 사회이며, 지금까지 그것을 가로막았던 계급 사회의 조건들을 제거함으로써 실현할 수 있다. 그 사회의 구체적인 내용에 대해서는 마르크스주의가 침묵으로 일관하였다. 그러나 마르크스주의는 대부분의 다른 진보주의 신조들과 마찬가지로 인간이 근본적으로 "선하다"는 것을 전제하며, 단지 상황으로 인해 나빠진 본래적 선함을 되살리기 위해서는 올바른 환경만 조성해 주면 된다는 것이다. 혁명에 의한 무계급 사회의 실현은 비로소 선한 인간을 산출할 것이다. 요나스는 바로 이것이 마르크스주의의 "유토피아"라고 본다. 그러나 요나스는 오늘날의 조건하에서 우리가 유토피아를 누릴 수 없으며, 그것 자체가 하나의 허구적 이상이라고 말한다(Jonas 1984:278-286).

유토피아는 "좀 더 많이"를 지향하며 "희망"을 말한다. 그러나 우리에게 필요한 것은 허구적 착각을 포기할 수 있는 성숙이다. 문명은 너무 큰 비용을 인간과 자연에게 요구한다(Jonas 1984:289-292).

요나스는 생태 유토피아에 대한 관심 때문에 블로흐의 반착취, 평등사회에 대한 열정을 소홀히 평가한 것은 아닐까? 그는 착취의 문제가 얼마나 심각한지에 대해서 분명히 지적한다. 착취는 가해자와 피해자 모두에게 패덕적 영향을 끼친다. 불평등이 정도를 넘으면 희생자들의 모든 내면적 자유를 박탈한다(Jonas 1984:299-301). 그러면서도 블로흐는 마르크스주의(블로흐 포함)에 대해 근본적이며 집요한 비판을 하고 있기 때문에 마치 평등의 문제는 더 이상 주요 문제가 못되는 것처럼 간과되고 있다. 요나스의 『책임의 원리』는 로마클럽의 『성장의 한계』 이래로 확산된 환경과 평화운동에 맞물려 큰 호응과 효과를 얻을 수 있었다. 요나스가 진지한 대결의 상대로 상정했던 사회주의 사회가 무너졌으니 요나스는 어디에서 동지를 찾을 수 있을까? 블로흐가 일찍이 새로 등장하기 시작하는 시민 세력에 주목했듯이, 요나스에게도 시민 세력은 처음부터 동지였을 것이다. 신자유주의의 지구화 관철 의지에 저항하고, 시민운동의 협력을 전 세계적인 차원에서 조직화해 가는 시민 세력은 요나스가 가장 기대하는 전사들일지도 모른다. 그러나 요나스는 세계의 정치지도자들이 성숙한 의식의 소유자들로 채워지기를 소원할 것이다.

5. 유토피아 사상과 미래 사회

과학적 공상(상상력)이 과학혁명의 한 주요 요인이 될 수 있듯이 유토피아정신은 현실 사회의 문제를 인식하고 비판하며 보다 나은 사회로 나아갈 수 있게 해 주는 하나의 힘이요, 실험정신이 될 수 있다.

우리는 과학의 시대에 산다. 과학적인 사회 이론은 그 이론대로 사회 발전을 실현시킬 수 있다. 그러나 많은 이론들은 과학적인 이론이긴 하지만 언제나 주제 영역을 한정하고 있다. 또한 과학은 그 자체로서 시대적 한계를 갖는다. 따라서 이론과 과학은 여백을 갖는다. 아니, 무한한 영역 중에서 극히 작은 부분만 차지한다. 과학적 사회 이론의 실행 과정에서도 여백과 여유는 존재하기 마련이며, 현재까지 이론화되지 않은 무한한 영역은 그대로 여백으로 남아 있는 것이다. 바로 이런 여백에서 유토피아는 자유롭게 피어날 수 있으며, 그것은 미지의 영역을 개척하고, 미래의 가능성을 열어갈 수 있다. 유토피아적 여유가 없는 사회와 시대는 현재의 삶에서 무리와 부작용을 수반할 소지가 그만큼 큰 것이며, 미래를 위한 새로운 가능성의 개척에 소홀하게 된다.

그럼에도 불구하고 유토피아는 미래에 대한 방향의 제시와 현재 삶에서의 여유라는 한계를 벗어나 그것이 현재적 삶의 대부분을 차지하거나 더구나 전 과학적인 미신의 수준에서 혹세무민하는 현상들로 나타난다면 그것은(요나스 이전의 상식적인 의미에서) 사회적 해악이 될 수밖에 없다.

마르크스와 엥겔스는 역사적 현실의 뒷받침이 없는 상태에서 관념적으로 만들어진 비현실적 사회주의를 유토피아라 비판하고, 그에 반해 자신들의 사회주의는 유토피아가 아니라 과학이라고 주장했다. 그런데 그 이후 많은 사람들은 마르크스주의야말로 유토피아 사상이라고 말한다. (이는 마치 이데올로기 논쟁에서 '이데올로기의 종언' 이 곧 하나의 이데올로기라는 주장과도 같은 것이다.) 유토피아는 완전한 실현이 불가능한 사회이며 — 유토피아주의자들 중에는 자신들의 유토피아 사회가 틀림없이 실현될 수 있다고 믿는 사람도 있다 — 인간들이 그것을 목표로 끊임없이 나아가게 되는 이상 사회라는 점에서 미래 지향적이며 또 개방적이다. 마르크스주의도 혁명의 실현과정에서는 혁명 이론으로서의 그 과학성이 강조되었지만, 혁명이 성공함으로써 역사의 발전이 정지하는 것은 아니므로 사회주의 사회의 일차적 실현 이후에는 그 유토피아성이 강조되어야 마땅한 것이었다. 동구 사회주의 사회에서는 이러한 개방성과 미래 지향적 가능성을 놓치고 마르크스주의를 교조화시켜 이데올로기로 만들어 버림으로써 사회적 모순을 축적하고 결국 몰락의 길로 나아간 것이다.

요나스는 반유토피아주의자이다. 그러면 그는 미래지향적이 아닌가? 그는 현실 비판적이 아닌가? 그렇지 않다. 그는 미래에 대한 책임을 강조하고, 현실의 위기적 상황에 대해 가장 민감하고 철저하게 경고한다. 요나스는 유토피아의 긍정적 기능을 인정하면서도 그 폐해를 강조하고, 유토피아의 유혹을 떨쳐 버리고 책임의 윤리를 세우는 성숙한 의식이 중요하다고 주장하지만, 그는 블로흐적 의미에서 유토피아주의자이다. 블로흐에 의하면 유토피아주의자들은 막강한 권력이나 일상화되어 버린 저열한 인간 삶에 대해서 '아니오' 라고 말할 수 있었다(Bloch 1959: 555). 그런데 요나스는 현대 과학기술과 세계 자본이라는 어마어마한 권력과 그 권력의 지배 아래에서 생명이 다해 가는 지구와 죽음의 구덩이를 향해 질주하고 있는 인류를 구출하기 위해 예언자적 외침을 외친 사람이다. 그는 자신이 환경 "유토피아" 보다는 인간 생존을 위한 "최저 환경" 을 주장한 것이고, 절제할 수 있는 성숙한 인간들의 "유토피아" 보다는 뒤늦게나마 생명의 위험을 깨달은 "최소한의 성숙한 의식" 을 요구하는 것이라고 말할지 모른다. 그러나 인류의 역사와 현재의 상황에 비추어 볼 때 그것이야말로 유토피아일 수 있다. 비관적으로 말하면 그것마저도 도달될 수 없는 유토피아이고, 희망적으로 말하면 그것은 "구체적 유토피아"인 것이다. 다만 블로흐의 입장에서 그것이 진정으로 "구체적"이라면 전 지구적으로 그 실현을 위한 진지한 운동이 조직돼야 할 것이다.

우리는 유토피아 또는 미래 사회를 추구함에 있어서 그 다양한 차원을 함께 고려하지 않으면 안 된다. 지금까지의 유토피아 사상은 인류 전체의 차원에서만 논의됐다. 그러나 유토피아가 "아직 이루어지지 않은 것"이라고 할 때, 선진 사회에서는 이미 이루어진 것이 후진 사회에서는 아직 이루어지지 않고 있는 것들이 무수히 많다. 따라서 우리에게는 아직 유토피아일 수밖에 없지만, 다른 사회에서는 상당한 정도로 이룩되어 있는 사항들에 관심 갖는 것이 중요하다. 선진 사회의 사람들이 꿈꾸는 유토피아를 우리도 논리적 이성으로만 또는 낭만적 감성으로만 합창한다는 것은 우스운 일이다. 아직 이루어지지 않은 것으로 우리는 시민사회의 형성, 민주주의, 최소한의 경제 윤리, 환경에 대한 관심과 실천(인적, 제도적), 복지 제도 등을 생각해야 하며, 우리가 지향하는 미래 사회상에는 우리의 눈으로 보는 유토피아를 제시하고 주장해야 한다. 국제 금융의의 위기와 경제위기를 통해 명백하게 드러나는 신자유주의적 세계 자본주의 체제가 안고 있는 모순과 불평등 구조의 문제점을 지적하고 그 해결을 요구해야 한다.

그런데 우리의 현실은 이런 것과 너무도 거리가 멀다. 신자유주의의 피해를 가장 직접적으로 당하고 있으면서도 바로 그 신자유주의 노선을 가장 충실히 따르고 있는 것이 우리 자신이다. 우선적인 위기의 모면에만 급급해 하고, 보다 근본적이며 장기적인 위기에 대해서는 생각조차 하지 않고 있다. 유럽의 경우에는 사회적 시장경제(Saziale Marktwirtschaft)와 사회적 국가(Sazialstaat)를 지향해 왔고, 지구화의 중심부에서 있으면서도 지구화의 폐해를 예리하게 지적하며 적극적으로 대응하고 있는 데 반해(Martin, H.-P./Schumann, H. 1998) 우리 아시아인들은 자신들의 피해와 불리한 조건에도 불구하고 자유 시장경제(Freie Marktwirtschaft)와 경쟁력만 강조하는 자유국가를 지향하고 있다. 오히려 유럽에서는 "제3의 길"을 추구하고, 심지어 새로운 유토피아를 요청하고 있는데 아시아에서는 IMF에 예속된 채 다른 길을 생각도 못하고 있다.

우리 한국에서는 꽤 오래 전부터 "고통의 분담"이라는 말이 정치적 언어로 자리 잡아 왔다. 그러나 정부에서 내놓은 이 말이 그 본래적 의미에서 잘 실현되지는 않는다. 기득권자들은 결코 진정한 의미에서 고통을 분담하려 하지 않기 때문이다. 전 세계적 차원에서는 그것이 더 어렵다. 그럼에도 불구하고 우리는 그것을 요구해야 한다. 요나스는 지구가 살아남을 수 있기 위해서 필수적으로 요구되는 정도로 미국정부가 생산과 소비를 감축한다면 미국 사회에서는 폭동이 일어날 것이라고 말했다. 소비 수준을 낮추는 일, 기득권을 내어놓는 일이 얼마나 어려운 것인가를 웅변해 주는 말이다. 경제적 위기를 맞아 우리는 지금 그것을 체험하고 있다. 우리는 이 체험이 주는 교훈을 우리의 삶 전체에 확대 적용해야 하고, 나아가 전 세계로 확산시켜야 한다.

벌써 오래 전부터 소수 국가, 소수 인종들이 전 세계 재화의 대부분을 차지해 왔고, 소수의 초국적 기업들이 전 지구의 상품세계뿐만 아니라 생활문화 자체를 지배해 나가고 있는 현실에 대해 우리는 유토피아주의적 태도(예리한 감각과 열정)로 비판하고 대안을 찾아야 한다. 신자유주의가 지배하는 세계화된 21세기에는 인구의 20%만 직업생활을 하고 나머지 80%는 실업자가 되는 디스토피아(Dystopia)가 될 것으로 예상되기까지 한다. 유토피아주의든 반유토피아주의든 우리에게 요구하는 것은 현실의 모순에 대한 비판과 미래 사회를 위한 대안 모색에 진지한 자세로 임해야 한다는 것이다.

6. 나오는 말

유토피아는 합리적 과학적 논의의 대상이 되기 어렵다. ou-topia(no-where)라는 어원이 말해 주듯이 그것은 어디까지나 기대(희망, 바람)요 소원이지, 그 실현이 보장되거나 그 사회의 구체적인 내용에 대한 과학적 탐구가 어렵기 때문이다.

바로 이런 유토피아의 속성 때문에 그에 대한 논의는 곧 두 가지 상반된 의미(효과)를 갖게 되고, 이는 사상가들을 찬반으로 쉽게 갈라서게 하는 경향을 갖는다. 그러나 과학의 시대인 현대를 살아가는 현대인들은 대체로 유토피아를 반대하는 경향을 띠었다. 19세기 이래로 비합리적이고 비현실적인 사고는 비판되고 무시될 수밖에 없었고, 이러한 맥락에서 유토피아는 관념적, 몽상적, 비현실적인 사상이며, 인간들의 이성을 흐리게 하는 부정적인 생각으로 치부되었다. 그리고 유토피아 사상이 흔히 혼란기에 나타나서 붐을 일으킨다는 사실도 이런 사상의 불건강성을 암시하는 것이다.

그러나 인간은 꿈을 갖는 유일한 존재이다. 위기와 절망의 시기에 꿈마저 없다면 무엇이 지탱해 줄 것인가? 실존주의는 꿈을 꾸기보다는 절망을 호흡하고 한계를 맞닥뜨리라고 권하지만, 그것 못지않게 꿈을 꾸며 버티는 태도도 바람직할 수 있다. 또한 미래에 대한 새로운 꿈과 기대만이 인간들로 하여금 현실에 안주하거나 현실적 모순을 숙명으로 받아들이는 수동적 삶의 태도를 벗어나게 할 수 있다.

그러나 먼 미래 사회에 대한 꿈을 현실적 조건의 성숙 과정 없이 급격하게 실현시키려 하거나 또는 건강할 수 있는 허구적 가설을 불건전하게 이용하려는 사람들이 나타나면, 그때에는 유토피아주의가 가질 수 있는 최소한의 긍정적 의미마저 상실하게 된다. 이른바 사이비 종교들과 종교들의 사이성(예: 교회 성장과 기복신앙 중심의 기독교)이 판을 치는 한국 사회의 현실은 오랫동안 정신적 위기의(분열증적 후진성의) 상태를 유지해 온 것이며, 이제 경제적 환란에 접어들어 혹세무민하는 유토피아론이 더욱 기승을 부릴 것으로 예측되어 우리를 안타깝게 한다. 그런 점에서 실현가능성이 없는 내용으로 대중을 현혹시켜서 사람들로 하여금 현실적 사회변혁의 실천을 포기하게 하는 유토피아가 아니고, 이상적인 사회상을 제시하고 사람들의 의지로 그 실현을 위해 노력할 수 있게 하는 유토피아주의는 우리에게 희망과 동시에 성숙을 가져나 줄 수 있을 것이다. 그리고 그 기초 위에서 민중 · 시민 세력을 확장시켜 나가는 일이다. 이것이 바로 새천년을 맞는 인류에게 공통적으로 요청되는 철학이다. 지구의 존립을 염려하고 인류의 미래를 준비하는 이 세상의 모든 사람들은 바로 이러한 철학을 중심으로 연대해야 한다.

2부
상식철학으로 읽는 한국인, 한국 사회

제 1 장

한국인의 공동체주의 재조명

1. 공동체적 삶

한국인들에게 "공동체"는 상식적으로 전제되는 바람직한 사회 이상이다. 그것은 지켜져야 할 사회 성격이고, 그 구성원들은 그것을 위해 봉사하고 헌신할 수 있어야 한다. 공동체는 "공동선"을 기초로 하며, 그 구성원은 누구나 "공동체정신"을 가져야 한다.[1]

---

1 이것은 한국인들의 상식적인 개념 사용과 그 개념들에 대한 기대를 묘사한 것이다. 한국인들은 일상적 삶의 현실 속에서 "공동체"나 "공동선", 그리고 "공동체정신"을 강조하고, 이것은 대체로 이의를 달 수 없을 만큼 공감대가 형성돼 있다. 그러나 한국인들이 강조하는 이러한 주장과 개념들은 지극히 추상적인 수준이다. 그것이 고도의 추상성을 벗어나지 않는 한 거의 절대적인 타당성을 인정받는다. 그것은 "평화", "정의", "사랑" 등의 가치 개념들과 마찬가지 경우이다. 그런데 문제는 그러한 개념들이 구체적으로 어떤 내용을 담는가에 따라서 "공동체"나 "공동체정신"은 우리가 전제하는 이상적인 사회상이 아니라, 오히려 역사적, 사회적 범죄나 문제들을 야기할 수도 있다는 것이다. 나는 이 글에서 ① 우리의 생활 세계 속에서 주로 긍정적인 의미로만 사용되는 공동체 관련 개념들과 내용들이 그 반대의 내용들을 내포할 가능성이 있음을 보여 주고, ② 부정적 의미의 공동체성을 갖는 사이비 공동체 사회의 요소들을 가려내어 극복함으로써 상식적 의미의 긍정적 공동체로 접근하자

근자에 와서 특히 공동체가 강조되는 것은 공동선이 무시되고 공동체 정신이 사라져 가고 있기 때문이다. 사회는 황폐화되고, 불법과 범죄가 범람한다. 인정과 사랑이 넘치는 공동 사회가 무너지고, 눈앞의 이익에 눈이 멀어 인륜과 심지어 천륜마저도 무시한 채 사리사욕만 채우는 사람들이 수많은 문제를 야기하기 때문이다.

공동체는 법 이전의 사회이고, 또 법을 넘어서는 사회이다. 법이 정한 의무에 의해서가 아니라 자발적으로 할 일을 하며 살아가는 사회이고, 법에서 정한 것을 뛰어넘어 꼭 하지 않아도 되는 일을 헌신적으로 하며 살아가는 사회이다.

한국인들은 공동체정신을 잘 발휘한다. IMF 위기를 맞아 전국민적인 금모으기 운동이 뜨겁게 달아올랐었다. 심장병 어린이 돕기나 소년 소녀 가장 돕기 캠페인 등이 대단한 감동과 함께 성과를 올린다. 한편으로 냉전의식에 젖어 있던 국민들은 북한 식량 위기 돕기를 위한 정주영 씨의 소 행렬에 열렬한 박수를 보냈다.

그런데 이러한 공동체정신은 그 자체만으로 훌륭한 것은 아니다. 그것이 어떤 상황에서 어떻게 발휘되고, 어떤 효과를 가져오는가에 따라 그 의미는 달라진다. 진정으로 공동체의 발전에 도움이 되는가, 공동체가 지향하는 가치가 보편적 가치와 맞닿아 있는가에 따라 달라진다. 올바른 역사 의식과 사회의식, 그리고 민주성과 합리성이 결여되면 공동체정신은 무모하거나 극도로 위험할 수 있다. 이른바 금강산댐과 평화의 댐 사건이 그런 것이었고, 군부통치를 극복한 지 7-8년이 지난 지금도 우리의 일상에 여전히 자리 잡고 있는 군사 문화가 그런 것이다. 의

는 주장을 펴고자 한다.

2 동양철학의 덕목인 "의리"의 긍정적 의미와 부정적 의미, 그리고 서양철학의 "정의"

리[2]만 강조하는 마피아정신이나, 폐쇄적인 종교단체 구성원들의 비이성적 희생정신이 공동체정신으로 호도될 수 있다. 금 모으기 운동도 결과적으로는 부작용과 손실을 가져온 것으로 이야기되고, 각종 돕기 캠페인들이 국가의 복지정책 결여를 메꾸는 효과만 가져올 수 있다고 지적된다. '태극기 달기' 운동 등이 동원 체제를 유지해 온 전체주의적 군사정권의 잔재일 수 있다는 비판과 너무도 당연시했던 민족주의의 문제점에 대한 반성적 문제제기도 나오고 있다.

이처럼 우리가 그 개념의 의미를 추상적으로 그리고 주로 긍정적으로만 사용하는 "공동체"라는 말은 그 내용을 조금만 들여다보아도 상반되거나 모순되는 요소들로 뒤섞여 있음을 보게 된다. 그러나 나는 여기서 "공동체"라는 개념을 정확히 정리하려 하지 않는다. 그것은 간단하지도 않거니와 꼭 필요하다고 생각하지도 않는다.[3]

나는 우리가 상식적으로 전제하는[4] 긍정적 의미를 살려 나가는 선에

개념과 비교에 대해서 이승환 · 김형철(1996) 참조.

3 자유주의-공동체주의 논쟁에서 "공동체" 개념의 모호성이 지적됐지만, 댈리(M. Daly)는 힐러리(G. A. Hillery)의 1955년 논문에서 정리된 공동체의 의미가 94가지나 된다는 사실을 환기시키고, 그것은 아직도 논란이 많은 개념이라고 말한다. 그러나 그는 공동체 개념의 모호성이 공동체주의 철학 형성을 가로막게 해서는 안 된다고 주장한다. M. Daly, *Communitarianism : A New Public Ethics*, 『개인, 공동체, 교육 II — 자유주의, 공동체주의, 사회주의』, 이지헌(편), 교육과학사, 1997, 54-56쪽.

4 이 글의 첫 문장에서 사용된 그리고 여기서 다시 반복된 "상식적으로 전제되(하)는"이라는 말이 이 글의 근본적인 한계라고 생각할 수 있다. 과학적 지식은 상식을 벗어나는 데서 출발하는 것이 보통이고, 그것을 정초할 망정 그것에 근거해서는 안 된다고 생각하기 때문이다. 그러나 한국 사회의 문제를 지적할 때 '상식이 통하지 않는 사회'라는 말은 가장 많이 사용된다. 상식이란 누구나 알고 인정하는 지식이다. 적어도 그 정도는 널리 실천되어야 하고, 그 정도만 실천해도 한국 사회는 훨씬 합리적인 질서를 확립할 수 있다. (김의수, 「상식적 합리성의 원리」(1997), 57-60쪽 참조) 이 글에서 말하는 "공동체"도 어떤 이상 사회를 찾자는 것이 아니다. 누구나

서 공동체를 강조해야 한다고 생각한다. 그러기 위해서는 슬그머니 끼어 들어 공동체를 가장하는 사이비 공동체의 요소들을 찾아내어 제거해야 한다. 그런데 마침 지난 십여 년간 미국 정치철학계를 중심으로 활발히 전개된 자유주의-공동체주의 논쟁이 우리나라에 적극적으로 소개되고 있다. 이는 학문연구를 위해서나 시민 사회의 담론 활성화를 위해서 좋은 일이다. 수세기 동안 자본주의 사회의 지배이념으로 자리 잡아 온 자유주의를 공동체주의가 비판하고, 그 비판에 대해 자유주의가 다시 비판적으로 응수하면서 다양하고 복합적인 논의로 발전한 이 논쟁은 우리에게 좋은 학습 자료가 될 것이다. 다만 그것이 우리의 현실적 맥락을 떠난 논쟁이거나 더구나 단순화시킨 채 어느 편에 속할 것인가에 관심 갖는 방식의 논쟁은 바람직하지 못할 것이다.

이 글은 전반부에서 이러한 사실을 보여 주기 위하여 19세기 말 퇴니스(F. Toennies)가 제안한 이래 많은 논쟁의 역사를 갖는 "공동 사회와 이익 사회"라는 개념에 대해 돌아보고, "자유주의-공동체주의의 논쟁의 수용"에 대해 정리해 보기로 하자.[5]

후반부에서는 한국 사회 현실에서 공동체문제의 영역으로 이야기될 수 있는 것 중 세 가지, 즉 지역주의 문제와 종교 공동체, 그리고 민족주의 문제를 선택하여 정리해 본다. 나는 지난 1999년 철학연구회 봄철

공감할 수 있는 수준에서 공동체를 생각하고, 정리하여, 실현시켜 나가자는 것이다(물론 이 일은 1회적인 것일 수 없으며, 지속적인 과정이다).

5 여기서 이 두 가지를 다루는 것은 이 주제와 관련하여 과거와 현재에 많이 알려지고 주목받은 것이기 때문이다. 이것들은 어디까지나 논의를 위한 자료이지, 한국의 공동체 이론 형성에 가장 적합한 서양철학의 내용으로 선택한 것이 아니다. 그리고 이러한 자료는 동양철학에도 많이 있을 것이다(예: 신용하의 「두레 공동체와 농악의 사회사」(1984), 김교빈의 「동아시아 근대 민중운동에 나타난 유토피아사상」(1999) 등).

학술대회에서 사이비 자유주의자 공병호에 대해 집중적인 비판을 시도한 이승환의 작업을 바람직하고 훌륭한 것으로 받아들이면서 그러한 작업을 확대해 나가는 것이 중요하다고 생각한다.[6]

이 글은 하나의 영역에 국한하지 않고 세 개의 영역을 다룸으로써 방만하게 되었다. 그럼에도 불구하고 현실적 맥락과 구체적 실천을 강조하는 필자의 기본 입장에 대한 비판적 토론을 위한 자료로 활용될 수 있을 것이다. (물론 이런 입장에 대한 공감과 공통의 과제에 대한 생산적 논의에 대한 바람도 크다.)

2. 공동 사회와 이익 사회: 독일의 공동체 논의

19세기 말 퇴니스가 제시한 개념쌍 "공동 사회와 이익 사회"(Gemeinschaft und Gesellschaft)는 지금도 종종 우리의 일상에서 사용된다. 이때 우리는 그 개념과 사상이 거쳐온 100년의 역사를 고려하지 않기 십상이지만, 그 개념은 사회학 방법론의 문제로부터 근대 계약 사회에 대한 비판과 심지어 국가 사회주의(Nationalsozialismus)의 오용 과정을 거쳐 100주년을 맞아 "공동 사회의 르네상스?"라는 제목을 달기까지 많은 논쟁과 우여곡절을 겪었다.

퇴니스의 책은 사회학 영역을 넘어서 커다란 사회적인 영향력을 행사했으나, 이미 바이마르공화국 시절에 청소년운동에서 공동 사회 옹호의

6 이 학술대회 발표문들은 철학연구 제45집(1999년, 여름호)에 실려 있다. 황경식의 「왜 '자유주의와 공동체주의' 인가?」, 박정순의 「자유주의의 건재」, 이진우의 「자유의 한계 그리고 공동체주의」, 이승환의 「한국에서 자유주의-공동체주의 논의는 적실한가?」, 김비환의 「현대 자유주의-공동체주의 논쟁의 정치적 성격에 관한 고찰」이 있다.

논리로 과잉 활용되었고, 나치의 이데올로그 괴벨스(Goebbels)학파에 악 이용된 후 더 이상 주목을 받지 못했다.[7] 나치의 민족 공동체(Volksgemeinschaft)주장은 그 이후 서양에서 민족주의(Nationalismus)자체에 대한 강한 거부감과 더불어 공동체주의에 대한 전체주의 혐의를 항상 동반했다.

그러나 퇴니스가 본질의지(Wesenwille)와 선택의지(Kueerwille)라는 개념들과 연결시킨 공동 사회와 이익 사회는 결코 양자택일의 요구가 아니었으며, 이익 사회에 대한 공동 사회적 보완을 주장한 것이다.[8]

퇴니스 연구자들은 그의 공동체 개념이 사이비 공동체와 구분된다는 것을 다음과 같이 밝힌다. 사이비 공동체들은 이성(Ratio)에서 유리된 비합리주의의 옷을 입고 있다. 이와 반대로 공동체는 거기로부터 이성이 발전하고 형성되는 사회적 세계이다. 비합리적인 것은 근대의 왜곡이지 결코 공동체의 정신은 아니다. 공동체에 대한 욕구는 결코 사회적 퇴행을 정당화하지는 않는다. 퇴니스는 "공동 사회의 르네상스"와 관련하여 공동 사회로의 퇴행은 바람직하지도 않고 또 가능하지도 않다고 말했다.[9]

플레스너는 1924년에 『공동체의 한계』(*Grenzen der Gemeinschaft*)라는 책을 발간했고, 퇴니스는 이 책이 자신의 주장과 맥을 같이한다고 말했다. 플레스너의 책은 '사회적 극단주의'에 대한 비판이라는 부제를 달고 있으며, 예술에서 표현주의와 인상주의 그리고 정치에서 공산주의와 무정부주의를 사회적 극단주의로 비판한다.

---

7 Carsten Schlueter, Lars Clausen, 1990, S. 12f.

8 Cornelius Bickel, 1990, S. 45.

9 Carsten Schlueter, Lars Clausen, 1990, S. 14f.

퇴니스와 플레스너는 둘 다 독일에서 정치적 비합리주의를 비판했다. 퇴니스가 자본주의 사회의 위기적 성격을 보려고 하지 않은 사회조화론적인 관점에 반대한 것에 비해 플레스너는 문화와 문명을 대립시키면서 나타난 반민주적인 결과들에 반대했다.[10]

퇴니스는 19세기 말 독일 사회의 문제점을 비판적으로 검토하면서 공동체를 강조했고, 플레스너는 1차 세계대전 후 독일 사회를 비판적으로 분석하면서 무정부주의와 전체주의라는 양 극단을 배격했다. 형식적으로 보면 한 사람은 공동체를 강조하고 한 사람은 공동체의 한계를 지적한 것이지만, 내용적으로는 같은 것이고 두 사람은 서로 그렇게 인정했다. 두 사람이 공히 발견한 문제의 원인은 자유주의의 퇴조이다. 퇴니스는 자본주의적 생활 양식이 사회를 지배하고, 화합주의를 표방하면서 실제로는 자본의 착취가 이뤄지는 현상이 자유주의의 퇴조에서 온다고 보았고, 플레스너는 인종주의적 청소년운동의 열광과 공산주의 혁명운동의 과격성에서 위험성을 본 것이다.

독일 베르텔스만 재단이 기획한 국제적 공동 연구 결과인 1997년 로마클럽 보고서[11]는 플레스너의 책과 같은 제목을 달고 있으며, 플레스너의 책에 대해서 언급하고 있다. 그러나 이 책에서 사용하는 공동체의 의미는 플레스너의 경우와 그 뉘앙스가 다르다.

이 책은 세계 여러 나라에서 겪었거나 겪고 있는 가치 및 규범의 갈등을 다루고, 이들 갈등이 사회 공동체의 응집력을 훼손하여 결국 공동체

10 독일에서는 "문화"와 "문명" 개념을 대립시켜 문화를 긍정적이고 우월한 내용으로, 문명을 부정적이며 저급한 내용으로 규정했다. 이것은 후에 그대로 나치이데올로기로 직결됐다(김의수, 1999 참조). 플레스너는 이 문제가 극단화되기 전에 이미 그 문제점을 간파한 것이다.

11 P. Berger, 1997.

의 유지를 불가능하게 할 소지가 있음을 일깨운다.[12] 이 보고서는 21세기 인류 사회의 문제들을 예진하고, 그 해결의 모형을 추구하고 제시하는 작업을 하고 있다. 11개 나라에 대한 분석에서 시민 사회의 형성이 갖는 중요성과 또 그 한계를 보여 주고, 민주주의가 발달하지 않고 종교적, 계급적 위계질서가 지배하는 비서구 사회에서 관용과 민주성의 확보가 어떻게 가능하며, 민주주의 이외의 갈등 해소 방법에 대한 관심을 보인다. 무엇보다도 갈등 해소를 위한 매개기관들(의사소통 구조들)의 현황을 소개하고 그것들의 강화와 새로운 창출을 강조한다.[13]

이 연구 보고서가 보여 주는 것은 세계의 여러 나라가 안고 있는 갈등의 내용과 양상은 다 각각 다르고, 그 해결의 길도 구체적으로는 서로 다를 수밖에 없지만, — 각 사회의 문화적 배경, 민주주의의 정착 정도, 시민들의 이론 의식과 실천 의지 등의 차이 때문에 — 그러나 공동체의 유지, 민주주의, 시민참여, 올바른 역사적 사회적 (책임)의식이 기본 전제가 된다는 사실에서 공통점을 갖는다는 것이다. 그리고 특히 경제 상황이 어려워질 때는 규범 갈등의 해소를 위한 토론과 매개의 과정이 허약해지고, 이는 공동체의 불균형 발전으로 이어진다는 것이다.[14]

나는 100년이라는 긴 기간 동안 독일에서 전개된 "공동체"(공동 사회)에 대한 사회철학적 논의를 세 권의 책을 중심으로 간단히 살펴보았다. 우리가 여기서 볼 수 있는 것은 "공동체" 개념을 어떻게 사용하며 그 개념으로 어떤 내용과 철학적 지향을 담는가는 다 각각 다를 수 있다

12 P. Berger, 1997, S. 13.

13 같은 책, SS. 21-28쪽.

14 같은 책, SS. 581-614쪽.

는 것이다. 그리고 독일에서 공동체 논의를 펼친 위의 사상가들은 자유주의자들이었다는 사실도 주목할 일이다. 왜냐하면 미국을 중심으로 시작된 자유주의-공동체주의 논쟁은 독일의 경우와는 맥락을 달리한다는 것을 말해 주기 때문이다.

3. 자유주의-공동체주의 논쟁의 수용

미국 정치철학계의 자유주의-공동체주의 논쟁이 우리 철학계에서 집중적으로 조명되고 있다. 정치철학에서 공동체주의 논쟁의 주된 문제는 민주 사회 정치질서의 정당화를 위해서는 합리적으로 구성된 보편주의적 정의 원리들이 우선하는가 아니면 문화적으로 전승된 윤리적 선의 표상들이 우선하는가이다. 보다 단순하게 표현하여 개인의 권리를 우선시할 것인가 공동체적 선을 우선시할 것인가이다. 이 논쟁은 많은 사람들이 참여하여 장기간에 걸쳐 진행됐을 뿐만 아니라, 같은 진영에 속하는 사람들도 각각 차이가 있기 때문에 간단히 정리하는 일이 쉽지 않다. 영미철학계에서 벌어진 이 논쟁의 후반부에 들어와 독일철학자들도 일부 참여하게 된다(Apel, Habermas, Honneth 등). 전체적으로 볼 때 이 논쟁은 여러 단계들을 거쳐 오게 됐고, 그 진행 과정에서 입장 차이가 점점 더 벌어지기보다는 상호접근하고 공통의 기반을 넓혀 가고 있다는 인상을 주지만, 다른 한편 이 논쟁은 오히려 확산되고 있다는 주장도 있다.[15] 그런데 바로 이 논쟁을 주제로 선정한 1999년 5월 철학연구회 춘계 학술대회에서 한국철학자들은 자유주의와 공동체주의를 대립적으로 파악하기보다는 상호수렴하며 보완하는 관계로 파악했다.

15 박정순, 1999.

김형철은 미국의 공동체주의자들은 한국의 자유주의자들보다 더 자유주의적이라고 주장했고, 이진우는 그 말을 뒤집어서 한국의 자유주의자들은 미국의 공동체주의자들보다 더 공동체적이라고 주장했다(교수신문 논쟁, 철학연구회 1999년 춘계 학술대회). 이들은 각각 자유주의와 공동체주의를 주장하기 위해서 그렇게 말했지만, 그 말은 어느 한쪽 주장을 뒷받침해 주기보다는 한국 사회는 미국 사회와 다르다는 것을 말해 주는 것이고, 한국인들은 서양인들에 비해 훨씬 공동체적이라는 것을 말해 주는 것이다.[16] 이러한 사실들은 우리가 서양철학의 논의들을 수용할 때 서양 현실과 다른 우리 현실의 맥락을 성실하게 고려해야 한다는 상식을 다시 한 번 일깨워 준다.

혼네트는 자유주의와 공동체주의의 입장을 더 이상 "이익 사회"인가 "공동 사회"인가로 나눌 수 없다고 말한다. 두 입장 모두 전통 이후의, 민주적인 공동체를 염두에 두고 있기 때문이다.[17]

공동체주의가 내세우는 공동선의 이념은 그룹 이기주의와 사회적 이해관계에 의해 조장된 전체 사회의 파편화와의 대결을 통해 생겨났다.[18] 그러나 우리에게는 공동체적 특성이 아직도 전근대적인 차원에 머물고 있어서 그것이 미래 사회로 나아가는 비전으로보다는 사회의 기본 질서를 흐리고 발전을 저해하는 요소로 먼저 자리 잡고 있다.[19] 그런가 하면

---

16 나는 80년대 초 독일 동독에서 대학교육을 받은 후 서독으로 귀화하여 대학원 과정을 밟고 있는 독일인을 만난 적이 있다. 그 사람이 동독의 대학 생활이 너무 집단적(공동체적)이어서 부담스러웠다고 말했는데, 그 내용을 들어보니 한국의 대학생활보다 훨씬 덜 집단적이었다.

17 Axel Honneth, 1993, S. 16.

18 Karl Acham, 1997.

19 이런 맥락에서 황경식이 우리 사회의 문제를 해결하기 위한 근원적이고 기본적 전략이 정당한 공권력에 의한 엄정한 법질서의 확립이라고 강조한 것은 타당한 주장

우리 사회도 서구 사회 못지않은 파편화 현상을 노정한다. 그런 점에서 우리에게 요구되는 과제는 이중적이다. 우리는 한편으로 집중화와 권위주의의 전통에서 무시된 진정한 의미의 공동선 지향과 민주질서의 회복을 위해 노력해야 하고 또한 동시에 나타나는 파편화 현상의 극복을 위해 새로운 공동체운동을 전개해야 한다.

필자는 한국 사회의 위기를 다루면서 법치 사회의 확립 — 이것은 자유주의의 입장이다 — 을 강조했다. 그러나 전체적으로는 개인의 권리보다는 공동체정신을 강조하는 입장이었다. 이때의 공동체는 전근대적인 속성을 벗어나야 하고, 올바른 역사 의식과 사회 의식을 바탕으로 하는 새로운 공동체이어야 한다는 것이었다.[20]

한국 사회에서는 지난 반세기 동안 온건 우파를 포함하는 민주 세력을 공격하여 무력화했던 극우 세력이 지배했다. 극우 세력이 장기간 지배했던 사회의 구조가 바뀌려면 혁신적 정리 작업을 하든지, 또는 분명한 개혁 작업을 오랫동안 꾸준히 해야 한다. 그런데 이러한 일은 제대로 진행된 적이 없다. 극우 지도자의 핵심 인물인 박정희를 옹호하는 세력이 아직도 광범하게 활동하고 있고, 50년간 고착된 반공이데올로기는 한국인의 무의식을 지배하고 있다. 경제위기를 거치면서 우리는 그간의 비합리적 정실주의와 전근대적 경영구조가 위기의 원인임을 확인했다. 그러면서도 우리는 그러한 구조를 근본적으로 개조하지 못하고 있다.

원리와 원칙이 무시되고 탈법과 무법은 여전하며, 전 사회는 부패 고리로 연결되어 있다. 이러한 현실 상황에서 자유주의자들과 공동체주의자들은 무엇을 할 수 있는가? 무엇을 해야 하는가? ○○주의의 차이가

이다. 황경식, 1997, 57, 344-345쪽.

20 김의수, 1997, 51-52, 65쪽.

얼마나 현실적인 중요성을 갖는가?

이러한 현실적 맥락에서 중요한 것은 논쟁 자체에 매몰되어서는 안 된다는 것이다. 논쟁을 통해 사회적 담론을 주도하고, 그것이 시민의식을 제고하여, 시민의 힘으로 변화를 위한 정책을 견인해 낼 수 있어야 한다. 박정순은 건강한 자유주의로 무장하여 신자유주의의 강풍을 막아야 한다고 말했는데, 그럴 수 있기 위해서는 이승환 식의 비판과 사회운동이라는 실천으로 연결돼야 한다.

4. 한국 사회의 민주적, 공동체적 발전을 저해하는 지역주의

박정희를 태두로 한 군부독재 세력에 의한 장기간의 지역패권 지배는 한국 사회의 경제(재벌의 수와 자본 및 생산 총액의 격차), 권력(제 분야 지배 엘리트의 격차), 사회(간접자본의 격차, 노동 기회의 격차), 문화(문화재 관리, 문화 시설, 문화 예산 등의 격차) 등 제 분야에서 엄청난 불균형을 초래했다.[21] 지역 간 불균형이 심화되면서 자연히 지역 갈등이 발생했고, 박정희는 1971년 선거를 기점으로 지역 감정을 인위적으로 조장 확대하기도 했다.[22] 이러한 과정에서 호남인들의 문제점에 대한 왜곡된 역사적, 심리학적(심성론) 증거들이 유포되기도 했다.[23] 그

21 영·호남의 지역 불균형 이전에 중앙과 지방 사이의 불균형은 더 큰 것이었고, 중앙의 권력을 장악한 TK군부 세력의 장기 집권은 이 이중의 지역 불균형 정책으로 사회의 균형 발전을 가로막았다.

22 김만흠, 1987; 한국 사회학회, 1990; 김종철·최장집 외, 1991; 남영신, 1992.

23 왕건의 훈요십조(제8조; 후백제인 불등용)나 『고려사』(券2, 태조 26년)의 차령산맥 이남지역의 배역설 등은 기록자 개인의 편견이나 지배계층의 저항 세력에 대한 적대감에서 유래한 것이며, 이러한 것들은 조선왕조 후기에도 몇 개가 더 있다. 그러나 이러한 자료 중에 호남인에 대한 호평도 있고, 또 영남지방을 반역향이라고 규정

후 끊임없이 시도된 호남고립 정책과 이합집산을 거듭한 정치집단들의 생존전략으로 너나 없이 지역주의를 이용함으로써 이제 한국의 정치는 지역할거 형태로 영구 고착될 위기에 처해 있다. 현재 한국 사회에서 정치를 결정하는 핵심요소는 지역연고이다. 정책에 대한 평가에서도 합리적 가치 기준보다 지역 감정이 우선하는 경우가 많다.[24]

지역주의는 정치 분야를 넘어 사회생활 전반에서 한국인들의 가치판단을 지배하고 있다. 이미 오래 전부터 지역민 간의 적대적 감정이 생활 속 깊이 자리 잡고 있다. 인간에 대한 신뢰나 평가에서 출신 지역이 일차적인 기준으로 작용하고, 일상생활에서 선입견만으로 이유 없이 불신하거나 경계한다. 이러한 태도는 인간관계를 왜곡하고, 엄청난 사회적 손실을 가져온다. 한국인의 가치판단에서 "반공이데올로기"가 모든 기준을 초월하여 덧씌워질 수 있(었)듯이, "지역주의(감정)" 또한 모든 가치 기준을 무력화하고 있다.

21세기 과학의 시대, 합리적이며 민주적인 이성이 지배하는 시대에 사는 우리가 어떻게 편견에 이끌려 중요한 정치적 입장을 결정할 수 있는가? 이것은 우리가 현대적인 바른 의미의 공동체정신을 망각하고, 전근대적인 연고주의에 매몰되어 있다는 증거이다. 우리는 이러한 전근대적인 요소를 하루 빨리 극복하고, 합리성을 기준으로 합의를 도출하고,

---

한 문헌도 있다(『영조실록』, 券53, 영조 17년). 동학농민혁명과 임진왜란 때의 의병 활동, 그리고 일제에 대한 항거(광주학생의거와 호남농민들의 소작쟁의)로 호남인들이 크게 탄압을 받은 것은 역사적으로 두고두고 높이 평가해야 할 일이며, 그러한 과정에서 지배층이 확산시킨 편견이나 또는 개인들의 주관적인 경험들을 바탕으로 호남인들에 대한 부정적 품성론을 펴는 것은 온당치 못한 일이다(이병휴, 「지역 갈등의 역사」, 『지역감정연구』, 학민사, 1991).

24 제16대 총선에서는 전국적인 차원에서 지역할거 구도가 약화되었다. 그러나 영·호남의 지역주의는 아직도 견고함이 확인됐다.

시민의식을 함양하여 민주적 질서를 확립하며, 정의를 위한 연대로 소외를 극복해 나가는 공동체를 건설해야 한다.[25]

이상에서 우리는 지역주의의 폐해와 그 전근대적 성격을 확인했다. 그것은 공동체정신과 무관한 사이비 공동체성이다. 그렇다고 해서 모든 지역주의가 다 사이비는 아니다. 지역 감정과 지역 갈등은 문제이지만 지역 의식과 지역 정체성은 필요한 것이다. 그것은 자연스럽게 형성되는 것이며, 공동체적인 것이다. 우리는 건강한 공동체성으로서의 지역 정체성을 상실하고 파괴적인 지역 감정과 지역 갈등만 키워왔다. 그것은 피해의식(보상의식) 보복에 대한 피해의식 등으로 악순환된다.[26] 우리는 지방화 시대를 열어 가면서 지역 정체성을 새롭게 정립하는 계기를 맞고 있다. 각각 자기고유성을 확보하고 서로 다른 차이점을 상호존중하는 것은 민주적인 공동체를 이루는 근본이다. 거기에는 선의의 경쟁도 있고, 긴장과 화합의 역동성도 있다. 이제 겨우 초입 단계에 있는 지방의 자율성 확보 과정은 건강한 지역 정체성의 확립으로 이어질 것이다. 그럴 수 있기 위해서 두 가지 차원의 노력이 필요하다. 하나는 지역적 편견이나 정치적 이기심에 이끌린 지역연고주의를 극복해야 한다는 것이고, 다른 하나는 경제제일주의, 그것도 무한 경쟁만을 요구하는 신자유주의 논리에 무비판적으로 따라가는 지방정부의 지역정책을 탈

---

25 영 · 호남 지역 갈등 극복을 위한 4개 지역 민간연구단체 합동 심포지엄: 1. 「21세기 국가발전과 동서화합」(1998. 12. 11. 대구), 2. 「국가발전과 지역사회 개혁」(1999. 2. 26. 광주).

26 이러한 현실적 배경 때문에 나는 호남인들이 앞장서서 국민의 정부를 비판하고 개혁을 견인해야 한다고 주장하고 있다. 그러나 호남인은 호남인대로 영남인은 영남인대로 일상에서 악순환을 거듭하고 있다. 2000년 6월 15일 남북정상회담의 극적인 성공에 대해서도 영남인들 중에 냉소적인 반응을 보이는 사람들이 있다는 얘기를 듣고 놀라지 않을 수 없었다.

피해야 한다는 것이다.

1999년 5월 광주에서 잔트퀄러 교수는 5 · 18 광주민주화운동의 세계사적 보편 의미를 부각시켰지만,[27] 바로 그 5 · 18은 부마항쟁과 맞닿아 있다. 이것들은 지역주의를 넘어설 뿐만 아니라 민주주의 정신과 공동체정신을 극적으로 발휘한 역사적 운동이다. 이 운동은 1987년 6월항쟁으로 이어졌고, 군부독재 세력을 몰아내는 결과로 연결됐다. 그러나 군부독재권력은 무너졌어도 장기간의 지역패권주의로 굳어진 경제 사회적인 기반은 여전히 불균형인 채 남아 있고, 지역간 정서적 간극은 민간 정치지도자들에 의해서 확대되어 한국의 현재와 미래 정치지형을 결정하는 요소로 자리 잡고 있다. 한국의 지역주의를 극복하는 일은 민중 · 시민 세력이 주체로 섬으로써만 가능하고, 민주주의운동의 전통을 기준으로 사회전반의 개혁을 실현해 나아감으로써만 가능하다. 부마항쟁과 5 · 18 광주민주화운동을 함께 기념하고, 그 정신을 개혁의 철학으로 세워야 한다. 이것은 민주정신이고, 공동체정신이다.[28] 이것은 자유의 실현이고 공동체의 실현이다. 한국에서 자유주의와 공동체주의는 바로 이런 맥락에서 연대할 수 있고, 한국 사회의 발전에 공동으로 나설 수 있다. 경제발전주의와 지역연고주의를 혼합하여 박정희 향수라는 퇴행적 현상을 만들어 내는 수구 세력을 무력화하는 데에 공동의 노력을 할 수 있어야 한다. 연고주의와 금권주의에 매몰되어 있는 사회 모든 분야의 기득권 세력에게 그 비합리적인 고리의 단절과 사이비 공동체성의 해체를 요구해야 한다. 그럼으로써만 사이비 공동체성을 배제하고, 진정한 공동체로 나아갈 수 있다. 지난 총선에서 부패정치인 추방을 목표

27 H. J. Sandkuehler, 1999.

28 김의수, 2000.

로 활동한 시민 정치운동은 대대적인 성과를 거두었다. 한편으로 여전히 지역주의의 벽이 높음을 확인했지만, 그러한 민주주의운동이 계속될 경우 지역주의의 벽은 무너지고 말 것이다.

5. 종교 공동체

"권위주의 정권 시절 한국에서 유일하게 자유가 확대된 영역이 있다면 그것은 종교적 자유와 사유재산권의 영역일 것이다. 종교적 자유는 불만세력의 폭발력을 잠재우기 위한 마취제로 활용되었고, 사유재산권은 재벌 체제를 통한 경제 성장을 위하여 과잉보호되었다. 따라서 돈을 버는 일이라면 공해산업이건 부실시공이건 무제한으로 방임되었고, 교회를 세우고 선교활동을 하는 일은 (영생교처럼) 사람만 죽이지 않으면 허용되었다."29

"한국은 다종교 사회이다. 그런데 그 많은 종교들이 자기들의 성(城)만 구축하고 있을 뿐 서로 간에 별다른 접촉이 없다. 이 땅을 지배하고 있는 것은 돈과 권력을 잡기 위한 무한 경쟁일 뿐이다. 자기 종교의 세를 과시하는 데에만 관심 쏟을 뿐이다. 자기 종교 이전에 국가와 민족을 먼저 생각하는 종단은 찾아보기 힘들다. 다른 무엇보다도 지금 이 시대에 가장 적절한 시대정신을 창출하는 것은 종교의 몫이다. 그러나 한국의 종교들은 시대정신을 도출하기에는 턱없이 역부족이다."30

종교단체는 전형적인 공동체에 속한다. 건강한 종교단체는 건강한 공동체성을 갖는 조직이며, 사이비 종교단체는 사이비 공동체성을 드러낸

29 이승환, 1999, 68쪽.

30 최준식, 1998, 135-137쪽.

다. 위에서 인용한 두 사람의 글은 한국의 종교가 건강한 공동체성을 갖지 못하고 있음을 보여 준다. 물론 한국의 모든 종교단체와 모든 종교인이 사이비인 것은 아니다. 그러나 전반적으로 건전성보다는 불건전성이 지배한다는 것이 한국의 종교에 대한 일반적 평가이다.

한국 사회의 치부를 드러내며 반복적으로 터져 나오는 사회적 사건의 주요 항목 중 하나가 사이비 종교 사건들이다. 그러한 사건들은 교육수준이 높고, 민주의식이 강하며, 역사와 문화의 전통을 자랑하는 한국 국민들을 맹신과 무지의 무모한 집단으로 매도당하게 만든다. 그런데 사이비 종교보다 기성 종교의 사이비성이 더 근본 문제임이 틀림없다. 기복신앙과 물신주의, 그것을 수단으로 하는 교세확장이 한국 종교의 특징이고, 그것이 사이비 종교를 양산하는 터전이다.

1999년 MBC 방송국을 점령하고 방송을 중단시키는 범죄 행위를 저지른 이재록 목사 사건은 그 집단 내부에서 분열이 생기지 않았다면 결코 문제로 드러나지 않았을 것이다. 그는 기독교방송과 극동방송에 장기간 정기 출연했으며, 한국 기독교의 다수 종파가 참여하는 거대한 선교협의회 공동대표로 활동했고, 주요 정치지도자들을 비롯한 사회의 유력자들과 교분을 맺어 온 것으로 보도되었다. 그는 수단과 방법을 가리지 않고 돈을 벌어 교계지도자 자리를 산 것이다. 그런 현상은 사이비 종파로 드러난 경우에만 해당되는 것이 아니다. 전두환 전 대통령과 가장 깊은 얘기를 나눌 수 있었던 측근 인사 중에는 한국 최대 성령파 교회 목사가 끼어 있었던 사실을 우리는 기억한다. 여성 TV비평가 최보은이 한국 언론이 사이비 종교까지만 다룰 수 있고, 기성 종교의 문제는 다루지 못하는 것이 한계라고 지적한 것은 한국 종교의 막강한 권력과 그것의 사이비 공동체성을 단적으로 표현해 준다 하겠다.[31] 이재록을 이단으로 규정한 교계 지도자들은 외화 밀반출 사건으로 구속된 최순영

회장을 석방해 달라고 대문짝만한 광고를 신문에 냈다.[32] 재벌 회장이며 교회 장로인 최순영이 심각한 범법 행위를 저지른 사실에 대해 시민들은 별로 놀라지 않는다. 그런 일은 종종 일어나기 때문이다. 한국의 기업인들 중 많은 사람이 교회의 장로들이고, 그들은 대부분 신자유주의 이데올로기의 첨병들이다.[33]

건강한 종교인들이란 건강한 시민이 갖는 준법정신, 합리적 사고, 공동체정신을 당연히 실천하는 바탕 위에서 그것을 뛰어넘는 헌신과 봉사의 실천을 목표로 한다. 그런데 한국의 종교 지도자들은 일반 시민들도 놀랄 만큼 탈법을 자행하며 이기적이고 반인간적인 행태를 보이는 일이 비일비재하다. 그래서 한국의 종교는 개혁의 대상이다. 정치, 법률, 언론과 함께 종교도 개혁의 성역으로 남겨두어서는 안 된다. 언론의 자유를 확보하기 위해서 언론재벌을 해체시키고, 사이비 언론을 척결해야 하듯이, 종교의 자유는 사이비 종교와 기성 종교의 사이비성을 척결해야 확보되는 것이다.

한국은 종교의 천국이다. 정확히 말하면, 사이비 종교의 천국이다. 아무나 쉽게 종교를 세우고, 갈라져 나가 새 종파를 만들고, 큰 교회를 세우면 신학교 간판을 달고, 그런 곳을 거치면 아무나 목사가 된다. 무슨 종교든 다 마찬가지다. 부자 동네에는 너도나도 십자가를 꽂는다. 한국

---

31 한겨레신문, 1999년 5월 19일.

32 다수의 권력가들과 연결 고리를 형성한 것으로 알려진 이재록의 사이비 종교 사건은 고급 옷 로비사건에 묻혀 버렸고, 고급 옷 로비 사건의 주역들은 기성 교단에서 함께 봉사 활동을 하면서 어울렸던 것으로 드러났다. 이러한 모든 사건들에도 불구하고 종교의 사이비성은 전혀 거론되지 않는다.

33 그들은 기독교인들이지만 반민중적이며, 신자유주의를 비판하는 민중신학자들과는 정반대의 신념을 갖는다. 강원돈, 1998 ; 김항섭, 1998 참조.

의 종교 관련 법은 같은 업종의 점포를 일정한 거리 이내에 중복되게 개업해서는 안 된다는 상법만도 못하다. 그러므로 우선 제도를 개선해야 한다. 종교기관의 교육 제도를 비롯하여, 종교 관련 조세 제도, 종교기관의 예산 공개 등을 의무화해야 한다. 사이비성으로 물들어 있는 한국의 종교에게 진정한 공동체성을 회복하기 위해서는 먼저 법치질서부터 확립해 놓아야 한다.

한국의 종교를 훌륭한 종교 공동체로 인정받을 수 있게 한 소수의 종교인들(인권과 민주주의를 위해 헌신한 사람들과 무소유의 정신으로 사람들의 영혼을 맑게 한 사람들)은 온 몸으로 헌신하는 한편으로 한국 종교의 건강한 공동체성 회복을 위해 비통한 마음으로 기원하고 있다.

6. 민족 공동체

한국에서 민족주의는 누구나 당연히 받아들이는 이념이다. 아니, 누구도 거역할 수 없는 민족의 이데올로기이며, 그것은 발생론적 근거를 갖는다. 즉 민족주의는 역사가 한국인들에게 부과한 도덕적 정언 명령이자 사회적 규범이다.[34] 이것은 남한에만 국한되지 않고, 북한도 마찬가지다. 남과 북의 체제가 다같이 의장된 형태의 민족주의이며 한반도를 통틀어 유일한 정치이념은 민족주의뿐이다.[35]

한민족의 이러한 투철한 민족의식에 비추어 볼 때 서양인들의 민족주의에 대한 강한 거부감은 대조적이다. 그들은 민족주의라면 질색이다. 그것은 그들에게 곧바로 국수주의나 나치즘을 연상시키는 듯하다. 우리

34 임지현, 1999, 6쪽.

35 이종오, 1993, 307쪽.

에게 레드콤플렉스가 있다면 그들에게는 민족주의 콤플렉스가 있다. 이러한 사실은 민족주의라는 말이 결코 긍정적인 의미만을 갖지 않으며, 양면성을 갖는다는 사실을 말해 준다.

그럼에도 불구하고 그것이 한민족에게 유일한 정치이념이 되고 있다는 것은 우리가 착종된 이념 속에 빠져 허우적거리고 있음을 의미할 수 있다. 우리는 민족 공동체를 지향해야 한다. 그러나 그것이 폐쇄적 민족주의여서는 안 된다. 개방적 민족주의이어야 하고, 민주주의적 민족주의이어야 한다. 팽창주의적 민족주의가 아니라 다원적 세계주의와 조화로운 민족주의이어야 한다. 세분화되지 않고 착종된 민족주의는 그만큼 사회의 발전을 저해할 수 있다. 인민주의와 파시즘 사이에서 아슬아슬한 줄타기를 하던 많은 제3세계의 민족주의가 결국 의사 인민주의적 파시즘으로 전락한 세계사적 경험이 시사하는 바를 간파해야 한다는 임지현의 지적은 적절하다.[36]

우리는 누구나 민족 공동체를 강조하지만, 그 내용이 다 각각이기 때문에 문제다. 극우파도 극좌파도 다같이 "민족"을 강조한다면, 그 민족의 개념은 언제라도 폭발할 수 있는 위험성을 내포한다. 따라서 우리는 서둘러 민주주의와 정의를 전제로 하는 민족 공동체의 이념을 확립해야 한다. 2차 세계대전 이후 우리는 "민족"을 열정적인 개념으로 사용하면서 끊임없이 구호화했어도 정작 민족이 하나되게 하는 데 얼마나 성실한 노력을 했는가를 반성해 보면 우리는 부끄러움이 앞선다. 우리가 민족에 대한 진정한 사랑, 냉철한 판단력, 관용과 포용력을 얼마나 발휘했는지 돌아보면서 바람직한 민족의 길을 정리해야 한다. 박정희식의 극우 민족주의에 우리는 너무도 세뇌되어 있다. 광개토대왕을 내세우고,

36 임지현, 1999, 57쪽.

국토의 확장을 주장하는 힘의 논리에 남북의 국민들이 너무 쉽게 이끌리는 수준을 속히 벗어나야 한다.

그러나 우리는 서구의 반민족주의 정서를 그대로 따라가서는 안 된다. 우리는 공격적 민족주의와 건강한 민족주의를 구분해야 한다. 서구인들이 역사적 경험을 통해 민족주의의 폐해를 깨달은 것은 훌륭한 일이다. 그러나 제국주의에 짓밟힌 민족들이 자신들의 정체성을 회복하는 일은 꼭 필요하고 중요한 일이다. 이것은 폐쇄적 공격적 민족주의와 구분되며, 보편적인 인권의 사상과 상통하고, 세계적인 연대를 통해 확보할 수 있는 바람직한 공동체 사상이다. 우리는 민족의 통일을 이루어야 하고, 통일된 민족국가로서 세계 여러 나라들과 열린 관계를 맺어 나가야 한다.

나는 위에서 임지현의 민족주의 비판을 긍정적으로 언급했지만, 기본적으로는 민족주의를 옹호한다. 분리가 아니라 통일을 지향하며, 갈등이 아니라 화해를 추구하고, 적개심이 아니라 형제애를 촉구하며, 공격과 팽창이 아니라 방어와 역사 복원을 희구하는[37] 우리의 민족주의를 살려야 하기 때문이다. 한국의 민족주의는 민족 자주를 통한 국제 협력, 남북화합을 통한 평화통일을 핵심 내용으로 하는 '열린 민족주의'이다.[38]

지난 2000년 6월 김대중 대통령과 김정일 국방위원장의 성공적인 남북정상회담으로 남북한 국민과 해외의 모든 동포들에게 민족 통일에 대한 희망이 최고조에 달했었다. 난마처럼 얽혀 있는 국제 역학관계와 수많은 난제들 때문에 이러한 희망과 기대는 여러 차례 난관에 봉착할 수

37 박호성, 1997, 23쪽.

38 도진순, 1997, 6쪽.

있다. 그러나 우리는 그러한 난관들을 돌파해야 한다. 그럴 수 있기 위해서 우리는 문제를 총체적으로 볼 줄 알아야 하고, 무엇보다도 극단적인 이념적 경직성을 고수해 온 남북한의 국민들이 마음의 문을 활짝 열어야 한다. 사고와 태도의 전환을 획기적인 수준으로 감행해야 하며, 완전 개방의 자세로 임하지 않으면 안 된다. 그리고 진정으로 새로운 차원에서 민족 공동체를 세워 나가야 한다.

반복적으로 확인해야 할 일은 우리가 민족에 대한 진정한 사랑, 냉철한 판단력, 그리고 관용과 포용력을 가져야 한다는 사실이다. 민족주의를 내세우며 민족의 통일을 염원하고 소리 높여 다짐해 온 우리가 더 이상 세계의 유일한 분단국가로 남아 있을 수 없다는 다짐과 의지가 우리 모두의 혼으로 응축되고 승화되어야 한다.

7. 나오는 말

나는 이 글에서 서양철학에서 논의된 공동체문제를 몇 가지 소개하고, 그러한 논의 내용들을 수용함에 있어서 우리가 유의해야 할 점을 언급하였다. 그리고는 한국 사회에서 사이비 공동체성 극복의 중요성에 대해서 세 가지 경우를 들어 논하였다. 건강한 공동체와 사이비 공동체의 차이나 그 요소들에 대한 체계적인 이론화 작업이 이 글의 목적은 아니다. 그것은 이런저런 맥락에서 부분적으로 비체계적으로 제안되거나 정리되었다. 퇴니스의 공동체 개념은 이성과 유리된 비합리성의 옷을 입은 사이비 공동체와 구분된다는 연구자들의 주장이나, 우리가 추구하는 공동체는 전근대적인 속성을 벗어나야 하고, 올바른 역사 의식과 사회의식을 바탕으로 하는 새로운 공동체이어야 한다는 나 자신의 주장 등은 그중 일부이다. 자유주의와 공동체주의의 입장을 더 이상 "이익 사회"인가 "공동 사회"인가로 나눌 수 없다고 말한 혼네트가 두 입장 모두 전통 이후의, 민주적인 공동체를 염두에 둔 것이라고 주장한 것도 참조 또 하나의 예이다. 142쪽에서 "공동체는 법 이전의 사회이고, 또 법을 넘어서는 사회이다"라고 했던 말이나, 158쪽에서 신앙 공동체 생활을 하는 "건강한 종교인들이란 건강한 시민이 갖는 준법정신, 합리적 사고, 공동체정신을 당연히 실천하는 바탕 위에서 그것을 뛰어넘는 헌신과 봉사의 실천을 목표로 한다"고 했던 말은 같은 내용을 다른 맥락에서 표현한 공동체에 대한 언급들이다. 그리고 나는 지역주의와 민족주의를 다루면서 민주주의와 정의가 건강한 공동체의 필수 요건임을 강조했고, 폐쇄성 대신 개방성을 주문하고, 보편적 가치로 이어지는 공동체성이어야 함을 주장했다.

이러한 작업이 축적되면 공동체와 사이비 공동체를 가르는 요소와 일반적 현상들을 정리하고 정의를 내리는 일이 가능할 것이다. 그러나 그러한 이론화 작업이 시급한 것은 아니라고 본다. 우리는 지금까지 우리가 당연하게 전제해 온 공동체, 공동체정신, 공동선, 공동체성을 살려나가야 한다. 그런데 그것이 올바른 공동체성이 되기 위해서는 사이비 공동체, 전근대적 공동체의 요소들을 척결해 나가야 한다. 그러한 일은 수구 세력의 무력화 작업과 병행되는 일이며, 사회의 민주적 합리적 개혁 작업을 통해 실현될 수 있는 일이다.

나는 유토피아 사회상을 추구하는 일에 별로 관심이 없다. 그러한 일은 중요한 일이지만, 많은 사람들이 거기에 매달릴 필요는 없다고 생각한다. 오히려 구시대적 요소, 청산되지 않고 남아 있는 사이비 공동체성을 극복하는 일에 다수가 관심 갖고 동참하는 일이 중요하다.

서양철학의 논의들을 수용하는 것은 필요하고 중요한 일이고, 보다 분명한 이해를 위해 어느 철학자나 그룹의 특화된 입장을 선택해서 수용하고 지지할 수 있으나, 많은 경우에 직수입은 문제를 수반한다. 그들과 우리의 현실적 토대가 다르며, 구체적 상황이 다르기 때문이다. 공동체문제도 서양에서 논의하는 배경과 우리가 관심 갖는 문제가 다르다. 나는 여기서 몇 가지 공동체와 관련된 서양철학의 논의 내용들을 소개했고, 또 한국에서 논의되는 내용을 소개하면서 누구의 입장 또는 무슨 주의의 입장 하나를 선택하지 않고, 우리 사회 현실에서 공동체와 관련하여 보다 바람직한 방향을 찾아보려 했다. 나의 작업은 주장을 단순화시켜 대립하는 이론 논쟁에 대한 허구적 기대(어느 한쪽 주장이 승리하고 분명한 결론이 제시될 것이라는, 즉 분명한 미래 사회상이 제시될 것이라는 기대)를 배제하고, 차분하고 꾸준한 탐구와 우리에게 필요한 방향과 입장을 스스로 구축해 나가자는 제안을 내포한다.

하버마스와 잔트퀼러는 한국에 와서 우리의 문제를 해결하는 구체적인 이론은 우리에게서 나와야 한다는 입장을 취했다. 자신들의 이론이 원칙적인 방향에서 타당성을 갖는다고 주장하면서도, 우리의 구체적인 현실문제에 필요한 이론이 될 수는 없다고 말한 셈이다. 그 말은 맞는 말이고, 그렇게 말할 수 있기 때문에 그들은 우리에게 설득력을 갖는 철학자들이다.

이 글은 하나의 구체적인 이론을 제시하기보다는 대체적인 방향을 제시하는 글이다. 방향에 대한 공감이 형성된다면, 구체적인 이론들은 많은 사람들에 의해서 다양한 방식으로 연구되고 제시될 수 있을 것이다.

제 2 장

한국인의 새로운 민족주의

한민족 공동체[1] 실현을 위한 생활 세계적 실천과제들

1. 들어가는 말

경세력 세계 10위이며 신자유주의 지구화에 적극적으로 임하는 한국인들이 강한 민족주의 의식을 가지고 있다는 사실은 앞뒤가 맞지 않는 모

1 이 글에서 사용하는 "민족 공동체"나 "한민족 공동체"란 우리가 상식적으로 사용하는 역사 문화적 개념이며, 남한정부의 통일방안을 일컫는 특수하게 고정된 개념이 아니다. 남한과 북한은 각각 다른 통일방안을 제시해 왔다. 남한은 "한민족 공동체 통일방안"을 북한은 "고려 민주 연방 공화국 창립방안", 즉 "연방제 통일방안"을 주장한다. 남한정부는 한민족 공동체 통일방안에서 그 과정을 단계별로 구체화시켜 제시하고 있다(조민, 「민족 공동체 형성 방안을 통한 통일 과정」; 제성호, 「남북한 통일방안 비교」, 민족통일연구원, 『민족 공동체 통일방안의 이론 체계와 실천방향』(1994) 참조). 필자가 사용하는 "한민족 공동체"는 ① 한반도에 거주하는 민족 구성원 ② 세계 각 곳에 흩어져 살고 있는 한민족 구성원 ③ 한민족의 역사와 문화를 공유하고 보편적 가치들을 중심으로 새롭게 공동체를 형성시켜 나가는 데에 동참하는 모든 민족 구성원들을 포괄하며, 남한과 북한이 민족통일을 실현시키면서 공통으로 지향하게 될 공동체를 의미한다(이 개념에 대한 연구를 시도한 논문으로는 한석태 · 김재현의 「민족 공동체 개념에 대한 연구」가 있다. 『한국과 국제정치』, 제16권, 제1호, 경남대 극동문제연구소, 2000 참조).

순된 현상이다. 물론 이것은 한국인들의 경우가 유일한 것은 아니고, 전 세계에 거주하며 커다란 경제적 영향력을 행사하고 있는 유태인이나 중국인 등 민족적 결속력이 강한 사람들이 보여 주는 공통된 현상일 것이다. 이 글은 민족주의에 대한 한국인들의 생각과 그 배경으로서의 역사적 경험을 짚어 보고, 한민족 공동체의 실현을 위한 생활세계적 실천과제들을 제시해 보려는 데 목적이 있다.

한국인들은 세계에서 드문 인종적 민족 공동체를 이루어 살아왔지만, 현재 50년이 넘도록 두 개의 국가로 나뉜 분단 체제 속에서 살아가고 있다. 그래서 우리 한국인들은 민족의 통일과 한민족 공동체의 실현을 국가적 민족적 과제로 삼고 있다. 이 과제의 실현을 위해서는 정치지도자들의 역할이 중요하다. 그러나 정치인들과 외교관들의 역량을 뒷받침할 수 있는 국민대중의 생활세계적 태도와 의식이 매우 중요하다. 그런데 민족주의에 대한 한국인들의 생활세계적 태도와 의식은 복잡하게 뒤엉켜 있으며, 필자는 그 기본적인 가닥을 잡는 것이 시급한 과제라고 생각한다.

2. 민족주의의 양면성(서양철학자들의 주장)

민족주의는 같은 혈통과 언어와 문화를 갖는 사람들이 하나의 나라를 이루고 서로 힘을 합쳐 경제적 성장과 국가의 발전을 위해 노력하려는 이념이다. 우리의 상식으로 이것은 자연스럽고 당연한 일이며, 원시 부족 사회나 중세의 봉건 사회를 지나 근대적인 국가 제도가 자리 잡으면서 그 기본 단위가 민족이 되었다. 본래 "민족"(Nation)이라는 단어는 19세기 이전에도 존재했지만, 그 의미가 모호했다. 대부분 출생국가(Herkunftsland)나 출생지역을 의미하다가 1830년경부터 정치적인 차원에서 '민족성들의 원리'에 대해 말하기 시작했다. 그것은 유럽에서 다수의 민족국가들의 공존을 가리킨다.[2] 이처럼 "민족주의"(Nationalismus)라는 개념은 유럽 사회의 민족단위 국가의 성립 때부터 나타난 이념이다. 그것은 18세기와 19세기 유럽에서 일어난 국가이념이다. 스미스(A. D. Smith)는 민족주의의 세가지 이상으로 민족정체성, 민족의 통일 그리고 민족의 자치를 꼽는다.[3]

그런데 민족주의는 양면성을 갖는다. 민족주의는 야누스의 얼굴처럼 두 면을 가진다(Davis, 1967, p. xii). 민족주의는 잠자는 미녀로 시작하여 프랑켄슈타인으로 끝난다(Minogue, 1967, p. 7). 민족주의는 그 신구형을 막론하고 패러독스로 가득 찬, 극도로 복잡한 역사적 현상이다. 도덕적인 동시에 비도덕적이고, 인간적인 동시에 비인간적이며, 고상한 동시에 야만적인 민족주의는 축복일 수도 있고, 저주일 수도 있다(Snyder, 1968, p. 14).[4]

민족주의자들 자신의 이데올로기를 떠나 근대화라는 세계사 전체의 문제와 연관시켜 민족주의 논의를 새로운 단계로 끌어올렸다는 평가를 받는 겔너(E. Gellner)는 민족들이 깨어나 자기의식을 갖게 되는 과정에서 민족주의가 생기는 것이 아니라, 민족주의가 민족을 발명한다고 말한다. 그는 제3세계 민족주의에 대해서 경제성장의 필요가 민족주의를 발생시키는 것이지 그 역이 아니라고 말한다.[5] 그러나 그는 20세기

---

2 Jan Spurk, *Nationale Identitaet zwischen gesundem Menschenverstand und Überwindung*, FfM, Newyork 1997, S. 56.

3 Anthony D. Smith, *Nations and Nationalism in a Global Era*, 번역본: 『세계화 시대의 민족과 민족주의』, 이재석 옮김, 남지, 1998, 205쪽.

4 이상 3가지 주장은 차기벽, 『민족주의원론』, 한길사, 1990, 86쪽과 90쪽에서 재인용.

5 Ernest Gellner, *Thought and Change*, London, 1964, 제7장 "Nationalism", 어네스

세계사에서 제3세계 민족주의가 담당한 적극적인 역할을 강조한다. 19세기에 나폴레옹 같은 인물이 세계를 통일했다거나 20세기의 민족주의가 발생하지 않았다면 큰일이었을 것이라고 말한다. 낙후되고 불리한 주민들이 자신의 불만을 민족주의를 통해 개념화한 것은 다행이며, 장기적으로 민족주의에 의해 고무된 세계의 문화적 다양화도 축복이라고 주장한다.[6]

겔너보다 민족주의의 부정적 측면을 훨씬 강조하는 영국의 진보 이론가 톰 네언(Tom Nairn)은 민족주의는 신화요, 이데올로기라고 잘라 말한다. 그것은 허위의식이며, 자연적인 것이 아니라 인위적인 것이라고 못 박는다.[7] 민족주의를 제3세계주의로 탈바꿈하는 것은 낭만적 민족주의를 좀 더 세련된 방식으로 변호하는 것에 불과하다. 전쟁의 연속인 세계에서 민족주의에 옳다고 특허를 부여하는 것은 말이 안 된다. 그것은 강대국 민족주의를 파악하는 데 장애가 되고, 민족주의 현상의 중심적 일부를 이루는 파시즘에 대한 관점을 치명적으로 흐려 놓는다. 그리고 민족주의의 비합리성 이해에도 방해가 된다. 민족주의의 원형은 없다. 파시즘이야말로 어느 에피소드보다도 민족주의에 대해 더 많은 것을 말해 준다. 네언은 민족주의의 양면성을 이분법적으로 말하는 것에 대해서도 강력하게 반대한다. 민족주의에 건강한 것(모잠비크, 인도지나 등 후진국의 것)과 병적인 것(파생적이고 타락한 것으로 미국의 노동자들,

---

트 겔너, 「근대화와 민족주의」; 백낙청, 『민족주의란 무엇인가』, 창비, 1981, 153쪽.

6 같은 책, 164-165쪽.

7 Tom Nairn, *Break-Up of Britain: Crisis and Neo-nationalism*, London 1977, 톰 네언, 「민족주의의 양면성」, 백낙청, 같은 책 227쪽. 앤더슨(B. Anderson)은 민족국가를 '상상의 공동체'라고 주장한다. B. Anderson, *Imagined Communities: Reflections on the Origins and Spread of Nationalism*, Verso, 1983, 1991.

프랑스의 골리즘, 칠레의 군사정권 등) 두 종류가 있다는 이야기는 잘못된 것이다. 이러한 정치적, 도덕적 구별들은 너무나 분명하지만, 이에 따르는 이론적 차원은 그릇된 것이다. 하나는 건강하고, 하나는 병적인 두 종류의 민족주의가 존재하는 것이 아니라 모든 민족주의는 동시에 건강하면서 병적인 것이다. 민족주의는 그 본성에 있어서 양면적이다. 민족주의라는 거대한 가족을 검은 고양이와 흰 고양이들, 그리고 몇몇 잡종들로 분류할 수는 없다. 전 가족이 예외 없이 얼룩이들이다. 온갖 형태의 '비합리성'(편견, 감상주의, 집단적 자기중심주의, 침략성 등)이 그들 모두를 더럽히고 있다. 민족주의는 로마의 출입구 수호신 야누스(Janus)에 견줄 수 있다.[8]

독일의 사회철학자 하버마스도 민족과 민족주의 문제에 대해 그 양면성을 강조한다. Nation은 두 얼굴을 가지고 있다. 공적 시민들의 의욕된 Nation(국민)은 민주적 정통성의 원천인 반면, 동포들의 탄생적 Nation(민족)은 사회적 통합을 받쳐 준다. 국민들은 자기의 독자적 힘으로 자유평등한 정치적 결사체를 구성한다. 동포들은 공통된 언어와 역사에 의해 만들어진 공동체 속에 이미 존재한다. 평등한 권리 공동체의 보편주의와 역사적 운명 공동체의 특수주의 간의 긴장이 민족(국민)국가(Nationalstaat)의 개념 속에 박혀 있다.[9]

겔너의 민족주의론을 보완하면서 초기의 단순하고 부정적 민족주의론에서 복합적인 민족주의론으로 전환한 테일러는 네언과는 다른 민족

---

8 백낙청, 같은 책, 237-244쪽. 네언은 이 글에서 마르크스주의의 민족주의론도 실패한 것이라고 비판한다. 사회주의와 민족문제에 대해서는 박호성, 『사회주의와 민족주의』, 까치, 1999 참조.

9 J. Habermas, *Die Einbeziehung des Anderen*, 번역본: 『이질성의 포용』, 황태연 옮김, 나남, 2000, 145쪽.

주의론을 주장한다. 민족주의가 본래는 민주주의와 잘 조화를 이루는 것이었음을 상기시키면서, 민족주의를 자유로운 것과 살인적인 것으로 구분한다. 자유주의 기본 원리들을 인정하는 민족주의는 헌법애국주의를 보장하는 것이며, 국가에 충성을 요구하는 전일주의는 파시즘이고, 배타적 민족주의는 인종 청소를 자행한다고 말한다.[10]

민족주의의 양면성에 대한 이상의 이론들은 민족국가의 성립에서부터 제국주의와 파시즘 시대를 거쳐 제3세계 민족국가들의 독립에 이르기까지 세계 여러 나라들에서 일어난 민족주의에 대한 서양철학자들의 주장이다.[11]

현재 유럽과 북미 대륙에서는 다민족국가의 인종문제나 이민자들 문제 등과 관련하여 다문화주의 등 새로운 차원의 논의가 전개되고 있고, 유럽연합의 태동과 신자유주의 지구화 경향으로 인한 국민국가의 존속 여부에 대한 이론들이 활발하게 제시되고 있다.[12]

---

10 Charles Taylor, *Wieviel Gemeinschaft braucht die Demokratie? Aufsaetze zur politischen Philophie*, Frankfurt, 2002, pp 164-165.

11 서양에서의 민족과 민족주의에 관한 우리말 문헌 목록이 한국 서양사학회(편), 『서양에서의 민족과 민족주의』, 까치, 1999, 339-351쪽에 실려 있다. 그리고 2001년 미국에서 발간된 『민족주의 백과사전』은 민족과 민족주의 문제를 다양한 주제와 시각에서 종합적으로 그리고 전문적으로 정리해 주고 있다(Alexander J. Motyl〈ed.〉, *Encyclopedia of Nationalism*, California, 2001).

12 Martin Albrow, *Abschied vom Nationalstaat*, Frankfurt am Main, 1998; Ulrich Beck (Hg.), *Politik der Globalisierung*, Frankfurt/M., 1998; Ulrich Beck (Hg.), *Perspektiven der Weltgesellschaft*, Frankfurt/M., 1998; H. Brunkhorst u. M. Kettner (Hg.), *Globalisierung und Demokratie*, Frankfurt/M., 2000.

3. 한국인의 민족주의 경험과 현재의 상황

한민족의 경우 오랜 역사를 살아오면서 민족주의의 여러 유형을 복합적으로 경험하였다.

첫째, 우리는 서구의 다민족 사회들과는 다른 순수 혈통을 바탕으로 하는 인종 민족주의의 희귀한 사례에 속한다. 홉스봄은 한국과 일본은 인구의 99%가 같은 종족이며 중국은 94%가 순수 종족이고, 동아시아의 이 세 나라는 종족과 정치적 충성이 연계될 수 있는 희귀한 종족 민족주의(ethnic nationalism)라고 말한다.[13] 그런 점에서 통일삼국 시대 이래로 일찍이 단일 민족국가로 자리 잡아 온 한민족의 경우 민족주의 이념의 형성이 18세기 산업화와 더불어 시작된 서구국가들과는 그 맥락과 의미가 다르다.

둘째, 서구의 민족주의는 그 확산 과정에서 제국주의로 변질됐고, 피식민국가들에서는 그에 저항하고 독립투쟁을 전개하는 과정에서 저항적 민족주의 이념이 형성되었다. 우리는 일본제국주의 통치하에서 이러한 저항적 민족주의 이념이 확립되었고(엄격히 말하면 일본의 완전한 지배 이전의 침략 단계에서 이미 강력한 저항적 민족주의가 형성되었다. 동학농민혁명의 사상은 그것을 분명히 보여 준다), 그것을 힘으로 무장 독립투쟁과 평화 독립운동을 전개하였다.

셋째, 민족주의가 파시즘으로 왜곡된 이태리, 독일의 예와 유사한 군사독재자들에 의한 극우 민족주의가 자리 잡기도 했다. 박정희 유신 파

13 Eric J. Hobsbawm, *Nations and Nationalism since 1780*, N.Y.: The Press of University of Cambridge, 1990, 번역본: 『1780년 이후의 민족과 민족주의』, 강명세 옮김, 창비, 1994, 90-95쪽.

시즘이 바로 그것이다. 그것은 폭력적 국가기관을 통해 통제하고 동원하는 전일적 국가주의였고, 재건과 성장을 향한 집단적 노력과 의지를 건너뛰어 우리가 최고라는 국수주의요, 자민족 우월주의였다. 우열을 가르는 기준은 힘이었고 정신적, 문화적 유산과 민족적 정통성은 경제력과 무력을 키우기 위한 왜곡된 수단으로 전락했다. 이러한 자민족우월주의는 노동자로서 또는 결혼 이주자로서 한국에 들어와 사는 제3세계 외국인들의 인권을 무시하는 태도로 나타나기도 한다.

넷째로, 평화통일을 지향하고 평등과 민주주의를 바탕으로 하는 통일국가(분단 체제 극복) 민족주의가 자리하고 있다. 이것은 미래지향적 민족주의이며, 보편적 세계주의와 맞닿는 개방적인 민족주의이다. 이것은 앞에서 말한 첫째, 둘째 민족주의의 요소들을 기반으로 하고, 세 번째의 왜곡된 민족주의를 극복함으로써 확보되는 것이다. 이것은 지금부터 보다 정교하게 정리되어야 하고, 생활 세계에 광범위하게 확산시켜 민족문제 해결을 위한 기초가 되어야 할 것이다.

이와 같은 역사적 경험들이 순차적인 것이기는 하지만, 현재 우리의 현실 속에는 상호모순되는 이념적 시각들이 혼재해 있다. 누구나 민족을 말하지만, 그 내용이 천차만별이다. 왜 그런가? 그리고 그것이 현실이라면, 어떻게 해야 하는가? 이러한 현상은 독특한 역사적 과정들과 상관관계를 가지고 있다.

첫째, 중요한 역사의 전환기를 거치면서 그 문화적 정신적 정리 작업이 제대로 이루어지지 못하였기 때문이다. 일제식민지에서 해방된 이후에도 과거의 친일파가 미군정과 이승만 정권에서 계속 득세하였고, 군사 파시즘의 종식이 타협의 산물로 이루어지면서 그 잔존 세력이 정치세력으로 아직도 남아 있다. 그래서 저항적 민족주의와 함께 제국주의적 극우 민족주의가 공존했고, 개방적 통일국가 민족주의와 함께 군사 파시즘의 극우적 민족주의가 공존하고 있는 것이다. 이렇게 정치적, 역사적으로 청산되지 못한 상황에서 상호모순되는 민족주의관이 공존하고 있는 것이다.

둘째, 냉전이데올로기가 민족주의를 압도했기 때문이다. 남한과 북한이 공히 민족과 민족통일을 내세웠다. 그러나 민족주의를 명분으로 내세우는 이론과 그것이 구체적인 정책으로 드러나는 실천 사이에 엄청난 괴리가 있었다. 한국전쟁을 치른 이승만 시대는 제쳐두더라도 박정희 시대로부터 김영삼 시대에까지[14] 보수적인 대북정책이 기조를 이루는 상황에서 남북관계는 어디까지나 국내정치에 활용하기 위한 목적으로 사용한 수단의 성격이 강했다.[15] 민족 공동체와 열린 민족주의를 주장하면서도 그것은 명분과 구호일 뿐 실제로 추진된 정책은 전혀 달랐다. 남한은 이미 1989년부터 "한민족 공동체 통일방안"이라는 것을 내놓았고, 이때 민족주의는 폐쇄적 민족주의가 아니라 개방적 민족주의임을 분명히 하였다.[16] 그런데 문제는 민족협력보다는 냉전적 대결이 앞섰다는 데 있다.

셋째, 끊임없이 새로운 통일정책 대안을 내놓으면서도 실제로는 적대적 정책을 펴 온 역대 정부와는 달리 민족통일을 지향해 온 시민운동 세력이 민족주의 이념을 실천적으로 충실히 견지해 왔다. 정부의 정보독

---

14 최완규, 「Icarus의 비운: 김영삼정부의 대북정책 실패 요인 분석」, 『한국과 국제정치』, 29호, 1998.

15 이러한 경험 때문에 남북관계 개선에 획기적인 공적을 세웠던 김대중정부와 노무현 정부마저도 통일정책을 국내 정치 위기의 돌파구로 활용할 것이라는 의심을 받아 왔다.

16 국토통일원, 『한민족 공동체 통일방안의 이론적 기초와 정책방향』, 1990 ; 민족통일연구원, 『민족 공동체 통일방안의 이론 체계와 실천방향』, 1994.

점, 창구독점과 통일운동에 대한 적대적 태도 등에도 불구하고 시민 세력은 끊임없이 통일운동을 전개하였다. 20세기 한국 사회에서 민주화운동은 항상 통일운동과 병행되었다. 이러한 운동의 성과로 나타난 민주적 민간정부에서 획기적인 통일정책을 추진하여 21세기에 접어들어 정치적 이념적으로 민족의 통일과 민족 공동체의 실현에 대한 새로운 전망을 갖게 된 것이다.

이상에서 보는 것처럼 한국인들은 복합적인 민족주의 경험을 가지고 있다. 과거의 경험은 미래로 나아가는 밑받침이 되어야 한다. 그것이 역사적 경험이 가져다 주는 이득이며 교훈이다. 한국인들은 상호모순되는 민족주의 이념들을 복합적으로 경험했기 때문에, 그것들이 서로 얽히지 않고 잘 정리되어 시민들의 생활세계에 자리 잡아야 한다. 그런데 현재 한국의 상황은 그렇지 못하다. 그래서 우리는 착종된 민족주의관들을 정리하여 구분해야 한다. 그리고 부정적, 파괴적 민족의식을 버리고, 보편성과 연결되는 진정한 의미의 열린 민족주의, 건강한 민족 공동체 문화를 지향해야 한다.

4. 한국인이 지향할 민족주의

민족주의 이념의 부정적 본질에 대한 서양 학자들의 이론을 접하는 한국의 이론가들은 고민스러울 수밖에 없다. 일본의 제국주의적 침략으로 식민지 생활을 했던 우리 민족이 제국주의에 저항하며 민족을 지켜 온 이념이 민족주의이기 때문이다. 그리고 2차 세계대전 이후 외세에 의해 민족이 분단되어 전쟁과 반목의 세월을 보내면서 자나 깨나 통일의 꿈을 안고 살아왔기 때문이다. 그래서 우리는 제국주의에 대한 저항의 시대에서부터 냉전과 개발독재의 시대를 거쳐 평화와 통일을 보다 실질적으로 추진하고자 하는 21세기 문턱에 들어서서까지 민족주의의 이념을 그 긍정성에 비중을 두고 이해한다. 그리고 민족 공동체를 지향한다.

위에서 소개한 서양의 이론가들 중에 민족주의를 일면적으로 해석하지 않고 그 양면성을 강조하는 경우에서조차 그들은 대부분 그 부정적 속성에 더 큰 비중을 두지만, 우리는 반대로 긍정적 속성을 중시한다. 그것은 우리가 민족주의 이념의 보편적이고 일반적인 속성을 말하는 추상적인 수준에 머물지 않고, 우리의 상황에서 우리의 민족주의 이념을 구체적으로 정립하는 것이기 때문에 당연한 일이다. 우리는 그들과 다른 우리의 특수한 역사적 경험이 있고, 우리가 살아갈 미래는 그들의 것과는 사뭇 다르기 때문이다.

분단 체제론과 다국적 민족 공동체론을 펴는 문학평론가 백낙청은 우리의 민족의식은 상대적으로 진보적인 것임을 강조하고, 서양 사상가들의 이론과 진단이 우리의 민족문제 해결에는 미흡할 수 있음을 환기시킨다.[17] 정치학자 최장집은 한국 민족주의를 역사적 경험, 그것도 역사적 경험의 실패와 얽혀 있는 좌절된 정서로 인식하면서도 한국 민족주의에 대한 거부는 근대화로의 전환기의 결정적 시기에 있어 한국인들이 집중적으로 관련된 역사의 경험을 부정하거나 그것에 대한 해석학적 이해의 지평을 상실하는 것이라고 단언한다.[18] 역사학자 정현백은 민족주의는 역사적이고 실천적인 개념임을 강조하면서, 7세기 이래 간헐적으로 외적의 침입을 받은 것을 제외하고는 거의 단일한 정치체로 살아온 한국인의 민족주의는 거부할 수 없는 하나의 실체라고 말한다.[19]

---

17 백낙청, 『흔들리는 분단 체제』, 창비, 1998, 181-193쪽.

18 최장집, 「한국 민족주의의 특성」, 『한국 민주주의의 조건과 전망』, 나남, 1996, 182-183쪽.

19 정현백, 「민족주의, 국가 그리고 페미니즘」, 『열린지성』, 10호, 2001, 가을/겨울호,

나는 민족주의를 적극적으로 해석하고 민족의 통일을 지향하는 이들 학자들과 생각을 공유한다. 우리는 민족주의가 보편적 가치가 될 수 있다고 본다. 그것이 개방적이고 평화적인 것으로 유지되는 한 그것은 바람직한 가치이다. 그것은 자기 민족의 존엄을 지키는 이념이며, 또한 다른 민족의 존엄도 존중해 주는 이념이기 때문이다. 평화적 개방적 민족주의는 민주주의와 함께 가야 한다. 그러므로 우리가 지향할 민족주의는 민주적이며, 개방적이고 평화적인 것이어야 한다.

나는 이러한 입장을 분명히 하면서도 또 다른 역사학자의 주장에 관심을 갖는다. 역사학자 임지현은 도발적인 제목의 책 『민족주의는 반역이다』를 출판했다. 그는 여기서 한국인들이 민족주의에 대한 신화적 이해를 극복해야 한다고 주장한다.

임지현은 인민주의와 파시즘 사이에서 아슬아슬한 줄타기를 하던 많은 제3세계의 민족주의가 결국 유사 인민주의적 파시즘으로 전락한 세계사적 경험이 시사하는 바를 간파해야 한다고 강조한다.[20] 그는 민족주의가 결국엔 파시즘으로 넘어간다는 입장을 취하고 있는 셈이다.[21] 그의 이러한 일면적인 주장에도 불구하고 내가 임지현의 주장에 주목하는 이유는 그가 어느 서양 사상가 못지않게 민족주의의 부정성을 강조하면서도 한국 사회에 필요한 새로운 담론의 장을 열어 주었기 때문이다.

임지현은 남한과 북한을 막론하고, 그리고 진보와 보수를 통틀어서 당연히 민족주의의 적극적 의미를 강조하는 한국인들에게 충격적인 제

213쪽.

20 임지현, 『민족주의는 반역이다』, 소나무, 1999, 7쪽.

21 그는 특히 폴란드에서 생활하면서 사회주의의 거대 담론과 민중의 일상적 삶 사이의 간격과 괴리를 체험한 후 거대 담론의 분석에 치우쳤던 사상사 연구에서 일상적 삶의 모반 과정을 연구하는 신문화사로 관심을 돌렸다. 같은 책, 14-15쪽.

목으로 민족주의의 문제성을 주목하게 만들었다. 그리고 또한 그는 남남이냐 북이냐를 먼저 묻고 편을 가르는 한국의 경직된 사상적 풍토에서 둘 다 잘못됐다고 주장한다. 둘 다 민족주의를 이데올로기화하고 있다는 것이다.

그리고 임지현이 반대하는 것은 파시즘이 내세우는 민족주의이다. 이는 개방적 평화적 민족주의와 반대되는 폐쇄적인 민족주의이다. 임지현은 우리가 거대담론에 빠져서 민족주의 이데올로기를 벗어 버리지 못하면 파시즘에서 완전히 벗어나지 못한다고 본다. 이것이 그의 일상적 파시즘론이다.[22]

남한과 북한 사이에서 경계인임을 자임하는 재독 사회철학자 송두율은 임지현과 정반대로 『민족은 사라지지 않는다』는 제목으로 책을 내었다. 여기서 그는 '반성된 민족주의'를 강조한다. 반성적인 민족주의라야 '인간성'을 상실하지 않은 '민족성'을 지켜내고, 이를 통해서 다른 민족과 공존할 수 있는 보편성도 획득할 수 있다는 것이다.[23]

이상과 같이 한국의 철학자들[24]과 인문학자들은 보편성과 맥락이 맞

---

22 임지현은 신체에 직접적인 권력을 행사하는 저개발된 권력으로서의 군부 파시즘은 지나갔으나, 일상생활의 미세한 국면에까지 지배권을 행사하는 보이지 않는 규율, 즉 고도화되고 숨겨진 권력 장치로서의 파시즘이 문제라고 말한다. 그는 이것을 '일상적 파시즘'이라고 부른다. 임지현 외, 『우리 안의 파시즘』, 삼인, 2000, 30쪽.

23 송두율, 『민족은 사라지지 않는다』, 한겨레신문사, 2000, 126-127쪽.

24 권용혁 팀은 (미래의 통일국가) 한국은 민주적 공동체이어야 함을 강조하고(권용혁 외, 『공동체란 무엇인가?』, 이학사, 273-292쪽), 김상봉은 분단 체제의 이념을 뛰어넘는 보편적 이념의 정립이 필요하며, 이는 철학의 과제라고 말한다(『2007 범한철학회 학술대회보』, 「주제: 오늘을 사는 철학, 내일을 보는 철학」, 23-42쪽」. 홍윤기는 한국 사회에서 나타난 다극적 현대성들의 복합접속(complex articultions of multipolar modernities) 구조를 분석하고, 박정희의 이데올로기인 사이비 민족주의와 사이비 민주주의를 미화시키는 파시즘 담론을 비판한다(홍윤기, 「다극적 현대성 맥

닿는 개방적 민족주의, 평화적 민족주의를 주장하고, 한민족 공동체는 민주적인 공동체이어야 함을 강조한다.

5. 결론: 개방적 민족주의 실현을 위한 생활 세계적 실천과제

전 세계적으로 민족문제에 대한 연구업적은 많고, 다양한 주제들에 대한 논의도 활발하다. 그리고 추상적인 원칙이나 기본적인 방향에서는 많은 사람들이 동의하면서도 전략적인 문제를 넘어 보다 구체적인 정책 문제로 넘어가면 언제나 새롭게 쟁점과 미묘한 이해관계가 뒤따른다. 여기에는 현실적이며 실질적인 외교적, 정치적 판단과 결단이 요구되고, 정치지도자의 철학과 판단력 그리고 무엇보다도 의지가 중요하다. 동시에 정책연구기관과 학술 이론 연구자들의 광범하고 자유로운 토론이 필요하다. 그런데 우리의 생활 세계에 자리 잡은 대중적 여론은 그 기초와 토대가 든든해야 하며, 진전과 희망의 기본 방향을 잃지 않는 선에서 공감과 연대가 확보되어야 한다. 나는 전문가들의 미세한 이론들보다 시민들의 건강한 상식의 공유와 실천적 연대의 중요성을 강조하는 상식의 철학, 실천의 철학을 주장한다. 이러한 나의 철학적 입장에서 민족의 통일과 한민족 공동체를 성찰할 때, 개방적 평화적 민족주의 지향의 태도를 건강한 시민정신으로 생활 세계에 확산시키는 것이 오늘날 한국 사회에 무엇보다도 중요하고 시급한 일이라고 생각한다.

위에서 본 것처럼 현재 한국 사회의 민족주의관은 복합적 중층적으로 얽혀 있다. 우리가 극복해야 하는 민족관을 가진 많은 사람들이 아직도

락 속의 미완의 파시즘과 미성숙 시민 사회 — 박정희 신격화 담론에 내재된 파시스트적 현대성 담론의 비판적 고찰」, 『한국 사회와 모더니티』, 이학사, 2001).

권력과 매체들에 깊숙이 자리 잡고 있다. 따라서 민족 공동체 지향의 생활 세계 형성은 간단한 일이 아니다. 나는 우선 네 가지 정도의 과제를 제시해 본다.

첫째, 합리적으로 사고하고 판단하는 사회·문화적 토대를 마련하고, 민족주의의 양면성에 대한 인식을 전 사회적으로 공유할 수 있어야 한다. 한편으로 더 이상 극우 민족주의적 대중동원이나 반북·반공이데올로기에 의한 억압기제가 작동할 수 없게 해야 하고, 다른 한편으로는 건강하고 개방적인 민족주의를 새롭게 형성해 나가야 한다. 민족문제에 관한 한 줄기를 놓치지 않고 기본을 유지할 수 있어야 한다. 대통령이 바뀌고 정권이 바뀌어도, 그리고 때로 조금씩 전진과 후퇴를 반복하면서도 전체적으로는 통일민족국가를 향해 앞으로 나아갈 수 있어야 한다. 사상적 경직성이 지배하던 시대의 레드콤플렉스에서 벗어나야 하고, 과거의 상흔이 현재의 타협과 미래의 평화를 위한 밑거름이 될망정 더 이상 퇴행적 망설임으로 작용하지 않도록 해야 한다. 자유민주주의의 파괴자인 파시즘 세력이 자유민주주의를 수호하자고 내세우던 저 처절한 모순의 현실이 더 이상 우리의 삶에 상처를 입힐 수 없도록 우리의 생활 세계를 든든한 토대 위에 세워야 한다. 이것은 시민 개개인의 의식의 전환과 참여로부터 시작된다. 그리고 시민·사회단체들의 사회개혁 의제 설정과 적극적인 실천운동이 병행되어야 한다. 시민 세력이 성장하고 시민정신이 뿌리내려 건강하고 합리적인 법치주의 사회를 확보하고, 수구적 기득권 유지자들이 더 이상 공격적이며 분단 고착적인 역할을 할 수 없도록 사회적이며 문화적인 기반을 마련해야 한다.

둘째, 이것은 정치적 파시즘 잔재를 해결하고, 경제·사회·문화·교육·예술 등 모든 분야에서 극우 민족주의의 극복을 위한 노력으로 이어져야 한다. 군부 파시즘의 잔존 세력이 여전히 정치권의 한 부분을 차지하고 있다는 사실은 대단히 우려스러운 일이다. 그들은 한국 사회를 구조적으로 부정부패, 연고주의, 힘의 논리(반법치주의)가 지배하게 만든 사람들이다. 그들은 자신들이 조장해 놓은 사회적 무질서, 무규범, 무관심주의의 잔재 속에서 끈질기게 생명을 연장하고 있다. 그들이 지배이데올로기로 전 국민의 무의식 속에 주입해 놓은 극우 민족주의는 반북 · 반공이념으로서만이 아니라, 경제발전의 원리로서 지구화 시대 생존 능력으로 미화되기도 한다. 우리는 박정희식의 극우 민족주의에 너무도 세뇌되어 있다. 광개토대왕을 내세우고, 국토의 확장을 주장하는 힘의 논리에 남북의 국민들이 너무 쉽게 이끌리는 수준을 속히 벗어나야 한다. 그리고 평화통일 민족주의가 우리의 생활 세계를 실질적으로 주도할 수 있게 해야 한다. 우리는 서둘러 민주주의와 정의를 전제로 하는 민족 공동체의 이념을 실질적으로 공유해야 한다.

셋째, 우리는 풍부하고 수준 높은 담론문화를 형성해야 한다. 건강한 민족주의의 실현운동과 민족주의에 반대하는 일상적 파시즘론은 결국 같은 길을 가는 것이다. 거대담론과 미시담론의 차이일 뿐 각각의 입장에서 건강하고 민주적인 민족 공동체의 실현을 향해 노력하는 것이기 때문이다. 거창한 명분만을 말하는 것으로 다른 모든 실용적인 노력을 무시해서는 안 되고, 섬세하고 미시적인 영역까지도 철저하게 실천해야 한다고 강조하면서 크고 기본적인 과제의 해결을 무시해서도 안 된다. 어느 경우든 유연성과 포용성이 요구된다. 거대담론과 미시담론 모두에서 민족주의의 개방성을 확보해야 한다. 물론 거대담론의 주제들이 먼저 해결되면 좋지만, 그러한 조건이 확보되지 않을 경우엔 어느 한 구석에서라도 꾸준히 파시즘 극복의 신선한 노력이 있어야 한다. 그리고 담론이 관념적이거나 공허해지지 않기 위해서는 끊임없이 실천과 연결돼야 한다. 제2차 세계대전 이후 우리는 열정적인 개념 "민족"을 끊임없이 되뇌면서도 정작 민족이 하나 되게 하는 데 얼마나 성실한 노력을 했는가를 반성하지 않을 수 없다. 우리가 민족에 대한 진정한 사랑, 냉철한 판단력, 관용과 포용력을 얼마나 발휘했는지 돌아보면서 바람직한 민족의 길을 정리해야 한다. 합리적이며 진보적인 이론가들 내부의 논의도 작은 차이의 부각보다는 공통 분모의 확보를 우선시해야 한다. 특히 여론 형성의 주역으로 등장한 사람들은 유의해야 한다. 언론이 아직도 선정성을 우선으로 한다는 사실에 비추어 언론과의 관계를 단순하게 생각하는 것은 올바른 지식인의 태도라 할 수 없다.

넷째, 우리는 서구의 반민족주의 정서를 그대로 따라가서는 안 되며, 평화적 공동체를 지향하는 개방적 민족주의를 실현시켜 나가야 한다. 우리는 민족주의의 공격성을 제어하면서 평화적 개방적 공동체성에 주목한다. 서구인들이 역사적 경험을 통해 민족주의의 폐해를 깨달은 것은 훌륭한 일이다. 그러나 제국주의에 짓밟힌 민족들이 자신들의 정체성과 주권을 회복하는 일은 꼭 필요하고 중요한 일이다. 이제 한반도는 전쟁과 냉전의 시대였던 20세기 인류의 살아 있는 유물이 되고 있다. 제국주의 일본의 침략과 외세에 의한 분단, 그리고 민족상잔의 전쟁이라는 비극의 역사를 아직도 극복하지 못하고 있는 것이다. 우리의 통일은 민족만의 과제가 아니고 인류의 과제다. 한민족의 평화통일 민족주의는 민족주의의 부정적 속성을 극복하고 다원주의 시대에 민족과 인류가 공존할 수 있는 길을 제시하는 열린 민족주의, 평화 민족주의이다. 이것은 폐쇄적 공격적 민족주의와 구분되며, 보편적인 인권의 사상과 상통하고 세계적인 연대를 통해 확보할 수 있는 바람직한 공동체 사상이다. 우리는 민족의 통일을 이루어야 하고, 통일된 민족국가로서 세계 여러 나라들과 열린 관계를 맺어 나가야 한다. 이러한 사실이 국가의 정책이나 전문적 이론의 차원이 아니라 우리의 일상적 생활 세계에서 모든 시민들에 의해 확인되고 실천되어야 한다.

이상의 과제들은 남한의 시민들에게 우선적으로 해당되는 것들이다. 북한의 주민들도 같은 차원에서 적합한 실천적 과제를 찾아야 할 것이다. 그리고 해외동포들도 동참하여 이러한 과제를 실천해야 할 것이다. 20세기의 유물로 남은 한반도의 분단이 극복되기를 원하는 모든 세계인들의 성원[25]과 함께 우리는 통일을 이룩해야 하며, 개방적이며 평화적이고 민주적인 한민족 공동체를 실현해야 한다. 그러기 위하여 정치인, 외교관, 경제인, 문화인 등 전문가들의 노력과 함께 전국민의 일상적 태도와 노력이 밑받침되어야 한다. 이것이 지금 한민족 구성원들에게 요구되는 철학적 삶이다.

---

25 한반도의 분단극복, 즉 한국인들의 민족통일 문제는 결코 우리 한국인들만의 문제가 아니다. 그것은 곧 세계인들의 문제이고 과제이다. 한민족의 분단은 세계대전의 결과로 나타난 것이고, 세계 인류의 평화와 공존은 모든 세계인들의 희망이며 요구이기 때문이다. 따라서 우리 한국인들이 지향해야 할 바람직한 민족주의 이념의 정립과 거기에 바탕한 민족 공동체의 실현은 우리 민족만의 과제가 아니라 전 세계인들의 과제인 것이다. 그러므로 그것은 특수한 문제가 아니라 보편적인 문제가 되는 것이다.

제 3 장

한국의 정당정치 발전 전망

— 독일 사회민주주의와 녹색민주주의 사례를 참고하며

1. 들어가는 말

2002년은 한국에서 대통령선거와 지방선거가 있는 해이다. 이 두 가지 선거는 국회의원 선거와 함께 한국의 민주주의 정치 제도의 핵심이다. 이들 제도들은 여러 가지 면에서 개선되어야 할 요소들을 많이 가지고 있지만, 현재의 제도에서도 어떤 후보가 당선되느냐에 따라 민주주의가 진전될 것인가 퇴행할 것인가를 가늠하게 해 준다. 특히 선거 과정에서 정당의 민주화를 가져 올 새로운 제도들이 도입되었고, 그러한 제도에 의해 긍정적인 의미의 정치권 세력 교체가능성이 생겨났다.[1] 돌풍이라

1 호남지역을 기반으로 하는 '지역 정당', 김대중이라는 카리스마적 '1인 보스 지배 정당'의 딱지를 떼어 버리지 못하던 민주당에서 그 당의 실세 다수파의 지지를 받고 국민인지도 등으로 대세를 굳혀 오던 이인제 후보가 국민경선에서 바람을 일으킨 노무현 후보에게 완패하였다. 노무현 후보는 민주당 경선에서만 승리한 것이 아니라, 본선에서 승리할 것이 확실시되던 한나라당의 이회창 후보마저 여론조사에서 커다란 차이로 따돌린 바 있다. 진보 정당을 제외한 보수 정치권에서 나올 수 있는 가장 진보적인 후보인 노무현의원이 돌풍을 일으킨 이러한 현상은 그동안 한국 정당정치의 숙제로 남아 있던 '지역주의', '3김정치', '수구 세력 잔존' 등의 문제를

고 표현되는 노무현 현상은 1987년 이래 몇 차례에 걸쳐 조금씩 진전을 이루어 온 한국의 정치적 민주주의를 또 한 단계 발전시킬 가능성 때문에 한국의 국민뿐만 아니라 세계의 언론들로부터도 주목을 받고 있다.

대통령선거와 관련하여 세계인의 주목을 받는 현상이 프랑스에서도 있었다. 2002년 4월 21일 프랑스 대통령 선거 1차 투표에서 유럽 좌파 4강의 하나로 꼽히는 사회당의 리오넬 조스팽 총리가 극우 정당 국민전선의 장 마리 르펜 후보에 져서 결선 투표에서 시라크와 르펜이 대결하게 된 대사건이 일어났다. 이것은 좌파 분열과 우파 바람 속에서 흔들리는 유럽 좌파의 현 주소를 말해 주는 사건이었다. 유럽연합 탈퇴, 유럽 단일통화인 유로의 폐기와 프랑의 복귀, 외국인 이민 거부, 전과자 이민 추방, 철저한 프랑스인 우대 등을 주장한 르펜의 약진은 좌파진영의 분열에 그 원인이 있는 것으로 분석된다. 르펜은 결선투표에서 30% 득표를 호언장담했지만, 결과는 20% 미만으로 나타났다. 그러한 2차 투표 결과를 확인한 후에야 프랑스인들과 유럽인들이 안도의 숨을 내쉬기는 했으나, 1차 투표 후 프랑스에서는 위기의식이 고조되어 연일 대규모 반(反)르펜 시위가 일어났다. 알제리 전쟁 이후 처음으로 가톨릭 교회마저 정치적인 활동에 참여하였다. 5월 1일 노동절에는 프랑스 전역에서 하루에만 50만 명이 시위를 벌였다.[2]

우파의 지지율 상승과 좌파의 추락 소식은 독일에서도 들려온다. 2002년 5월 8일 시사주간지 슈테른과 민영 TV방송 RTL의 공동조사 발표에 의하면 오는 9월 독일 총선에서 사민당-녹색당 연정이 우파연합에게 정권을 물려 줄 것으로 예상된다. 전자가 각각 31%와 7%의 지

상당한 정도로 해결할 수 있는 변화로 시민 사회의 기대를 모으고 있다.

2 한겨레신문사, 2002년 4월 22일, 28일, 30일과 2002년 5월 1일, 2일, 5-8일.

지율을 기록한 데 불과한 반면, 야당인 기민당-기사당 연합은 41%, 그리고 그들의 유력한 연정 파트너인 자민당은 12%의 지지를 얻어 양당의 지지율을 합할 경우 과반수를 넘어서는 것으로 나타났기 때문이다. 총선 때까지 독일 경제의 상황이 호전되지 않고 실업자 수가 감소하지 않을 경우 사민당이 현재의 열세를 만회하기 어려울 것으로 전망되고 있다.[3]

프랑스와 독일의 이러한 소식은 이탈리아 · 덴마크 · 포르투갈 등 유럽에서 최근 잇따라 우파 정권이 복귀한 것과 궤를 같이하는 것이라고 볼 수 있을 것이다. 1998년 유럽에 일제히 좌파 정권들이 들어서서 미국 패권의 신자유주의 지배가 일단 저항적 바람을 맞게 됐다는 긍정적인 의미로 해석되었던 것이 겨우 1기를 넘기면서 바로 무너지는 모습을 보이고 있어서 안타깝다 하겠다.

이러한 유럽의 변화를 보는 우리는 새삼 성실한 자기성찰의 필요성을 절감하지 않을 수 없다. 유럽에서는 좌파와 우파가 주거니 받거니 권력을 장악하고 있고, 그것도 박빙의 차이로 세력이 형성되어 있어서 어느 한쪽의 독주가 아니라 지속적인 토론과 정책의 수정, 그리고 합리적인 비판과 견제를 통해 신중한 결정을 해나가고 있다. 그런데 우리는 좌파(진보정당)의 진출을 경험해 보지도 못한 상태에서 유럽의 좌파와 우파의 경쟁 결과에 일희일비하고 있는 것이다. 유럽의 좌파는 우경화인가, 정통성 유지인가를 놓고 논쟁하며 정책을 수행하고 있는 데 반하여 우리는 중도 우파와 극우파가 우파 경쟁만 일삼고 있다. 김대중정부가 처음으로 자유시장경제와 민주주의를 병행한다면서 합리적이며 건강한 중도 노선정책을 표방했지만, 실제로는 곧바로 그러한 약속을 버리고

3 연합뉴스, 2002년 5월 9일.

신자유주의 구조조정으로 일관해 온 상황이다.

중요한 정치의 해를 맞아 민주주의 문제를 짚어 보는 것은 자연스럽다. 그러나 이것은 일회적인 관심과 접근의 주제가 아니다. 지속적인 우리의 삶의 문제이며, 무엇보다도 시급한 사회적 과제이다. 우리 국민들은 금년에 지방선거와 대통령선거 투표 행위를 통해 어느 정도로 민주주의 발전의 계기를 마련할 수 있을까? 이 글은 먼저 민주주의란 무엇인지 잠시 상식적 지식을 확인할 것이고, 이어서 독일의 사회민주당과 녹색당의 사례를 훑어 보고자 한다. 그리고 한국에서 현실적 조건들에 대한 현황을 점검하면서 자유민주주의, 사회민주주의, 참여민주주의 등 민주주의 이념들의 공존을 위한 철학적, 문화적 기반을 강조할 것이다. 끝으로 민주주의 실현을 위한 몇 가지 과제들을 정리해 보고자 한다.

2. 민주주의란 무엇인가

오늘날에는 세계의 모든 정치적 입장이 민주주의를 신성한 근본 규범으로 삼고 있다. 민주주의는 국가의 이상이기 때문에 오늘날 모든 국가가 민주주의를 표방하고 있다.[4] 그러나 이처럼 보편적 정치이념으로 자리잡은 민주주의라는 개념은 결코 간단 명료하지 않다. 그것은 시대에 따라 다르게 사용되어 논란의 여지가 너무도 많은 개념이며, 대단히 모호한 개념이다.[5] 크릭은 민주주의란 말이 공적인 업무의 세계에서 가장 난삽한 용어일 것이라고 말하기까지 한다.[6] 민주주의는 거의 모든 사회적

---

4 John Dunn, *Western Political Theory in the Face of the Future*, London: Cambridge University Press, 1979, p. 11.

5 Sanford Lakoff, "Democracy", in : *Encyclopedia of Nationalism*, Vol. 1, Academic Press, 2001, p. 102.

사실들을 수집해 넣고 다닐 수 있는 '여행용 가방'이라고 표현되기도 하고, 파시스트 무솔리니는 1936년 베를린에서 세계에서 가장 위대하고 진정한 민주주의 국가는 독일과 이태리라고 말하기도 했다.[7] 그런가 하면 같은 파시스트인 히틀러는 민주주의를 아주 부정적인 의미로 사용했다. 그는 민주주의를 경제적 공산주의의 정치이데올로기라고 비난했고, 자신이 주장하는 국가 사회주의란 마르크스주의로부터 "그 어리석고도 자의적인 민주 제도들"을 배제한 것이라고 선언했다.[8]

민주주의가 좋은 것이라고 모두에게 인정된 것은 그 역사가 길지 않다. 17세기에는 누구도 자신을 민주주의자로 불러주기를 원하지 않았다. 지주들, 상인들, 법률가나 관리들 같은 재산 있는 사람들에게 민주주의란 말은 곧 욕설이었다. 이처럼 민주주의는 나쁜 의미로 사용되곤 했으며, 개인적 자유와 문명화된 삶의 모든 품위를 손상시키는 나쁜 것이라고 생각했다. 역사의 초기부터 100년 전까지 거의 모든 지성인들이 그러한 입장을 갖고 있었다. 겨우 1910년대에 이르러서야 비로소 민주주의는 미덕이 되었다.[9] 그리고 민주 제도가 정착된 것도 결코 오래 되지 않았다. 영국과 미국 모두 1848년 이후까지 인구의 절반 이상이 선거권을 갖지 못했었고, 미국에서는 그때까지 노예 제도가 완전히 철폐되지 않고 있었다.[10]

---

6 B. Crick, *In Defence of Politics*, 2nd edn, Harmondsworth: Penguin, 1982, p. 56.

7 J. Hoffman, *Marxism, Revolution and Democracy*, Amsterdam: B. R. Gruner, 1983, p. 37, 52.

8 John Dunn, *Western Political Theory in the Face of the Future*, London: Cambridge University Press 1979, p. 21.

9 C.B. Macpherson, *The Real World of Democracy*, Oxford, Clarendon Press, 1966, p. 1.

10 Anthony Arblaster, *Democracy*, Open University Press, 1987, 1994, 번역본: 『민주주의의 이념과 역사』, 이중호 옮김, 신아출판사, 1998, 11쪽.

『자유주의와 민주주의』라는 제목으로 책을 쓴 이태리 정치사상가 보비오는 자유주의와 민주주의의 관계를 역사적으로 정리한 후 민주주의와 사회주의의 관계에 대해서도 논의를 전개한다. 인민을 위한 민주주의와 인민에 의한 민주주의 중에 어느 것이 더 민주적인가라는 물음은 무용한 질문이라고 못 박은 그는 자유주의와 민주주의는 그 접목 과정에서 지속적으로 긴장관계를 유지해 왔지만, 결국 자유주의와 민주주의는 상보적이라는 결론에 다다랐다고 말한다.[11] 그리고 사회주의는 사유재산의 불인정이라는 점에서 자유주의와는 뚜렷하게 반대의 입장이었지만, 민주주의와는 상보적인 관계를 가졌음을 보여 준다. 민주주의를 통해 사회주의 사회를 앞당길 수 있다고 생각하기 때문이다. 결국 민주주의의 이상은 자유주의, 사회주의운동 양자 모두에 의해서 수용되어 온 것이다. 그런데 비타협적인 자유주의자들은 민주주의가 개인의 자유를 위축시킨다고 말하고, 그와 반대로 성급한 사회주의자들은 민주주의란 낡은 것과 새로운 것 사이의 타협에 지나지 않기 때문에 사회주의의 실현을 훼방한다고 생각한다.[12] 보비오는 이러한 양극단을 비판하며 사회주의와 민주주의의 결합을 강조한다.

민주주의란 무엇인가? 민주주의란 ① 대다수 성원들에게 결정권이 부여되어 있는 정치형태이고(일정한 연령에 달하면 투표권을 준다), ② 다수결의 원칙(소수의 동질적 성원의 경우 만장일치제)을 따르며, ③ 성원들에게 실질적 선택 대안들이 놓여져 있어야 한다(기본권 보장; 표현, 언론, 집회 · 결사의 자유). 보비오는 이 3가지 요건이 민주주의의

---

11 Norberto Bobbio, *Liberalism and Democracy*, London: Verso 1990, 번역본: 『자유주의와 민주주의』, 황주홍 옮김, 문학과지성사, 1992, 44, 50쪽.

12 같은 책, 92-93쪽.

기본 조건들이라고 본다.[13] 아블래스터도 유사한 전제조건들을 열거한다. 민주주의 정의들의 공통점은 권력과 권위가 인민에게 있다는 것이라고 말하는[14] 그는, 현실적으로 인민들이 발의권을 행사할 수 있기 위한 전제조건들로 ① 공포나 억압 없이 자유롭게 표현하고 토론할 수 있는 자유의 분위기, ② 자유 선택, ③ 진정한 동의(독재자에 의해 조작된 동의가 아니라), ④ 일정한 교육수준을 든다.[15] 이러한 조건들은 기본적인 전제들일 뿐 그것들이 충분조건은 아니다. 민주주의는 토론과 논의를 포함하지만, 실제 정책을 결정하는 데 효과적이거나 확정적인 것이 되지 못한다면 이들은 충분치 못하기 때문이다. 토론과 회의는 무성하되, 결과적으로 사회구성원들의 결정과 요구가 무시된다면 그것은 진정한 의미의 민주주의가 못되는 것이다. 주권재민이라는 민주주의의 기본 원리가 얼마나 성실하게 실천되느냐에 따라 한 사회의 민주주의 성숙도를 말할 수 있을 것이다.

다수결의 원칙을 따르는 민주주의는 물론 한계를 갖는다. 이른바 집단 이기주의가 그 점을 분명하게 보여 준다. 따라서 민주주의적 결정은 보다 넓은 관점에서 점검되어야 하며, 시간적, 공간적, 문화적 한계에 대한 성찰을 수반해야 한다. 그러한 성찰의 과정은 보편성의 확보 과정이며, 보편적 가치의 형성 과정이다. 그리고 민주주의의 실현이란 그렇게 확보된 가치를 실천하는 과정이다. 결국 민주주의가 다수결의 원칙을 따른다는 것은 모든 인류가 지향하는 공통된 가치를 지향한다는 의미가 된다. 따라서 모든 단위에서 이루어지는 민주주의적 결정은 암암

13 같은 책, 110-112쪽.

14 Anthony Arblaster, 앞의 책, 22쪽.

15 같은 책, 149-155쪽.

리에 모든 인류가 지향하는 추상적인 가치와 맞닿아야 하는 것이다. 자유, 평등, 평화, 생명, 박애와 같은 추상적인 수준의 보편가치들은 모든 인류가 공인한다. 그러한 추상적인 가치들도 보다 구체적인 상황 속에서 선택과 판단을 요구할 때면, 점차 일치된 결론을 얻기가 어려워진다. 그래서 논쟁과 갈등이 생겨나고, 시행착오도 겪게 된다. 다수 구성원들의 결정과 요구를 존중하는 민주주의는 다수의 결정이 소수의 결정보다 낫다는 믿음 위에 성립한 이념이다. 이 믿음이 결정적인 오류가 되지 않기 위해서는 개방과 성찰의 문화와 제도가 요구되며, 구성원들의 지속적인 노력과 성숙이 요구된다.

이처럼 20세기 인류가 선택한 정치이념 민주주의는 그 폭과 깊이가 너무도 크다. 그래서 그 완전한 실현은 영원한 과정이며 과제로 남게 된다. 그런데 벌써 민주주의의 종말을 말하는 사람도 있다. 게노(Jean-Marie Guehenno)는 『민주주의의 종말』[16]에서 국민국가의 종말과 민주주의의 종말을 말한다. 새로운 제국의 시대를 말하는 그는 미국의 민주주의는 로비스트 민주주의, 이미지 민주주의로 전락했다고 비판한다. 그리고 일본은 1당 지배와 진실성 없는 민주주의 흉내내기라고 지적한다. 그러면서 그들이 유럽민주주의의 미래를 보여 주는 것 같다고 걱정한다. 유럽은 다르다는 전제 위에서 한 말이지만, 그는 계몽 시대의 종말을 말하고, 이성의 기획이 갖는 한계를 말한다. 우리는 섣불리 민주주의에 대한 희망을 말할 처지가 아니며, 이제 근본적으로 새로운 철학적 성찰이 필요하다고 게노는 말한다.

보비오도 현재 민주주의 체제들은 점증하는 정치적 무관심 앞에서 무

16 Jean-Marie Guehenno, *La Fin De La Demokratie*, Paris, 1993, 번역본: 『민주주의의 종말』, 국제사회문화연구소 옮김, 고려원, 1995.

력하기만 하다고 말하고, 무관심층이 유권자의 절반에 이르는 현상을 지적한다. 이탈리아 같이 투표율이 높은 나라의 경우에도 이제 투표는 의사표현의 수단이기보다는 개인적 혜택과 정치적 지지의 교환이라는 원칙에 근거한 고객주의가 작동하고 있다고 꼬집는다. 이런 현상은 이미 150여 년 전 토크빌이 "공공의 여론이나 일체감 그리고 공공정신이 점차 특수 이익으로 대체"되는 현상이라고 말한 바 있다.[17]

이처럼 인류 사회의 현실은 민주주의의 이상으로 접근하기보다는 민주주의라는 명분과 상반되는 실상을 보여 주고 있다. 그러나 우리는 어차피 현실 속에 발을 딛고 살아갈 수밖에 없으므로, 구체적인 현실을 직시하고 작은 차이라도 발견하여 조금은 나아질 수 있는 방향을 찾아 노력하게 되는 것이다. 다수결의 원칙이란 다수가 이해하고 인정할 때까지 기다리면서 점진적으로 신중하게 나아가는 방식이다. 우리는 한국사회가 보다 높은 수준의 민주주의를 실현하기를 희망한다. 그러나 그것은 생각만큼 빨리 이루어지지 않는다. 그것을 방해하는 제도와 관행, 그리고 이데올로기가 우리의 생활 세계에 뿌리를 깊게 박고 있기 때문이다. 우리는 먼저 우리의 위치가 어디인지 점검하기 위하여 우리와 다른 사례와 비교해 볼 필요가 있다. 필자는 독일의 사례를 선택한다. 독일은 유럽의 국가로서 우리가 주로 따르고 있는 미국식 정당 제도가 아니라는 점과 필자가 7-8년 살았던 경험이 있기 때문에 선택하는 것이지, 독일이 우리에게 가장 모범적인 모델이라고 생각해서 선택하는 것은 아니다. 물론 독일은 우리와 같은 분단국가였다는 공통점이 있지만 우리와 어떻게 달랐는가를 확인할 수 있는 시사점을 얻기에 좋은 조건을 가지고 있기도 하다.

---

17 보비오, 앞의 책, 127-128쪽.

3. 독일의 사회민주당과 녹색당[18]

지난 1998년 9월 독일 연방의회 총선에서 녹색당은 6.7%의 득표율로 자민당(FDP)을 앞서 제3당의 위치를 고수하며 총선 승자인 사민당과 함께 연정을 구성하였다. (독일에는 정당이 여러 개 있다. 좌파 계열의 사민당(SPD)과 우파 계열의 기민련(CDU)이 양대 정당이지만, 그 밖에도 사민당과 함께 연립정권을 이루고 있는 녹색당(Buendnis 90/Die Gruenen), 기민련의 자매 정당인 기사련(CSU), 자유주의 정당인 자민당(FDP)이 있다. 사민당이 노동자와 서민 위주의 사회주의적 정책이라면, 기민련은 대기업과 중산층의 이익을 대변하는 보수주의적 정책을 내세워 서로 대조를 이루고 있다.) 녹색당은 현실주의적 국민 정당인 사민당과 연정을 하기 위하여 외국인 피난민 보호문제, 원자력발전소 철거문제, 에너지세문제 등에서 기존의 입장을 많이 양보한 채 슈뢰더(Gerhard Schroeder)를 수반으로 하는 연립내각에서 세 명의 장관자리를 확보했다.

그러나 '9 · 11 테러' 이후 유럽정치가 보수화 경향을 띠면서 독일에서도 보수 야당인 기민-기사당 연합의 집권가능성이 높아지고 있는 가운데 집권 사민당과 슈뢰더 총리는 연정 파트너인 녹색당에 대해 수권

---

18 이 부분은 부연설명은 생략한다. 참고문헌은 다음의 것들이다.

1. Wolfgang Abendroth, *Aufstieg und Krise der deutschen Sozialdemokratie*, Koeln, 1978.
2. 박호성(편), 『사회민주주의와 민주사회주의』, 청람, 1991.
3. Andrei S. Markovits, Philip S. Gorski, *Gruen schlaegt* Rot, Hamburg, 1997.
4. 「독일 사회민주당」, 「독일 녹색당에 대하여」, http://knura.new21.net/index.htm 참고.
5. 연합뉴스, 2001년 11월 24, 2002년 3월 19일, 2002년 5월 9일.

정당으로서 현실감각을 가질 것을 요구하고 있다. 이 같은 상황에서 녹색당은 2002년 3월 17일 베를린에서 열린 전당대회에서 "국제법상, 법치국가에서 인정하는 합법적인 무력 사용을 항상 거부할 수는 없다"는 강령을 채택했다. 그럼에도 불구하고 사민당은 정권을 유지하기 위하여 녹색당과 결별하고 지지율이 상승된 자민당과 연합할지도 모른다는 예상이 나오고 있는 것이다.

독일의 정당들이 연합(Koalition)을 통해 정권을 획득하는 과정을 보면 실질적인 힘을 중심으로 이념적 근접성에 따라 타협해 나가는 것을 확인하게 된다. 원칙과 현실 사이의 긴장을 잃지 않으면서 나름대로 순차적인 기준에 따라 선택해 가는 그들에게서 이념과 정책을 중심으로 하되 현실적 조건에 따라 유연성과 타협의 정신을 발휘해 나가는 것을 보게 된다. 그러나 전체적으로는 그처럼 개방성을 바탕으로 대화하고 타협하며 좌우의 조화를 이루는 것 같지만, 좀 더 자세히 그 내부를 들여다보면 끊임없이 이론 투쟁과 세력 다툼이 이어져 온 것을 확인하게 된다. 따라서 그들의 정당사는 바로 사상사가 되기도 한다. 여기서는 사민당과 녹색당의 경우를 개괄적으로 살펴보고자 한다.

(1) 사민당의 수정주의 노선

독일 사회민주당(사민당)은 1863년 당 창건이래 무려 139년이나 되는 역사를 자랑한다. 이처럼 독일에서 가장 오래되고 대표적인 좌익 정당인 사민당은 그 기나긴 역사만큼이나 많은 우여곡절을 겪었으며, 노선 변화도 심했다. 사민당의 뿌리는 창건 이전에도 1848년에까지 거슬러 올라갈 수 있다. 1848년 3월 빈과 베를린 등에서 일어난 혁명은 — 서프로이센의 경우에는 마르크스와 엥겔스가 주도했고, 공산당 선언은 1848년 2월에 나왔다 — 독일에 자유주의 내각을 출범시키고 국왕으로부터 헌법제정과 의회수립을 약속받는 데 이르렀지만, 1849년 프로이센 군대에 의해 모두 진압되고 말았다. 이로써 자유주의 내각은 붕괴하였으며, 마르크스는 런던으로 망명하였다.

라살레는 1863년 라이프치히에서 '전 독일 노동자동맹'을 창립하였고, 이것이 사민당의 출발이다. 관념적 국가 사회주의자인 라살레는 제1인터내셔널에서 과학적 국제 사회주의자인 마르크스와 대립했다. 1869년에는 아우구스트 베벨과 빌헬름 리프크네히트가 '사회민주주의 노동자당'을 창립하였고, 이 정당은 라살레주의가 아닌 마르크스주의를 따르는 것이었다. 1875년 고타회의에서 양당은 하나로 합쳐졌고, 새로 출범된 당의 명칭은 '독일 사회주의 노동당'이었지만 독일 사민당의 실질적 역사는 이때부터 시작된 것이다. 베벨과 리프크네히트가 이끄는 독일 사회주의 세력은 1890년 '독일 사회민주당(SPD)'이라는 이름으로 제국의회에 진출할 수 있게 되었다. 베벨과 리프크네히트는 갈수록 제국주의화되어가는 독일 지배계급에 대해 끝없이 투쟁했지만, 이미 사민당은 극단적인 투쟁을 펴기에는 너무 덩치가 큰 대중 정당으로 성장해가고 있었다.

수정주의자 베른슈타인은 1899년부터 의회주의의 입장에서 점진적인 사회주의 실현을 제창하여 당내에 큰 호응을 불러일으켰고, 칼 카우츠키, 로자 룩셈부르크 등의 비판에도 불구하고 사민당의 주류는 보다 온건한 현실주의 성향으로 돌아섰다. 1895년 이후 꾸준히 조직적 성장을 지속한 독일 노조 역시 사민당과 긴밀한 연대를 맺고 있었다.[19]

19 '사회주의'와 '사회민주주의'는 초기에 같은 의미로 혼용되었다. 그러나 점차 사회민주주의는 '민주 사회주의' — 의회주의를 수용하면서 자본주의와 공산주의를 모두 비판하는 — 를 뜻하게 되었고, 그것은 마르크스 · 엥겔스의 '사회주의'를 수정한 수정주의 노선이 되었다.

제1차 세계대전에서 독일의 패색이 짙어가자 다수 사민당은 제정을 쓰러뜨리고, 독일 최초의 공화국을 이끌어 나가게 되었으며, 독일에 처음으로 보통선거와 평등선거 제도를 도입하는 업적을 남겼다. 이에 힘입어 1919년에는 처음으로 독일 의회에 여성이 진출하였고, 노동조합은 마침내 경영자단체로부터 단체협약의 대상자로 인정을 받기에 이르렀다. 이런 과정 속에서 37.9%의 득표율로 다수 사민당의 총선승리를 이끈 프리드리히 에버트는 바이마르공화국의 초대 대통령으로 선출되었다. 1929년 이후 전 세계적인 대공황에 직면했을 때 독일 노조가 사민당 지지와 공산당 지지로 나뉘어 이렇다 할 힘을 발휘하지 못하고 있는 동안, 히틀러의 나치 세력은 남독일의 바이에른을 중심으로 빠르게 힘을 얻어갔다.

히틀러는 유대인과 마찬가지로 대부분의 사민주의자들을 강제수용소로 잡아들였고, 그들은 장기간 강제노동과 고문에 시달려야 했다. 망명에 성공한 사민주의자들은 런던의 임시 당사를 중심으로 꾸준히 반나치 활동을 조직화하면서, 1934년 프라하 선언을 통해 반나치 세력의 결집을 시도했지만, 나치는 반공을 명분으로 서구 사회의 양해를 얻어 1935년 이후로도 계속 군비를 확장하고 사민주의자들을 잡아들였다. 제2차 세계대전의 종전과 함께 동서독으로 분단된 후 처음으로 치러진 서독선거에서 사민당은 29.2%의 표를 획득하는 데 그쳐, 간발의 차로 신생 정당인 기민련(CDU)에게 정권을 빼앗기고 만다. 그 후 사민당은 여타 유럽 사회주의 정당과 함께 스탈린과 인연을 끊고, 정치적 민주주의를 강조하고 나섰다. 그리고 1959년 고데스베르크 강령을 통해 계급투쟁을 포기하고 국민 정당으로 거듭나 지지층을 계속 확산시켰다. 사민당은 1966년 기민련과의 대연정을 통해 정권에 참여하게 되었으며, 1969년의 총선에서 약진한 후 기민련에서 자민당(FDP)으로 연정파트너를 바꾸어 정권의 주도권을 잡았다.

신임 수상으로 선출된 빌리 브란트(W. Brandt)는 '동방정책'을 펼쳐 나가 당시 전 세계를 지배하던 냉전분위기에 적극적으로 맞섰다. 소련, 폴란드, 체코슬로바키아와 조약을 맺은 데 이어, 동독과 기본 조약을 맺고 제한적이나마 상호교류를 하기 시작한 게 그 내용이다. 폴란드의 유대인 묘역 앞에서 서독 수상이 무릎을 꿇고 사죄를 하는 역사적인 장면도 이때에 연출되었다. 1972년 노벨 평화상을 수상한 빌리 브란트는 2년 후 비서의 동독 간첩 행위로 수상직에서 물러나고, 재무장관이던 헬무트 슈미트가 이어받았다. 브란트와 슈미트 두 사람의 노력으로 서독의 사회복지 제도는 유럽에서도 가장 높은 수준으로 평가받게 되었다. 이로써 서독의 사민당정권은 가장 성공적이고도 안정적인 좌파정권으로서 전 세계적 명성을 얻게 되었다. 슈미트 수상은 1981년 12월 11일 역사적인 동서독 정상회담을 성사시키기도 했으나, 1982년 10월 자민당의 연정탈퇴로 13년간 이어지던 사민당 정권은 기민련의 손에 다시 넘어가게 되고 말았다.

1989년 10월 동독에 대규모 시위사태가 벌어지고 베를린장벽이 무너지면서 콜(H. Kohl) 정권은 동독을 흡수 통합했다. 한편 1989년 12월 동독 통일사회당의 일당독재 체제가 붕괴하자 동독사민당이 재건되어 1990년 서독사민당과 하나로 통합되었다. 콜 정권은 무리하게 추진한 흡수통일의 후유증으로 천문학적인 통일비용을 부담하면서 점차 위기상황에 빠져들었다. 사민당은 녹색당과 힘을 합쳐 1998년 10월 총선에서 승리하여 16년만에 정권을 인수하였다. 그러나 사민당은 다시 내부갈등으로 새로운 위기를 맞게 되었다. 그것은 사회민주주의 노선을 강조하는 라퐁텐 당수와 신자유주의 노선에 무게가 실린 슈뢰더의 신중도 노선간의 불화였다. 라퐁텐이 정계를 은퇴하고 슈뢰더가 자신의 노선에 따라 정책을 수립했음에도 불구하고, 독일의 경제 사정이 나빠지면서 사민당의 지지율은 급격히 하락하고 있다.

(2) 독일 녹색당의 등장과 진보정치의 향방

녹색당은 지지율이 10%도 안 될 때가 많고 의석수도 별로 많지 않지만, 독일의 청년층과 지식층으로부터 가장 많은 사랑을 받는 환경/청년/지식인/여성의 정당이다. 녹색당의 정식 당명은 "Buendnis 90/Die Gruenen"이다. 동독의 민권운동단체인 "Buendnis 90"과 서독의 진보 정당인 "Die Gruenen"이 통합함으로써 만들어진 정당이다.

녹색당의 시작은 1960-70년대로 거슬러 올라간다. 1968년의 유럽 학생운동은 사회학에서 '사회운동'과 '신사회운동'을 구분 짓게 만든 역사적 사건이었다. 서독과 프랑스 등 전 서구 사회를 휩쓸었던 대규모 학생운동의 혁신적 움직임 속에서 그간 서구 사회를 지탱하고 있던 기존의 모든 가치들이 재검토되기 시작했고 반핵, 평화, 환경, 여성 등 다양한 이슈들이 나타나 제도정치의 경직된 틀을 변화시켰다. 그들은 시민단체와 원외 정치단체들을 구성하여 다양한 조직적 운동을 전개하였다. 환경과 평화를 상징하는 녹색주의와 각종 대안적 민주주의운동 조직들이 합하여 만든 당이 녹색당이다.

이들은 우선 1977년 11월에 니더작센에서 "Die Gruene Liste Umweltschutz(GLU)"라는 단체를 설립한 후, 이를 곧 서독 전체 규모로 확장시켰다. 그 밖에도 수많은 군소단체들이 이 GLU와 정치적 연합을 결의하면서 1978년 10월에는 수많은 그룹들이 "Die Gruenen"이라는 이름 아래 뭉쳐서 바이에른 지방선거에 참여하였고, 1979년 유럽의회선거에 참여하여 3.2%의 득표율을 올렸으며, 같은 해 브레멘 시의원선거에서 녹색당 역사상 최초의 의석을 얻었다. 그리고 1980년 1월 칼스루

에에서 최초의 전당대회를 열어 서독 전체를 포괄하는 공식 정당으로 발족했다.

좌파 사회주의 그룹, 아나키스트, 그리고 이념적으로 중립적인 환경운동가들까지 다양한 그룹이 모여서 당을 만들었으나, 당의 주도권은 결국 좌파들이 장악하고 우파들은 점차로 당을 떠났다. 녹색당은 그들의 정책을 "환경적이고, 사회적이며, 풀뿌리 민주주의적이고, 비폭력적인 것"이라고 정의하면서 극좌폭력주의와는 거리를 두고, 기성 정당에 대한 대안세력으로 자리할 것을 선언하였다. 녹색당의 지도자그룹에는 초기부터 여성들이 많이 포함되어 있었으며, 전당대회 참석 대표들을 비롯하여 모든 임원의 절반 이상이 여성이다.

1983년 3월 총선에서 5.6%의 득표율을 올린 녹색당은 연방의회에서 27석을 확보하였다. 그 후 1984년 유럽의회선거에서 8.2%의 득표율을 올리고, 1985년에는 헤센주에서 사민당과 연정을 이루어 피셔(Joschka Fischer)가 헤센주 환경장관의 자리에 오르게 된다. 그러나 녹색당원들은 원칙론과 현실론으로 분열되어 수많은 갈등을 겪게 되는데, 그러면서도 계속 당세를 확장하여 1989년 베를린 지방선거에서 11.8%라는 최고의 득표율을 올려 베를린 사민당과 연정에 들어간다. 그러나 끊임없는 분열상과 콜(Kohl)정부의 통일정책에 대한 비판적인 태도로 인해 지지율이 급락하여 1990년 12월 독일통일 후 첫 연방 총선에서 5%의 벽조차 넘지 못해 연방의회에서 쫓겨나게 되었으나, 동독의 5개 주에서 "Buendnis 90"와 연대함으로써 겨우 지지율을 6%로 만들었다.

1991년 9월에는 여태껏 동독내 시민운동단체들("Neues Forum" "Demokratie Jetzt" 등)의 연합에 불과했던 "Buendnis 90"가 공식 정당으로 출범하고, 1992년 11월에 "Die Gruenen"과 합당했다. 이로써 녹색당은 "Buendnis 90/Die Gruenen"으로 당명을 바꾸고 새롭게 출발했다. 1994년 10월의 연방 총선에서는 녹색당이 7.3%의 득표율을 거두어 자민당을 제치고 독일 내 제3정당이 되었다. 1998년 3월 마그데부르크에서 휘발유 가격을 리터당 5마르크로 인상할 것을 요구하는 정강을 발표하였다. 그러나 이는 독일 전국에서 자가용승용차 사용자들의 불같은 반대에 부딪치게 된다. 결국 이러한 프로그램은 철회되었으며, 에너지 가격을 전반적으로 인상하자는 쪽으로 완화되고 만다. 또한 연방방위군이 국제평화유지군에 참여하는 것을 반대하고 있었으나, 인권단체들의 비난에 부딪치자 보스니아에서 벌어지고 있는 야만적 살육에 대해서는 예외적으로 국제평화유지활동을 펼칠 수 있다는 쪽으로 강령을 수정하게 되었다. 그와 동시에 녹색당은 미국의 세계 전략에 추종하는 군사기구인 NATO를 해체하라고 주장했었는데, 이 역시도 완화되어 NATO 회원국이 동구권 국가로까지 확장되는 것만을 반대하는 쪽으로 타협하게 되었다. 이러한 타협을 바탕으로 1998년 9월 연방총선에서 녹색당은 6.7%의 득표율로 총선승자인 사민당과 함께 연정을 구성하였다.

우리는 지금까지 독일 진보 정당들의 역사를 훑어 보면서 이념과 정책을 기준으로 갈등과 타협, 원칙주의와 수정주의의 변증법적 과정을 확인하였다. 독일의 경우 대통령중심제가 아니라 내각책임제이고, 중앙집권적이 아니라 지방분권을 기반으로 하는 연방제이기 때문에 우리와는 제도적으로 커다란 차이를 갖지만, 사람 중심이 아니라 이념과 정책을 중심으로 정당이 변화 발전해 왔고, 정당명부식 비례대표제로 새로운 정치 세력의 진출이 가능하다는 점에서 우리에게 좋은 시사점을 제시하고 있다.

우리가 독일을 보면서 가장 크게 평가하는 것은 자본주의 국가와 사회주의 국가로 분단된 상태였지만, 서독이 남한과는 달리 사상적 경직성을 가지고 있지 않았다는 점이다. 우리처럼 반공주의 극우이념이 지배한 것이 아니라, 사회주의와 자유주의가 공존해 왔다는 것이다. 물론 사회주의는 온건한 노선이었고, 동독으로부터 자본주의를 정당화시키는 엉터리 사회주의라는 비판을 받는 것이었지만, 사회민주주의를 이념으로 하는 당이 집권하기도 하고, 강력한 야당으로 정권을 견제할 수 있었다는 것은 남한과는 비교가 안 되는 일이다.[20]

다음으로 우리가 독일의 진보 정당의 역사에서 확인하는 것은 사회민주당이 대중의 지지를 받으면서 급진적인 이념과 정책에서 온건한 이념과 정책으로 변화했고(또 역으로 온건화함으로써 대중의 지지를 받기도 했다), 그러한 대중추수적 온건노선 정책에 반대하는 진보적인 세력들이 새로운 대안 사회운동을 전개했다는 것이다. 이 새로운 세력이 확장되면서 하나로 뭉쳐 녹색당을 만들었다(처음 명칭은 녹색운동 단체와 기타 다양한 대안 사회운동단체들이 모여 만들었기 때문에 녹색/대안당이었다). 그런데 녹색당이 사민당과 연합하여 여당으로서 정권을 장악한 후에 녹색당은 외교관계상 그동안의 철저한 반전평화노선을 견지할 수 없게 되었다. 그래서 내부의 정체성 논쟁을 겪었고, 그래도 해결이 되지 않자 사민당은 진보적인 녹색당과 결별하고 보수적인 자민당과 연합할 것이라는 예상이 나오고 있다.

결국 민주주의는 진보와 보수의 변증법적 과정을 밟아나가기 마련이다. 그 과정이 정체되지 않고 역동적이어야 하고, 그것은 이념적 경직성

---

20 동구권의 붕괴와 더불어 '사회주의 폐기-자본주의의 세계지배' 분위기가 전 세계를 잠시 지배하였다. 그러나 유럽의 사회민주주의는 건재했고, 90년대 말에는 신자유주의 세계화에 저항하는 좌파정권이 전 유럽을 지배했다. 지금 다시 우경화의 바람이 불고 있고 사민당 자체도 계속 우경화되고 있긴 하지만, 사회민주주의의 완전한 몰락이나 폐기란 있을 수 없는 일이다.

이나 정파적 이해 집착을 벗어난 열린 자세와 무엇보다도 인류의 보편적 가치를 중심으로 개선과 진보를 지향하는 구성원들의 성실성을 바탕으로 해야 한다.

4. 한국 사회와 민주주의 이념

위에서 살펴본 대로 민주주의는 20세기 인류가 받아들이는 보편적 명제이기 때문에 한국도 당연히 민주주의를 내세우고 그것을 지키려 한다. 그런데 '민주주의'라는 단어를 사용하지만, 실제로는 민주주의 정신과 위배되는 경우가 있다. 무솔리니가 그랬던 것처럼 그것은 민주주의가 아닐뿐더러, 민주주의를 사칭하는 것이 되기 때문에 더욱 문제다. 한국의 자유주의자들은 실질적으로는 보수주의자이고, 그 대부분은 기득권 옹호에 집착하는 반공주의자들이다.[21] 한국형 보수 지배이데올로기는 분열증적 상반구조를 갖는다. 제2공화국을 제외하고는 제1공화국에서 제6공화국에 이르기까지 한국의 권위주의 권력들은 자유민주주의를 내세웠지만, 실제로는 기본권을 보장한 적이 없으며, 3권분립을 실행한 적이 없다. 그들은 자유민주주의를 내세우며 자유민주주의자들을 탄압했다. 이처럼 지배이념의 외피와 내용이 상반되는 구조를 가질 때, 그 사회는 근본적으로 합리적인 질서를 상실하고, 역사 · 사회의식 결여로 정치적 냉소주의에 빠지게 된다.[22] 이는 민주주의를 마비시키는 결과를 초래하게 된다.

최장집은 한국의 '조숙한 민주주의' 제도 도입 과정을 지적하면서,

21 윤건차, 『현대한국의 사상흐름』, 당대, 2000, 92쪽.
22 김의수, 『현실과 철학 사이』, 동녘, 1997, 136-137쪽.

문민정부에 들어서서야 비로소 민주주의의 실질적 실행의 기회가 왔음을 환기시킨다. 그동안 지배엘리트 중심의 정치가 재생산되고, 시민 사회에서 대중의 정치조직화를 통한 정치참여가 막혀 있었던 원인을 다음과 같이 분석한다. ① 분단상황 아래에서 이념적 제약이 극심해 걸핏하면 용공세력으로 몰아붙여 정치적 공간이 협애했다. ② 국가주도 산업화 과정에서 시민 사회의 확장 대신 국가권력이 강화되었다. ③ 재벌 중심의 경제정책으로 자유민주주의적 자본주의가 아니라 기술관료 중심의 권위주의적 자본주의가 되었다.[23] 그는 전 사회적 수준에서 시민적 의사 및 요구와 결합하는 다계급적이고 연합적인 방식으로 혼합정체를 이루어 민주주의를 확장시켜야 한다고 주장한다. 그는 정치 영역에서만이 아니라 경제의 영역에서도 힘 있고 효율성을 갖는 체제가 되어야 한다고 말하면서 그것을 '힘 있는 민주주의'라고 표현한다.[24]

참여민주주의론자들도 '강한 민주주의'를 주장한다. 민주적 의사결정과 효과적인 집행은 참여를 통해서 이루어지며, 이렇게 함으로써만 한 사회는 체제의 정통성을 확보할 수 있다는 것이다.[25] 조희연은 한국의 민주주의 문제를 다루면서 보수주의, 자유주의, 진보주의의 개방적 경쟁구도를 만드는 것이 중요하다고 강조한다. 한국 사회에는 반공주의 규율 사회 구조로 인해 극우보수 세력이 강고하게 존재하고 있으며, 이는 제도 정치권의 폐쇄성을 드러내는 것이다. 현재 한국 정치의 이념적 스펙트럼은 극우에서 온건보수 혹은 온건자유주의 정도에 위치하고 있다는 것이며, 이념적 폭을 넓혀 개방적 경쟁구도를 만드는 것이 중·단

---

23 최장집, 『한국민주주의의 조건과 전망』, 나남, 1996, 20, 36쪽.

24 같은 책, 305, 315쪽.

25 김대환, 「참여의 철학과 참여민주주의」, 참여사회연구소(편) 『참여민주주의와 한국 사회』, 창비, 1997, 29쪽.

기 정치혁신의 방향이라고 주장한다.[26]

이상에서 보는 것처럼 유럽의 국가들과 한국의 경우는 정당들의 이념적 지형에서 근본적인 차이가 있음을 직시할 필요가 있다. 유럽국가들에는 좌파와 우파가 언제나 공존해 왔다는 것이다. 한국의 경우에는 우파의 남한과 좌파의 북조선으로 완전 단절되었다. 우리처럼 역시 분단국가였던 독일의 경우에도 서독에 사회민주당이 존재해 왔는데, 남한에서는 사회민주주의가 발을 붙일 여지가 전혀 없었다. 물론 한국전쟁이라는 결정적 요인이 있기는 하지만, 어쨌든 이념적 경직성은 한국 민주주의의 가장 큰 장애였다.

필자는 한국 사회가 요구하고 있는 문제는 이론보다는 실천이라고 주장해 왔다.[27] 민주주의 문제도 역시 그렇다고 생각한다. 그동안 남한의 국민들이 절대적으로 신봉해 온 자유민주주의는 자유주의자들에 의해서 보다는 오히려 권위주의자들에 의해서 더 강조되었다. 독재와 파시즘 세력들이 자유민주주의를 수호하자며 으름장을 놓았다.[28] 결국 한국에서는 자유민주주의의 이론이 없어서가 아니라, 자유민주주의를 실천하지 못했기 때문에 문제였던 셈이다. 이제 우리는 사회민주주의도 말할 수 있어야 한다. 다양한 이념이 공존하는 열린 사회, 말 그대로 "자유민주주의" 사회를 현실적으로 확보해야 한다.

물론 사회주의나 사회당이라는 명칭을 꼭 사용할 필요는 없을 것이다. 유럽의 경우에도 사회민주주의를 지향하는 정당들이 이름을 노동당

26 조희연, 『한국의 국가 · 민주주의 · 정치변동』, 당대, 1998, 353-377쪽.

27 김의수, 앞의 책, 54-72쪽.

28 김재현은 자유민주주의를 반공이데올로기와 함께 한국 사회의 지배이데올로기로 규정한다. 김재현, 「해방 이후 한국 사회의 지배이데올로기 분석」, 『한국 사회철학의 수용과 전개』, 동녘, 2002, 148-167쪽.

이나 다른 이름을 사용하기도 한다. 그리고 이름만 생각한다면 우리나라에도 오래 전부터 사회당이 있었다. 문제는 실질적 영향력이다. 극우 보수 세력은 사회당의 존재를 문제 삼지 않는다. 그들은 사회당이나 민주노동당의 이념과 정책에 대해 문제 삼지 않으면서 김대중 대통령이나 노무현 의원에게 이념적 색깔공세를 퍼붓는다. 그러니까 그들은 이념 자체에 관심을 갖는 것이 아니고, 자신들이 기득권을 유지하는 데 방해가 되는 세력을 이념적으로 공격하는 것이다. 이른바 천민 자본주의가 더 문제이듯이, 한국의 수구보수 세력의 이념은 철학이라고 말하기에는 너무도 천박한 색깔 덧씌우기이며, 사실은 수구 이기주의일 뿐이다. 그들은 논리적 일관성을 결여하고 보편적 가치를 기준으로 삼지도 않는다. 자신들의 이익에 조금이라도 손해를 끼칠 세력에게 실질적 영향력이 생기면 그들이 자유주의자라고 하더라도 사회주의의 혐의를 덧씌워 공격하는 것이 현재 한국의 수구보수 세력이다. 따라서 사회당이나 민주노동당이 어떻게 대중적 정당으로, 의회에 들어가는 정당으로 발전하는가가 문제다. 기성 정당들과 차별되는 진보 정당의 발전이 필요하지만, 한국의 현실은 아직 거기에 못 미치고 있다. 어떻든 진보 세력의 정치 세력화는 이제 현실적으로 풀어내야 하는 과제이다. 물론 이것은 진보 정당들의 대중 설득 능력과 직결되는 문제이다. 문화적 제도적으로 충분한 기반이 마련되어 있더라도 정당을 만들어 운영하는 사람들의 능력에 한계가 있으면 그 실현이 유보될 수밖에 없다.

현재 한국 사회에서는 여전히 색깔 공세가 위력을 발휘하고 있다. 우리는 이제 더 이상 반공주의가 한국에서 국민대중을 억압하는 규율로 작동하지 못하게 해야 한다.[29] 정치권의 색깔 공세를 국민적 여론으로 차단시켜야 하고, 극우 세력의 선동과 협박에 대해서도 시민 세력의 엄중한 대처로 반복하지 못하게 만들어야 한다. 사회민주주의를 비롯한 다양한 사상들에 대한 논의가 지식인 사회에 국한되지 않고, 교양 있는 시민들 사이에 활발하게 논의될 수 있는 튼실한 문화적 기반을 확보해야 한다. 이것은 민주주의 사회를 위한 최소한의 요건이다. 그것을 저해하는 제반 기제들은 하루속히 제거되어야 한다. 이렇게 함으로써 우리 사회는 다양한 민주주의 이념들이 공존하는 철학적 문화적 기반을 확보하게 된다. 이념적 유연성이 보장되어 진정한 의미의 사상의 자유와 합리적인 토론 문화가 실현되는 것이다.

남한에 진보 정당이 꼭 뿌리를 내리지 못하더라도 사회민주주의는 남북통일의 진전 과정에서 당연히 고려해야 할 이념이다. 일방적인 흡수통일을 피해야 한다는 것이 전문가들과 시민 사회의 공통된 견해이므로, 자유민주주의 이념을 전제로 한 일방적인 흡수통일이 아닌 자본주의와 사회주의의 중간 지점에 위치하는 사회민주주의는 남북의 양 체제를 아우르는 새로운 통일국가 사회의 이념으로 수용될 가능성이 높기 때문이다.

5. 민주주의 실현을 위한 몇 가지 과제들

민간정부를 두 번씩이나 거치면서도 우리에게 민주주의의 확장과 실질화는 아직도 요원하다. 다만 시민 세력의 성장이 있었고, 참여민주주의의 이념이 사회적 공감을 일정정도 확보한 정도다. 그러나 한국이 희망을 유지하는 것은 반민주 독재 세력에 대항하는 민주화운동이 장기간 지속되었고, 민중 세력이 생존권과 민주주의를 요구하는 운동 세력으로

29 이러한 맥락에서 임지현, 권혁범 등 일상적 파시즘론자들이 주목하는 다양한 현상들에 대한 관심과 실천이 중요하다.

밑받침하고 있다는 사실이다. 문제는 그것이 좁은 의미의 정치 세력으로 부상하지 못하고 있다는 것이다.[30] 이것은 민주주의를 진전시킬 새로운 제도개혁의 과제가 시급함을 말해 준다. 수구 세력의 청산과 진보 세력의 진출은 맞물려 있는 것이다. 노무현의 등장은 수구 세력의 재집권을 막는다는 중요한 의미를 갖지만, 그로써 수구 세력의 무력화가 보장되는 것은 아니다. 그들은 오히려 보혁구도라는 새로운 틀에서 여전히 보수를 사칭하며 하나의 축을 형성할 수 있게 된다. 이것은 역사의 청산과 발전이 아니다. 진정한 발전은 부패 수구 세력의 퇴장과 보수 세력(합리적 보수 또는 온건한 민주) 대 진보 세력(급진적 민주, 이상적 대안 민주주의)의 대결구도를 확립하는 것이다.

(1) 국민들의 정치의식, 민주주의 의식이 한 단계 성숙해져야 한다

한국 사회는 기본적으로 열악한 조건들 속에 놓여 있다. 좁은 국토와 인구 과잉이 그 첫 번째 조건이다. 그리고 그나마 좁은 국토와 많은 인구가 비정상적으로 배치되어 있고, 수많은 불균형 현상들이 우리 사회를 가득 채우고 있다. 도시집중 농어촌 황폐화, 수도권 집중 지방도시 소외, 빈부격차, 지역간 격차, 학벌 사회, 비인간적인 생활환경, 범죄의 범람. 게다가 오랜 기간 군부 파시즘권력이 지배해 왔다. 이러한 열악한 현실 속에서 민주주의를 살려 내려면 국민들의 의식 수준이 높고 투철

30 필자의 기본 입장은 포괄적인 민주주의의 진전을 지향하고, 진보 세력이 넓은 의미에서 정치 세력화해야 한다는 것이다. 그렇지만 좁은 의미의 정치 세력화(제도정치권 진입)는 지속적인 사회운동에도 불구하고 권력과 자본의 철저한 무시로 투쟁과 선언을 반복하게 되는 악순환을 끊을 수 있게 한다. 필자는 이것이 엄청난 사회적 에너지의 손실을 예방하게 하고, 민주주의의 기본 단계를 실현하는 것이 된다는 점에서 시급한 과제로 강조하는 것이다.

해야 한다. 우선 지역주의, 연고주의를 무력화하고, 부정선거를 거부하며,[31] 성실한 비판 의식으로 수구 세력을 정치권에서 배제해야 한다.[32] 김영삼 세력과 김대중 세력은 정권을 잡았지만, 둘 다 부패한 정치 세력이 되고 말았다. 이것은 그들 개인이나 두 세력 전체의 불행일 뿐만 아니라 한국 사회 전체의 불행이다. 국민들에게 실망을 주고, 모든 정치인과 인간들에 대한 회의를 갖게 함으로써 보다 근본적으로 정치적 무관심주의와 가치 허무주의에 빠지게 했기 때문이다.

그렇다면 민주화운동에 참여한 세력이 민주주의를 실현시킬 수 있다는 희망은 없어진 것인가? 두 정권은 돈이 들지 않는 정치구조를 만들어 내는 데 실패하였고, 최소한 자기세력이라도 부정과 부패를 최소화하는 데 실패하였다. 그 책임은 당연히 두 사람이 져야 하지만, 그렇다고 해서 아무도 부패문제를 해결할 수 없다고 결론 내려서는 안 된다. 문민정부와 국민정부는 둘 다 수구 세력과 연합하여 정권을 인수했고, 따라서 민주개혁을 추진하는 데 한계가 있었다. 개혁 세력이 단독으로 정권을 잡게 되면, 그리고 진보 세력의 견제와 감시가 철저하면 부정부패는 막아 낼 수 있다. 수구 세력이 다시 정권을 잡으면 부패는 악순환되지만, 개혁 세력이 정권을 잡아 시민 세력의 요구를 수용하고 제도를 개혁하면 부패를 줄일 수 있다.

31 밀가루와 고무신을 돌리던 부정선거 얘기는 전설과 같은 옛날 이야기인데, 돈봉투를 돌리는 행위와 같은 부정선거의 잔재가 여전히 오늘날에도 존재한다는 사실은 우리를 너무도 슬프고 부끄럽게 한다. '정치인들은 부정한 방법으로 정치자금을 끌어모아 선거 때 뿌리므로 어차피 임자 없는 눈 먼 돈은 받아서 써도 된다'는 가벼운 생각마저 유권자들이 극복하지 않으면 안 된다.

32 수구 세력이 문제가 있다는 사실은 인정하면서도 지역 감정이나 돈 선거 등에 대한 비판의식이 철저하지 못하므로 기득권 세력이 잔존하게 되는 것이다.

(2) 지방자치에서 민주주의를 뿌리내려야 한다

지방자치가 도입될 때 우리는 풀뿌리 민주주의에 대한 기대와 각오가 대단했다. 그러나 제3기를 맞는 지방자치는 그 의미를 거의 살려 내지 못하고 있다. 한국 사회는 지방분권이 거의 이루어지지 않은 채 여전히 중앙집중의 권력구조가 유지되고 있다. 종속관계를 벗어나지 못한 지방의 정치권은 중앙정치권의 문제들을 고스란히 이어받고, 특히 재정 마련을 위한 각종 수익사업과 무분별한 개발은 지역 사회의 황폐화를 가속화시키고 있다. 게다가 유권자의 눈치를 보는 선출직 자치단체장들의 선심성 행정과 지역별 집단 이기주의의 표출로 지방자치는 민주주의의 진보라기보다는 오히려 혼란과 무책임의 결과를 초래하고 있다는 평가를 낳고 있다. 지방정부 차원의 풀뿌리 민주주의가 제대로 작동하지 못하면 사회 전체가 민주적인 제도로서 기능하지 못하게 된다. 작은 단위에서 시민의 참여와 감시로 민주적인 의사결정과 재정의 투명성 확보, 그리고 환경의 보호 등 수준 높은 민주 공동체를 만들어가지 못하면, 전체 사회가 민주주의를 실현하고 있다고 말할 수 없을 것이다.

이처럼 지역정치를 민주화하고 지역주민들의 삶의 질을 높일 수 있기 위하여 현재 가장 긴요하게 요구되는 것이 지방분권이다.[33] 경제력의 분산, 행정과 재정의 분권, 교육과 문화의 분권을 요구하는 지방분권론은 한국 사회의 주요 모순으로 지역모순을 추가한다. 수도권의 지나친 집중과 독점으로부터 민주적 지방분권으로 나아가야 한다는 주장은 새로운 운동으로 발전하고 있다. 그동안 한국정치의 질곡으로 작용해 온

33 김형기, 「지방분권의 정치경제학: 대안적 발전을 위하여」, 초의수, 「지역균형발전정책의 현실과 법 제정방향」, 『지방자치 10년 — 평가와 전망』(한국지역사회학회 학술대회 자료집, 2002. 4. 26).

영호남 지역 갈등과 지역 패권주의 문제가 이제 중앙과 지방의 갈등이라는 새로운 지역갈등의 문제로 부각되고 있는 것이다. 계급환원주의를 넘어서서, 계급모순, 양성 간의 모순, 생태모순과 함께 지역모순을 강조하는 지방분권론은 노동운동과 시민운동을 대립적으로 보지 않을 뿐만 아니라, 심지어 민과 관이 함께 나서서 분권운동을 전개할 수 있다는 데에까지 나아간다. 실제로 지방분권과 국가의 균형 발전을 요구하는 운동은 지난해에 영호남 시도지사협의회의 공동요구, 시민단체들의 자치헌장 선언, 국토균형발전 및 지방분권을 위한 지식인 선언 등으로 이어졌다. 이른바 서울공화국에 대한 비판과 지적은 오래 전부터 있어 왔지만, 지방분권운동이 새로운 국가발전 전략의 일환으로 주장된 적은 없다.

(3) 정당명부제(1인 2표제)로 진보정치 세력을 성장시켜야 한다

지난 3월에 있었던 "연대와 성찰: 사회포럼 2002"는 시민 · 사회운동 단체가 한국 사회의 민주주의 실현을 위해 토론한 자리였다. 필자가 공감하는 두 사람의 발제문 일부를 인용한다.[34]

"선거국면에서 시민운동은 개혁연합을 바탕으로 한 시민선거혁명을 주도할 수 있다. 말하자면 수구보수연합에 대응하는 폭넓은 개혁연합을 형성하여 조용하지만, 도도한 또 하나의 역사적인 시민선거혁명을 성공시킴으로써 민주화와 개혁의 흐름을 지속시키는 과제를 수행하는 것이 가능하다. 시민선거혁명이란 2002년 대통령선거가 폭넓은 국민적 지지, 탈지역주의, 21세기에 필요한 개혁적인 정책을 갖춘 지도자를 선출

---

34 정대화는 시민운동의 대변자로 활동했고, 현재는 교수노조 임원으로 활동한다. 김상곤은 노동운동에 비중을 두는 사회운동 이론가 및 실천가이다. 한국의 사회운동에서 균형과 포괄성을 강조해 온 필자로서 두 사람의 주장이 접점을 형성하고 있음에 주목하고 공감한다.

하는 정치적 축제가 되도록 시민운동을 전개한 것이며, 이 과정에서 '수입된 제도상의 민주주의' (paper democracy)에 머물러 있는 우리의 민주주의와 국민주권의 수준을 '실질적인 민주주의' (actual democracy)로 확대 발전시키는 것이다."

"한국의 제도권 정당의 부실함과 진보적인 정당의 취약성 때문에 시민단체들은 준 정당적인 역할을 수행하고 있다. 이러한 역할이 요구되는 한 시민운동은 중립적이고 공익적인 영역에서 계급의 대표성보다는 국민의 대표성을 자임하고 강조하면서 국가와 정당과 재벌에 대한 비판적 감시자의 역할을 수행하지 않을 수 없으며, 수구보수에 대응하는 개혁과 진보의 방어막이 견고하게 구축되어 이념적 균형이 이루어질 때까지 그 역할이 지속되어야 할 것이다."[35]

"현정부의 개혁후퇴에서 보듯 신자유주의는 오히려 전근대성을 강화하고 재벌 보수언론 수구정치권 등 기득권의 강화에 이바지하는 이데올로기 기제로 작동하고 있음이 확인되고 있다. 따라서 대중의 신자유주의 경도는 탈정치화라기보다 오히려 정치적 실천의 다의화, 다양화라고 파악할 측면이 있다. 전통적 민중운동은 이러한 다양화를 놓치거나 방기하고 시민운동은 이를 협애한 자유주의의 정치공간으로 거세시키지는 않았는지 오히려 사회운동 진영 전반의 자기점검이 필요하다."

"그간 민중민주진영의 정체 세력화는 몇 차례의 시도 속에서 대중적 지지기반의 확보에 애로를 겪어 왔다. 정당명부제의 도입 등 일부의 변화에도 불구하고 여전히 대중의 정치활동을 막는 각종 정치악법, 기존 정당의 배타적 정치독점 등 열악한 한국의 정치현실은 대중적 기반이

---

35 정대화, 「2002년 권력교체기의 상황인식과 쟁점」, 『연대와 성찰: 사회포럼 2002』, 99쪽.

없는 경우 부분적으로도 극복할 수 없는 장애물이다. 민중민주운동진영과 시민운동진영의 공조모색이 중요한 이유가 여기에도 있다."[36]

1인 2표제(정당명부제)가 최초로 도입되는 이번 6 · 13지방선거의 결과가 주목을 끈다. 그리고 2000년 총선시민연대운동과 다른 형태로 지방의원 후보를 내는 시민 사회단체의 시도가 과연 성공할 것인지도 관심사이다. 어쨌든 시민 사회운동 진영의 노력은 지속될 것이고, 언젠가는 성공할 것이다. 2001년 7월 헌법재판소의 부분 위헌판결을 받은 국회의원 선거법도 개정해야 하기 때문에 17대 총선이 이루어질 2004년에는 국회의원 선거에서도 비례대표제의 개선을 위해 1인 2표제(정당명부제)가 도입될 것이 확실시된다. 그러나 지난번 선거법 개정 과정에서 보인 게리맨더링처럼 기존 정치인들이 기득권 지키기에 총력을 기울일 것이다. 정치개혁 요구 국민운동을 대대적으로 전개하여 시민 세력이 이미 합의한 수준의 개혁조치를 견인해야 한다.

6. 나오는 말

노무현 바람은 하나의 희망이다. 김대중 정권도 부패정권임이 드러나고, 이회창 대세론이 자리 잡았을 때, 우리 국민에게는 희망은 없고 절망만 있었다. 이회창이 이끄는 한나라당은 수구 정당이고 3공, 4공, 5공, 6공의 구시대 정치인들이 대거 포진하고 있기 때문이다. 그런데 민주당에서도 가장 진보적인 그룹에 속하는 노무현의원이 대통령 후보로 부상하고, 당선가능성이 가장 높아졌을 때, 국민들은 절망을 걷어내고

36 김상곤, 「새로운 세기 한국 사회운동의 발전조건과 과제」, 『연대와 성찰: 사회포럼 2002』, 26쪽.

희망을 갖기 시작했다. 지지여론의 폭발적인 상승으로 나타난 노무현 현상은 우선 김대중과 권노갑에 대한 반발이다. 그들은 국민의 기대를 저버리고 구정치 세력의 마지막 부패권력으로 전락했기 때문이다. 그래서 구동교동계의 지원을 받은 이인제 대신 노무현을 선택한 것이다. 노무현 현상은 김용갑, 정형근을 앞세운 수구적 대북 적대노선, 호화주택 빌라 파동으로 반서민적 생활 태도를 보인 이회창에 대한 반발이다. 노무현 현상은 보다 근원적으로는 비민주 수구 세력에 대한 반발이다. 노무현은 반JP였고, 안티조선이다. 노무현은 국가보안법의 극복이고 반신자유주의 민영화이다. 그래서 노무현은 대안이다. 국민들은 애타게 돌파구를 찾고 있었고, 그것은 노무현 현상으로 나타나게 되었다. 노무현 현상은 국민들이 정치개혁을 위해 다시 한 번 집단적으로 실천에 나설 채비가 돼 있음을 보여 준 분명한 신호다. 특히 네티즌들의 참여가 일궈낸 새 시대 정치운동의 작은 성공 사례이기도 하다.

그러나 노무현이 대통령이 된다고 하더라도 그것만으로 희망이 되는 것은 아니다. 김대중이 대통령이 됐을 때도 처음부터 한계를 갖고 시작한 것이고, 끝까지 그 한계를 벗어나지 못했다. 노무현도 민주당의 한계 내에서 정권에 도전하는 것이다. 물론 그가 주장하는 민주대연합이 이루어진다면 현재보다는 좀 나을 것이다. 그렇다 하더라도 일정한 한계를 가질 수밖에 없다. 위에서 얘기한 민주주의 실현의 과제들을 중심으로 새로운 정권이 실현시킬 수 있는 최대한의 민주주의적 성과를 달성하는 것이 중요하다. 그리고 그것을 통해 그다음 단계의 미래의 희망을 준비해야 한다.

필자가 생각하는 사회의 이상은 간단하다. 자유, 평등, 평화의 세계다. 자유는 개인의 자유, 한 사회의 자유, 한 국가와 민족의 자유, 인류 전체의 자유다. 이 자유는 방종이 아니고, 타인과 타 민족, 타 문화, 인류 이외의 존재 등 모든 타자 · 타 세계의 자유와 조화를 이루는 것이어야 한다. 그래서 자유는 다원주의를 전제한다. 평등은 신분의 평등, 분배의 평등, 남녀의 평등, 국제관계의 평등, 생명체들의 평등, 우주 세계들의 평등까지 연결될 수 있는 개념이다. 평화는 개인 사이의 평화, 공동체나 국가 간의 평화, 문화 사이의 평화, 인간과 자연 사이의 평화, 지구와 우주의 타 천체와의 평화를 의미한다. 이러한 광범하고, 추상적인 가치들은 거의 영원하고, 절대적일 수밖에 없다. 그 구체적인 내용에 대해서는 많은 차이가 있기 마련이고, 그 차이를 인정하고, 좁히고, 이상을 향해 발전시켜나가는 것이 인류의 노력이고, 역사의 과제다. 인류 사회가 이러한 이상적인 이념을 실현시키기 위해서 노력할 때, 그것이 급격한 방식인지 점진적 방식인지를 선택하는 것은 사람들이 해야 할 일이고, 그것은 현실의 조건에 따라 달라질 수밖에 없다.

바람직한 사회의 실현을 위해 필자가 생각하는 방법론은 우선 다원주의다. 사회를 변화시키는 데에는 혁명이든, 개혁이든, 항상적 운동이든, 생활 속의 작은 실천이든 다양한 방식이 있기 마련이다. 그런데 그중 어떤 방식을 택할 것인가는 현실의 조건에 맞춰야 한다. 중요한 것은 우리가 어떤 것이든 적어도 한 가지 이상의 방식으로 사회의 진보를 위해 끊임없이 노력하고 시도해야 한다는 것이다. 현재 한국은 신자유주의 지구화와 미국의 패권주의 지배라는 세계정세 속에서 우선 살아남으면서 그 극복을 위한 방안과 역할을 찾아가야 한다. 민주주의의 확장과 실질화는 그러한 과정과 밀접하게 맞물린다. 이 글에서 언급한 몇 가지 구체적인 내용들은 기본적인 과제에 포함되는 일부 사례들에 불과하다. 이러한 과제들을 실질적으로 실현시켜 나가는 것이 급선무이며, 그다음으로 점점 더 확대하여 새로운 과제들을 찾아가야 할 것이다.

제 4 장

한국인의 종교생활 1

— 상식철학으로 읽는 기독교의 문제들과 대안들

1. 들어가는 말: 한국 사회와 종교

대한민국은 종교인구가 아주 많은 국가 중 하나이다. 그러므로 당연히 종교는 한국 사회에서 대단히 중요한 삶의 영역이고, 삶의 질을 결정하는 핵심 요소 중 하나이다. 그런데 한국인들은 종교가 있어서 행복할까, 아니면 오히려 종교가 한국 사회 근심의 원천일까?

한국은 전형적인 종교다원주의 국가이다. 역사적으로 무교, 불교, 유교, 기독교가 지배적인 종교로 자리 잡은 시대들이 있었고, 그 각각의 종교들이 지금도 우리 사회에 뿌리를 깊게 내리고 있다. 종교들은 갈등을 빚는 경우가 많아서 공존이 어렵다고 말하지만, 한국 사회는 종교들로 인한 전쟁이나 극심한 갈등을 겪은 적이 없는 편이다. 그래서 종교다원주의의 모범이라고 생각할 수 있다. 더구나 우리 민족에는 고래로 많은 종교지도자들이 있었고, 현재에도 여러 종교인들이 우리 사회에서 훌륭한 역할을 보여 주고 있다.

그럼에도 불구하고 전체적으로 보면 모범적인 종교인들은 오히려 극소수에 불과하고, 절대 다수의 종교인들은 한국 사회에서 부정적 역할을 하고 있다는 의구심을 떨치기 어렵다. 연일 터져 나오는 종교계의 비리[1]나 종교 본래의 정신을 벗어난 자본주의적 물량주의 행태들은 종교가 있어 부끄럽다는 생각마저 들게 한다.

우리는 종교문제를 개인적인 자유영역으로 생각하는 경향이 있다.[2] 그러나 종교는 사적인 영역을 넘어 한 사회의 문화 현상이며, 종교인들이 많은 사회일수록 종교의 사회적인 차원이 더 우선성을 갖는다. 필자는 한국의 종교와 종교인들이 보여 주는 양면성을 주목하고, 종교가 사회에 순기능을 할 수 있기 위해서 무엇이 필요한지 연구하고자 한다. 우선 기독교(개신교)의 경우를 중심으로 다룰 것이다.

한국은 기독교 선교가 가장 성공한 국가의 사례에 속한다. 신도수나

---

1 2009년 전북대 학생들은 세미나를 준비하며 언론에 비친 종교문제들을 조사한 바 있다. 지난 5년간 여러 가지 유형의 종교문제들이 5-6개 언론에 보도된 횟수는 각각 수백 회에서 수천 회에 이르렀다(전북대 철학과, 『제9회 인문학 공개세미나 자료집』, 3-28쪽).

종교의 문제들이 사회에 노출되는 것은 그렇게 쉬운 일이 아니다. 강인철에 의하면 신흥 종교들의 문제는 이탈자들과 주류 종교 측의 공격으로 그 비리들이 쉽게 노출되어 공론화되지만, 주류 종교들의 문제는 그 종교의 공신력이 하락하는 경우에 한해서 언론이 문제화시키기 때문이다(강인철, 「'사회문제'로서 한국 종교 — 영향력과 공신력의 변증법」, 『종교 문화연구』, 제3호, 한신인문학연구소, 2001, 137-167쪽).

이러한 사정에도 불구하고 현재 언론에 보도되고 있는 종교문제들이 이렇게 많은 것을 보면, 현재 한국의 종교계가 가지고 있는 문제들은 넘쳐나고 있다 말해도 과언이 아니다.

고은광순의 칼럼은 기독교계 지도자들의 비리를 실명으로 나열하고 있다(고은광순, 「개판치는 목사가 왜 이리 많은가?」, 데일리 서프라이즈, 2006년 03월 22일).

2 이것은 한국 종교 문화의 특징 중 하나로 종교를 통해 평안을 추구하는 개인주의적 성향이 강하게 나타나는 것과도 관련이 있다고 볼 수 있다(류성민, 「한국 종교 문화의 현황과 특징」, 『종교 문화연구』, 제3호, 한신인문학연구소, 2001, 61-108쪽).

사회적 영향력 면에서 유럽과 미국 외의 어느 나라에서도 찾아보기 힘든 성공사례인 것이다. 사정이 그렇기 때문에 기독교의 실제적 역할이 긍정적인가 부정적인가에 따라 한국 사회와 한국인들에게 미치는 영향은 지대하다고 보아야 할 것이다. 한국 기독교가 양적인 성장에서 눈부신 성과를 보여 주는 것과 달리 질적인 성숙에서 미흡한 모습을 보인다면 이는 종교의 사회적 악영향에 대한 우려를 낳을 수밖에 없는 것이다.

기독교에 대한 진단을 고전적 심층적인 경우와 현재적 감성적인 경우로 나누어 볼 수 있다. 전자는 종교학자, 신학자, 사회학자들에 의해 내려진 것이라면, 후자는 주로 네티즌들에 의해서 내려지는 것들을 말한다. 학자들은 오래 전부터 기독교의 기본적인 문제들에 대하여 반복적으로 지적해 왔다. 그럼에도 불구하고 그러한 문제들이 줄어들거나 개선될 기미는 보이지 않고, 오히려 문제의 심각성이 커지고 있는 것이 현실이다. 그런가 하면 기독교의 문제점에 대한 네티즌들의 지적은 그 범위와 강도가 대단히 넓고 강하다. 그들은 2007년 샘물교회 선교단의 납치사건이나 목회 세습, 조세 거부 등 다양한 이슈들에 대하여 거센 반발과 강한 비판을 보이고 있다. 이처럼 기독교를 비롯한 종교들이 노정하고 있는 문제들은 인식의 단계를 넘은지 오래고 실천적 숙제로 자리 잡고 있다.

이 글은 이러한 배경을 기초로 주제에 접근하고자 하며, 체계적인 대안의 제시보다는 몇 가지 선별적인 사례들을 중심으로 시민들이 주목해야 할 관점을 제시하고자 한다. 특히 상식철학을 기준으로 주목할 만한 몇 사람의 기독교 비판을 대안적 사례로 소개하고, 문화적 정책적 실천 과제를 제시하고자 한다.

2. 한국 기독교의 문제점들

한국 종교 문화에서 그 부정적 단면을 가장 자주 노출하는 것은 개신교이다. 이 점에 대해서는 대부분의 종교 연구자들이 일치된 견해를 보이고 있다. 한국 기독교가 지적받고 있는 문제점들은 현대 종교들이 더 이상 노정하지 말아야 할 기본적인 내용들이어서 그 심각성이 더 하다 할 것이다. 이원규는 ① 기복주의 ② 물질주의 ③ 반지성주의 ④ 배타주의 ⑤ 집단이기주의 ⑥ 정교유착과 탈정치화를 들고 있으며,[3] 박정신은 한국 교회의 세 가지 특성으로 ① 천박한 물량주의, ② 이기적 기복주의, ③ 전투적 반공주의를 든다.[4] 노치준은 ① 개교회주의와 ② 물량주의의 문제를 집중 분석했고,[5] 조흥윤은 "한국 종교의 비리와 제도적 개혁"이라는 논문에서 10가지 비리 유형을 말하고 있다: ① 체제와 결합 ② 종교의 정치화 ③ 기복과 치부 ④ 분파주의 ⑤ 귀족층 형성 ⑥ 타 종교와 갈등 ⑦ 물량화, 대형화 ⑧ 파벌 ⑨ 집단이기주의 ⑩ 부동산 투기.[6] 그는 한국 종교 전반에 대해 말하고 있지만, 기독교의 경우 거의 모두 해당된다고 볼 수 있다.

여기서는 이렇게 다양한 문제점들을 기본적인 문제들을 중심으로 크게 3가지로 묶어 검토하고자 한다.

(1) 보수적 복음주의: 기복주의와 신비주의

한국의 기독교는 미국식 보수적 복음주의를 따랐다. 미국의 복음주의에

3 이원규, 『한국교회 무엇이 문제인가』, 감신대출판부, 1998, 53-62쪽.

4 박정신, 『한국 기독교 읽기』, 2004, 다라방, 176-190쪽.

5 노치준, 『한국개신교 사회학』, 1998, 한울, 62-114쪽.

6 조흥윤, 『한국 종교의 비리와 제도적 개혁』, 한국학술정보(주), 2002.

서 첫 번째로 강조되는 것은 성서의 무오류성이다. 다시 말하면 그들은 성서를 문자주의적으로 해석한다. 성서에 쓰여 있는 말들은 모두 문자 그대로 받아들여야 한다는 입장이며, 이는 모든 신비주의적 요소들과 구약시대 원리들도 그대로 수용해야 한다는 주장으로 이어진다. 미국 선교사들로부터 신앙을 받아들인 한국의 개신교는 저런 미국 개신교의 보수적 복음주의를 받아들이지 않을 수 없었다. 게다가 한국 개신교는 일찍부터 토착적 부흥회적 성격을 갖게 되었는 바, 그것은 1907년에 일어난 대부흥운동이 계기가 되었다. 정치에 순응하는 미국 개신교의 특징이 선교사들을 통해 한국에 전달되었으며, 한국의 초기 기독교인들은 을사조약(1905) 이후 망해가던 조국의 문제를 잊고 일본과 갈등을 피해 토착적 부흥회적 분위기에 젖어 들었다.[7] 기복주의와 신비주의는 바로 이러한 분위기를 타고 한국 기독교에 깊이 뿌리 박은 것이다.[8]

종교인들이 복을 비는 것은 너무도 자연스럽고 당연한 일이다. 이는 원시 종교에서부터 현대 종교에 이르기까지 모든 종교와 종교인들에게 면면히 이어져 오는 기본 원리이기도 하다. 인간은 행복을 추구하고, 복을 받고자 한다. 이는 인간의 기본 욕구에 해당된다. 따라서 종교를 갖고 신앙생활을 하는 사람들은 자신이 믿는 초월자에게 복을 빌게 되는 것이다. 그러나 이러한 기복 행위가 신앙생활의 대부분을 차지하게 되면 문제가 생기기 시작한다. 원시 종교에서 고등 종교로 발전하면서 종

7 류대영, 『한국근현대사와 기독교』, 푸른역사, 2009, 364-367쪽.

8 필자가 지적하는 기독교계는 한국 기독교계의 다수를 차지하는 이른바 보수교단들과 개인적으로 보수주의 신앙을 견지하는 사람들을 말한다. 전체적으로 보면 소수파지만, 그래도 적지 않은 기독교인들은 공동체적 헌신성 그리고 정의와 사랑을 실천하며 한국 사회에서 긍정적인 기독교정신을 유지하고 있다. 필자는 그들의 역할과 의미가 확장되어야 한다고 생각한다.

교는 보편적인 가치들을 내포하게 되었고, 기복행위는 기본적으로 포함되기는 하지만 중심적 비중을 갖지는 않게 되었다. 그런데 한국의 모든 종교들은 강한 기복주의 경향을 보이고 있다. 그리고 기복주의는 신비주의와 결합된다. 복을 받을 수 있기 위해서는 복을 내리는 초월적 힘이 필요하기 때문이다. 종교전문가들은 한국 종교 문화의 이러한 기복주의와 신비주의가 우리 민족의 전통적 종교인 무(巫)에서 유래한다고 본다. 무교는 외래 종교인 불교, 유교, 기독교 등 모든 종교들에 파고들어 한국 종교들의 공통된 특성을 형성하게 되었다는 것이다. 이로써 한국 종교들은 기복주의와 신비주의라는 원시 종교적 특징을 유지하게 되었다.[9] 그리고 이는 한국 종교들의 공통적인 문제점으로 남아 있게 되었으

9 기독교 등 외래종교의 입장에서는 무교의 침윤을 잘못된 현상으로 보는 경향이 강한데 반하여, 전통 문화와 무교 전통의 힘을 강조하는 연구자들은 정치권력과 외래종교의 극심한 탄압에도 불구하고 생존력을 보여 준 무교의 힘을 강조하고, 그 부정적 의미는 무교가 지배적 종교의 자리에서 밀려나면서 왜곡되고 축소된 결과라고 변호한다. 무교는 정교일치 단계에서 민중들의 삶을 지도하는 종교로서 그 임무를 잘 감당했으며, 공동체성과 신명성이라는 민족적 특성을 형성했다고 설명한다. 그러면서 무교가 한국인들의 종교적 심성과 뗄 수 없다는 사실을 강조한다(조흥윤, 『무(巫)』; 최준식, 『한국의 종교, 문화로 읽는다 1』, 19-106쪽; 이용범, 「무속을 보는 눈」, 『종교 다시 읽기』, 411-423쪽; 박일영, 「해방후 반세기의 한국무교 연구사」, 『한국 종교연구사』, 한국 종교학회, 188-218쪽).

그리고 어떤 사람은 무교가 모든 종교들에 침윤하여 여러 종교들의 공통된 특징으로 자리 잡은 사실이 종교 다원주의와 민주주의의 원동력이 되었다고 평가하기도 한다(김종서, 「한국인의 종교생활」, 『서양인의 한국 종교 연구』, 서울대학교출판부, 2008).

신은희는 무교의 신령과 기독교의 성령을 비교한다. 그 공통점과 차이점들을 분석한 후에 기독교의 성령론이 한국 문화에 재문화화(inter-culturation)될 필요가 있다고 주장한다. 예수는 무당일 수 있고, 무당이 작두에서 춤추는 것은 성령이 하는 일일 수 있다는 것이다. 무당이었던 사람이 부흥강사가 되기도 하고, 기독교 신자가 무당이 되기도 하는 현상은 자연스런 것이라고 말한다. 양측 모두 영의 세계를

며, 기독교도 예외가 아니다. 특히 기독교는 유일신 사상을 기반으로 하므로, 다양한 신들을 섬기는 무교에 비추어 가장 강력한 신을 섬긴다는 자부심으로 무교 등 다른 종교들을 압도하면서 세력을 확장해 나갈 수 있었다.

기복주의와 신비주의가 문제점으로 지적되는 것은 첫째 공의 사랑 헌신과 같은 보편적 가치를 지향하는 고등 종교의 특성과 맞지 않기 때문이며, 둘째 성숙하고 올바른 신앙이라기보다는 무지몽매한 미신이라는 평가를 벗어나기 어렵기 때문이다. 기복주의와 신비주의는 결국 이기심과 무지를 조장하는 것이고, 정신건강을 해치며 문화적 수준을 떨어뜨리는 요소가 되는 것이다. 이처럼 이기심과 무지를 조장하며 교세를 확장해 온 기독교는 그만큼 많은 문제를 일으킬 수밖에 없었으며, 이는 종교의 긍정적 역할보다 오히려 부정적 역할을 드러내는 결과를 초래한 것이다.

이처럼 기복주의와 신비주의가 한국 기독교에 자리 잡은 데에는 미국의 복음주의가 그 배경에 있었으며, 미국식 복음주의가 한국의 무교와 결합함으로써 기복주의와 신비주의가 횡행하게 되었다. 미국식 복음주

인정하고 있고, 그 공통의 영역이 존재하기 때문이라고 본다(신은희, 「무교와 기독교 영(靈) 개념의 비교 종교철학적 대화」, 『한국무속학』, 제9호, 한국무속학회, 2005, 79-110쪽).

그러나 필자는 최준식의 무교 이해 노력과 그 한계에 대한 고백에서 이 문제에 대한 이론적 정리가 되지 못하고 있다는 인상을 지울 수 없고, 김종서의 종교 다원주의 주장 후에 무교 침윤이 한국의 민주주의를 위한 토대가 됐다는 해석은 지나치다고 생각한다. 그리고 신은희의 신령 · 성령 비교연구는 그 공통점의 발견에서 상호승화 발전의 길을 제시하는 대신 성령의 신령화를 요구함으로써 탈신화화 단계의 현대 종교학이 추구할 지향점 대신 신화적 단계로 내려가서 공통점을 발견하고 교류를 강조하는 일종의 퇴행이라고 생각된다.

의는 근대성을 거부하고 현대 과학의 이론들을 무시하는 근본주의 노선을 걸었기 때문에 이는 다른 몇 가지 문제점들과 연결되는 결과를 초래하게 되었다. 기복주의는 자본주의적 물신주의와 결합하여 한국 기독교인들의 신앙생활과 뗄 수 없는 관계로 발전하였다. 그리고 신비주의는 비과학적, 비합리적, 비상식적 내용들을 신앙이라는 이름으로 한국 기독교에 넓고 깊게 뿌리내리게 하였다.

(2) 자본주의적 물신주의와 배타적 독점주의

남한은 자본주의가 지배하는 사회이며 2차 세계대전 이후 경제적으로 후진국에서 선진국으로 급속히 발전하였다. 그리고 이 기간은 한국에서 기독교가 급성장한 시기이기도 하다. 미국식 자본주의와 기독교가 한국에서 동반 성장한 것이다. 이러한 현상은 종전과 더불어 미국군부가 한국을 다스렸다는 사실과 한국전쟁을 겪으면서 미국과 혈맹관계를 맺어온 정치적 경제적 관계로 인한 자연스런 결과이기도 하였다. 특히 장기독재집권한 이승만 대통령이 기독교 장로로서 기독교계의 전폭적인 지지를 유지해 온 것은 기독교의 발전과 친미 정책노선을 유지하는 데 중요한 요인이 되었다. 이러한 과정에서 자본주의 정신은 곧 기독교정신과 같은 것으로 여겨졌으며, 국가의 경제 제일 성장주의는 교회의 물신적 성장주의와 맞물려 돌아갔다.[10]

가난한 자는 복이 있다는 성경 말씀과 달리 부자가 축복받은 사람이라는 생각이 지배하기 시작했으며, 교인 수의 확대와 큰 교회 건물의 신축이 신의 명령을 따르는 것으로 여겨지게 되었다. 다른 종교를 믿는 것

---

10 박정신은 한국 기독교는 거대한 공룡이며, 그것은 그 자체가 문제라고 비판한다(박정신, 『한국 기독교 읽기』, 다락방, 2004, 10쪽).

은 우상을 섬기는 것이라고 주장하고, 전 국민을 기독교 신자로 만드는 것을 사명으로 생각한 기독교인들은 배타적 독점주의를 과감하게 실행에 옮겼다. 무한경쟁의 시장원리는 기독교 내에도 통했으며, 우후죽순처럼 생겨난 교회들은 개별 교회마다 교인 수 늘이기와 큰 교회 짓기를 경쟁하였다.

기독교의 배타적 독점주의는 기복주의 신비주의와 결합된 형태이다. 무교의 영들보다 더 강력한 영으로서 하나님과 예수 그리고 성령을 내세워 이겼지만, 영의 문제(신비주의)에 매몰됨으로써 현대 종교의 장점을 살려내지 못하고, 오히려 문제점을 고착시키게 되었다. 영의 세계(실체, 존재)에 관심 갖고 신비주의를 확산시키는 과정에서 기독교는 무교의 문제점들이 사회 저변에 뿌리를 내리도록 조장한 셈이며, 그렇게 동반 성장했다고 볼 수 있다. 그들의 관심이 실체적인 영적 세계에 머무는 한 상식적인 과학을 무시하고, 혹세무민하는 길을 택하는 것이 된다.

사랑과 평등 그리고 복지의 기독교정신은 간데없이 숨어 버리고 이윤추구의 욕구가 창궐하는 천민 자본주의 행태들이 교회들마다 넘쳐났다. 교회가 성장하면서 마치 장사가 되는 곳에 가게가 마구 생겨나듯이 새로운 교파들이 생겨나고, 신학교가 난립하며, 목회자들이 양산되었다. 그러다 보니 신자 수는 감소하는데, 교회 수는 늘어나는 현상도 벌어진다.

그런 와중에도 참다운 기독교 실천운동을 전개한 사람들이 있었으니, 그들은 가난한 자들을 대변하고, 독재권력에 저항하며, 민주주의와 인권을 위해 목숨 걸고 투쟁하기도 하였다. 그들은 독재를 종식시키고 민주주의를 세우는 사회운동에 동참하여 민주화를 성공시키는 데 크게 이바지하였다. 그러나 그들은 양적으로 소수에 불과하였으며, 다수의 기독교인들은 자본주의적 물신주의와 독점적 배타주의로 무장한 채 세력확장에 몰두하였다. 다수의 기독교인들은 심지어 민주정부 시절 반공반북주의를 내세우며 저항하였고, 자본주의와 기독교 독점주의에 철저한 지도자를 대통령으로 당선시키는 데 적극 나서게 되었다. 이명박 대통령은 서울시장 시절부터 종교 편향성을 강하게 노정하여 타 종교와 갈등을 빚는 결과를 연출하였고, 대통령이 된 후에도 끊임없이 종교 편향으로 인한 갈등을 야기하고 있다.

(3) 극우적 근본주의

뢰리히에 의하면, 기독교 우파적 복음주의는 전형적으로 미국적인 현상이며, (빌리 그레이엄 목사, 제리 팔웰 목사 등) 그들은 이미 레이건 행정부 시절부터 정치적인 영역에서 영향력을 행사했다. 레이건은 진화론과 낙태에 반대하고 학교에서 기도하는 것에 찬성했다.) 레이건은 1983년 소련을 '악의 제국'이라고 불렀고, 조지 부시는 이라크와 북한에게 '악의 축'이라는 표현을 썼다. 미국의 복음주의는 유럽에서도 빠르게 확산되고 있는데, 그 복음주의는 다섯 가지 요소로 구성되어 있다. 성서의 무오류성, 처녀 탄생설, 선택된 자만의 구원, 그리스도의 육체적 부활 그리고 예수의 재림과 지배가 그것이다. 유럽의 근본주의 진영은 이것들 외에 다원주의 및 종교간 대화에 대한 비판을 첨가하고 있다.[11]

류대영도 미국 복음주의의 이념을 추적한다. 미국의 복음주의는 극우적 이념을 가지고 있다. 그들은 근대성을 거부한 근본주의자들이었다. 그들은 자유방임적 자본주의와 반공주의를 지향했다. 그들은 모더니즘, 진화론, 무신론 등을 공산주의적 요소라고 믿었다. 그들은 모든 근대적, 자유주의적 요소와 싸우는 일을 애국이라고 부르며 극우파 전사들이 되었다. 자유방임적 자본주의, 반공주의, 백인우월주의로 대표되는 미국

---

11 뢰리히, 『종교근본주의와 종교분쟁』, 이혁배 옮김, 바이북스, 2007, 69-72쪽.

개신교 근본주의 세계관은 제2차 세계대전 후 냉전기 사회 정치적 보수주의와 조화를 이루었다. 공산주의 음모론이 만들어 낸 1950년대 초 매카시즘(McCarthyism)의 광기 속에서 근본주의 지도자들은 가공의 공산주의자들을 색출하기 위한 마녀사냥에 적극 동참했다.[12]

한국 기독교의 반공주의는 1920년대 국내로 유입된 사회주의와 충돌하면서 시작되었다. 그리고 해방공간과 한국전쟁을 통해 공산주의와 직접 충돌하면서 극단적으로 강화되었다. 이념 갈등이 심각할 때 절대다수 기독교인들은 미군정과 이승만이 주도한 남한 단독정부 수립을 지지했다. 김구, 김규식, 김창준, 김재준처럼 통일정부를 주창한 기독교 지도자도 있었지만, 보수우익 세력에 의해 살해당하거나, 용공분자로 몰렸으며, 일부 기독교 사회주의자는 북쪽을 택했다. 남한의 기독교인들은 신학적 진보와 보수를 불문하고 철저한 반공주의자가 되었다. 그리고 친미주의가 강화되었다.

미국식 보수 복음주의자들은 극우파 근본주의를 견지해 오다가 이후에는 새로운 이름을 붙이게 되는데, 이른 바 "뉴라이트"가 그것이다. 미국의 뉴라이트는 구파와 어떻게 다른지, 그리고 그것은 한국에 어떻게 전파되는지 류대영은 다음과 같이 정리한다.[13]

미국의 뉴라이트는 정치 경제적인 문제에 집중했던 과거의 보수주의에 비해서 사회적인 문제에 대한 관심을 더 많이 가지고 있었다. 그러나 뉴라이트라는 이름은 실질적인 차이를 나타낸다기보다는 정체성을 과장하기 위한 전략의 일부분으로 선택되었다. 한국의 경우도 유사하다.

---

12 류대영, 「2천 년대 초 한국 개신교 보수주의자들의 친미반공주의 이해」, 『한국 근현대사와 기독교』, 푸른역사, 2009, 346-379쪽.

13 류대영, 「한국 기독교 뉴라이트의 이념과 세계관」, 같은 책, 380-414쪽.

그들은 자유주의와 그 결과로서 선진화를 내세우지만, 그들의 자유주의는 경제적 차원에 제한되어 있다. 즉 경제적인 면에서는 자유주의를 추구하지만, 문화와 사상에서는 선악 이원론에 기초한 전체주의적 요소가 농후하다.

미국 기독교 우파는 신학적 정체성이 강하며 종교적 민족주의 혹은 종교적 파시즘과 같은 경향을 나타낸다. 한국 기독교 뉴라이트는 신학보다는 이념적 정체성이 훨씬 뚜렷하다. 그러나 둘 다 작은 정부와 큰 시장의 자유주의 시장경제를 추구하며 애국심에 호소하고 있다는 데서 일치한다. 이념과 결부된 애국심이나 신앙과 결부된 애국심은 모두 전체주의로 전개될 가능성이 대단히 높다. 해방 후 한국의 개신교 역사는 신앙이 이념 속에 용해될 수 있음을 보여 주었다. 신앙과 이념이 결합된 한국 기독교 우파의 이념화된 신앙 혹은 신앙화된 이념은 자유주의가 아니라 전체주의를 낳을 것이다.

미국과 마찬가지로 한국도 기독교가 전체 뉴라이트운동 내에서 대중동원 역할을 담당한다. 그러나 보수적 개신교인들 중 뉴라이트에 참여하는 사람들은 일부에 불과하고, 미국에 비해 종교적-윤리적 문제를 자신 있게 다루지 못하므로 동원할 수 있는 사람 수는 제한될 것이다. 한국 기독교 뉴라이트의 이데올로기와 세계관은 반공, 시장경제, 친미인데, 국내외 정치 사회 관련 모든 문제가 그런 차원으로 수렴될 수 없다는 데에 그들의 한계가 있다.

3. 상식철학적 대안들

상식철학은 과학적 상식, 윤리적 상식, 그리고 문화적 상식을 기본으로 한다. 필자가 주목하는 상식철학적 대안들도 바로 이러한 상식을 기반으로 하는 기독교 비판이며 대안이다.

(1) 보수적 복음주의 처방 1: 창조과학은 과학이 아니다

과학과 종교의 관계는 상보적인가, 적대적인가? 역사적으로든 체계적으로든 이 두 영역은 끊임없는 긴장관계를 유지해 왔다. 어떻게 보면 당연하기도 하고, 그래서 언제나 민감한 문제이기도 하다. 우리는 원시 종교와 고등 종교를 구분한다. 그것이 구분되는 기준은 보편적 가치의 유무에 있다. 그리고 원시 종교도 고등 종교도 신화를 내포하고 있다. 즉 초월적 영성을 인정한다. 그렇다면 과학은 어떤가? 물론 과학도 초월적 존재에 대해 연구하고 어느 정도 성과도 보여 주고 있다. 그러면 과연 건강한 종교는 어떻게 초월적 존재를 말해야 하는가? 원시 종교는 신화의 내용을 실체로 해석했지만, 현대 종교는 상징과 의미로 해석한다. 실체적인 해석을 희망하더라도, 과학의 발전이 거기까지 실현될 때까지는 개방성을 인정해야 한다.[14]

현대 과학은 하나님의 실체에 대해서 말해 주지 않는다. 그리고 현대 과학이 모르는 엄청난 새로운 사실들이 미래 과학에 의해 밝혀질 것이다. 그런데 알지도 못하는 미래 과학의 가능성에 빗대어 하나님의 실체는 성경에 쓰여진 문자 그대로라고 주장하는 것은 부질없는 일이다. 의사가 환자를 볼모로 삼아 부당 의료행위를 해서는 안 되듯이, 종교 지도자가 초월적 존재를 빌미로 신도들을 묶어 두어서도 안 된다. 세상에 수없이 많은 초이성적인 현상들을 무조건 초월적 존재의 작용이라고 주장

---

14 신화와 신화학에 대한 연구는 여러 학문에서 축적되어 있다. 세갈(Robert A. Segal)은 그의 편저 『신화』(*Mith*) 제4권에서 신화와 종교, 신화와 과학에 관한 글들을 모아 놓았다. Segal, *Mith* IV, London and New York, 2007.

하는 것은 무모한 짓이다. 미국과 한국의 보수적 복음주의자들은 성서의 문자주의적 해석을 통하여 진화론을 거부하고 창조론을 주장한다. 이른바 창조과학이라는 이름으로 창조론을 진화론에 반하는 과학적 주장이라고 내세운다. 그러나 과학적 상식은 창조과학이 "과학"을 사칭하는 것임을 보여 준다.

『종교전쟁』 저자들은 진화론 대 창조론의 문제를 다루면서 미국의 창조과학/지적 설계론을 소개하고, 한국 창조과학회를 비판한다.[15] 20세기초까지만 해도 미국의 기독교인들은 유럽의 기독교인들(가톨릭 포함)과 마찬가지로 진화론을 적대시하지 않았다. 그러다가 제1차 세계대전과 경제 공황의 위기 속에서 미국 보수 세력이 결집하기 시작했고, 그 핵심이 복음주의 개신교인들이었다. 그들은 진화론이 성경에 위배되고, 무신론이며 우생학적 인종차별을 조장하는 이론이라고 비판했다. 이들은 진화론을 배제한 비검정 교과서를 내놓고, 오클라호마, 플로리다, 케네시 주 등에서 진화론 교육을 금지시켰다. 그러다가 1960대 소련이 미국보다 먼저 인공위성을 발사하자 과학교육의 중요성을 깨닫게 되고, 진화론 교육 금지법이 폐지되었다. 그러자 보수 기독교 진영은 창조과학이라는 것을 만들어 퍼뜨리기 시작했다. 그들은 지구의 나이가 6,000년에서 1만 년 정도라고 주장했다. 이들의 주장을 받아들인 아칸소 주와 루이지애나 주 등에서 창조과학을 진화론과 함께 가르쳐야 한다는 법안을 통과시켰다. 그러나 1980년대에 들어 교사, 학부모, 과학자들이 연이어 소송을 제기했고 1987년 대법원이 창조과학은 과학이 아닌 종교이며 따라서 공립학교에서 가르치는 것은 헌법에 위배된다는 판결을

15 김윤성 · 장대익 · 신재식, 「한국 교회는 왜 창조과학에 열광할까요?」, 『종교전쟁』, 사이언스북스, 2009, 338-445쪽.

내렸다. 이렇게 하여 창조과학이 무용지물이 되자, 그들은 다시 새로운 대안을 모색했으며, 지적 설계론을 내놓았다. 이들은 '창조', '신' 같은 용어를 사용하지 않고, 성경을 직접 인용하지 않았다. 단지 자연 뒤에는 이를 설계한 지적인 행위자가 있다고 주장했다. 사립학교에서 지적 설계론을 가르치기 시작한 이들은 공립학교에서도 가르치도록 로비를 벌였다. 그러나 2005년 캔자스 주와 펜실베니아주에서 지적 설계론에 대한 청문회와 재판이 열리고, 결국 지적 설계론은 과학이 아니라는 결론이 나왔다.

한국에서는 1981년에 창조과학회가 설립되었다. 그 후 대형교회와 개신교 지도자들의 적극적인 후원 아래 전국 많은 교회들과 사립, 공립 고등학교와 대학교 서클들에서 널리 보급되었다. 특이한 것은 미국에서는 지적 설계론이 등장한 이후 창조론은 극단적 근본주의자들만 주장하고 있는 데 반해 한국에서는 지적 설계론도 일찌감치 도입되었지만, 여전히 지적 설계론보다는 창조과학이 압도적이라는 것이다. 미국에서는 교육정책의 변경문제와 연결되어 공적인 토론과 논쟁 과정을 거쳐서 정리되었지만, 한국에서는 암암리에 확산시켜 나가기 때문에 창조과학이 과학이 아니라는 사실이 밝혀질 계기를 마련하지 못한 것이다. 그래서 지적 설계론으로 주장을 옮겨갈 필요도 없었다.

한국창조과학회는 홈페이지에서 1,000명의 과학자 정회원과 1만 여 명의 온라인 회원, 그리고 16개의 국내 지부와 5개의 국외 지부를 가진 비영리 사단법인이라고 소개한다. 그리고 온누리교회 등 대형교회들과 한동대, 명지대 등 사립대학들이 지원한다. 그런데 학술지나 연구 논문 시스템 같은 학회의 기본 구조는 없다. 국내 창조과학회 회원들 중에서 과학적 연구 방법과 연구 주제를 가지고 실제로 연구하는 창조과학자는 한 명도 없다고 한다. 창조과학을 옹호하고 강연하는 사람은 있어도 그것을 연구하는 사람은 없다는 것이다. 그래서 『종교전쟁』의 저자들은 창조과학은 과학이 아니라고 잘라 말한다. 창조 이야기의 문자주의적 해석이나 교조주의적인 신념을 빼면, 창조과학의 논의에서 남는 것은 아무것도 없기 때문이다. 창조과학과 지적 설계론은 일종의 신앙운동이며, 게다가 과학과 종교를 동시에 왜곡하는 운동이다. 그래서 한국의 기독교계는 창조과학과 지적 설계론이 주는 미망에서 빨리 빠져나와야 한다. 지구가 6천 년 또는 1만 년 안에 창조되었다고 주장하는 것은 지구의 나이가 46억 년이라는 우주과학의 기초 상식을 깡그리 무시해 버리는 것이다. 오늘날 한국 신학계는 현대 이후 신학을 얘기하고 있지만, 한국 교회 대부분은 여전히 근대 이전을 살아가고 있다. 한국교회는 여전히 과학혁명과 계몽주의 이전의 신학 틀을 고수하는 보수주의 신학이 지배하고 있는 것이다.

이상과 같이 종교학자, 과학철학자, 신학자인 저자들의 토론으로 이뤄진 위의 책은 과학적 상식을 무시한 신앙운동이 얼마나 무모한지를 보여 준다. 현대 종교인들은 과학적 상식을 무시해서는 안 된다. 물론 현대 과학 지식이 절대적인 것도 아니며, 더구나 현대 과학으로 우주의 모든 것을 설명할 수 있는 것도 아니다. 현대 과학 지식을 초월하는 영역이 너무도 많이 남아 있다. 그러나 그렇다고 해서 현대 과학의 기초 지식들마저 무시해 버려서는 안 된다. 미국의 보수주의 기독교 세력은 바로 그런 무모한 시도를 하다가 결국 실패하였다. 그런데 유독 한국 기독교는 그런 시도를 지금도 버젓이 하고 있다.

한국 주류 기독교인들은 기독교의 정통 교리를 벗어나 무모한 비과학적 신비주의로 무장한 신흥교파들을 이단이라고 규정한다. 그러나 그들은 자신들이 바로 그런 이단적 미궁에서 허우적거리고 있다는 사실은 전혀 의식하지 못하고 있는 것이다.

(2) 보수적 복음주의 처방 2: 신비주의와 정신분석학

정신과 전문의 출신의 기독교 연구가 김진은 의학적 상식과 신비주의 신앙의 문제에 대해 언급한다. 영성이란 무엇이며, 신들림 현상은 무엇인지에 대해 설명하는 그는 기독교 지도자들이 의학 상식을 모름으로 인해 범하는 오류를 지적한다.[16]

김진은 "기독교인은 진리, 사실에 대한 개방성이 높아야 한다"고 말한다. 사실에 대해 더 이상 모를 때 우리는 신앙적인 접근을 하게 된다. 그러나 학문의 발달로 사실을 알게 되면 그 사실에 적합한 과학적 접근을 해야 한다는 것이다. 15세기 초에는 병명도 모르고 치료법도 모르던 괴질이 20세기에 와서 "위암"이라는 병명을 갖게 되었다. 과거에는 치료법을 몰랐기 때문에 신에게 기도하는 것이 거의 유일한 방법이었지만, 지금은 의학의 도움을 받아 치료를 받아야 한다. 과거에는 인간이 할 수 있는 일이 없었기 때문에 신에게 의지했지만, 지금은 인간이 할 수 있는 일이므로 인간에게 맡기게 된다. 물론 지금도 불치의 질병이 있다. 그런 질병에 대해서는 신에게 기도하게 된다. 문제는 의학(과학)의 힘으로 치료가 가능해졌다면 그것을 인정해야 한다는 것이다. 김진은 이것을 신앙의 영역과 사실의 영역으로 나누어 설명한다. 불치의 질병에 걸리면 신앙의 영역만 남기 때문에 기도하며 기다리게 되지만, 의학의 발전으로 병명을 알고 치료법을 알게 되면 그것은 신앙의 영역을 벗어나 사실의 영역으로 전환하게 된다는 것이다.

문제는 사실의 영역으로 전환된 질병들에 대해서 알지 못한 채 여전히 신앙의 영역이라고 생각하는 사람들이 있다는 것이다. 물론 미지의 영역이든 지식의 영역이든 모두 신과 관련된다. 의학의 발달도 신의 도

---

16 김진, 『그리스도인은 인간을 어떻게 이해해야 하는가』, 생명의말씀사, 2006, 19-46쪽.

움으로 이루어진다. 그러므로 의학의 도움을 받는 것도 신앙적 태도이고, 의학의 한계를 넘는 질병에 대해 신에게 직접 호소하는 것도 신앙적 태도이다. 그런데 신의 도움으로 의학이 발달하여 과학적 방법 안에서 문제를 해결할 수 있게 됐는 데도 옛날 옛적 사람들처럼 모든 것을 신에게만 의존하려고 하는 것은 바람직한 태도가 못 된다는 것이다. 바로 이러한 태도로 신도들을 모아 혹세무민하는 사람들이 종종 나타난다. 사이비 종교 교주들이다. 그들이 문제라는 것은 누구나 잘 안다. 김진은 이런 사람들을 다루지는 않는다. 그는 기독교인에게 특히 기독교 지도자들과 신학대학 교수들에게 강조한다. 사실의 영역으로 넘어 온 질병에 대해 신앙의 영역처럼 다루어서는 안 된다고.

정신과 전문의인 김진은 정신분석 관련 질병에 대해 지금도 많은 사람들은 무지와 오해를 드러내고 있음을 안타까워한다. 우리는 교회사에서 기독교가 저지른 엄청난 과오를 확인한다. 그런데 정신병에 대해서는 중세 시대뿐 아니라, 지금도 동일하게 귀신들림으로 잘못 판단하는 그리스도인들이 우리 주위에 많으며, 거기에는 수많은 목회자들과 신학교 교수 등 지도급 인사들마저 포함되어 있다는 것이다.

김진은 사회와 과학의 변화와 발전에 낙오가 되면 무지로 인한 과오를 양산하게 된다고 경고한다.

그는 어떤 목사 가정에 정신박약아가 태어나고, 그 아이가 귀신이 들린 것으로 오해한 종교지도자들이 기도로 낫게 하려고 했던 사례를 소개한다. 기도해도 나아지지 않으니까 그 부모가 신앙이 부족하기 때문이라고 비난했다는 것이다. 김진은 이런 자들은 자기성찰의식이 없는 사람들이라고 말한다. 김진이 보기에 현재 종교인들이 귀신들렸다고 판단하는 대부분의 경우는 정신의학적으로 진단과 처방이 가능한 경우들이다. 그러니까 의학적 질환을 영적인 현상으로 잘못 판단하고 잘못 접근하고 있다는 것이다. 김진은 절박한 심정으로 기독교인들에게 호소한다. "그리스도인들은 변화하여 가는 세상의 흐름, 특히 각 학문들의 발전에 의해 세상과 인간에 대해 어떤 사실이 새로 발견되는지 주의를 기울여야 한다. 거기에서 뒤처진다면, 진리의 기독교를 무지 또는 부족한 지식에 가두어 놓는 것이 된다."

김진은 과학주의자인가? 그는 신앙을 과학으로 환원하는가? 그는 지식을 말할 뿐 종교나 신앙과는 거리가 먼 사람인가? 아니다. 그는 영성을 추구하는 사람이다. 그는 너무도 철저히 신앙적인 삶을 살려고 노력하는 사람이다. 부와 명예를 멀리하고 오직 바른 신앙의 길만 추구하는 사람이다. 다만, 정신의학의 기초 상식을 몰라서 범하는 기독교 지도자들의 무지한 오류 사례들을 지적하는 것이다. 그렇다면 진정한 영성이란 무엇인가? 그것은 관심 있는 사람들이 그와 함께 연구하고 모색해 볼 일이다.

(3) 자본주의적 물신주의 처방: 기독교적 문화상식, 윤리상식, 그리고 새로운 공동체

정용섭 목사의 설교비평집은 베스트셀러이다. 한국의 내로라하는 목사들의 설교를 성실하게 그리고 예리하게 비판한 그의 글들이 많이 읽히는 것은 그만큼 한국 기독교 다수 세력에 대한 비판에 동조하는 시민들이 많다는 얘기일 것이다. 정용섭의 책은 그 제목부터 비판의 논지가 분명하다.[17]

---

17 정용섭, 『속 빈 설교 꽉 찬 설교』, 대한기독교서회, 2006; 정용섭, 『설교와 선동 사이에서』, 대한기독교서회, 2007; 정용섭, 『설교의 절망과 희망』, 대한기독교서회, 2008.

정용섭은 성서 텍스트에 충실하고, 기독교 전통 교리와 문화를 기준으로 하여 한국의 유명 설교자들의 설교를 비평한다. 보수적인 기반을 분명히 한 토대 위에서 설교 내용을 비판하는 것이다. 그렇기 때문에 그의 비판은 반론과 역공을 강하게 받지 않은 것 같다. 한국설교학회에서는 정용섭의 설교비평을 평가하는 학술대회를 개최하기도 하였으나, 그 규모나 비판의 강도와 깊이가 보잘 것 없는 수준이었다.[18]

정용섭은 보수적 기독교 전통을 내세우면서도 구체적인 비판의 내용 중에는 전쟁과 독재의 정치, 신자유주의 시장경제의 문제점, 물량주의 대형교회주의 등이 포함되어 있다. "테러 방지와 세계 평화라는 명분으로 아프가니스탄과 이라크를 무력으로 침공한 미국은 존재론적으로 선과는 거리가 멀다. … 아무리 경제발전을 일으켰다고 하더라도 인권을 유린한 박정희 대통령은 결코 선일 수 없다."[19] 개인적으로 성공한 대형교회 목회자의 물신주의적 설교에 대해 다음과 같이 비판한다: "끝없는 자유경쟁의 구도가 전 지구적으로 고착화하는 이 신자유주의 시대를 살아가는 것만으로도 인간은 하나님 앞에서 불안하다는 사실을 김 목사는 전혀 눈치 채지 못하는 것일까? … '꿈은 이루어진다' 는 식의 설교 앞에서 나는 절망한다."[20] 정용섭은 이는 설교라기보다 다단계 회사의 신입사원 세뇌교육과 같다면서, 기독교인들로 하여금 예수의 이름으로 자신의 욕망을 추구하게 만든다고 비판한다.

정용섭 목사가 설교비평이라는 새로운 지평을 열고 한국 기독교 목회자들의 설교를 분석하고 비평한 것은 아주 큰 의미를 갖는다. 교회에서

18 제6차 한국설교학회 정기 학술대회, 2007(http://cafe.daum.net/preaching-korea).

19 정용섭, 『설교와 선동 사이에서』, 대한기독교서회, 2007, 65쪽.

20 정용섭, 같은 책, 15-16쪽.

메시지를 전달하는 사람은 설교자 한 사람이고, 모든 교인들은 그 메시지를 수동적으로 받기만 한다. 유대교 근본주의 문제를 지적한 뢰리히는 유대교 경전이 본래는 토론으로 해석하도록 돼 있는데, 토론을 중지하고 교리를 주입하면서 근본주의로 빠졌다고 비판한다.[21] 기독교에서도 설교는 언제나 일방적이다. 신도들이 그 설교에 대해 불만이 있어도 그것을 표현할 통로가 막혀 있다. 목회자를 양성하는 신학교에서는 다양한 신학 이론들을 토론하지만, 막상 신도들의 일상생활에 직접적인 영향을 미치는 수많은 설교들은 언제나 주입되기만 할 뿐 상호소통은 없는 것이다. 이것은 기독교를 비민주적 체제로 만들고, 보수적이며 근본주의적인 한국 기독교의 흐름이 이어지는 요인으로 작용한다.

정용섭 목사는 문화적 상식을 강조하고 있는 셈이다. 그가 기독교 전통 문화를 강조하기 때문이다. 기독교의 오랜 전통에서 생겨난 절기와 의례들을 무시한 채 신도들의 관심을 끌기 위하여 자극적인 예화나 기독교정신에 어긋나는 기복과 성공을 강조하는 설교들에 대해 예리한 비판을 가하고 있다.

윤리학자이면서 평신도교회 설교자로 봉사하고 있는 김상득 교수는 『윤리가 살아야 교회가 산다』는 제목으로 신앙 칼럼집을 발간하였다. 그는 다양한 이슈들을 다루고 있는데, 교회와 기독교인의 삶이 윤리를 기본으로 해야 한다는 점을 강조한다.[22] 윤리적 상식을 무시한 신앙생활은

---

21 뢰리히, 앞의 책, 34쪽.

22 종교에서 윤리는 기본이다. 인생에서도 도덕은 필수이다. 동양 고전에서는 말할 것도 없거니와 독일 현대철학자 회슬레도 "개별 과학적 지식을 익히는 것은 권장할 일이지만, 도덕적으로 사는 것은 지상명령"이라고 말한다(Hoesle, 1995, 200). 캐나다 철학자 테일러는 인간은 원자적 존재가 아니라 공동체적 존재이고, 선의 방향을 탐색하며 정체성이 형성되는 도덕적 존재라고 말한다(김의수, 「찰스테일러에서 공동

잘못된 신앙이 되기 쉽다는 점을 가르쳐 주고자 한다. 물론 김상득 교수도 기독교의 기본 교리와 신실한 신앙을 강조하는 온건하고 보수적인 입장을 고수하고 있으며, 윤리를 뛰어넘는 신앙의 힘을 강조하는 사람이다. 그러나 윤리를 넘어선다는 것과 윤리를 벗어난다는 것은 전적으로 다른 것이다. 이성과 윤리의 차원을 넘어서는 종교적 신앙적 차원을 강조하는 것이 과학적 윤리적 상식을 무시하는 비윤리적 반이성적 행위를 옹호하는 것은 아니기 때문이다. 김 교수는 윤리적 상식을 지키는 것은 기본이고, 윤리의 세계를 뛰어넘는 신앙의 세계를 말하는 것이다.

김상득은 기독교가 민주주의라고 말하고, 교회는 자본주의 논리에서 벗어나야 한다고 말한다.[23] 그리고 권한이 많으면 책임이 그만큼 커진다고 강조한다. 고위직 공무원이 일반 시민보다 더 큰 책임을 지듯이 목회자들은 평신도보다 더 큰 책임이 있다는 것이다. 같은 논리로 기독교인들은 일반인들의 윤리보다 더 엄격한 윤리의식과 실천의지가 요구된다. 그런데 필자인 나는 이런 당연한 주장마저도 하지 않는다. 고위공직자든 목회자든 종교인이든 우선 일반 시민의 윤리와 일반 시민의 공동체의식을 가지라는 것이다. 그것만 돼도 사회든 종교 공동체든 차원이 다르게 개선될 수 있기 때문이다. 김상득은 비리 목사를 공로목사로 추대하는 사례를 들어 한국 기독교의 윤리 수준이 이 세상의 평균적인 윤리 수준에도 미치지 못함을 안타까워한다. 그리고 기독교의 영성은 높은 도덕지수를 요구한다고 강조한다.[24]

법학자 김두식이 『교회 속의 세상 세상 속의 교회』라는 책을 썼다. 그

체와 민족주의」, 『범한철학』, 제44호, 범한철학회, 2007, 212-213쪽).

23 김상득, 『윤리가 살아야 교회가 산다』, 에클레시안, 2007, 29-43쪽.

24 같은 책, 107-130쪽.

의 책은 교회를 잘 아는 사람들에게 웃음(쓴 웃음 포함)을 자아내는 많은 에피소드들을 담고 있다. 현재 한국 기독교의 모습이 얼마나 희화적인지 잘 보여 주는 책이다. 그를 잘 아는 비교적 진보적인 시민운동가 등 다양한 직업의 사람들이 그에게 던지는 질문은 "멀쩡한 사람이" 왜 아직도 기독교를 버리지 않고 있느냐는 것이란다. 그리고 교회의 젊은 이들은 교회를 계속 다녀야 할 이유가 무엇이냐고 묻는단다. 그만큼 기독교는 절망적인 모습을 보여 주고 있다는 것이다.

개인적인 성공을 곧 하나님의 영광이라고 보는 전도된 기독교 가치에 대해 한탄하는 김두식은 지금 한국 교회에는 신성모독적 가치관이 독버섯처럼 자리 잡고 있다고 비판한다. 더 높이 올라가야 더 많이 베풀 수 있다는 교회의 주장은 예수가 걸어간 길과 정반대라고 강조한다. 예수는 언제나 낮아지라고 아래로 가는 방향을 강조했기 때문이다.[25]

김두식은 현대 교회가 예수의 실험을 포기하고 외형적 평안만 추구한다고 말한다. 자기 재산 나누기, 타인 신뢰 등이 없기 때문에 배신당할 일도 없고, 다툴 일도 용서할 일도 없는 평안한 공동체의 모습을 하고 있다는 것이다. 그러나 이것은 정의와 평화 그리고 나눔이 있는 샬롬 공동체가 아니며, 친목단체일 뿐이고, 영화관 관객 수준의 상호관계만 유지하는 것이다. 가난한 사람을 돕기는 하지만 가난한 사람들이 오지는 않는 교회가 돼 버렸다는 것이다.[26]

(4) 극우적 근본주의 처방: 사회학적 시민사회적 상식

미국 근본주의 기독교 세력들이 반공주의, 인종주의, 테러주의의 노선

25 김두식, 『교회속의 세상 세상 속의 교회』, 홍성사, 2010, 40, 51쪽.

26 같은 책, 277-279쪽.

을 가고 있다는 사실에 대해 21세기 세계 시민들은 당연히 비판적 태도를 갖는다. 그렇다면 미국 보수적 복음주의의 노선을 충실히 따르고 있는 한국 기독교 다수파의 경우는 어떤가? 인종주의와 테러주의는 없고 다만 반공주의만 있으므로 아무런 문제가 없는가? (한국 사회에 일반화된 인종주의는 없다고 할지 모르지만, 기독교인들의 강한 선민사상과 보수파 복음주의자들의 강력한 민족주의 성향은 유사한 혐의를 완전히 벗어 버리기가 어렵게 한다.)

한국에서 반공주의는 이념이 신앙을 삼켜 버릴 수 있다는 사실을 보여 주었고, 독재정치를 위한 이데올로기적 도구였으며, 건강한 민족주의를 불가능하게 하는 반통일의 이념이었다. 그래서 반공주의는 오랫동안 한국인의 생활 세계를 정신적 사상적으로 불구가 되게 만들었다. 반공주의를 앞세운 세력들은 자유민주주의 수호를 외쳤고, "이데올로기 비판"을 전체주의적 지배의 기법으로 사용했다. 그들은 자유민주주의를 파괴하는 전체주의 통치를 실행하면서 입으로는 "자유민주주의 수호"를 외쳐대는 희극적 폭거를 연출했으며 사회주의, 공산주의뿐만 아니라 자유민주주의도 하나의 이데올로기라는 사회과목 상식도 모른 채 이데올로기 비판을 대중 탄압의 무기로 휘둘러댔다.[27]

이처럼 무지몽매한 세력들이 다스리던 암흑 시대의 이데올로기인 반공주의를 아직도 앞세우고 있는 사람들이 한국 기독교 다수파 복음주의 세력이다. 그들은 독재자들을 옹호하고, 남북한의 화해와 통일지향을 불온시하며, 빈부격차를 수반하는 시장의 자유주의를 주장한다.

---

27 필자는 오래 전부터 한국형 보수주의의 이념 문제를 비판한 바 있다. 김의수, 「한국 사회와 이데올로기 논의」, 「한국형 보수주의의 역사와 의미」, 『현실과 철학 사이』, 동녘, 1997, 109-141쪽.

서강대 정치학과 교수 김녕은 「기독교의 이데올로기 관련성과 정치이데올로기적 역할」에서[28] 1980년대 "이데올로기 비판" 교육이 얼마나 무모한 것이었는지 서론에서 이삼열, 황필호, 고재식 등의 글을 인용하며 정리하였다. 그리고 결론에서는 기독교가 이데올로기와 무관할 수 없다는 점, 그러면서도 기독교는 이데올로기 초월성도 가지고 있다는 점, 그리고 기독교인들은 끊임없는 자기성찰과 예언자적 역할이 중요하다는 점 등을 강조한다. 이어서 그는 이데올로기는 본래 종교적인 요소를 포함하고 있기 때문에 종교적 광신주의와 연합하지 않도록 조심해야 하며, 특정 정권과 유착함으로써 통치이데올로기로 전락하지 않도록 유의해야 한다는 점을 강조한다.

이념문제를 전문적으로 다루지 않은 정용섭, 김상득, 김두식의 글에서도 그렇고, 기독교와 이데올로기 문제를 전문적으로 다룬 김녕의 글에서도 한국 기독교 보수 세력의 이념적 사상적 편향은 사회과학적 시민 사회적 상식을 벗어나 있음을 분명하게 보여 준다. 참여정부 시절 반공반북과 사학법 개정을 내세운 극우보수 세력들의 시청 앞 대규모 군중집회는 시대착오적인 행위였으며, 그것은 과학적, 문화적, 윤리적 상식을 벗어난 퇴행의 난맥상을 드러낸 것이다. 거기에 참석한 다수 군중은 기독교 보수파 세력이었고, 나머지는 한국 국민 중 극소수를 차지하고 있는 극우파 세력들이었다.

그들은 국민의 정부와 참여정부 시절에는 강력한 반정부적 군중집회를 열었고, 대통령 선거 기간 동안에는 노골적으로 이명박 후보 투표를 종용했으며, 이명박정부 들어서는 친정부적 입장을 분명히 하고 있다.

---

28 김녕, 「기독교의 이데올로기 관련성과 정치이데올로기적 역할」, 『현상과 인식』, 한국인문사회과학회, 2009, 겨울호, 45-69쪽.

이러한 행태를 보이고 있는 한국의 기독교 다수파는 독재자 이승만을 전적으로 지지했다가 50년 전 4월혁명으로 역사적 심판을 받았던 일을 상기시킨다. 천박한 자본주의적 독점주의를 고집하며 낡은 이념과 집단적 이기주의 그리고 부정부패로 점철된 현재 한국의 다수파 기독교 세력은 머지않아 역사의 심판을 받게 될 것이다.

4. 나오는 말

이 글은 한국 기독교의 몇 가지 기본적인 문제들을 정리하고, 주변에서 쉽게 발견되는 상식철학적 대안들을 몇 가지 소개하였다. 여기서 소개한 몇몇 대안들은 기독교의 문제들에 대하여 과학적, 문화적, 윤리적 상식을 바탕으로 진단하고 주장한 담론들이다. 기독교를 필두로 한국의 종교들이 노정하는 문제들은 한국인들의 생활세계에 대단히 큰 영향을 미치는 기본적이고 근본적인 것들이지만, 그것들은 상식을 바탕으로 하는 시민적 생활세계적 실천만으로 상당부분 해결이 가능한 것들이다.

김윤성, 정용섭, 김진, 김상득, 김두식의 책들은 한국 기독교의 문제들에 다양한 각도에서 도전한 구체적인 시도들이다. 체계적이며, 종합적이고, 실천적인 개혁운동은 아니지만, 이러한 시도들은 의식하지 않는 사이에 옷을 적시는 가랑비처럼 한국 기독교 보수 세력의 단단한 성벽을 조금씩 적시어 언젠가 허물어 버리는, 작지만 위력 있는 몸짓일 수 있다. 이런 담론들은 파시즘의 부활을 부추겼던 조갑제의 박정희 전기 『내 무덤에 침을 뱉어라』에 효과적으로 대항했던 진중권의 패러디 『네 무덤에 침을 뱉으마』와 같은 문화투쟁의 수단이 될 수 있다.[29] 한국 기독교의 문제들을 붙들고 진지하게 고민하고 나름대로 진단과 대안을 제시하는 이들 저자들과 이들의 책을 읽는 다수 독자들의 그다음 고민은 어떻게 이런 현실을 개혁할 것인가가 되어야 한다. 즉 실천의 문제인 것이다. 그들은 그동안 소수지만 꾸준히 기독교의 개혁을 위해 실천적으로 노력해 온 단체들 및 개인들과 만나게 될 것이고, 직접적으로 또는 간접적으로 그들과 연대하여 힘을 합치게 될 것이다. 이러한 문제들을 해결하기 위해서 필요한 일들은 문화정책, 종교 관련법 정비, 기독교 세력의 전체적 부분적 자기변화 모색, 기독교 밖 시민들의 여론과 문화운동 등 다양하고 근본적인 노력들이다.

---

29 조갑제 등의 파시즘 담론에 효과적인 대항수단은 역사학자들의 이론적 반론이나 역사적 반증보다 진중권의 패러디적 문화투쟁이라는 홍윤기의 주장에 대해 나는 둘 다 필요할 뿐만 아니라, 더 우선적으로 필요한 것은 상시적 조직적 실천운동이라고 강조한 바 있다(김의수, 「민족주의의 양면성과 한민족 공동체」, 『시대와 철학』, 한국철학사상연구회, 2002, 봄호, 140-141쪽). 박정희 파시즘을 부활시키려는 극우 논객들에 맞섰던 진중권이 논리적 일관성을 유지하는 삶을 살다가 진보정당 당원이 되었듯이, 기독교의 문제들을 고민하고 비판적으로 성찰하는 사람들도 다양한 개혁 실천의 길 중 하나와 만나게 될 것이다.

제 5 장

한국 사회와 교육

1. 한국의 교육문제는 거대한 늪이다

대한민국의 교육문제는 거대한 늪이다. 모든 국민이 그 늪에 빠져 허우적대고 있다. 전 국민의 엄청난 교육열에도 불구하고, 교육은 개선될 기미를 보이지 않는다. 아니다. 바로 그 뜨거운 교육열이 교육문제의 근본 원인 중 하나다. 그러니까 우선 교육에 대한 우리의 열성(열기, 열정, 흥분, 몰입, 편집, 환상)부터 가라앉히고 문제를 차분하게 생각해 봐야 한다.

우리나라 교육은 입시경쟁, 학교 서열화, 과도한 사교육, 초중고 학습부담, 대학교육의 인플레 현상 — 과도한 진학률, 실력 있는 대학생도 실업자, 대학생 취업학원 수강, 부모의 재정 부담, 자녀 자립능력 결핍 — 등 수많은 문제들이 꼬리에 꼬리를 물고 악순환하고 있다. 우리는 너무도 기본적이고 당연한 일들이 이렇게 완전히 거꾸로 가고 있는 현실에 대해 먼저 인식하고 인정해야 한다 (필자는 교육정책의 전환을 요구하는 교수단체에서 여러 해 동안 활동했지만, 별다른 성과가 없이 이러한 교육현실이 유지되고 있는 상황에 대해 지식인의 한 사람으로서 안타까움과 사회적 책임을 절감한다.)

유치원 때부터 고등학교까지 우리 아이들은 학습 경쟁과 입시지옥에서 헤맨다. 우리는 아이들에게 거의 살인적으로 공부압박을 주고 있다. 서울 및 다른 대도시는 말할 것도 없고, 중 · 소도시까지 거의 모든 도시들에서는 아이들을 유치원부터 고등학교까지 과도한 과외학습에 몰아세운다. 어릴 때부터 청소년기까지 아이들은 충분히 뛰놀아야 한다.[1] 그것은 육체적, 정신적 성장과 건강을 위해서 꼭 필요한 일이다. 그런데 우리는 교육을 빌미로 아이들에게 꼭 필요한 일을 못하게 만들고 있다. 왜 우리는 선진국들과 달리 아이들을 학교와 학원에 묶어 두는가? 다른 아이보다 진도를 조금 빨리 나가서 점수를 잘 받으면 그것이 실력인가? 무리하게 수준을 높이고, 같은 것을 반복적으로 주입시켜 점수를 받는 것도 학습인가? 그러면서도 창의력을 기대하는가?

우리는 교육에서 일대 혁명을 일으켜야 한다. 지금 우리는 아이들을 백해무익한 경쟁으로 몰아넣어서 그들의 몸과 마음을 피폐하게 만들고 있는 것이다. 아이들이 건강하게 정상적으로 교육받는 환경을 만들어야 진정한 실력과 경쟁력을 키울 수 있다. 한국의 청소년들은 중 · 고등학교 시절에 있는 힘을 다 해서 공부하느라고 에너지가 다 고갈된다. 그래서 대학에 가면 적어도 수개월에서 1년 동안은 쉬어야 한다. 건강을 해치고, 창의력은 떨어진다. 지식에 대한 관심과 의욕은 더 떨어진다. 이것은 마이너스 교육이지 플러스 교육이 아니다.

정상적인 공교육은 어디서도 찾아보기 어렵다. 과학고, 외국어고와 같은 특목고나 자사고는 중학생들이 최소한 반에서는 1등을 해야 지원할 수 있다. 그렇게 최고의 실력자들이 모이는 최고의 고등학교이고, 교사들

---

1 자립형 사립고 교사인 김지혜 선생님은 "학교에 체육시간을 허(許)하라"는 제목의 글을 썼다(『열린전북』, 2008, 4월호).

도 최고 실력자들이므로 최상의 교육을 시킬 것으로 기대한다. 다른 학교에서는 무리를 해서라도 학생들의 성적을 올려야 하기 때문에 자율학습, 방과후 교실, 야간 학원 교습을 시킨다고 하지만, 이들 특수학교에서는 모범적인 공교육을 시킬 수 있어야 당연하다. 대한민국에서 몇 십 개 안 되는 엘리트 고등학교만이라도 정상적인 공교육의 모습을 보여줘야 할 것이다. 그런데 현실은 어떤가? 아이들은 거기서도 경쟁하느라고 밤을 지새운다. 기숙사에서 지내다가 주말에 집에 오면 하루라도 푹 쉬고 가야할 텐데, 주말에 밤늦게까지 고액과외를 받는다고 한다. 그리고 심지어 선생님이 서울대를 포기하고 고려대나 연세대를 가라고 했다고 자살한 학생까지 있다는 것이다.[2] 대한민국의 교육현실은 정말 머리부터 발끝까지 희귀한 기형의 모습을 드러내고 있다. 우리는 이제 교육철학의 ABC에 충실하게 처음부터 다시 시작해야 한다. 국민들이 정신 차려서 건강한 가정교육, 건강한 학교 교육이 되게 해야 한다.

한국의 대학은 지나치게 인플레되어 있다. 교육과학부 홈페이지에 올라온 OECD 교육자료에 의하면 고등학교 이상 교육을 받은 사람이 25-44세 인구로는 한국이 세계 최고 수준이며, 대학졸업자도 캐나다와 함께 월등한 차이로 세계 최고 수준이다.[3] 한국이 얼마나 많이 학력 인플레되어 있는지는 다음과 같은 통계만 봐도 금방 알 수 있다: 인구 2억 8천인 미국의 상위 10개 대학 졸업생이 1만 명인데 비하여, 한국은 서울의 3개 대학에서만 1만 5천 명이 졸업한다. 우리나라는 실업계를 졸업해도

2 이런 이야기는 주변의 지인들로부터 직접 들은 이야기다. 그리고 사실 통계에 의하면 청소년의 자살도 상당히 비율이 높은 편이며, 청소년 자살 중에는 성적 비관 자살이 가장 큰 비중을 차지한다(충남여성정책개발원 사회복지팀 연구자료, 『자살의 현황, 원인 및 대책』, 2008참조).

3 OECD 교육자료, Table A1.2a, A1.3a.

누구나 대학에 진학할 수 있는 문이 열려 있고, 실력과 무관하게 대학으로만 가려는 경향이 농후하다. 천안공고의 한 3학년 담임교사는 자신의 블로그에 쓴 학급일지에서 90% 이상이 대학에 진학한다고 쓰고 있다(물론 전문대학을 포함한 분포이긴 하다).[4] 한국에서도 실업계 고등학교나 전문대학을 졸업하면 취업률이 대학졸업자들보다 더 높다. 그럼에도 불구하고 모두들 대학 진학을 선호하며, 대학을 졸업하면 힘든 노동을 피하려 하기 때문에 실업자가 양산된다.

2. 선진국형 교육은 어떤 것인가?

유럽과 미국에서는 고등학교 3학년 학생들도 오후 두세 시면 하교한다. 그리고 스포츠나 음악 등 정상적인 문화 · 예술 취미동아리 활동을 하기도 한다. 초등학교 학생부터 고등학교 학생까지, 학교에서 보충수업과 자율학습을 하느라고 밤 늦게까지 남아 있거나, 하교 후에 다시 학원에 가서 여러 시간 공부를 하는 경우는 없다. 필자가 독일에서 장기간 유학하면서 경험한 바나 미국을 방문하여 학생들의 생활을 통해서 파악한 바에 의하면 우리의 경우와는 너무도 다르다. 핀란드 학생들이 세계적으로 최고의 성적을 보인다고 해서 관심을 많이 보이고 있지만, 핀란드의 경우는 유럽에서 특별히 드문 성공 케이스가 아니라 유럽의 일반적인 모습이다.[5] 미국의 교육학 이론을 본떠서 만든 한국의 학교 교육이 어떻게 그리고 얼마나 미국의 경우와 다른지 한국인으로서 미국의 대학에 재직하고 있는 심미혜 교수는 그녀의 책에서 잘 보여 주고 있다.[6]

4 http://blog.edus.or.kr/jcinja/36214.post.

5 후쿠다 세이지, 『핀란드 교육의 성공』, 나성은 · 공영태 옮김, 북스힐, 2008.

핀란드에서는 1985년부터 수준별 반 편성을 전면 중지하고, 16세까지는 학생들을 비교하는 시험을 치루지 못하게 돼 있다. 이런 점은 유럽에서도 독특하다고 말할 수 있을 것이다. "싫어하는 아이에게 억지로 공부시키지 않는다"는 것이 학교 교육의 근본 원리라고 한다. 그렇게 완전한 평준화와 학생들의 자율적 학습 위주로 학교 교육을 실시하면서도 세계 최고의 성적을 올리고 있어서 관심과 연구의 대상이 되고 있다. 우리도 선진국들처럼 플러스 교육을 실행해야 한다.[7] 선진국에서는 중고등학교보다 대학교에서 더 공부를 많이 한다.

선진국에서는 대학이 인플레되어 있지 않다. 독일은 초등학교 4학년을 마치면 3개의 학교로 나눠진다. 하우프트 슐레는 9학년을 마친후 직업학교에 가고, 레알슐레는 12학년을 마친 후 전문대학에 진학한다. 그리고 김나지움을 졸업한 학생들만 대학에 진학한다. 이 제도가 너무 일찍 진로를 결정한다는 문제점을 보완하기 위하여 게잠트 슐레(종합학교)가 생겼으나, 이 학교에서도 9학년을 마치면 직업학교와 김나지움으로 나뉘게 된다. 그러니까 대학 진학은 학교 성적과 적성에 따라 일찍부터 정해지기 시작하고, 고등학교 졸업 때 시험성적으로 결정하는 것이 아니다. 고등학교 졸업시험에서 평소보다 점수가 차이나면 교사는 사유서를 써야 한다. 그만큼 내신 성적에 대한 신뢰도가 높고, 고등학교 졸업시험은 일종의 자격시험에 불과하다.

핀란드는 일찍이 종합학교 제도를 도입하여 9학년까지 운영하고, 그

---

6 심미혜, 『미국 교육과 아메리칸 커피』, 솔, 2001.

7 우리와 유사하게 입시경쟁교육에 허덕이는 것은 일본의 경우다. 그나마 한국의 청소년들은 일본보다 PISA성적이 좋아서 일본의 시샘을 사고 있다. 후쿠다 세이지, 『핀란드 교육의 성공 — 경쟁에서 벗어나 세계 최고의 학력으로』, 나성은 · 공영태 옮김, 북스힐, 2008.

후에는 인문계와 실업계 고등학교가 나뉜다. 그리고 고교 졸업 후에는 대학이나 전문대학에 진학한다. 핀란드의 교육개혁정책은 한번은 중앙정부의 관리를 강화했다가, 다음번에는 다시 지방정부와 학교에 자율권을 많이 부여하는 방식이 10여 년 간격으로 교대로 이루어진다. 전반적으로 자율적인 학교운영으로 학생들의 수월성을 제고하고 있지만, 그러다보면 지역간 학교간 차이가 벌어지게 되고, 그러면 다시 중앙정부의 관리를 강화한다.[8]

선진국 교육에서는 실업계 고등학교와 전문대학의 교육이 안정되게 정착돼 있다. 유럽에서 직업학교를 거쳐 직장으로 나가거나 실업계 고등학교를 거쳐 전문대학으로 진학하는 제도에 대하여 위에 언급하였지만, 대학으로 진학하는 학생들은 일정하게 제한된다.

이처럼 선진국의 교육과 비교하면서 한국 교육문제를 정리하고 보면 우리가 개선해야 할 일들이 한두 가지가 아니다. 오늘 우리가 당진군 당진읍의 교육발전을 위해서 아주 구체적인 정책과 주민들의 역할을 생각해 보는 자리이지만, 우리의 모든 고민과 토론은 일단 이상과 같은 교육현실을 직시하고, 가능한 한 기본을 갖춘 교육을 세운다는 근본적인 목표 아래에서 대안들을 찾아야 할 것이다.

3. 서울과 지방의 교육 격차

서울공화국이라는 말이 너무도 실감나는 한국 사회의 현실은 정말 큰일이다. 작디 작은 땅덩어리에서 지역별로 균형 있게 잘 발전해야 최대의

---

8 곽재석 외 6인, 『주요국 초중등 교육개혁 사례분석과 한국적 시사점』, 한국교육개발원, 2005, 12월.

역량을 발휘하는 국가가 될 텐데, 모든 사람들이 서울로 모이고, 돈이 서울로 모이고, 문화시설도 서울에만 잘 돼 있고, 정치도 서울 중심으로, 경제도 서울중심으로, 국가기관도 서울에 중심이 있다. 이렇게 수도권이 전체 국가의 절반을 차지하게 된 우리 사회는 그만큼 여러 가지 면에서 취약할 수밖에 없다. 교통이 불편하고, 환경이 나쁘고, 범죄가 성행하며, 서민들의 주택난이 심각하다. "지방이 살아야 나라가 산다", "지방분권과 국가균형발전이 나라를 살린다", "수도권이 살아나려면 지방을 먼저 살려야 한다." 지난 10여 년간 이러한 구호로 지방에서 분권운동을 전개하여 균형발전의 필요성을 공감하게 되었는데, 현 정부가 들어서면서 분권에 반대하던 사람들이 균형발전 정책의 책임자가 되고, 서울중심 정책을 주장하는 사람들이 국가의 요직을 점하고 있다. 그들은 이번에 수도권 규제완화 조치를 서둘러 전국의 지방민들을 분노하게 만들고 있다. (지난 2008년 11월 12에는 전국의 지역 주민들이 서울에서 지역균형발전 요구 집회를 개최하였다.)

서울대학교를 정점으로 대학이 서열화되어 있는 것은 한국의 교육에서 가장 큰 병폐이다. 전국의 모든 학교들이 서울대 합격자 수로 학교의 우열을 가리려고 한다. 사교육시장이 가장 발전한 지역에서 서울대 합격자 수가 늘어나게 되고, 서울대 합격자를 많이 내는 지역에는 학부모들이 몰려들어 아파트가격이 상승한다. 결국 부자들이 사는 곳에 최고 수준의 사교육 시장이 형성되고, 집값이 올라간다. 그러한 과정을 거쳐서 지금 서울의 강남지역은 부자들의 주거지역이고, 동시에 서울대 합격자를 가장 많이 내는 지역이 되었다. 이렇게 하여 성적은 경제력과 맞물려 가게 되고 결국 부와 학벌이 세습되는 현상을 낳게 되었다. 더구나 지금은 서울중심의 사회구조 때문에 서울에 있는 대학은 전부 서울대학교가 돼 있다. 입학생들의 성적순으로 볼 때 지방의 대학들은 서울의 최하위권 대학보다도 서열이 낮게 돼 있기 때문이다. (물론 몇몇 공대와 의대 등 전공에 따라 서울지역 대학을 능가하는 분야가 있고, 법학전문대학원 등의 제도로 지방대학이 어느 정도 위상을 회복해 가고 있다. 그런 것이 대부분 지역인재 할당제, 농어촌 학생 특별전형, 지방대학 육성 정책 등 지역균형 발전 정책의 결과다.)

서울에서 서울대를 정점으로 하는 입시위주 교육은 사교육 시장의 비대화와 공교육 무력화 현상을 몰고 왔는데, 지방의 도시들도 똑같이 서울을 따라가고 있다. 아파트가 들어서면 세탁소와 함께 과외학원이 생긴다. 경제력이 허용하는 범위 안에서, 아니 경제적 한계를 훨씬 뛰어넘어 아이들 사교육비를 지출한다. 학부모들은 자신들의 문화생활비는 한 푼도 못 쓰면서 아이들 과외비를 지속적으로 지출한다. 과외지도란 도움이 필요한 일정 기간 동안만 시켜야 과외지도이지 학교생활 내내 학원 과외를 받는 것은 과외가 아니고 또 하나의 정규 필수 교육 과정이 되는 것이다. 공부는 학원에서 하고 학교에서는 졸고 있는 경우가 많다. 교과목 진도를 학원에서 먼저 나가니까, 학원에서는 졸지 않고 열심히 공부한다. 학교에서는 이미 학원에서 배운 것을 다시 배우기 때문에 시시하고, 학원에서 밤늦게까지 공부했기 때문에 학교에서는 졸립다. 그러니까 정규 교육과 보조 교육이 사실상 뒤바뀌게 된다. 학원이 주가 되고, 학교는 부가 된다.

읍면 단위 지역은 학원 사정이 열악하다. 유명한 강사도 없고, 비싸게 받는 학원도 별로 없다. 아직은 학원보다는 학교가 비중이 더 높다. 그래서 건강한 교육을 생각하는 교육철학의 입장에서 보면 읍면지역은 아직 희망이 있는 것이다. 그러나 일반 주민들에게는 희망이 보이지 않는다. 농어촌에서 살면 좋은 대학에 진학이 어려워 자녀들의 발전을 기대할 수 없다고 생각한다. 그래서 농촌과 어촌을 떠난다. 대도시의 기업이 지방으로 이전하려 해도 사원들이 자녀 교육문제 때문에 따라오려 하지 않는다. 이 모든 현상이 다 왜곡된 한국의 교육현실에서 생겨난다. 그래서 문제는 읍면지역에서 어떻게 희망의 싹을 살려 내는가이며, 어떻게 그 내용을 채워 나가느냐다. 개발이 진행되고 도시가 확장되면 곧 밀고 들어올 사교육 시장을 어떻게 막느냐다. 어떻게 사교육의 도움 없이도 학생들의 성적을 향상시키고 대학진학이나 취업의 꿈을 실현시킬 것인가이다. 새로운 정부마다 강조하고 약속하는 공교육 강화를 어떻게 현실화시키느냐이다.

4. 공교육 강화를 위한 노력들

한국의 중등 교육은 사교육이 지배하고 있다. 모든 국민이 대학입시에 매달리는데, 입시 준비를 가장 잘 시켜주는 곳은 전문학원이라고 알려져 있다. 학원은 어떤 곳인가? 시험기술 전문가들이 시험기술을 가르쳐주고 돈을 버는 곳이다. 영어(토익) 점수도 몇몇 학생들에게는 3-4개월 만에 100점 이상 올려 준다(정상적으로 이만큼 점수를 올리려면 2년 이상 매일 성실하게 공부하든지, 1년 동안 어학연수 가서 충실하게 공부한 경우에나 가능하다). 서울의 주요대학 입학시험에서 점수를 잘 받는 방법도 가르쳐 준다. 그런데 그것이 교육일까? 그렇게 올린 점수가 실력일까? 아니다. 그런데 왜 우리는 그들이 한국의 교육을 이끌어가게 놓아두는가?

교사들도 시험기술 전문가가 될 수 있다. 그러나 투자하지 않기 때문에 못 되고 있는 것이다. 안주하기 때문이다. 교사연수원에서는 무엇을 교육받는가? 교사단체들은 무엇을 교육시키는가? 교사들에게 동아리 활동을 하고, 연구 활동을 할 여유를 충분히 주면 할 수 있다. 관립기숙

학원을 운영하는 지자체들이 학생들을 대상으로 하지 말고, 교사들을 대상으로 한다면, 학부모들을 대상으로 한다면, 시민들을 대상으로 한다면, 교육적이고 효과적이며 윈윈하게 될 것이며, 공교육의 성공을 가져올 것이다. 전북 순창군의 경우 매년 11억 원을 투자하고 있는데, 교사들을 위해 1억원만 투자하더라도 교사들은 워크샵을 통해 필요한 실력과 열정을 확보하게 될 것이다. 하다못해 1천만 원만 투자해도, 뭔가 분위기를 바꿔나가는 계기는 마련할 수 있을 것이다.

한 중학교 교사는 논술교육 시범학교를 운영하면서 느낀 소감과 새 정부 들어서 영어교육 강화 정책이 몰고 올 사교육 광풍에 대해 염려하면서 "우리 교육정책의 참을 수 없는 가벼움에 대하여…"라는 글을 썼다. 논술교육은 독서-토론-글쓰기가 유기적으로 연결되는 교육이며, 이 교육을 통해 전교생이 모든 교과목에서 스스로 사유하는 학습을 하게 되었다고 소개한다.[9]

재정적 부담이 큰 사교육의 짐을 덜어 주기 위하여 학교에서 방과 후 교실을 운영하고 있다. 읍면지역 학교에서 이 제도는 학생들에게 적잖은 도움이 되리라 생각하지만, 구체적으로 얼마나 충실하게 운영되느냐에 따라 그 효과는 많이 차이가 날 것이다. 따라서 현재의 제도를 잘 활용하는 것도 새로운 제도의 도입 못지않게 중요하다.

지방정부들이 교육발전을 기반으로 건강하고 알찬 지역발전을 이룰 수 있는 길을 찾기 위해 머리를 짜내고 있다. 이러한 문제를 해결하기 위해서 지혜와 열정을 모을 때 가장 기본적으로 전제해야 할 것은 열린 자세이다. 사안이 다급하고 문제들이 절박하더라도, 우리는 멀리 내다

9 김영란, 「우리 교육 정책의 참을 수 없는 가벼움에 대하여…」, 『열린전북』, 2008, 4월호.

보며 조금은 여유를 갖고 함께 마음을 모아야 한다. 바람직한 교육 공동체를 지향하되, 어느 한 가지만 강조하고 그쪽으로만 몰아가는 집단주의여서는 안 된다. 다양한 가능성과 자율적인 시도들이 권장되는 자유의 공동체를 지향해야 한다. 거창고등학교처럼 대안학교의 성격을 가지면서도 학생들의 학업성적이 높은 학교들을 만들기 위해서 노력하는 한편, 홍성풀무농업고등학교 같은 성공적인 실업계 고등학교도 키우고, 대안학교도 있고, 홈스쿨링도[10] 편하게 시도할 수 있는, 폭넓게 다양한 교육들이 꽃피는 미래형 교육도시로 발전할 수 있어야 할 것이다. 단기간에 빠른 성과를 얻기 위하여 모든 주민들이 하나로 똘똘 뭉쳐 강력한 공동체를 만들어야 한다고 생각할 수도 있겠지만, 우리는 딱딱한 공동체보다는 유연한 공동체를 지향해야 한다. 그래야 민주주의가 바탕이 되는 미래지향적 공동체를 형성할 수 있다.

5. 대한민국 교육혁명 시나리오

이웃들과 이야기하다 보면 우리나라 교육은 희망이 없다. 문제는 빤한데, 해결은 불가능하다. 누구 책임인가? 정치인들의 책임이다. 아니다. 재벌들의 책임이다. 아니다. 학부모들의 책임이다. 결국 전 국민의 책임

---

10 정읍의 한 중학교 교사는 세 명의 아이들을 모두 학교에 보내지 않고 엄마와 함께하는 홈스쿨링으로 대신하고 있다. 아이들은 스스로 공부하여 검정고시를 통해 대학에 진학하는 데에 아무런 문제가 없을 것이라고 한다. 이러한 사례는 우리가 아이들에게 지나친 학습부담을 주는 것이 얼마나 잘못된 것인지 실감하게 해 준다. 미국에서는 홈스쿨링의 비율이 증가하고 있으며(99년 1.7%→03년 2.2%), 프랑스의 언론도 이런 현상에 비상한 관심을 보이고 있다(“2008 미국 교육여건” 「르몽드 디플로마티크」, 2008, 10월호).

이다. 그렇다면 사실 누구의 책임도 아니다. 책임을 물어봐야 책임을 질 사람도 따로 없기 때문에 결국 해결도 불가능하고, 해결을 모색할수록 수렁으로 빠져들 뿐이다. 그래서 절망이다. 차라리 잊어버리고 되는대로 따라가는 거다.

아니다. 그것은 한 가지 방향일 뿐이다. 그 반대의 방향이 하나 더 있다. 혁명이다. 혁명? 무슨! 코웃음 치는 사람들이 대부분이다. 그래, 혁명의 시대는 갔다. 그렇게 인정하자. 그러나 재미있는 혁명, 우연한 혁명, 절반의 혁명, 비혁명의 혁명은 남아 있다.

(1) 시나리오 1

건강한 자녀 교육을 위한 소모임이 하나 생긴다. 현실 조건 속에서 살아가지만, 그래도 조금은 자녀에게 부담이 적게 가게 하는 길을 모색하는 소박한 모임이다. 같은 또래 아이를 둔 사람만 모이지 않고, 이미 아이들을 다 키운 부모도 함께한다. 각자 현실적인 교육문제들을 해결하는 데 많은 관심과 시간을 쏟지만, 그러면서도 우리나라 교육의 기본 문제가 무엇인지에 대해 꾸준히 공부하고 토론한다. 1년 정도 모임이 계속되면 이런 모임의 장점이 알려진다. 인터넷에 한번쯤 자신들의 활동을 소개하면 다른 지역에서도 유사한 모임들이 생겨나기 시작한다.

교사들과 교수들이 퇴직한다. 은퇴 후 생활은 다양하다. 무엇이든 활동을 계속하는 것이 중요하다. 더러는 사업을 시작하기도 하고, 예술이나 문학에 전념하는 새로운 생활로 접어들기도 한다. 대부분 적극적으로 취미생활에 몰두하기도 하고, 봉사활동에 전념하는 사람도 많다. 교사 생활 중에 이미 철학적으로나 대인관계에서 보수적인지 진보적인지 나름대로 입장을 가지고 살아왔기 때문에 은퇴 후에도 그 노선을 유지하는 것이 보통이다. 그런데 마치 도시 생활을 정리하고 전원생활을 시작하듯이, 우리나라 교육문제를 기초부터 다시 생각해 보자는 마음으로 몇 사람이 모여서 얘기하기 시작한다면, 여기에 또 하나 좋은 소모임이 시작될 수 있다.

이러한 모임들은 전국 어디서나 생길 수 있다. 세대별로 모임이 만들어질 수도 있고, 다양한 세대들이 함께하는 모임도 생겨나게 된다. 영역별로 모임이 생기기도 하고, 다양한 직업 종사자들이 만나기도 한다. 아이들 키우며 만나던 사람들이 아이들 다 키운 후에도 우리 사회 교육 개선을 위해 모임을 지속하기도 한다. 지역별 영역별로 단체든 개인이든 그리고 종교마다 생활단위별로 수많은 소모임들이 생겨나서 활동하면 그것이 곧 교육혁명을 위한 기반이 된다.

(2) 그런데 교육혁명의 목표는 무엇인가?

새로운 학생 상: 건강한 육체, 성실한 학습, 충분한 휴식과 여가, 그리고 문화생활 취침 : 학습 : 휴식과 문화생활 = 8 : 8 : 8시간 행복한 일상생활, 건전한 미래 비전, 학습과 창의력.

어린이 인권 회복: 한국 어린이와 청소년의 학습 부담은 살인적이다. 이런 상태로 PISA 성적 2위는 코미디일 뿐이다. 이 엄청난 인권 침해를 청산한다.

행복한 학교생활: 학교는 가고 싶은 곳이다. 선생님과 친구들이 보고 싶다. 사교육 획기적 청산 ⇨ 공교육이 행복해 국제 경쟁력은 저절로 쑥쑥.

(3) 시나리오 2

어느 평범한 시민이 소설을 쓴다. 교육과 관련된 소박한 고민과 작은 해결이 주는 행복감을 표현한다. 은은하고 재미있다. 웃다가 울다가 빙그레 미소 짓는다. 이 소설을 책으로 출판할까? 별로 돈이 될 것 같지도 않고, 그냥 인터넷에 연재하기로 한다. 책의 마지막에는 바람직한 교육의 모습을 간단명료하게 묘사한다. 반응이 좋다. 네티즌들을 넘어 일반인들에게도 알려진다. 출판사에서 출판을 제안한다. 출판 후 베스트셀러가 된다. 드라마가 제작된다. 드디어 모든 국민이 이 책의 이야기를 공유한다.

이 책을 현실 속에서 실현하자는 제안이 나온다. 전국 방방곡곡에서 이 책을 읽고 토론한다. 초등학교부터 평생교육원까지, 심지어 사설 학원에서까지 모두가 이것을 주제로 토론하고 연극 공연하고, 체험 학습한다. 영화도 만들어진다. '조용한 혁명'의 물결이 온 나라를 뒤덮는다.

(4) 시나리오 3

대통령 후보가 교육혁명을 공약으로 내놓는다. 시민들이 공감하고 지지한다. 후보자는 모든 유권자들에게 교육혁명으로 국민적 자존심을 회복하자고 역설한다. 자녀들을 고문하다시피 학습과 경쟁으로 내몰고 있는 우리 모두가 이제는 야만성을 벗어 버리자고 호소한다. 모든 시민 세력, 모든 학부모들, 모든 유권자들이 교육혁명 후보자를 지지한다. 어린 학생들이 환호하고, 노인들이 박수친다. 대통령에 당선된다.

대통령은 공약을 실천한다. 전 각료가 교육공약 실천에 동참한다. 사교육 시장을 정리하기 위해서 산업구조를 재조정하고, 일자리 재배치를 연구한다. 어마어마한 규모의 사교육을 청산한다면 그만큼의 국가 생산량 감소, 대량 실업의 발생, 가정과 학교에서 교육 관련 일대 혼란 야기 등 엄청난 소용돌이에 휩싸이게 된다. 이 모든 일에서 충격을 줄이고, 부작용을 최소화하며, 빠른 전환과 부드러운 적응이 가능하려면, 국가 전체가 체계적이며 종합적인 프로젝트를 추진해야 한다.

6. 축제 속에서 실현되는 교육혁명

2002년 월드컵 때 우리는 붉은 악마 응원 축제로 세계인을 놀라게 했다. 2008년 쇠고기 파동 때 우리는 촛불문화제로 세계인의 이목을 집중시켰다. 2009년 노무현 대통령 서거 때 우리는 조문 행렬로 세계를 감동시켰다. 바람과 유행은 일시적이고 우연적이며 비합리적이기도 하지만, 작은 소원 희미한 희망을 살려내어 일대 폭풍을 일으키는 위력이 되기도 한다. 한국의 교육은 너무도 구차하다. 우리는 정말 오랫동안 참고 또 참았다. 우리의 아이들을 혹사 또 혹사시켜 왔다. 이제는 바꿔야 한다(『열린전북』 2008년 3월호 필자 글 참조). 한 번쯤 대 유행을 일으키고, 전 국민이 수 년간 교육혁명 축제의 도가니 속에 빠져들어야 한다.

이것은 계획하지 않아도 된다. 이것은 한꺼번에 완성될 필요도 없다. 시나리오는 얼마든지 다양하게 작성될 수 있다. 다양한 시나리오가 한데 뒤얽혀 복합적인 시나리오로 작동할 수도 있다. 그래서 이것은 비혁명의 혁명, 우연한 혁명, 재미있는 혁명, 축제가 될 수 있는 혁명이다.

7. 나오는 말: 결론을 대신하여

마음을 비우자 — 자녀교육에 대한 욕심을 버린다. 기본 공교육에 충실한다.

마음을 열자 — 다양한 교육의 가능성들을 받아들이자. 엘리트학교부터 대안학교, 그리고 홈스쿨링까지.

함께 손을 잡자 — 전 시민 · 학부모운동 시민단체들의 새로운 교육운동 관과 민이 함께 씨름하고, 타협하며 (교육부터 거버넌스 구축) 지역언론을 바로 세우자. 교사들이 새로운 운동을 시작하자. 시민-교육-언론-정치-기업까지 건강한 자치 공동체를 만들자.

자존심, 자부심, 꿈을 세우자 — 한국교육의 폐해를 벗어난 지역 교육의 기본을 회복한 지역. 건강한 학생대중과 함께 엘리트 학생들이 커 가는 교육 공동체. 학부모, 시민단체, 공무원, 교사, 학생, 정치인, 기업인들이 모두 함께 힘을 모아 성공한 교육중심 지역 공동체.

제 6 장

한국 경제위기와 희망철학

1. IMF 시대와 새 밀레니엄 사이

IMF 시대는 우리 국민들에게 갑자기 나타났다. 우리는 국민 소득 1만 불과 OECD 가입을 자랑하며 원어민 영어 과외 열풍으로 세계화에 박차를 가하고 있었다. 그리고 다가오는 21세기와 새 밀레니엄의 주인공임을 자각하기 시작하고 있었다. 그리고 바로 그러한 미래에 대한 밝고 투명한 비전을 앞다투어 제시하는 후보들이 불꽃 튀는 경쟁을 벌이는 대통령 선거 열풍에 휩싸여 있었다. 그렇게 화려하고 끝없이 하늘로 치솟는 발전을 구가하던 우리에게 어느 날 갑자기 IMF 한파가 재앙처럼 닥쳐 온 것이다.

(1) 유럽에서 맞은 IMF 시대

국내에서는 대통령 선거의 혼탁하고 가열된 분위기 때문에 IMF 구제금융의 충격마저 선거전의 소용돌이에 휘말려 버리고 있었지만, 해외 교민들은 추락할 대로 추락한 한국 정치현실에 이어 그나마 큰소리 치던 경제마저 뿌리째 흔들리게 되자 엄청난 충격을 받지 않을 수 없었다.

그동안 정말 성실하게 살아온 독일의 한국 교민들은 고국을 방문할 때마다, 그리고 해외 관광객들이나 몇몇 씀씀이 헤픈 유학생들을 볼 때마다, '우리 한국 사람들이 저렇게 살아서는 안 될텐데…' 하며 걱정을 하곤 했다. 안타까운 마음에서 고국의 가족들에게나마 걱정 어린 충고를 하면 '너희가 몰라서 그렇지 한국은 이제 수준이 달라졌다' 고 오히려 나무라곤 했다는 것이다.

내가 처음 독일에 유학왔을 때(1979년)에는 박정희 저격 사건과 12 · 12를 거쳐 1980년 광주학살의 생생한 장면들을 이곳 TV화면을 통해 목격해야만 했었는데, 우연의 일치이겠으나 이번에 연구차 다시 독일에 나와서는 국가 경제가 붕괴 위험에 직면하는 엄청난 광경을 다시 유럽인들의 보도를 통해 접하게 되었다. 이번의 경제위기는 물론 80년 광주민주화운동과는 전혀 성격과 차원을 달리하는 현상이다. 그러나 국가와 민족의 역사에 엄청난 파급효과를 수반하는 사건이라는 점에서 공통점을 갖는다. 그리고 그때나 지금이나 그 엄청난 재앙들이 천재가 아니라 인재라는 사실이 우리를 안타깝게 한다. 그때 신군부 세력에게 국가 권력을 넘겨 준 후 17년이라는 세월을 허송했듯이, 이번에 다시 재벌 · 언론 · 정치의 개혁과 법치질서의 확립을 이루어 내지 못하면 우리는 또 다시 10년 이상을 허송할 수 있다.

지금 우리는 깊고 험한 수렁에 빠져 허우적거리면서도 우리 국민들의 순수한 공동체정신에서 희망을 읽는다. 전국적으로 활활 타오르는 금모으기 운동의 열기에서 한국 국민의 단결심과 헌신성을 본다. 우리의 국민은 이렇게 순수하다. 그러나 순수함만으로 현실을 변화시킬 수는 없다. 우리는 역사로부터 냉엄한 현실의 구조와 논리를 배워야 한다. 1907년의 거족적인 국채반환 운동에도 불구하고 1910년에 한일합방을 당하고 말았다는 역사적 사실에서 우리는 뼈속 깊이 사무치는 교훈을 확인하게 되는 것이다.

진정한 희망은 위기에 대한 진지한 인식에서 나온다. 따라서 한국인의 희망의 철학은 먼저 위기의 철학이어야 한다. 우리는 몇 가지 기본적인 사실에 대한 확인과 점검을 통해 역사의 방향과 원칙을 지속적으로 확보해 나가지 않으면 안 된다.

(2) 새 밀레니엄의 전망

한국 국민이 경제위기의 극복을 위해 고뇌와 긴장으로 안간힘을 쓰고 있는 동안에도 물리적 시간은 어김없이 정확하게 흘러가고 있다. 1년 8개월만 지나면 21세기가 시작되고 새 밀레니엄이 시작된다. 우리는 발등에 떨어진 불을 끄는 작업에 충실해야 하지만, 그 일을 잘하기 위해서도 가끔 눈을 들어 먼 곳을 내다보고 미래를 향한 방향을 확인하지 않으면 안 된다.

1) 헌팅턴의 미국주의

동서대립이 끝난 이후 가장 많이 주목받고 인용되는 정치 이론서 중 하나가 헌팅턴(S. P. Huntington)의 『문명의 충돌』(*Clash of Civilizations*, 1996)이다. (영어권과 달리 '문명'과 '문화'의 개념을 보다 분명하게 구분하여 사용하는 독일에서는 이 책을 『문화들의 투쟁』(*Kampf der Kulturen*)이라고 번역했다.) 최근에 한국에서도 번역서가 나왔고, 작년에는 인문과학 잡지에서 이 주제를 집중적으로 다루기도 했다. 헌팅턴의 책이 주목받는 이유는 사회주의권의 붕괴 이후 세계의 새로운 대립 전선을 선명하게 제시하고, 그가 제시한 도식이 현실 세계에서 구체적인 사례로 나타나고 있다고 생각되기 때문이다. 그가 제시한 대립 구도는 서양 기독교 문화권과 이슬람 등 기타 문화권 간의 충돌이다. 그의 이러한 주장은 이슬람 근본주의의 돌풍(이집트, 알제리 등에서의 테러리즘과 학살)과 전 유고연방의 내전 등에 직결되어 많은 사람들에게 적확한 예언으로 받아들여지고 있다.

특히 밀레니엄의 전환기를 맞아 보다 큰 단위의 역사와 세계 문화의 변화에 대한 관심이 고조되고 있다는 것도 그의 책이 잘 팔리는 하나의 원인이다. 그러나 전문가들은 헌팅턴의 문화론이 갖는 취약성을 신랄하게 파헤친다. 취약성이라기 보다는 오히려 사악성이라고 표현하는 것이 맞는 말일 것이다. 그는 거시적인 시대문명을 다루는 듯이 보이지만, 사실은 미국의 국익을 강조하는 하나의 전략을 내세우고 있으며, 그것도 지극히 폐쇄적이며 배타적인 것이기 때문이다.

그나마 헌팅턴의 주장이 공헌한 바가 있다면, 그가 미국정부에게 전 세계에 대한 유일 지배권력의 욕구를 포기하라는 말이다. 그러나 그의 이 긍정적일 수 있는 주장은 곧바로 미국의 국익을 지키고, 미국과 유럽의 기독교 문화권이 하나로 뭉쳐 이슬람 문화권을 비롯한 여타 문화권에 대항할 준비를 해야 한다는 공격적 방어 논리로 이어지고 있다.

2) 바버의 공동체주의

역시 미국의 정치철학자인 바버(B. R. Barber)는 헌팅턴이 종교 문화를 기준으로 문화론을 편 것과는 달리 자본주의 문화와 근본주의 종교 문화를 대치시키는 구도의 또 다른 문화론을 편다(『쥐하드 대 맥월드』(*Jihad vs. MacWorld*, 1995)). 헌팅턴의 이론이 이슬람 문화 전체를 적대적으로 표현하는 것에 비해 바버는 비민주적이며 근본주의적인 일부 테러적 이슬람 종교단체와 마찬가지의 속성과 경향 — 바버는 이를 "쥐하드"(성스러운 전쟁)라고 표현한다 — 을 가진 세력이 미국 내에도 엄존한다는 사실을 실증적으로 보여 준다. 백인 미국인들의 극우 기독교 세력이 바로 그런 테러적 근본주의의 경향을 갖고 있다는 것이다. 이념적 대립 구도를 상실한 20세기 말 인류 사회를 "맥월드"와 "쥐하드"라는 두 개의 극단적인 부정적 문화현상의 대립구도로 분석하는 바버는 기술과 정보로 무장하고 엄청난 물량으로 전 세계의 소비자를 덮쳐 오는 세계자본의 초현대적 문화 세계인 맥월드 — 맥도날드, 코카콜라, 매킨토시, MTV로 상징되는 — 의 지배를 인류가 당한 최대의 문제로 파악한다. 바버는 미국 사회가 '국가'와 '개인'(사적인 관심의 주체)으로만 구성되어 있을 뿐 공공의 영역인 민주적 '사회' 영역을 결하고 있다고 비판한다. 그리고 미국뿐만 아니라 전 세계가 바로 이러한 민주적 시민 사회의 확대와 공공영역의 확보를 통해(민족적, 종교적 근본주의의 테러리즘을 통해서가 아니라) 다가오는 세기의 근본 문제들을 극복해야 한다고 주장한다. 헌팅턴의 국가(또는 종교 문화) 쇼비니즘적인 해법과는 달리 민주적 시민 사회의 확대와 공공영역의 확보를 통한 해법을 강조하는 바버는 개인의 자유와 권리를 우선시하는 자유주의에 반하여 공동선을 강조하는 공동체주의자이다.

(3) 미래와 희망

이상에서 보는 대로 세기의 전환기에 인류의 문화를 분석한 두 미국학자는 전적으로 상이한 분석의 틀과 해법을 보여 주고 있다. 한국에서 헌팅턴은 크게 소개되고 번역되었지만 바버는 알려지지 않고 있다. 그러나 독일에서는 바버의 책도 곧바로 번역되었다. 이러한 균형잡힌 시각은 우리에게 좋은 본보기이다. 한국에서는 21세기 인류의 문제에 대한 관심을 유보한 채 당분간 경제위기의 극복문제에 주력할 수밖에 없게 되었지만, 아시아 이외의 여타 세계에서는 지금 열심히 인류의 미래를 준비하고 논의한다. 차제에 우리는 우리가 그동안 관심갖고 논의해 온

주제와 방식들은 적합했는지 점검해 볼 필요가 있다. 그리고 우리가 시련을 넘어 희망으로 나아가는 현재의 경험을 소중한 자산으로 삼아 우리의 미래와 세계의 미래를 준비해야 할 것이다.

위기는 또 다른 기회이다. 위기와 시련은 커다란 깨달음을 수반하기 때문이다. 그런데 우리는 위기의 악순환을 반복하고 있다. (지금도 우리는 다시 지방선거를 앞두고 쓸데없이 들뜨거나 어떤 사건에 매몰되어 주요 개혁 과제를 놓치는 우를 범하지는 않는지 돌아보아야 한다.) 이제는 그 고리를 끊어야 한다. 그럴 수 있기 위하여 우리는 삶의 태도를 새롭게 다잡지 않으면 안 된다. 일상적이고 지속적으로 우리는 차분하고 원칙대로 살아가는 삶의 태도를 견지해야 한다. 먼저 긴 안목과 깊은 성찰로 올바른 방향과 원칙을 세워야 하고, 그리고는 어렵더라도 오늘 땀흘리는 한 걸음을 내딛어야 한다. 희망의 철학은 바로 그 발걸음 자체이다.

2. 유럽을 보며 한국을 생각한다

한국 사회가 안고 있는 문제들과 해결해야 할 과제들은 유럽 사회의 경우와는 차원을 달리한다. 그러나 이들이 지향하는 가치와 그것을 추구하는 태도는 우리에게도 시사하는 바가 크다.

(1) 지금 유럽에서는

유럽인들 자신은 물론 전 세계인들이 현재 유럽에 대해 관심을 기울이는 것은 유럽연합(EU) 문제이다. 오는 5월 초 유럽 단일통화에 대한 결정 이후 99년부터 3년 간의 시험기간이 끝나면 유럽은 경제적 통합을 실현시키게 되고, 21세기에는 정치적 통합까지 이루게 될 것으로 예상된다. 민족이나 국가의 경계를 넘어 하나의 경제 및 정치 공동체를 구성한다는 것은 인류가 공존과 평화를 실현시켜 나가는 현실적인 실천 과정이 될 수 있다. 유럽연합은 경제적 일상생활을 직접적으로 결정하는 공동체이고, 정치적인 문제들도 훨씬 구체적인 부분에 다다른다는 점에서 국제연합(UN)보다는 한 단계 더 나아간 국가연합 조직이다. 유럽의 국가들이 이러한 큰 단위의 경제정치 공동체를 성립시킬 수 있었던 것은 오랫동안 경제협력과 정치 외교적 협력관계를 증진시켜 왔기 때문이며, 무엇보다도 각 나라들이 정도의 차이는 있으나 꾸준히 민주주의를 발전시켜 왔기 때문이다.

그런데 유럽인들은 지금 이러한 원론적인 의의를 인식하고 모두들 좋아하기만 하는 것이 아니다. 오히려 시민 사회의 성장과 민주주의의 발달로 유럽연합이 훌륭하게 발전할 것이라는 낙관주의에 이의를 제기하는 사람들이 많다. 특히 그들은 유럽연합이 진정한 참여 민주적 의회주의를 확보하지 못하고 관료들에 의한 새로운 권위주의로 전락해서는 안 된다고 강조한다. 유럽인들은 개별 국가와 유럽연합의 크고 작은 문제들에 대해 끊임없이 논쟁한다. 전문가들과 정치인들이 시민들과 마주 앉아 쉬지 않고 토론하며, 언론은 이러한 토론을 조직하기도 하고 그 내용을 충실하게 전달하기도 한다. 일반 시민들의 의견은 여론조사를 통해 꾸준히 파악되고 이는 정책 결정에 반영된다. 환경운동 단체를 주축으로 한 수많은 시민운동 단체들로 구성된 녹색당은 여러 지역에서 지방정부의 공동집권당으로 자리 잡고 있다. 현실적 이해관계에 물들지 않고 원칙에 충실한 정치조직이면서도 그만큼 현실적인 대안을 정책으로 내놓고 있다는 증거인 것이다. 오는 9월 총선이 있는 독일은 특별한 이변이 없는 한 보수연합의 콜(Kohl)정부에서 사민당의 슈뢰더(Schroeder) 총리 체제로 정권이 교체될 전망이다. 그리고 그 예상 각료 명단에는 몇몇 녹색당 지도부와 특히 다수의 여성들이 들어 있다.

이처럼 우리가 부러워하고 지향해야 할 사회적 수준을 확보한 유럽에서도 몸살을 앓는 문제들은 한두 가지가 아니다. 실업의 문제가 가장 직접적인 관심의 대상이며(90년대 전반기까지 지배적인 주제였던 포스트모더니즘문제에 이어서 지금은 "21세기의 노동세계" 문제가 사회과학의 주요 논제가 되고 있다), 범죄의 증가와 미국식 소비 문화의 범람 또한 많은 뜻있는 이들의 걱정거리다. 내가 독일에 나와 있는 8개월 동안에만 6-7건의 비상식적인 살인사건(연이은 어린이 성폭행 살해, 목사의 가족 살해 등)이 발생했다.

전 대통령 바이체커(Richard von Weizsaecker)의 자전적 평론집과 함께 작년부터 지속적으로 베스트셀러 목록에 오르는 시사평론집이 있다. 정치학박사로서 오랫동안 여성 언론인으로 활동해 온 「디 차이트」 신문의 전 발행인 된호프(Marion Graefin Doenhoff)의 『자본주의를 문명화시켜라』가 그것이다. 그녀는 이 책의 마지막에 11개의 간단한 명제(Thesen)로 독일(유럽) 사회를 진단한 평론을 실었다. 그 내용 중 몇 가지만 요약해 보면 다음과 같다: (명제 3) 개인과 사회에 요구되는 가장 중요한 것은 절제(Masshalten)이다. 그런데 오늘날의 구호는 극대화(Maximierung)뿐이다. 더 많은 자유, 성장, 이윤만 추구된다. 이는 연대와 책임의식을 불가능하게 한다. (명제 7) 성장은 또 다른 빈곤을 수반한다. 우리는 국가적 채무를 통해 다음 세대의 자산을 사용하고 있고, 우리만의 사회 복지를 너무 많이 증진시키는 바람에 다른 나라들과 다른 공동체들이 붕괴 직전에 놓여 있다. (명제 9) 우리에게 있어서 민주주의를 훼손하는 것은 극우 그룹들이 아니라 시장경제와 그 무한한 자유이다. 지금처럼 나아간다면 10년 후에는 자본주의도 마르크스주의와 마찬가지로 침몰하게 될 것이다. (명제 10) 정치는 처방을 내리지 못하고 있다. 해결을 위해서는 판단기준과 사회 분위기, 즉 사람들 자체가 변해야 한다. 법과 행정조치만으로는 안 된다. 시민들의 법의식이 깨어나야 한다. (결론) 모든 것은 사람들, 즉 우리 개개인의 관심과 참여에 달려 있다.

특히 우리를 부럽게 하는 것은 이러한 책 — 새롭고 풍부한 지식이나 도발적 문제제기가 아니라 원론적인 주장들만 담고 있는 — 이 베스트셀러가 되고 있다는 사실이다.

(2) 통일 독일에는 통일된 문화정책이 없었다

통일 후 8년째를 맞는 독일은 동쪽 지역과 서쪽 지역 간의 사회적 격차 문제가 중요한 사회문제요, 따라서 선거의 해에 주요 정치 이슈로 떠올라 있다. (지난 4월 26일에 있었던 작센 안할트 주의 선거 결과는 하나의 쇼크로 기록되었다. 새롭게 조직된 극우 세력인 "독일인민연합"(DVU)이 12.9%를 차지했다. 그것은 거의 전적으로 현 집권당 CDU의 표(-12.4%)를 빼앗아 간 것이다.) 양쪽 지역의 주민들이 서로를 (그리고 자신을) 비하하면서 '동쪽내기들'(Ossies), '서쪽내기들'(Wessies)이라는 표현을 쓰기까지 한다. 여기에는 무엇보다도 경제문제가 핵심 요소로 작용한다. 사회적 격차를 단적으로 보여 주는 것은 실업율의 차이(동쪽 대 서쪽 30%:10%)이다. 특히 동쪽 지역의 주민들은 적어도 실업의 문제는 거의 경험하지 않다가 갑자기 하루 아침에 거리에 나앉는 격이 되어 무방비 상태에서 재앙을 당하듯 충격이 클 수밖에 없다. 그뿐만 아니라 통일이 되자마자 정신도 차리기 전에 서쪽 사람들이 와서 많은 재산 상의 손실을 입히고, 전적으로 새로운 소비 위주의 생활문화를 확산시켜 놓았다. 국가와 사회의 모든 제도들이 하루 아침에 중앙집권적 체제에서 지방분권적 체제로 바뀌고, 서쪽의 정당들이 주도하는 정치 문화로 단번에 편입되었다. 이러한 과정에서 동쪽 지역의 주민들은 삶의 패턴 자체가 뿌리째 흔들리게 되었고, 정부 여당의 정치지도자로부터 동쪽 지역의 젊은이들까지 모두가 기대했던 '복지국가로의 비약'이라는 장미빛 희망이 현실 속에서 전혀 실현될 기미를 보이지 않으면서 동쪽 지역과 서쪽 지역 사이에는 메꾸기 힘든 심연이 생기게 된 것이다.

장기간 분단국가로 살아온 독일민족이 통일을 이룬 후 문화적 단절을 효과적으로 극복하기 위해서, 그리고 새로운 제도의 도입에 따른 생활방식의 변화와 특히 통일 독일의 국민들이 가져야 할 미래에 대한 공통된 비젼의 형성을 위해서, 연방정부 차원의 문화정책이 당연히 필요했다. 그러나 통일 독일에는 통일된 문화정책이 없었다. 본래 서독에는 문화부가 주정부에만 있고 연방정부에는 없다. 흡수통일이라는 용어가 말해 주듯, 통일 독일의 모든 제도는 서독의 제도를 그대로 따랐다. 동독에 있었던 중앙문화부(Kultuszentrale)는 없어지고, 주정부에만 문화부가 설치되었다. 통일성이 없고, 총체적 전망이 결여된 채, 통일이라는 엄청난 변화 이전에 서쪽의 주정부가 개별적으로 펼쳐 온 문화정책을 그대로 답습한 것은 통일 후 독일이 후유증에 시달리게 된 주요 원인 중 하나임이 틀림없을 것이다. 그러나 사민당의 한 중견 정치인은 최근 슈피겔지와의 인터뷰에서 중앙문화부 설치 주장은 '웃기는 애기'라고 일축한다. 그가 그렇게 주장할 수 있는 것은 그것이 독일 국민의 정서와 일치하기 때문이며, 바로 이 지점이 우리가 그들을 상당히 멀게 느끼게 하는 맥락이다.

(3) 독일 사회와 한국 사회의 차이

우리는 지금 한편으로 급격히 좁아지고 있는 지구촌을 경험한다. 전 세계의 다양한 문화들이 긴밀히 교류하고 혼합되며, 특히 전일적인 소비

상품 문화가 휩쓸고 있음을 목격한다. 그러나 다른 한편으로 우리는 동양과 서양의 간격이 여전히 크고 깊음을 확인하게 된다. 우리처럼 오랜 기간 중앙집권적 정치 체제를 유지해 온 입장에서 보면 연방제의 전통을 가진 독일은 너무 분산적이어서 때로 이 사회가 마치 무정부적이라는 느낌을 받기도 한다. 반대로 독일인들은 우리 사회가 자주 전체주의적이라는 느낌을 받을 것이다. 독일이 중앙문화부를 기피하는 것은 나치정권 아래에서 엄청난 폐해를 가져왔던 독일 문화이데올로기에 대한 공포가 그 배경에 있기도 하다. 따라서 우리는 서로 다른 역사적 맥락을 고려하면서 바람직한 공동체, 합리적인 시민 사회의 모색을 위해 경험을 교환할 필요가 있는 것이다.

독일인들은 나치 시대의 문화이데올로기(독일민족 우월주의)에 대한 끔찍한 경험 때문에 민족주의를 지나칠 정도로 경계하고 섣부른 통일을 반대해 왔었다. 그에 반해 건강한 민족주의를 강조하고 민족의 통일을 7천만 겨레의 "소원"이요, "지상과제"로 설정하고 있는 우리는 아직도 남북의 국민들 사이에 애증이 어지럽게 뒤엉켜 있고, 기초적인 외교 원리도 활용하지 못한 채 적대감과 혼란만 자리 잡고 있다. 독일에 사는 사람들은 통일에 뒤따르는 문제들이 얼마나 많은지 피부로 느낀다. 이른바 통일 비용이라는 것이 너무도 엄청나기 때문에, 심지어 독일의 한 신문기자는 만약 한국이 현재 상태로 통일이 된다면 경제적 부담을 이기지 못해 붕괴되든지 그것을 피하려면 다시 분단하는 길밖에 없을 거라고 보도하기까지 했다. 그런데 남한과 북한정부는 이 막중한 과제의 실현을 위해 성실한 한 걸음을 내딛기 보다는 오랫동안 서로 상대방을 국내 정치에 악용하려는 음모만 꾸며 왔음이 안기부 북풍 조작 사건을 통해 드러났다.

(4) 21세기와 공동체의 한계

1972년에 『성장의 한계』라는 보고서를 낸 이후 세계의 주요 변화와 문제를 진단하는 대표적 기관으로 자리 잡은 로마클럽이 지난해에는 『공동체의 한계』라는 새로운 보고서를 발간했다. 앞의 책이 경제성장과 산업화로 자원의 고갈과 환경의 파괴를 가져온다는 점을 부각시켜 전 세계에 널리 읽히고 대단히 많이 인용되었다는 것은 주지의 사실이다. 이번에 발간된 책은 세계 여러 나라에서 겪었거나 겪고 있는 가치 및 규범의 갈등을 다루고, 이들 갈등이 사회 공동체의 응집력을 훼손하여 결국 공동체의 유지를 불가능하게 할 소지가 있음을 일깨운다. 이 보고서는 21세기 인류 사회의 문제들을 예진하고, 그 해결의 모형을 추구하고 제시하는 작업을 하고 있다. 11개 나라에 대한 분석에서 시민 사회의 형성이 갖는 중요성과 또 그 한계를 보여 주고, 민주주의가 발달하지 않고 종교적, 계급적 위계질서가 지배하는 비서구 사회에서 관용과 민주성의 확보가 어떻게 가능하며, 민주주의 이외의 갈등 해소 방법에 대한 관심을 보인다. 무엇보다도 갈등 해소를 위한 매개기관들(의사소통 구조들)의 현황을 소개하고 그것들의 강화와 새로운 창출을 강조한다.

이 연구 보고서가 보여 주는 것은 세계의 여러 나라가 안고 있는 갈등의 내용과 양상은 다 각각 다르고, 그 해결의 길도 구체적으로는 서로 다를 수밖에 없지만, — 각 사회의 문화적 배경, 민주주의의 정착 정도, 시민들의 이론 의식과 실천 의지 등의 차이 때문에 — 그러나 공동체의 유지, 민주주의, 시민참여, 올바른 역사적, 사회적 (책임)의식이 기본 전제가 된다는 사실에서 공통점을 갖는다.

이 책에서 다루고 있는 일본(정치와 경제에 밀린 평화주의 및 환경운동)과 대만(환경운동), 그리고 최근 독일(통일 후 실업문제로 시민운동권의 주장 약화)의 예에서 드러나듯이, 경제가 어려워질 때는 규범 갈등에 따른 토론과 매개의 과정이 허약해지고, 이는 공동체의 불균형 발전으로 이어진다. 현재 한국의 국제통화기금 구제금융 상황이 금융실명제와 토지공개념마저 허물어 버리고 있고, 정치발전과 (시민) 사회운동마저 약화시킬 우려가 있는 것도 같은 맥락이라 하겠다. 부지불식간에 다가오는 이러한 부정적인 경향에 대한 문제의식을 놓치지 말아야 한다.

(5) 한국 정치의 어제와 내일

통 큰 역사가는 우리 국민들이 김영삼 문민정부를 비판하지 않고 내버려 두어 결국 그 부패와 무능이 드러나게 함으로써 정권교체를 가능하게 했다고 칭찬할지 모른다. 그러나 우리가 언제까지나 통 큰 역사가에게만 의존해서는 안 될 것이다. 김대중정부가 제2의 실패한 문민정부가 되지 않게 하고, DJT연합에 의해 탄생한 김대중정부가 제2의 "3당야합" 정권이 되지 않게 하기 위하여 국민들은 비판하고 감시하고 선별하여 지원해야 한다. 그리하여 무모하게 통이 큰 대신 상식적 합리성을 가진 정상적인 사가가 객관적인 평가를 통하여 한국 사회가 시민들의 힘에 의해 민주적 발전을 앞당겼다고 기록할 수 있어야 한다.

1) 문민정부의 역사적 과오

문민정부에 대한 비판은 한보청문회 때 절정에 달했었고, IMF 재앙 이후로 김영삼은 아직 현직 대통령으로 있으면서도 더 이상 비판의 대상조차 안되는 초라한 모습으로 전락하고 말았다. 그러나 문민정부는 이제부터 역사적 심판을 받지 않으면 안 된다. 아직도 사법적 심판의 대상으로 떠오르고 있지만, 문민정부의 역사적 과오는 그보다도 훨씬 크고 깊을 수밖에 없다. 문민정부는 이른바 태생적 한계 때문에 불안한 출발을 했고, 작은 기대 속에서 출범했다. 그런데 김영삼 대통령이 작은 기대만 가졌던 국민들에게 획기적으로 큰 기대를 갖도록 만들면서부터 역사적 과오의 틀을 크게 짜기 시작했다. 그는 정태수에게 처음부터 단단히 발목이 잡혀 있으면서도 기업 돈을 한푼도 받지 않겠다고 거짓말을 하기 시작했고, 표적사정을 일삼으면서 변화와 개혁을 외쳤으며, '인사가 만사'이므로 마음을 비운채 인재를 등용하여 자신의 개인적 무능을 보충하겠다더니 실제로는 행정 · 입법 · 경제분야를 넘어 군부와 정보부서에 이르기까지 국가의 모든 핵심 권력을 일 개인인 아들에게 맡겨 놓는 어처구니없는 일을 저지르고야 말았다.

문민정부의 과오는 IMF 위기를 자초하여 지금 온 국민이 도탄에 빠져 고통과 불안 속에 살고 있다는 것이 그 명백한 증거이다. 그러나 문민정부는 국민정신에 일대 타격을 입혔다는 점에서 무엇보다도 큰 책임을 져야 한다. 문민정부가 차라리 태생적 한계 내에서 정권을 유지했더라면 국민들이 새삼스런 기대와 희망을 갖지 않았을 것이다. 그런데 겉으로는 사정과 개혁으로 변화와 발전에 대한 신뢰와 희망을 갖게 하고, 속으로는 권력의 남용과 정치적 구태를 유지했다. 심지어 공과 사를 분별하지 못한 대통령 부자의 전근대적인 행태로 가문과 국가를 동시에 망가뜨리는 결과를 초래하고 말았다. 민주주의, 사회 정의, 민족 통일 등 국가와 민족의 미래지향적 가치의 실현에 대한 국민적 기대를 저버리고 국민들을 좌절감에 빠지게 만들었다. 국민들이 섣부른 기대를 갖지 않았다면, 지속적으로 민주주의와 사회정의를 요구하며 장기적인 안목에서 꾸준히 노력하는 자세를 견지했을 것이다. 그런데 신뢰감을 회복한 국민들이 정부에게 기대하며 위탁해 놓고 있는 사이에 정부는 국민을 배반했고, 이는 엄청난 좌절과 허무주의를 가져 왔다. 다행히 정권을 교체해 놓긴 했으나 국민들은 문민정부 실책의 직접적인 폐해 속에서 밤낮없이 허덕이고 있는 실정이다.

2) 국민정부와 국민의 임무

국민정부(가)를 문민정부(나)에 대비시키는 것을 불쾌하게 생각할 사람도 있고(가>나), 문민정부와 국민정부는 오십보 백보라고 생각하는 사람도 있을 것이다(가=나). 몇 가지 사항에 대한 개괄적인 비교는 문민정부와 국민정부의 유사성을 잘 보여 준다. 수구 세력과 개혁 세력의 결합, 비민주적 정당들의 비민주적 결합, 지역 감정에 의한 지역 분할구도의 물리적 결합, 권력 핵심부(대통령과 내각)의 개혁 정체성 결여 등이 그것이다. 그럼에도 불구하고 우리 국민들은 누더기가 된 문민정부보다는 이제 막 출범한 국민정부가 훨씬 나은 정부라고 규정하고 싶어 한다. 그러나 출범 초기의 국민정부는 야당연합으로서 정권을 교체했다는 훌륭한 역사적 의의(이 의미는 큰 것이다. 그러나 그것만으로 국민정부에 많은 기대를 걸게 하지는 않는다) 외에는 대통령 개인의 역량과 반면교사(실패한 문민정부)를 더 가지고 있을 뿐이다. 그렇다면 국민정부는 정말 기대할 것이 없는 정부인가? 그렇지 않다. 국민정부는 아직 완성형이 아니다. 국민정부는 국민이 참여해서 그 내용을 채워갈 여지가 아직 80%이상 남아 있다. 문민정부 못지않게 열악한 조건에서 탄생한 국민정부지만, 국민이 나서면 문민정부와는 차원을 달리하는 훌륭한 정부로 키워 낼 수 있다.

국민이 나서서 수구 세력을 무력화시키고, 올바른 개혁정책을 수행하도록 요구해야 한다. 현재의 여야에 아직도 절대 다수를 차지하고 있는 무자격 정치인들(군사독재 잔존 세력, 돈으로 의원뱃지를 산 사람들, 보스에게 충성만 하다가 시혜로 자리를 얻은 사람들, 철새정치인들, 부정비리 정치인들)이 물러갈 수밖에 없도록 새로운 정치질서, 새로운 법치질서를 요구해야 한다. 그리고 이러한 국민의 요구를 성실하게 반영할 언론을 확보해야 하고, 그러기 위해 먼저 언론 분야의 과거청산과 개혁을 요구해야 한다. 이렇게 국민이 참여하고 개입하면 국민정부는 문민정부와는 비교가 안되는 훌륭한 정부가 될 수 있다. 사실 문민정부의 과제는 문민개혁을 성공적으로 수행한 후 보다 진보적이고 합리적인 정치 세력을 육성시켜 놓고 물러가는 것이었다. 그런데 문민정부가 완벽하게 실패하고 말았으니, 그 과제는 다시 국민정부로 넘어 올 수밖에 없는 것이다. 다시 말하면 국민정부의 과제도 바로 이 기초를 놓는 작업 이외에 다른 것이 아니라는 것이다. 이것을 이룩한 후에야 우리는 변화와 발전을 기대할 수 있는 것이다. 과거 문민정부 때 그렇게 했어야만 했듯이, 지금 국민정부 시대에도 국민이 나서서 참여함으로써만 이 기본 과제를 제대로 수행할 수 있다. 따라서 국민정부에 대한 기대와 그 결과는 거의 전적으로 국민들 자신에게 달려 있다고 해도 과언이 아니다.

(6) 값싼 희망노래를 파기하자!

–진정한 희망의 창출을 위하여–

우리도 1년 전에는 21세기로 나아가는 길목에서 탈현대와 초현대를 노래하고 있었다. 그러다가 6개월 전부터는 갑자기 20세기 초반의 대공황을 주목하고 걱정하는 신세가 되었다. 그러나 우리는 현대를 벗어났기 때문에 탈현대를 말한 것은 아니었다. 전근대적인 재벌(족벌 체제, 문어발 확장, 로비와 특혜로 유지)과 전근대적인 정치권력(사정 · 정보기관의 탈법적 악용, 무자격 정치인들이 판침, 비민주적 정당운영) 그리고 전근대적인 언론권력(언론재벌, 기회주의, 선정주의)이 초현대적인 무기로 무장한 채 탈법적이고, 전근대적인 혈맹을 맺고, 우리 사회를 지배하고 있었다. 그것을 깨뜨리려는 민중 세력과 시민 세력의 지속적인 운동이 있어 왔지만 역부족이었다. 그러나 한국의 사회운동 세력은 결코 힘이 약한 것이 아니다. 지배집단이 휘두르는 비이성적 물리력이 너무

켰을 뿐이다. 그리고 이와 같은 비이성의 주도에도 불구하고 한국 사회는 민중 · 시민 세력이 지향하는 방향으로 조금씩 나아가고 있고, 개혁과 발전을 말할 때는 언제나 민중 · 시민 세력이 제시하는 요구와 방향이 기준이 되고 있다. 한국이 비서구국가이면서 서구국가들 못지않게 시민 사회의 형성을 위한 기반을 확보한 것은 곧 민중 · 시민 세력의 민주화운동, 생존과 인권 그리고 민족통일을 위한 투쟁 때문이다. 서양 사람들이 민주주의 전통을 자랑하며, 한국에서 터져 나오는 전근대적인 문제들(정치, 경제, 사회 분야)에 조소를 보내다가도, 민중운동과 시민운동의 실체를 알자마자 존경과 격려를 보내며 바로 거기에 한국의 희망이 있음을 인정할 만큼 우리의 민중 · 시민 세력은 훌륭하다.

대량실업과 생활난은 우리의 마음을 조급하고 각박하게 만든다. 범죄도 늘어나고 자포자기하는 사람들도 계속 늘어날 것이다. 그러면 어김없이 사이비 종교들이 활개치고, 기성 종교들도 평소에 내포하고 있던 사이비 종교성을 더욱 발휘할 것이다. 시민정신과 공동체정신은 점점 사라지고 천민적 자본의 위력과 사이비 정치 세력의 득세만이 우리 사회를 지배할 것이다. 외환부족 현상이 잠시 나아지는가 싶으면 순식간에 다시 무절제한 소비 생활로 돌아서는 일부 국민들의 정신자세가 바뀌지 않는 한 우리 사회는 희망이 없다. 북한의 식량위기와 남한의 외환위기를 통해 하늘이 우리 민족에게 내린 절대절명의 교훈을 7천만 민족이 겸허히 받아들이지 않으면 안 된다. 우리의 철학과 정신, 역사 · 사회의식, 삶의 자세 자체가 대 전환을 이루지 않으면 안 된다. 값싼 희망노래를 파기하고, 뼈를 깎는 노력으로 진정한 희망의 미래를 개척해야 한다.

제 7 장

신자유주의와 생활문화 양식의 변화

— 한국 사회 그리고 전북 지역을 중심으로

1. 들어가는 말

우리의 일상은 크고 작은 많은 일들이 얽히고 설켜 끊임없이 변화하며 이어진다. 우리 사회는 특히 중앙 집중적인 여론 형성 매커니즘에 의해 전국민적 관심 이슈가 꼬리에 꼬리를 무는 방식으로 이어지고 있다. 1999년에는 고급옷 로비 사건이 일년 내내 여론의 중심 주제로 자리 잡았고, 연말에는 밀레니엄의 전환에 따라 새천년과 21세기에 대한 전망들이 쏟아졌다. 그리고 새해에 들어서면서부터 총선이 핵심 주제가 되었고, 정치권과 시민 세력의 대결이 3개월이나 이어졌다. 그리고 선거가 끝나자마자 온통 관심은 남북정상회담에 집중되었다.

이러한 사실들이 말해 주듯이 우리 국민들은 정치에 지나치게 관심이 많다는 인상을 준다.

국민 개개인이 자신들의 일상적 업무와 사생활보다 중앙의 정치와 정치인 · 경제인들에 대해 관심을 갖고, 정당의 당원은 아니면서도 특정 정당에 대한 호 · 불호의 감정을 강하게 표출하며 살아간다.

정치와 경제는 사회를 이끌어 가는 핵심 영역이다. 따라서 사회의 구성원들이 이들 영역에 관심을 많이 갖는 것은 필요하고 좋은 일이다. 그러나 그것이 알차고 내실 있는 관심과 참여인지, 아니면 중앙 언론의 이슈화에 따른 감정적 부화뇌동인지에 따라 평가는 달라질 수밖에 없다.

우리 국민들은 병역 비리나 고액과외, 그리고 사치품 구입 등에 대해 아주 민감한 반응을 보인다.[1] 이것은 특권층에 대한 반감이고, 상대적 박탈감에 대한 보상 또는 반발 심리이다. 그러나 이러한 현상들을 야기시키는 사회 · 경제적 구조에 대해서는 지속적이며 성실한 관심을 보이지 않는다.[2] 전 국민적인 힘으로 정치 개혁, 경제구조의 개혁, 그리고 지역주의 청산을 이루어 내지 못하는 것은 바로 이러한 맥락과 연관된다.

우리의 일상적 생활 문화는 잘 정리가 되지 않고, 너무 많이 헷갈린다. 정치인, 경제인, 지식인, 그리고 언론인들이 입만 열면 21세기와 새 천년을 말하고, 정보혁명의 시대 · 지식기반 사회를 말하는 오늘날 신자유주의와 세계화이데올로기가 우리의 생활문화 양식을 어떻게 바꿔 놓고 있는지 감이 잡히지 않는다. 그러나 차분히 뜯어보면 그 구조가 보인다. 우리는 그것을 보아야 하고, 필요한 것부터, 그리고 너무 당연한 것부터 먼저 고치고 해결해 나가야 한다.

---

1 국민들이 민감한 반응을 보이는 주요 시안에 대해 정치권과 언론계는 문제의 근본적 해결과 재발방지 제도 마련을 위해 노력해야 한다. 그러나 그들은 문제의 해결에는 관심이 없고 문제의 폭로와 선정적 이슈화에만 골몰한다. 그리고 당리당략만 추구하는 정당들의 행위를 막아야 할 사법부는 여전히 권력에 좌지우지되고 있다.

2 정치와 언론이 선도하지 못하면 국민들이 스스로 깨닫고 나서야 한다. 그럴 수 있기 위해서는 구조를 보아야 하고, 문제의 개선을 위한 실천에 참여해야 한다. 이것이 시민정신이고, 참여민주주의의 출발이다.

2. 우리의 일상 생활문화: 혼돈스런 몇 가지 단면들

인터넷을 모르면 현대인이 아니고, 핸드폰이 없으면 현대인이 아닌 것 같다. 쇼핑도 인터넷으로 하고 은행 업무도 인터넷으로만 한다. 그러나 그것이 전국민적인 생활 양식인가? 아니다. 다만 TV광고에서만 그렇다. 물론 빠른 속도로 모든 사람의 생활 양식화해 갈 것이다. 그런데 대통령이 나서서 세계 최고 수준의 컴퓨터 보급을 약속하고, 자연스레 추세를 넘어 인위적으로 인터넷 시대를 지나치게 앞당기려는 것은 바람직한가?

(이른 바 "국난"이라는 외환위기 속에서 핸드폰 로열티가 매년 3천5백억 원, 컴퓨터 로열티가 1,000억 원 이나 된다고 한다.) 인터넷 인구의 분포는 어떤가? 학자들과 기업인들, 공무원들과 사회단체들을 제외하면 인터넷은 정상적인 업무와 생산적인 정보의 교류보다는 채팅, 게임, 그리고 주식투자를 위해 사용하는 청소년, 청년, 주부들이다. 심지어 채팅을 통해 유인 성매수(원조교제)를 하는 사람들, 게임 대신 도박을 하는 사람들, 토론 대신 욕지거리나 늘어놓는 사람들이 허다하다.

정부와 언론이 한목소리로 외치는 구호는 '지식기반 사회를 만들어야 한다'는 것이다. 그러나 실제로 채택하고 있는 정책은 무엇인가? 체계가 없고, 전망이 없는 일시적이며 전시적인 사업들 위주다. 이름도 멋진 "두뇌한국 21"이라는 교육부 사업은 7년이 지나면 끝이다. 그렇게 해서 통계적으로 세계 100위권 이내에 들어가는 대학이 한국에 몇 개 있다고 잠시 기록되는 일이 무슨 의미가 있는가? 세계적인 기업이라고 자랑하는 한국의 재벌기업이 노조활동을 금지하여 세계적인 망신을 당하던 일이 몇 년 전의 일인데, 교수협의회를 불허하는 한국정부가 무슨 교육의 세계 일류를 말하는가?[3] 사학 재단의 문제들은 더 형편없다. 학생등록금을 횡령하고 광주예술학대학을 폐교시킨 서남대 재단이 폐교 후 재산을 챙기고 새로운 분교를 세우며 교수협의회 임원들을 해직하는 어처구니없는 일이 지금도 버젓이 일어나고 있다.[4]

정부와 언론은 또 '세계 일류국가로 나아가야 한다(=나아갈 수 있다)'고 외쳐댄다. 한국인들에게는 1등 콤플렉스(일류국가, 선진국)가 있다. 유치원부터 대학까지 교육 과정 자체가 1등과 일류만 추구하고 있으니, 국민 모두가 1등 병에 걸려 있는 셈이다. 한국이 무얼 가지고 1등이 되겠다는 것인가? 벤처기업을 세우면 금방 세계적인 수준을 확보하는가? 벤처는 신화를 창조하기도 하지만, 본래 신화란 극소수일 수밖에 없다. 다양한 시도와 건강한 노력 중에 극소수의 성공적 신화가 탄생할 수 있는 것인데, 엉뚱하게 바람을 넣어 열풍을 일으키면 그것은 곧 거품만 형성시킨다. 한국에는 벤처 신화보다는 벤처 사기가 훨씬 많고, 열풍에 휩쓸려 들어간 수많은 사람들 중에 열병만 얻고 인생을 망치는 사람들이 속출할 것이다.

1999년에 재벌 회사인 대우가 망했다. 재벌 기업이 무너지면 한국의 경제가 무너진다. 기아자동차 회사가 무너지면서 한국 경제에 큰 타격을 입혔고, 삼성자동차의 해외 매각에 이어 대우의 붕괴는 한국 경제에 엄청난 위기로 인식됐다. 구조조정과 경영합리화가 되지 않은 기업은

3 대학 운영의 모든 권한과 책임을 총장 1인에게 집중해 놓고, 총장을 통해 대학을 통제해 온 독재정부의 대학정책에 저항하여 평교수들의 참여를 보장하는 제도로 교수(협의)회의를 만든 것이 1987년이다. 교수(협의)회에서 총장을 직선하여 대학을 운영해 온 지가 10년이 넘었음에도 불구하고 정부와 교육부는 대학 구성원의 권리를 법적으로 인정하지 않고 있다. 오히려 총장 직선제마저도 폐지하도록 요구하고 있다. 이는 수구 세력이 여전히 교육부를 장악하고 있기 때문이다.

4 박성호, 「교육관료: 마피아가 장악한 대학」, 『당대비평 11』, 2000, 여름.

아무리 크더라도 망할 수밖에 없다는 신자유주의 경제 원리가 증명되는 순간들이었다. 기업은 망해도 기업가는 망하지 않는다는 한국 재벌들의 신화마저 깨지기 시작하고, 해외 매각은 어쩔 수 없는 선택이라는 변명이 나돌았으며 자본의 자유이동과 국제적 기업 합병은 세계화 시대의 필연적인 흐름이고 결코 나쁘지 않다는 주장이 대통령에 의해 선포되었다. 재벌도 망한다는 사실에 국민들은 두 가지 상반되는 감정을 갖는다. 대기업들도 이제는 망할 수 있다는 사실에 기대를 갖는다. 정경유착으로 전근대적인 엉터리 기업들이 버젓이 행세하던 시대가 가고, 합리적 실력을 갖추지 않으면 공룡 같은 재벌이라도 쓰러진다는 사실에 대해 기대감을 갖게 되었다. 그러나 재벌들의 붕괴는 곧바로 국가 경제의 붕괴가 아닌가, 새로운 국난의 시작이 아닌가 하는 불안감도 갖는다. 세계화 시대의 냉혹한 현실에 대한 불안감과 함께 불리한 조건일 망정 세계 굴지의 기업에 흡수 합병되는 것이 살길이라는 환상도 갖는다.

신자유주의를 신봉하는 자본가들은 현재 한국에서 문제가 되는 것은 여전히 연고주의와 관료주의가 지배하고 있다는 것이다. 철저한 시장의 자유화가 보장되어야 할 신자유주의 시대에 아직도 걸림돌이 많아 문제라는 것이다. 그렇다. 연고주의와 관료주의는 정말 큰 문제다.

그러나 적어도 신자유주의 자본가들은 그런 말을 할 자격이 없다. 그들은 국가의 간섭 배제를 말하고 있으나, 스스로 만든 기업의 위기에 공적 자금의 투여라는 국가의 역할을 요구한다. 전혀 앞뒤가 맞지 않는 모순적인 주장을 서슴지 않고 있는 것이다.

신자유주의를 주장(신봉, 지지)하는 사람들 중에는 자본가들과 수구세력 외에도 자유주의자들이 포함된다. 그들이 가장 관심 갖는 것은 권위주의 유산의 청산이다. 사실 권위주의 체제 아래에서는 공정한 경쟁이 없었고, 그래서 합리성과 능력이 중심이 되지 못한 채 힘을 가진 권력자들과 그들을 배경으로 하는 사람들이 사회의 요소 요소에 자리 잡았다. 그러한 사회에서 발전이란 기대하기 어려웠다. 그런 점에서 신자유주의의 도입은 이론적으로 능력 위주의 합리적인 사회로 나아가는 길처럼 보인다. 과연 그런가?

유럽인들은 신자유주의 시대가 끝났다고 주장한다. 그리고 그들은 신자유주의 이념의 세계지배에 반대한다. 세계의 NGO들은 신자유주의 정책에 대한 반대 운동을 세계적으로 전개한다. 신자유주의는 엄청난 불평등과 불균형을 결과할 것이라고 보기 때문이다. 한국의 민중 세력과 시민 세력도 신자유주의 정책 반대 운동을 전개한다.

3. 신자유주의란 무엇인가?[5]

미국과 영국이 신자유주의 경제정책을 통해 성장과 호황을 누리고 있을 때 사회주의권이 붕괴되어 사람들은 자본주의 체제의 승리를 노래하고 WTO 체제 돌입과 함께 세계화가 인류적 화두가 되면서 신자유주의 이념은 그 절정기를 맞았다. 그러나 유럽에서는 이에 대한 반성과 저항이 구체적으로 준비된 반면 아시아에서는 맹목적으로 추종하다가 외환위기를 맞이하게 되었다. 한국정부는 경제위기의 극복이 발등의 불이 되어 IMF가 요구하는 방식대로 위기 극복을 시도했다. 신자유주의의 이념의 집행기구인 IMF의 지시대로 따랐으니, 신자유주의의 극복이라는 것은 꿈도 못 꾸는 신세가 된 것이다.

---

5 신자유주의의 정의에 대한 보다 이론적인 논의들은 참고문헌 목록에 제시된 여러 권의 책을 참조하기 바란다. 여기서는 그 논의들 중 전문적인 내용이나 작은 차이들을 무시하고 상식적인 차원에서 기본적인 내용들을 분명하게 정리하는 것으로 만족한다.

신자유주의와 생활문화 양식의 변화를 말할 때 미국의 경우와 유럽의 경우가 다르고, 아시아, 한국, 서울, 전주의 경우가 다 각각 다를 수밖에 없다. 세계 경제의 중심국에서 일어나는 변화들과 주변국에서 일어나는 현상은 양상도 의미도 다를 수밖에 없기 때문이다.

김영삼정부는 "세계화" 구호를 이데올로기화했다(북한에서는 이 말을 "일체화"로 번역했다. 미국의 신자유주의 이념을 전 세계로 확산시켜 획일화한다는 의미 때문이라고 한다).[6]

'신경제'에서 '세계화'로 구호를 이동시키면서 '세계화 대세론'을 확산하고 신자유주의 경제정책을 폈다. 개혁을 말하고, 토지공개념과 금융실명제를 도입하면서 개혁정책을 펴는 제스처를 썼지만, 실제로는 한보의 정태수에게 발목이 잡혀 있었고, 자본가들 위주의 경제정책을 폈으며, 시장질서의 자유화보다는 아들의 사적인 조직이 정치와 경제를 넘나들며 흙탕물을 만들다가 IMF 외환위기로 몰락했다.

김대중정부는 김영상정부와는 근본적으로 다르다는 인상을 주고 국민들이게 기대를 갖게 했지만, 정권교체라는 정치적 측면과는 달리 경제정책의 이념과 기조는 김영삼정부와 달라지지 않았다. 경제위기로 국난을 초래한 김영삼정부와 위기 극복의 구원자 김대중정부는 극과 극을 달리는 하늘과 땅 차이라고 생각하기 쉬우나 경제정책의 근본은 같은 것이었다. 어쩌면 김영삼이 실정도 모르고 개혁을 운운했다면, 김대중은 실정을 알기 때문에 신자유주의 경제정책 이외의 딴 소리를 못하게 윽박지르고 있는 셈이다. 김영삼의 신경제와 김대중의 대중경제론은 본래의 차이에도 불구하고 (그리고 김대중의 IMF종속 반대 선언에도 불구하고), 실제로는 김대중정부가 신자유주의의 최전선에 선 집행기구인

---

6 송두율, 『21세기와의 대화』, 한겨레신문사, 1998, 43-51쪽.

IMF의 모범생으로 붙박이 된 상태다.

신자유주의는 1930년대 경기 침체와 이에 따른 실업문제 해결을 위하여 나타난 것으로 케인즈주의, 즉 복지국가 정책에 대한 비판으로 제기되었다. 1970년대에 영국과 미국은 재정 적자와 경기 침체를 맞아 신자유주의 경제정책을 펴기 시작했다. 레이건과 대처가 이끄는 영미의 보수정치 세력이 펴는 신자유주의 정책은 대내적으로 신자유주의 정책으로 그리고 대외적으는 보호 무역 정책으로 나타나게 된다. 독일에서는 신자유주의가 프라이부르크학파의 질서자유주의(Ordo-Liberalismus)를 지칭하던 개념이기도 했다. 질서자유주의란 자유방임주의가 독점을 초래하기 때문에 국가의 시장 개입으로 자유경쟁을 촉진해야 한다는 입장이다. 독일은 질서자유주의 정책에 케인즈주의의 복지국가 개념을 가미한 '사회적 시장 · 경제정책' 을 현재까지 일관된 기조로 삼고 있다. 그러나 1982년을 고비로 정부의 시장, 개입을 줄이고, 규제 완화 등 자유화를 점진적으로 강화시켜 왔다. 따라서 전후의 질서 자유주의와는 반대로 오히려 정부의 시장 개입을 반대하는 영미식 신자유주의 입장과 유사하게 되었다.[7]

신자유주의는 한 마디로 시장 지상주의라고 말할 수 있다. 규제완화와 민영화, 그리고 작은 정부 등을 주장하는 신자유주의는 독점 강화, 금융 혼란, 노동과 환경 및 복지의 희생, 실업 증대, 빈부 격차 등을 야기한다. 신자유주의의 원인은 자본의 이윤율 감소이며, 신자유주의의 등장은 계급 타협의 해체를 의미한다.

---

7 이러한 신자유주의 정책을 펴며 경기[illegible] 온 기민련의 콜정권으로부터 정권 교체를 성공시킨 사민당의 슈뢰더정부는 영국의 블레어와 유사한 제3의 길을 선택하고 있다.

IMF 경제위기 이후 우리 사회에서는 신자유주의에 대한 많은 논의가 있어 왔다. 그런데 이들 논의는 종종 우리를 혼동시킨다. 전문가들은 입장에 따라서 편차가 크고, 일반인들은 정리되지 않은 채 "신자유주의"라는 개념을 사용하기 때문이다. 기든스가 한국을 다녀가고 그가 쓴 『제3의 길』이 많이 읽히면서 그 책에 대한 비판서 『제3의 길은 없다』가 나왔다.

기든스가 말하는 제3의 길이란 사회민주주의(제1의 길)와 신자유주의(제2의 길)가 아닌 새로운 길을 의미한다. 그러나 그런 길은 있을 수 없다는 것이 좌파와 우파의 비판이다. 좌파에서 볼 때 블레어와 기든스는 말로는 제3의 길을 주장하지만 그것은 불가능하며 결국은 신자유주의의 길로 가는 것이다.

신자유주의는 케인즈주의에 반대하는 것이므로 신자유주의에 반대하는 것은 곧 케인즈주의를 수용하는 것이라고 생각할 수 있으나, 마르크스주의 입장에서 보면 케인즈주의 조차도 자본주의 체제 내에 머무는 것이다. 따라서 엄격한 마르크스주의는 신자유주의, 케인즈주의, 그리고 이른 바 제3의 길도 모두 부정하게 된다.

현재 한국에서는 신자유주의가 경제정책뿐만 아니라 사회의 모든 부문에서 기본 원리로 작용하고 있다. 구조조정이 사회의 전 분야에서 추진되고, 모든 분야에서 자유경쟁의 원리가 강조된다. 이는 일반적인 경향이지만, 유럽에서는 교육과 복지 분야에서 시장주의가 갖는 문제점을 지적하고 제3의 길을 시도하는 것에 비해 한국에서는 무차별적으로 신자유주의를 적용한다. 유럽에서는 신자유주의 시대는 지났다고 말하는데, 한국에서는 신자유주의를 신봉하는 이론가들이 오히려 주류를 이룬다. 한국의 자본주의는 "천민"이라는 수식 접두어를 붙여야 그 성격이 드러나듯이 신자유주의와 관련해서도 우리는 같은 사실에 직면하게 된다. 유럽인들이 신자유주의를 비판하면서 대비하는 것과 한국인들이 신자유주의를 대하는 것은 사뭇 다르다. 어쩌면 그동안 주변부 자본주의 국가로서 선진자본주의 국가를 뒤따라가며 노정했던 한계들이 신자유주의 문제에서도 그대로 반복되고 있는 지도 모른다.

한국에서는 왜 신자유주의 정책을 채택하는가? 아마도 80년대에는 우리 편(미국, 영국)이 하므로 따라했고, 90년대에는 사회주의가 망해서 세계적인 추세가 됐기 때문에 추종하다가 경제위기를 맞이하고서는 그 위기를 극복할 때까지 어쩔 수 없이 끌려가는 형국이다. 이제 우리는 문제를 보다 냉철하게 짚어야 한다. 어디서부터 어떻게 손을 쓸 것인가에 대해 성실하고 진지하게 고민해야 한다.

4. 신자유주의와 한국 사회의 변화

미국과 영국의 신보수주의 정치권력이 신자유주의 경제정책을 펴나간 80년대에 한국에서는 극우 권위주의 정치 집단이 그 노선을 따라서 성장 위주의 반복지 정책을 폈다. 자유 지상주의 시장 경제에서는 극단적인 약육강식의 현상이 일어나며, 더구나 절대적 권력이 지원한 정치적 특혜를 입은 한국의 재벌들은 이 시기에 독점을 더욱 강화하게 되었다.

권부정권을 마감하고 문민정권 시대에 접어들면 당연히 권위주의(파시즘) 체제를 자유주의(민주주의) 체제로 전환해야 하고, 그동안 빈부의 격차를 심화시켜 온 신자유주의 이념 대신 복지정책을 펴기 시작해야 할 것이다. 다시 말하면 신자유주의를 거둬들이고 적어도 케인즈주의를 시도했어야 할 것이다. 그런데 김영삼정부는 권위주의 체제 아래 고착돼 온 정경유착의 고리를 끊고 법치질서를 확립하는 민수 개혁과 자유화에 적극적인지 않았다. 말로는 변화와 개혁을 외치면서 실제로는 진정한 변화를 추구하지 않았다. 오히려 권력의 탈법과 부패로 국난을 초래하고 좌초했다.

김대중정부는 경제위기의 상황에서 정권을 인수했기 때문에 복지정책보다는 경제위기 극복에 초점을 맞추었다. 한편으로는 기형적이며 전근대적인 재벌의 구조를 개혁하면서 다른 한편으로는 노동자의 해고를 강제하는 방향으로 기업의 구조 조정을 실시했다. 김대중정부에 와서 "개혁"이라는 말의 의미가 "구조조정"이라는 말과 동의어처럼 변했고, 이는 민주개혁의 과제에 대한 국민적 합의를 약화시키는 중대한 사태이다. 이는 경제위기의 극복에도 불구하고 위기의 원인인 사회 제 부분의 비합리적인 구조와 관행을 개선하지 못함으로써 위기의 악순환으로 이어질 수 있다는 점에서 중대한 일이라 하지 않을 수 없다. 지금 경제위기를 극복했다는 평가가 나오면서도 한국의 경제 상황은 실업률이 높고, 특히 비정규직이 임금 노동자의 과반수나 되며 복지수준은 오히려 퇴보한 상태가 되었다. IMF의 요구에 따라 위기 극복의 정책을 수립하면서 신자유주의는 한국 사회 전 분야에서 지배적 이념으로 자리 잡았다.

김대중정부에서도 민주개혁이 이루어지지 않은 것은 대단히 불행한 일이다. 자민련과의 공동정부라는 한계가 하나의 원인이지만, 개혁 세력을 멀리하고 법치질서의 확립에 소홀한 채 구태의연한 정치적 술수나 공권력의 힘으로 권력을 확장하는 데에만 몰두하다가 국민의 심판을 받게 되었다.[8] (총선 시민연대의 역사적 운동성과는 전혀 의도하지 않은 상태에서지만 새천년 민주당에게는 상당한 이득을 가져다 주었다. 그런

8 필자는 김대중 대통령이 개혁의 주체를 바로 세워 원칙에 충실한 개혁정책을 펴야 함을 지속적으로 요구해 왔다(『호남사회연구』 제4 · 5집, 1998; 『전주변호사회지』, 1998, 『열린전북』 1999. 10-2000. 9).

데도 민주당은 총선에서 패배했다.) 권위주의 시대의 정치형태를 버리지 못한 정치권은 국민들에게 정치 혐오감을 주었고, 50년만의 정권 교체에 걸었던 기대를 송두리째 저버리게 되었다.

결국 한국 사회는 권위주의 시대의 비합리적 비효율적 관행을 거의 청산하지 못하고 있어서 자유와 책임, 그리고 권리가 지켜지는 법치질서의 확립을 이루지 못하고 있다. 이처럼 권위주의의 청산이 미흡하고 개혁 정책이 수행되지 않는 상태에서 심지어 신자유주의적 구조 조정마저도 시장의 경쟁원리가 아니라 정경유착과 연고주의에 의해 이루어짐으로써 많은 부작용을 가져오고 있는 것이다. 정리해고의 한 예로써 신한은행과 동화은행이 합병한 이후 간부급에서 10명을 재고용했을 때 그중 8명이 자민련 부총재, 전 경제 부총리, 전 국회의장, 국회의원 등이었다. 정리해고를 능력위주 아닌 연고주의에 입각하여 진행한 것이다. 이번 총선 이후에도 국회의원 낙선한 사람들을 줄줄이 주요직책에 낙하산 임명하여 말썽이 되었다. 결국 우리는 아직 문민 시대의 기본적인 질서조차도 확립하지 못하고 있는 것이며, 말로는 새천년, 새 세기를 준비한다면서 실제로는 바닥에서부터 혼란에 빠져 헤매고 있는 것이다.

다행이 시민 세력의 노력으로 정치권의 변화를 요구하고 있으며, 개혁의 방향이 제시되고 있다. 그러나 정치권의 진정한 변화는 너무도 요원하고, 총선 시민운동의 대대적인 성공에도 불구하고 그것은 요구되는 변화의 시작을 위한 최소한의 성과일 뿐이다. 배제해야 할 정치권들을 일부 낙선시켰지만, 그렇다고 거대한 모순 투성이 정치 문화가 달라질 수는 없다. 시민 정치운동은 그 정도의 성공을 위해서도 많은 문제들을 유보해야 했었다. 특히 신자유주의 정책의 문제점을 부각시키는 일을 포기해야 했다. 민중 세력의 신자유주의 반대 활동은 지속되고 있지만, 그것은 국민 대중의 호응을 받기에는 부담스러운 문제제기로 여겨지고 있다. 그에 비해 시민운동의 부분적 요구들은 국민과 특히 언론이 받아서 실어 주기에 안성맞춤이다. 사실은 민중의 요구가 기초가 되고, 그것이 보다 거대한 힘으로 운동을 계속해 나가는 가운데 시민운동들이 실용적인 운동을 병행해 나가야 하는데, 특히 언론의 역할로 인해 시민운동은 부풀려지고 민중운동은 축소되는 현상을 보이고 있다.

승리감과 자신감을 확보한 시민 세력의 명예를 추락시킨 장원 교수 사건은 이제 여성의 인권과 남녀평등, 그리고 왜곡된 성 문화에 대한 여성세력의 도전이 막강해졌음을 보여 준 상징적 사건이다(임수경의 386세대 5 · 17 광주 술자리 비판도 유사한 맥락이다). 더 이상 남성중심-여성 비하의 성 문화가 과거대로 잔존하기는 어렵게 되었다. 독일에서는 80년대 초반 녹색당이 남성 간부의 상습적 성추행 사건을 스스로 폭로하여 조직과 사회에 성 문화의 새 장을 연 바 있다.

변혁 주체인 민중의 입장에서 한국 사회의 주요 현상을 모두 신자유주의 이념의 관철이라고 보고, 시민 세력도 국가권력과 함께 신자유주의 이념의 실현에 봉사하는 것이라고 주장하는 사람들도 있다. 그러나 나는 시민 세력은 국가권력보다는 민중 세력과 연대하고 협력하는 세력이라고 생각한다. 그리고 국가권력도 신자유주의적 세계화 세력의 첨병으로 고정된 것은 아니며, 국가권력이 민중 · 시민 세력과 연대하면 신자유주의 세계 자본을 막아내기 위하여 국민국가의 역할을 할 수 있다고 본다. 신자유주의의 세계 지배를 막아내기 위하여 국민국가의 역할이 중요하며, 지역연합을 추구하는 경우에도 국민국가의 역할과 위상은 중요하다고 생각한다.

파행과 왜곡으로 사회 전체가 (지역적으로, 산업 구조적으로) 불균형을 이루어 온 한국 사회는 신자유주의의 무분별한 적용으로 엄청난 재앙을 자초할 지도 모른다. 국가의 역할은 중요하다. 국가가 법치질서를 확립해야 하고, 독점 구조를 해체해야 하며, 복지 정책을 수행해야 한다. 홉스봄과 촘스키는 신자유주의를 잘못 수용한 러시아의 재앙과 국가의 힘으로 충격과 문제점들을 예방한 중국을 대비시켜 평가한다.[9] 러시아와 중국의 이러한 경험은 특히 개방화에 박차를 가하게 될 북한에게 좋은 길잡이가 될 것이다.

남북정상회담의 성공은 한민족의 역사에 새로운 장을 열었다. 앞에서 개혁에 실패한 김대중 정권에 대해 언급했으나, 대북 정책에서만큼은 김영삼 정권과 확실한 차이를 견지해 온 김대중 대통령이 남북정상회담을 성공시킴으로써 전 세계적으로 엄청난 관심과 기대를 모으고 있다. 이 일은 정말 훌륭한 일이다. 이제 김대중 대통령은 이 일을 기준으로 거꾸로 거슬러 올라가며 개혁을 확산시켜 나가야 한다.[10] 남북한 각각의 개혁은 통일을 위한 전제요, 준비 과정이다. 개혁 없는 통일정책은 무모한 일이다.

5. 생활문화 양식의 변화: 문제는 무엇이고 지향점은 어디인가

신자유주의의 확산으로 예상되는 생활문화 양식의 변화는 우선 경쟁, 창의, 모험, 구조조정, 효율성 등을 지향한다는 것이다. 그것은 당연한 생존과 발전의 논리로 보인다. 문제는 그것이 합당한 방식으로, 그리고

---

9 에릭 홉스봄, 『새로운 세기와의 대화』, 강주헌 옮김, 끌리오, 101-102쪽; 노암 촘스키, 『507년, 정복은 계속된다』, 오애리 옮김, 이후, 2000, 130-138쪽.

10 남북관계의 혁명적 변화가 남한 사회의 개혁 미흡과 신자유주의 지배 모순을 자동적으로 해결해 주지는 않는다. 이 중대한 민족적 대전환의 역사적 계기를 성공적으로 발전시키기 위해서도 신자유주의 극복과 원칙 있는 개혁정책의 수행은 필수적으로 요구된다.

제대로 이루어지는지, 사회를 건강하게 하고 삶을 질적으로 향상시키는지이다.

위에서 말한 대로 한국에서는 권위주의 시대의 비합리적 비효율적 관행이 거의 청산되지 않고 있어서 자유와 책임, 그리고 권리가 지켜지는 법치질서의 확립을 이루지 못하고 있다. 이러한 상태에서는 공정한 경쟁이 불가능하다. 그리고 과거의 잘못된 정치로 우리 사회는 엄청난 불균형을 초래했다.[11] 대기업과 영세기업, 수도권과 지방, 지역과 지역 간의 격차가 극심하고, 자본가 집단과 노동자 집단, 관료와 시민 사이에 불균형이 고착돼 있다. 이러한 구조에 대한 보완 없이 자유 경쟁만 말하는 것은 결코 공정한 경쟁이 되지 못하며, 그것은 결국 창의성이나 효율성으로 이어지지 못한다.

실제로 그것은 어떤 형태로 나타나는가? 대형 매장이 소형 매장을 무력화시킨다. 물론 유통구조의 개선이 필요하다. 하지만, 그것은 기업과 지역의 불균형을 완화하는 방향에서 이루어져야 한다. 무조건 큰 백화점이나 무조건 고급 상품이 성공하는 것은 우리 생활문화의 향상이기는커녕 오히려 오염이요, 파괴가 될 수 있다. 전 세계가 코카콜라 문화로 획일화되듯이 전 사회가 재벌의 문화로 획일화되는 것은 엄청난 문제이다.

벤처와 경쟁을 강조하면서 대학생들은 개인적으로 인터넷 공부, 영어 공부, 자격증 취득에 몰두한다. 그러나 그것이 미래를 보장하거나 꼭 필요한 것을 준비하는 것도 아니다. 각 자의 내면을 들여다보면 실업을 맞아, 또는 예비 실업가능성의 불안감에서 무엇이든 정신없이 해 보는 심

11 대구사회연구소, 「21세기 국가발전과 동서화합」, 『영호남 연구단체 토론회 자료집』, 1998.

정인 경우가 더 많다. 국가적 차원의 계획과 방향 제시에 따라 개인들의 성실한 준비와 노력이 이어져야 하나, 실제로는 세계경쟁이라는 추상적 구호만 난무하고, 국민들은 각자 우왕좌왕하고 있는 형국이다. 권위주의 형태를 버리지 못한 관료들은 재정지원을 무기로 획일적인 정책의 강요를 계속하고 있고, 이는 정책의 실패와 재원의 낭비 그리고 무엇보다도 국민생활의 혼란과 실패로 이어지고 있다.

신자유주의는 전 세계적으로 그리고 국내적으로 사상 유례없는 빈부 격차를 몰고 온다. 개발 독재 시절 땅 투기, 땅 사기가 기승을 부리면서 졸부들을 양산하고, 정경유착으로 재벌의 비대화가 생겨났듯이, 지금은 재벌들이 주식 시장을 조작하고 전 세계적으로 투기자본이 횡행한다. 투기열풍, 벤처 열풍으로 거품과 사기가 판을 치고 퇴폐 문화는 더욱 조장된다. 우리나라에서는 토빈세[12]에 대한 논의는 아직 꿈도 못 꾼다.

신자유주의 교육정책은 공교육의 붕괴와 사교육의 사학 재단의 횡포만 가져온다. 교육부는 BK21 사업의 논리로 "선택과 집중"을 주장했다. 나는 "균형과 공동체성"의 원리를 주장한다.[13] 세계화 논리는 바른 의미의 세계 경쟁력 대신 영어 열풍만 불게 하고 이는 무분별한 조기유학 붐을 일으킨다. 청년 유학생들도 돈과 시간만 낭비하거나 심지어 인생을 망치는 경우가 허다한데, 조기 유학에서 실패하고 인생을 망치는 아이들이 다수 생겨나면 그것은 누가 책임질 것인가?

한국 사회가 필요로 한 것은 권위주의 정치 지배를 벗어나 민주적이

12 1981년 노벨 경제학상을 수상한 토빈(James Tobin)이 제안한 국제 금융거래에 대한 세금이다. 이 제도는 국제적 단기 투기자본의 횡포를 막을 수 있는 제도로 선진국에서 확박히 논의되고 있다.

13 김의수, 「한국 대학정책 시스템의 개혁」, 『국립대교수협의회 국민대토론회 자료집』, 1999, 11월.

며 합리적인 법치질서의 회복과 창의적이며 건강한 생활문화의 정착이었다. 그러나 세계화와 신자유주의 이념은 한국 사회를 여전히 부패하게 하고 들뜨게 만들며, 또다시 한탕주의와 퇴폐주의에 빠지게 만들고 있다. 인터넷 쇼핑, 인터넷 토론, 인터넷 대화, 인터넷 소설, 인터넷 음란물, 인터넷 교제, 인터넷 정보, 인터넷 언론 등 모든 것이 '인터넷' 이라지만 그중에 많은 부분은 건강한 생활문화이기보다는 얄팍한 상업주의나 불건전한 내용들로 채워지고 있다.

신자유주의는 너무도 문제가 많은 이념이다. '자유경쟁' 이니 '모험적 창의성' 이니 하면서 인간 사회를 불균형과 착취, 인간성 말살과 자연파괴로 몰아간다. 어느 나라 국민보다도 바쁘고 정신없이 살아온 한국인들이 이제라도 최소한의 정신적 여유를 찾고 차분한 생활문화를 형성해 나가기 시작해야 할 시점에 신자유주의의 횡포를 바로 인식하고 주체적인 자세로 처해야 하는 이유가 바로 여기에 있다. 공동체성의 급격한 해체 위협 앞에서 새로운 공동체운동이 요구되고 있다. 인터넷의 가장 중요한 역할 중 하나는 바로 신자유주의에 대항하는 시민연대를 형성해 나가고, 국제적인 연대 활동에 동참하며, 세계 시민들이 네트워크 공동체를 형성하는 데 있다.

6. 신자유주의와 전북지역의 변화

(1) 지방 정권의 문제점

한국 사회의 상황과 전북지역의 상황은 어떻게 다른가? 일찍이 야당시절 지역의 여당으로 정권교체를 먼저 실현했던 호남지방은 다른 지역에 비해 다른 모습을 보이고 있는가? 신자유주의 정책의 핵심 브레인으로 알려진 유종근 도지사가 집권하고 있는 전라북도의 경우 적어도 권위주의 정치 형태는 청산된 것인가? 전근대적 연고주의를 극복하고 창의성과 효율성이 극대화된 생활문화를 실현하고 있는가? 유감스럽게도 대답은 부정적이다.

전라북도가 새천년을 맞으면서 강조하고 나선 "새천년 새 전북인" 운동의 문제점에 대하여 원용찬, 송기도 두 교수가 자세히 지적했다.[14] 친절 · 질서 · 청결 · 선행을 강조하는 관주도의 의식 개혁운동은 시대착오적이며 박정희 시대에나 성공한 과거지향적 운동이라고 규정했다. 유지사는 제2의 건국운동의 핵심내용으로 "새천년 새 전북인" 운동을 전개하고 있다. 그러나 사실 "새천년"이라는 거창한 말을 앞에 붙이고 그 내용에 '선행'을 하나 추가했을 뿐, "새 전북인"은 그가 처음 도지사로 등장하면서부터 내 걸었던 구호이다. 따라서 전혀 새로울 것도 없는 내용을 "새천년 새 전북인 운동"이라고 대대적인 홍보를 하는 것은 불성실한 정치 태도라는 비판을 면하기 어렵다. (유지사는 지난 5월 31일 동학농민혁명 106주년 기념식 축사에서도 초등학교 급훈 같은 이 운동 구호를 주로 역설했다.) 여기서 지역 언론의 무비판성과 지방정부의 나팔수 역할도 당연히 문제가 된다.

제2의 건국운동은 실패한 운동이다(중앙정부에서 추진한 이 운동의 실패한 데에는 전라북도를 비롯한 지방 자치단체의 잘못된 접근도 한 몫을 했다). 그러므로 사실 전라북도도 이 운동을 내세울 필요가 없다. 그나마 중앙정부에 협조하는 일은 가능한 한 이 운동에 참여하는 인사들이 새로운 생활태도를 보이는 것이다. 그리고 지방정부는 그것과 독립직으로 꼭 필요하고 참신한 시도들을 해야 할 것이다. 그런데 오히려

14 원용찬, 「시대착오적인 관주도의 3대 운동」; 송기도, 「'새천년 새전북인운동'과 유종근 지사님께 드리는 글」, 『열린전북』, 2000, 1월호.

정반대로 개발독재 식의 낡은 관주도운동이나 하고 있어서 문제라는 것이다.

유종근 지사는 열린 자세를 강조한다. 우리 전북인들이 마음을 열어, 세계로 나아가고 세계인들을 받아들여야 한다고 말한다.[15] 그런데 우리가 문을 열거나 마음을 열 때 어떤 문을 여는지, 누구·무엇을 향해 문을 여는지가 중요하다. 세계를 향해 문을 여는 일도 중요하지만, 자기자신을 똑바로 세운 상태에서 열어야 한다. 특히 IMF 경제위기 이후에 한국에서 신자유주의에 대한 비판이 계속되는 이유가 바로 거기에 있다. 그런데 유종근 지사는 미국식 신자유주의만을 추종한다는 인상을 준다. 미국식이든 유럽식이든, 아니면 일본식이더라도 우리가 남의 것을 받아들일 때는 많은 연구와 토론이 있어야 한다. 학자 출신이고 토론을 좋아하는 유지사는 기꺼이 시간을 내서 함께 연구하고 토론하여 새롭고 주체적인 전라북도의 이론과 정책을 만들어 갈 것으로 기대했지만, 실제로는 전혀 그런 모습을 보여 주지 못하고 있어서 안타깝다. 이것은 유지사 개인뿐만 아니라 전라북도를 이끌어 가는 공무원들과 그들을 직·간접으로 돕는 이론가들을 포함하여 하는 말이다.

유종근 도지사는 무엇보다도 시민 사회에 대한 문을 열어야 한다. 김대중 대통령은 신년사에서 21세기가 시민 세력의 시대임을 강조했다. 서구 사회와 달리 시민 세력의 형성이 늦어진 한국 사회에서 시민단체들이 목소리를 내기 시작한 지 이제 10여 년이 되었다. 시민단체들이 관심 갖고 해결해야 하는 일들은 너무도 많고, 한 가지 일을 처리하는 데도 너무 많은 힘이 든다. 국가기관에서 합리적으로 일을 처리하려는 의지가 없으면, 시민들의 주장이나 노력은 무력한 경우가 많다. 사실 정부

15 2000년 1월 2일, JTV 밀레니엄 특집 토론.

는 시민단체들의 자발적인 노력을 최대한 수용하고 활용해야 한다. 시민들은 자원봉사를 한다. 많은 경우에 자신의 돈과 시간을 내어 노력 봉사한다. 그들은 사심이 없으므로, 정치가나 공무원들은 그들이 헌신적으로 봉사하여 사회에 필요한 제안을 할 때, 그것을 받아서 검토하고 공론에 붙인 후 시행하면 많은 유익을 얻게 된다. 이처럼 시민단체를 당연히 지원하고 활성화시켜서 중요한 파트너로 생각하는 데에 누구보다도 모범을 보여야 할 유종근 도지사가 오히려 시민단체를 가장 멀리하려는 태도를 보여 왔다.[16] 앞서가는 지방자치단체, 모범적인 주민자치를 실현하려 한다면 바로 이 지점에서 새로운 출발을 시도해야 할 것이다.

전라북도를 위해서는 유종근 도지사가 도 내외의 학자들과 많은 토론을 해야 한다. 그리고 시민단체와 더 자주 토론해야 한다. 물론 전라북도는 여러 가지 사업의 추진 과정에서 많은 학자들에게 용역을 주고 각종 위원회에 전문가들을 참여시키고 있다. 그러나 과거에도 그렇게 했고, 많은 대학 교수들이 관변학자로 들러리를 서 온 것도 사실이다. 새로운 정부, 개혁적이며 민주적인 정부는 지위나 돈과 무관하게 순수한 시민정신으로 비판과 대안을 제안을 제시하는 사람들을 우선적으로 상대해야 한다. 그들을 귀찮아하거나 두려워하는 정치지도자는 민주적인 지도자일 수 없다.

우리는 전북의 발전을 원한다. 그런데 발전이란 무엇인가? 그것은 더 이상 확장과 성장만을 의미하지 않는다. 양적인 팽창만을 의미하던 시대는 지났다. 그런데도 지역 언론은 전북인이 정부 요직에 몇 명이 있는

16 유종근 지사는 새만금간척종합개발 사업의 환경 피해 우려를 표명한 환경단체들에 대해 전라북도의 발전을 저해하려는 음해 세력이라고 공개적으로 비난할 정도로 시민 세력에 대한 적대적인 태도를 공개적으로 표명해 왔다.

지, 전북의 예산을 얼마나 따오는지, 전북의 경제력이 얼마나 되는지 등에만 얽매인다.[17] 그동안 독재권력에 빌붙어 살면서 그런 기준만으로 여론을 호도하던 지역의 기득권 세력이 집착하던 기준들을 과감히 떨쳐버릴 수 있어야 한다. 언제나 돈과 힘만을 기준으로 삼는 수구 세력이 지지하던 비민주적인 정부로부터 벗어나 합리적이며 미래지향적인 시민정신의 소유자들이 지지하는 정부로 탈바꿈해야 한다. 그런데 유종근 도지사는 전라북도에 내려와서 수구 세력과 대결하여 그들의 발언권을 약화시키고 개혁 세력을 중심에 세우는 작업을 해 내기보다는 고개 숙인 수구 세력들을 자신의 지지기반으로 삼고 그들의 지원 아래 신자유주의의 전도사 역할만 하고 있다.

수평적 정권교체를 실현시킨 후 2년 반이 지났다. 국민의 정부에 대한 기대와 실망은 이미 큰 폭으로 교차됐다. 중앙정부보다 한 시기 앞서 정권교체를 획득했던 지방정부는 과연 얼마나 나은 모습을 보이고 있는가? 대의민주주의의 모범을 보이거나 참여민주주의의 모형을 모자랄 판에 권위주의 시대 관변 세력들을 기반으로 안주하고 있는 지방정권의 모습은 한심하기 이를 데 없다. 이방식 교수는 전라북도가 — 지방자치단체장이든 국회의원이든 — 자생적 경제력을 키우기 위한 노력은 하지 않고 오직 중앙정부의 예산을 따오는 일에만 몰두한다고 비판한다. 이렇게 해서는 신자유주의 경제 체제 아래에서 살아남을 수가 없다는 것이다.[18]

지방자치의 시행 이후 과연 중앙정부는 건강한 자치를 위한 기틀을

---

17 김동민, 「지역주의 보도 극복과 언론기능 회복」, 『열린전북』, 1999(창간호).

18 이방식, 「21세기 전북 경제정책의 방향」(2000, 1월호), 「전북정치권은 지역금융 활성화 전략을 수립해야」(2000, 7월호), 『열린전북』.

마련한 것인지 의문이다. 경쟁 체제를 도입하여 행정에 신자유주의를 적용하고 있으나, 수십 년간 고착돼 온 불균형 구조를 바꾸지 않은 채 자유경쟁을 말한다는 것은 말도 안 된다. 게다가 선거 때마다 또 다시 무원칙한 공약을 남발함으로써 균형과 공동체성이 깨지고 있으며, 사회통합의 길은 요원하기만 하다. 그런가 하면 모든 기초자치단체들은 문화정책과 관광 정책을 연계시키면서 마구잡이 개발과 천편일률적인 축제들을 배치하고 있다.

(2) 문화정책과 생활문화

이상과 같은 정책들로 인해 생활문화 양식은 건강하기는커녕 점점 더 살벌하고 메말라 가는 추세라고 할 수 있다. 개발과 성장 대신 삶의 질을 강조하기 시작한지도 10여 년이 지났지만 전라북도의 정책은 여전히 개발과 성장만을 지향한다. 말로는 삶의 질과 친환경을 내세우지만 실제 정책은 정반대이다. 그리고 예산과 정책은 여전히 전시 행정의 관행을 벗어나지 못하고 있다. 문화정책도 예외가 아니다. 전북대의 삼성문화회관이 수십억의 적자를 내고 있는 상태에서 거대한 소리문화의 전당을 짓고, 동학농민혁명의 기념관 건립의 무모성 논란만 야기시키고 있다.[19] 동학농민혁명은 100주년을 기점으로 완전히 새로운 조명을 받기 시작했다. 민란에서 혁명으로 탈바꿈했으며 전두환의 사적 이해관계를 벗어나 민족적 역사로 자리매김되었다. 기념사업이 7년 동안 계속되면서 정부의 예산도 많이 투여됐다. 그러나 여전히 주민들의 관심과 참여 소홀로 힘들어하고 있고, 지방정부와 민간기념사업회의 사업 방향 설정에 커다란 시각차를 보이고 있다. 문화가 주민들의 생활과 연결되지 않

19 이명우, 「황토재 박물관 건립사업의 오류」, 『열린전북』, 1999, 9월호.

을 때는 비록 그것이 대외적으로 자랑할 만한 경우라도 껍데기에 불과하기 쉽다.

정신문화의 상품화는 피할 수 없는 요구가 되고 있다. 사실 엄격히 말하면 모든 학문연구 성과들은 정신 문화 상품이라고 말할 수 있다. 그러나 수익성과 직결하는 현재의 상품화는 문화국가의 자산으로서의 문화 발전과는 다른 면이 있다. 문화재의 복원과 관리들을 제대로 해 놓은 상태에서 상품화를 생각하지 않고, 급한 대로 돈벌이 될 만한 것만을 마구잡이로 써먹는 방식으로는 문화진흥도 문화관광도 성공할 수 없다. 그것은 잘못된 생태공원의 조성과 마찬가지다. 생태공원의 의미도 모른 채 그것의 상품화에만 관심 갖고 추진하여 결국 생태계 파괴만 가져오는 경우와 마찬가지인 것이다.

지난 5월 30일 전주문화원과 전라문화연구소는 "전주정신이란 무엇인가"라는 주제로 심포지엄을 열었다. 전주정신이라는 말은 권위주의 시대의 용어라면 — 모던한 개념이라면 — 곤란하다. 전주정신, 대구정신 등의 용어는 보편적 개념인 정신을 지역화함으로써 지역주의를 조장할 우려가 있기 때문이다. 문화 시대의 용어로서 (포스트 모던한 개념으로서) 전주정신은 가볍고 신선하게 사용할 수 있다. 그런데 이때 유의해야 할 것은 먼저 포스트 모던한 개념 사용에 대한 일반적 분위기가 — 공이해의 영역이 — 형성돼 있어야 한다는 것이다. 그리고 그런 경우에 그것이 문화를 경박하게 만들 우려가 없다는 것이 전제돼야 한다.

신자유주의와 전북지역의 생활문화를 검토하면서도 필자가 주목한 것은 자유주의 질서의 회복 여부와 신자유주의 이념의 생활문화 침윤 정도이다. "자유민주주의의 수호"라는 구호를 남발하며 실제로는 자유민주주의를 말살시켰던 과거 독재권력 시대의 기득권 수구 세력을 개혁세력으로 대체시키지 못한 지방정부는 자유와 민주주의를 말할 자격이 없다. 합리성과 공정성의 원칙을 세우고 연고주의와 부패고리를 끊어 법치질서를 확립하지 못한 지역 사회에서 건강하고 질 높은 생활문화는 기대할 수 없다. 법치질서, 참여 민주정신, 투명성과 공정성 등을 기본으로 세우지 못한 상태에서 무한 경쟁의 시장 논리인 신자유주의가 계속 관철된다면 우리 사회의 불균형성과 불구적 허약성은 결코 극복될 수 없다.

7. 나오는 말

나는 신자유주의가 지배이념으로 자리 잡고 있는 한국 사회의 이런저런 현상들을 나열하면서 그 문제점과 해결을 위한 견제들을 정리해 보았다. 사회의 기초 질서와 건강한 생활문화의 정립이 우선이며, 정부와 정치인들은 민주적 법치질서를 세우는 일을 해야 함을 강조했다. 그리고 세계화와 신자유주의 이념의 세계적 관철에 대해 주체적인 자세와 대응책의 모색이 필요함을 강조했다. 민중 세력과 시민 세력은 역할의 분담과 상호협력으로 이러한 변화와 방향을 견인해 내야 함을 강조하고자 했다.

시민 세력은 총선 정치운동의 성과를 바탕으로 정치 개혁과 부패추방을 위한 활동을 한 차원 높은 목표로 전개해야 할 것이고, 민중 세력은 민중의 생존권과 민족의 평화적 협력 및 통일을 위해 운동을 지속해 나가야 할 것이다. 이러한 일에서 중요한 역할을 해야 하는 언론이 걸림돌이 되고 있다는 사실이 너무도 안타깝다. 언론 개혁운동이 모든 사회운동에 선행돼야 함을 모두가 공감하면서도 실현시키지 못하고 있다. 모든 세력이 서둘러 집중해서 언론 개혁을 실현시켜야 한다.

모든 부분에서 민주적 개혁을 위한 개인적 집단적 노력만이 새로운 시대의 도전에 대한 응전이 될 것이다. 다양한 움직임들이 활발하게 교차되면서도 그것이 현란한 겉모습을 가진 신자유주의의 위력에 압도되지 않고, 사회적 통합과 세계시민적 보편 가치를 지향하는 역동적인 삶의 운동으로 자리 잡아갈 때 우리는 현재와 미래의 희망을 기대할 수 있을 것이다.

신자유주의의 극복과 남한 사회의 개혁은 남북통일의 제일의 전제조건이다. 이것이 이루어져야 남북의 관계의 실질적 진전이 가능하다. 물론 북한의 개혁 개방도 전제조건이다. 양쪽이 어떤 방식으로 어떤 단계를 거치게 될 지, 어떤 경로를 거쳐야 하는지는 간단하지도 않고, 단선적이지도 않을 것이다. 순서가 어떻게 되든지, 과정이 어떻게 되든지 간에 신자유주의 극복은 통일로 가는 길을 닦는 첫 삽이 돼야 한다. 물론 그 작업에 앞서 더욱 먼저 해야 할 일은 수구 세력의 청산이다.

제 8 장

한국인의 종교생활 2

— 상식철학으로 읽는 불교의 문제들과 대안들

1. 들어가는 말: 현대 사회와 종교

현대 과학의 시대는 합리성의 시대이며 무지와 몽매를 벗어난 시대이다. 자연과 인간, 우주와 생명의 모든 비밀들을 속속들이 파헤쳐서 더 이상 미신과 허위가 자리 잡을 여지가 없는 세상이 된 듯하다. 물론 전 세계적으로 아직도 평균적인 과학 지식들을 익히지 못하고 과거인들과 별반 다를 바 없는 지적 수준으로 살아가는 사람들도 상당수 있어서 여전히 비합리적이며 비상식적인 태도로 살아가는 경우도 많이 남아 있다. 그러나 그들도 빠른 속도로 지식과 정보를 익히게 될 것이고, 이른바 선진 문명국의 경우는 확실하게 신화와 미신의 시대를 벗어났다고 보아야 할 것이다.

그렇다면 이런 합리성과 과학적 지식이 지배하는 세계에서는 종교는 불필요하게 되는가? 언뜻 보기에 유럽이 그렇듯이 종교는 거의 과거 전통문화의 의미로 남아 있을 뿐 시간이 지나면서 점차 해소되지 않을까? 그래서 머지않아 인류는 무종교의 시대로 접어들게 될까? 아마도 그렇지는 않을 것 같다. 비신화적인 해석으로 신화의 실체적 늪에서 벗어난다고 하더라도 우리에게 종교는 필요하다고 보는 사람들이 많이 있다. 종교에 대해 성찰하는 사람들은 과학의 시대에도 종교가 필요하다고 말한다.[1]

필자는 "한국인의 종교생활"이라는 주제로 기독교에 이어 불교에 대해 상식철학적 접근을 시도하고자 한다. 기독교와 불교는 여러 가지 면에서 커다란 차이를 가지고 있다. 특히 한국 불교에 대한 상식적 접근은 기독교의 그것과 비교가 되지 않는다. 기독교의 역사가 150년인데 반해 불교의 역사는 1,600년이기 때문이다. 기독교는 정교분리가 기본이 된 근현대에 한국에 정착했지만, 불교는 삼국 시대부터 고려 시대까지 1,000년 동안 왕의 지원으로 준 국교의 수준을 유지해 왔다. 더구나 조선 시대에는 극심한 탄압을 받았고, 일제 시대와 해방 후 현대 사회에서도 우여곡절이 심한 격동의 세월을 겪어 왔다. 따라서 이러한 역사적 과정에 대한 상식이 없으면 현재의 현상들에 대해서도 이해하기 어려운 것이다. 그리고 한국 불교는 미국과 유럽 등 세계로 뻗어나가 활동하고 있고, 불교 국제학술회의도 국내에서 자주 열리고 있으며, 불교전문가들은 미래 종교로서의 불교에 대해 연구물들을 내놓고 있다.

그렇기는 하더라도 역시 이 논문은 상식철학적인 분석과 대안을 시도한다. 필자는 전문성이 요구되지 않는 상식 수준의 관심과 노력만으로도 문제들을 개선하고 삶의 질을 높일 수 있다고 생각하기 때문이다. 본 논문은 위와 같은 배경을 기초로 주제에 접근하고자 하며, 체계적인 대안의 제시보다는 몇 가지 선별적인 사례들을 중심으로 시민들이 주목해

---

1 테리 이글턴, 『신을 옹호하다 — 마르크스주의자의 무신론 비판』, 강주헌 옮김, 모멘토, 2009; 알랭 드 보통, 『무신론자를 위한 종교』, 박중서 옮김, 청미래, 2011; 로널드 L. 넘버스, 『과학과 종교는 적인가 동지인가』, 김정은 옮김. 뜨인돌, 2010.

야 할 관점을 제시하고자 한다. 특히 상식철학을 기준으로 주목할 만한 몇 사람의 비판적 대안을 소개하고, 문화적 시민적 실천과제를 제시하고자 한다.

2. 한국 불교의 문제점들

우리가 일반적으로 생각하고 있는 불교의 모습은 어떤 것들인가? 대체로 조용하고 온화하고 내면적이라는 이미지다. 불자들은 명상을 통해 마음을 다스리고 사찰들은 깊은 산 속에 자리하고 있다. 스님들은 결혼을 하지 않고, 평생 수도생활을 하며 채식주의를 실천하며 살아간다. 불교문화 유산은 우리의 문화유산 중에 가장 많은 양과 가장 높은 질적 수준을 보여 주고 있다. 그리고 승려들과 보살들의 사찰생활은 그 자체가 전통문화의 살아 있는 전승 현장이다.

그렇다면 한국 불교는 일반인들이 가지고 있는 긍정적인 이미지대로 객관적으로도 좋은 평가를 받고 있는가? 한마디로 그렇다고 대답하기는 어렵다. 한국 종교 문화에서 그 부정적 단면을 가장 자주 노출하는 것은 개신교이지만, 불교의 경우도 많은 문제점들을 보여 온 것이 사실이다. 그리고 한국 불교가 지적받고 있는 문제점들도 대부분 현대 종교들이 더 이상 노정하지 말아야 할 기본적인 내용들이며, 따라서 해결을 위한 노력을 서둘러야 할 것이다.

조홍윤은 "한국 종교의 비리와 제도적 개혁"이라는 논문에서 10가지 비리 유형을 말하고 있다: ① 체제와 결합 ② 종교의 정치화 ③ 기복과 치부 ④ 분파주의 ⑤ 귀족층 형성 ⑥ 타 종교와 갈등 ⑦ 물량화, 대형화 ⑧ 파벌 ⑨ 집단이기주의 ⑩ 부동산 투기.[2] 그는 한국 종교 전반에 대해 말하고 있지만, 불교의 경우도 상당 부분 해당된다고 볼 수 있다.

캐나다 리자이나대학교에서 비교종교학을 강의하는 오강남은 2001년에 『예수는 없다』를 발간했고,[3] 그 책은 기독교 서적 베스트셀러 중 하나가 되어 10년 만에 37쇄를 찍었다. 그런데 그 책을 읽은 어느 불교학 교수는 바로 그 책 제목에서 예수 대신 부처를 넣으면 그대로 한국 불교에도 해당된다고 하면서 그 책을 사서 불자들에게 선물했다고 한다. 오강남이 그 책에서 강조한 다음과 같은 내용들이 과연 어떻게 불교에 해당하는지 생각해 볼 일이다. ① 교회 내에 있는 상하 구조를 평등 구조로 바꾸는 것 ② 인간의 간구에 따라 인간사에 간여하는 초자연적 신 대신 내 속에 있는 신 발견하기 ③ 교리의 문자적 고집 대신 깨달음을 얻는 일 ④ 정죄 대신 사랑과 자비 강조 ⑤ 정치야합 대신 정의를 외치는 예언적 태도 ⑥ 말세나 내세 강조 대신 인간과 생태계를 위해 참여하기 ⑦ 예수를 믿기만 하는 대신 예수를 본받는 일.[4]

위와 같은 문제점들에 대하여 불교학자들은 더 일찍부터 지적하였고, 전문가들과 함께 시민들도 공감하며 비판하고 개혁을 촉구한다. 전문가들은 근대화, 민족주의, 한국불교의 정체성, 불교가 지향할 시민적 가치들, 세계 불교와 한국 불교, 현대 사회와 불교의 역할 등 보다 깊고 근본적인 주제들을 성찰하며 한국 불교가 가지고 있는 문제들을 극복할 방안들을 모색하고 있다.

이처럼 한국 불교에 대하여 전문가들과 일반 시민들이 여러 방면으로 다양한 문제점들을 지적하고 그 해결책과 대안을 모색하고 있지만, 이 글에서는 기본적인 몇 가지 이슈로 묶어 검토해 보기로 한다: 1. 기복신

2 조홍윤, 『한국 종교의 비리와 제도적 개혁』, 한국학술정보(주), 2002.

3 오강남, 『예수는 없다』, 현암사, 2001.

4 오강남, 『불교, 이웃종교로 만나다』 현암사, 2006, 312-313쪽.

앙과 신비주의 2. 파벌과 부패/종권 다툼과 비리 3. 정체성 혼란과 문화적 허약성

(1) 기복신앙과 신비주의

불교철학자 김방룡은 일반인들에게 비치는 한국 불교의 모습은 여전히 기복적 신앙에 근거한 신행의 모습에서 벗어나지 못하고 있다고 말한다.[5] 이는 불교학계의 상식적인 인식이기도 하다. 불교학계의 여러 지도자들은 서슴없이 한국 불자들의 절대 다수가 '기복적' 신앙인이라고 말한다. 그러나 그들은 한국 불교신자들의 지적 종교적 수준도 한국 사회 전반의 교육 수준과 함께 향상되었으므로 희망이 있다고 전망한다.[6] 그들은 한국 불교도 '치마 불교',[7] '장의 불교'라는 누명을 벗고 몇 단계 업그레이드될 수밖에 없을 것으로 내다봤다.

재가불자 이도흠은 기복이 횡행하는 사찰의 풍경을 다음과 같이 묘사한다. "바야흐로 입시철이다. 애오라지 자식이 잘되기만 애가 닳도록 소망하는 부모들은 절을 찾아와 부처님께 빌고 또 빈다. 이를 놓칠 새라 절들은 합격발원기도 현수막을 내걸고 불안에 떠는 부모들을 끌어들인다. 영험이 있기로 소문난 절은 이 기간 동안 가뿐하게 수십억 원의 수입을 올린다. 하지만, 어느 부처님이 다른 자식을 떨어뜨리고 내 자식만 합격시켜 달라는 기도를 들어주실까. 이것은 부처님의 뜻과 어긋난다.

5 김방룡, 「해방후 한국불교의 분열과 신생종단 성립 과정」, 『종교 문화연구』, 제3호, 2001, 288쪽.

6 오강남, 앞의 책, 310쪽.

7 기복적인 신앙을 가진 여신도들이 다수를 차지하는 불교의 현실을 지적하는 표현이지만, 여성 불자 비하의 소지를 안고 있는 표현이어서 불교 여성 연구자들의 비판을 받고 있다.

합격발원기도를 부처님께서 들어주실 것이라 생각하면 무지한 것이고, 들어주시지 않을 것이라 알면서 돈을 받는다면 바르지 않은 것이다."[8]

우리나라는 종교들의 낙원이라고 불리기도 하고 사이비종교들의 천국이라고 불리기도 한다. 불교와 기독교 등 전통적인 기성종교가 크게 확산돼 있는 나라에서 저런 현상이 나타나는 것은 무언가 앞뒤가 안 맞는 일이기도 하고, 무지와 물신주의가 종교 안에 깊숙이 자리 잡고 있음을 보여 주는 증거이기도 하다. 우리나라는 선진문명국임을 자랑하는 나라임에도 불구하고 전근대적인 미신적 내용들이 일상생활과 종교생활에서 변함없이 횡행하고 있다는 점이 문제이다. 그러므로 종교 전문가들이 대한민국의 종교들이 갖는 공통적인 문제점으로 신비주의와 기복신앙을 드는 것은 당연한 것이다. 기성종교들 내부의 신비주의 경향뿐만 아니라 아예 기성 종교 밖에 사업을 차리고 있는 점과 무속 그리고 풍수를 일반 종교인들도 신봉하고 찾아다닌다는 사실은 희극적 비극을 연출하는 셈이다.

필자는 어느 대학교수로부터 20여 년 전 대학원 시절 결혼에 대한 예언을 잘하는 점집에 모든 대학원생들이 몰려갔다는 에피소드를 들은 바 있다. 그 대학원은 기독교 학교였고, 학생들 대부분이 기독교 신자였다. 최근 한 일간지 기자는 우리나라 최고 엘리트들이 점집을 드나드는 현장을 취재해서 보도했다. 검찰청이 있는 서초동 주변에 여러 점집들이 자리 잡고 있으며, 검찰청 인사 때가 되면 지위고하를 막론하고 검사들이 찾아온다는 것이다.[9] 역대 대통령들과 대통령 후보들이 조상의 묘지를 이장했다는 보도는 이미 우리 뇌리에 깊이 박혀 있다. 이러한 예들이

8 이도흠, 기복성과 주술성-1, 법보신문, 발행호수 : 1121호 / 발행일 : 2011-11-16.

9 한국일보, 2012년 6월 28일.

말해 주는 바는 우리나라 종교 문화가 아직도 문명/야만이 혼재하는 혼란한 실상을 드러내고 있다는 사실이다.

이도흠은 다음과 같은 사실도 폭로한다: 불교 교리는 최첨단의 과학과도 충돌하지 않고 포용가능하다. 그런데 역설적이게도 우리의 불교 현실에서는 "지금도 주술이 행해지고 있다. 거의 모든 불교 의례에 주문, 주법, 진언이 빠지지 않는다. 심지어 일부 스님들은 점을 치고 부적을 써주면서 상당한 돈을 챙긴다."[10]

기독교의 경우와 달리 장구한 역사를 가지고 있는 한국 불교에 고래의 민속 종교가 습합돼 있다는 사실은 충분히 이해가 되고도 남는다. 우리 고유의 민속 종교인 무교가 모든 외래 종교에 침윤되어 한국 종교들의 특성으로 인식될 만큼 무교의 생명력이 강하다고 본다면, 아직 주술의 시대를 벗어나지 못하고 있던 신라 · 고려 시대에 불교가 대중화되는 과정에서 민속종교 풍습들이 그대로 습합된 것은 자연스런 흐름이었다. 한국의 사찰에는 본당 뒤 곁에 '칠성각' 또는 '산신각' '산령각'이 있다. 이것이 한국불교의 토착화를 설명하는 핵심이며, 거기에 모신 3신은 한국 사찰만이 지닌 특성을 그대로 보여 주고 있다. 이는 재래신앙과 불교가 습합된 일단이다.[11] 이런 맥락에서 오랜 역사와 전통으로 내려온 한국 종교의 기복성을 부정하는 것이 자칫 우리의 정체성, 한국 문화와 역사를 부정하는 것이 아니냐는 의문이 들지도 모른다. 그러나 이런 현상들은 불교가 근대화 과정을 거치면서 새롭게 정리하고 그 주술성을

10 이도흠, 「기복성과 주술성-6」, 법보신문, 발행호수 : 1126호 / 발행일 : 2011 12 21.

11 장정태, 「한국 불교와 민간 신앙의 習合關係 연구 — 삼국유사를 중심으로」, 동국대학교 박사학위 논문, 2011; 조흥윤, 『무』(巫), 민족사, 1997; 최준식, 『한국의 종교, 문화로 읽는다 1』, 사계절, 2005.

극복할 수 있어야 했다. 그런데 현실은 전혀 그렇지 못했고, 지금도 가장 기본적인 문제점으로 지적되고 있는 것이다.

전생, 풍수, 산신 신앙 등은 한국불교에서 신비주의와 근본주의가 착종된 전근대적인 신행의 구체적인 사례가 될 것이다. 근본주의자들은 경전을 문자 그대로 해석하고, 상상으로나 가능한 초월적인 이야기를 신화나 상징으로 보지 않고 역사적, 과학적 사실이라고 주장한다. 종교들은 역사적인 과정을 거치면서 다양한 경전들과 교리들 그리고 이론들이 생기고 축적되었음에도 불구하고, 그 모든 것을 신성시하면서 초월적인 힘에 의한 절대적인 무오류의 신성한 책으로 받든다. 특히 사이비종교의 경우 어느 부분적인 내용을 자의적으로 해석하여 절대시하고 우상화하여 신도들을 현혹하기도 한다. 한국 사회는 사이비종교가 판칠 수 있는 여러 가지 요소를 가지고 있는데, 더욱 기본적인 문제는 바로 기성종교(이른바 고등 종교)들 안에 똬리를 틀고 있는 사이비성이다. 필자가 한국인의 종교생활 논문을 쓰는 이유는 바로 이런 문제들을 지적하고자 함이다.

(2) 파벌과 부패/종권다툼과 비리

오랜 역사를 가진 종교에 다양한 분파가 있다는 것은 당연한 일이다. 가장 자연스럽고 이해가 가능한 분파 현상은 경전과 교리의 해석과 실천을 위한 순수한 신앙적 열정으로 생기는 경우이다. 불교는 부처님 사후 1세기경에 승가의 계율에 대한 견해 차이로 상좌부와 대중부로 갈라서게 되었고, 그 후 각각 여러 개의 부파로 나뉘어졌다. 모두 18개의 부파를 형성하고 있던 불교에서 기원전 1세기경에 새로운 불교운동이 일어났고, 그들은 스스로를 대승불교라 하고 남아 있는 부파 불교를 소승 불교라 하였다. 이후 세계 여러 나라로 전파된 불교에서 위대한 지도자들이 생겨나고 그들의 가르침이 불교의 교리로 보태지면서 불교의 종파와 교리와 문서들은 엄청난 양이 축적된 것이다. 2,600년의 길고 긴 역사를 가진 불교를 오늘 우리가 만날 때 어떤 종파, 어떤 교리의 전통을 받아들일 것인지, 그리고 나는 어떻게 해석하고 실천하며 살 것인지를 선택하는 일은 결코 간단한 일이 아니다.

1,600년이라는 길고 긴 역사를 가지고 있는 한국 불교가 걸어온 길도 수많은 변화와 역동의 과정을 보여 준다. 신라와 고려에서 불교는 조선 반도의 최고 지배 사상으로 국민들의 지주적 정신을 형성해 왔다. 조선 시대로 넘어오면서 유교가 지배 사상이 되고 불교는 억불정책으로 탄압을 받는 형국이 되었다. 그럼에도 불구하고 전 국토에 견고히 자리 잡은 사찰들을 관리하는 사람들은 조정에서 관직처럼 시험으로 뽑아 임명하였다. 우리나라에 들어온 불교는 대승불교였지만, 대승불교는 이미 다양한 종파를 형성하고 있었으며, 신라와 고려의 명승들은 인도나 중국으로부터 새로운 종파와 교리를 받아들여 전파하기도 하고, 경전을 고유하게 해석하여 독창적인 사상을 정립하기도 하였다. 따라서 한국 불교에 다양한 종파가 존재한다는 사실은 하나도 이상한 일이 아니라고 볼 수 있다.

문제는 한국 불교계에 종권 다툼이 끊이지 않는다는 것이며, 심지어 자신의 이해관계를 위해서는 폭력마저 서슴지 않는다는 사실이다. 해방 후 불교계 정화 과정에서 소수 세력인 비구측은 가짜 승려들을 통한 무력 동원이라는 최악의 사태까지 불사하였다.[12] 이런 현상은 역동적 역사적 전환기의 에피소드로 끝나지 않고 아직도 종종 종권다툼이 벌어질 때마다 반복되어 한국 불교에 대한 시민들의 이미지에 먹칠을 하고 있

12 김방룡, 앞의 글, 288, 294쪽.

다. 이처럼 권력 다툼이 정도를 벗어나면서 상호 비방과 비리의 폭로가 잇따르고, 그러한 과정에서 불교계의 개인적 조직적 비리들이 적나라하게 드러나곤 한다.

일본식민지 시대 조선의 불교는 대다수가 대처승으로 전환하였다. 그것은 바로 일본식 불교를 받아들였기 때문이다. 그러나 그것이 곧 친일 불교라고 말하는 것은 지나친 단순화이며, 해방후 불교 내 세력 다툼에서 대처승 세력을 물리치기 위해 무리하게 왜곡하고 덮어씌운 오명이었다. 해방후 한국 불교에서 비구승들의 반격은 거의 혁명적인 소용돌이 속에서 무력과 비리가 판치는 와중에 소수파의 무리한 승리로 결판났다. 이 과정은 초기 불교역사 과정에서 있었던 순수한 경전 해석의 차이나 진리를 향한 구도의 실천 과정에서 생긴 의견 대립 등과는 거리가 멀었다. 대처승과 비구승 세력 다툼 과정에서 조계종과 천태종으로 나뉘었지만, 비구와 대처의 승려 수가 200 : 7000이었다는 사실에 비추어 보면 이 싸움이 얼마나 무리한 것이었는지 쉽게 상상할 수 있다. 이승만 대통령은 대처승을 일본식 승려라고 규정하고 사찰 밖으로 나가라고 유시를 내리면서 비구승 측과 긴밀한 공조 아래 불교정화운동을 전개하였다. 곧이어 우후죽순처럼 생겨난 신생 교단들은 경전의 해석이나 교리의 차이와는 무관하며 조계종과 태고종에 속하지 않은 많은 사찰이나 암자 또는 불교 신행 단체들이 〈불교재산관리법〉에 의한 제도권 진입을 위해 신생종단으로 마구 등록한 것이다.[13]

최근 전 국민을 깜짝 놀라게 하고 불교계를 발칵 뒤집어 놓은 사건이 터졌고, 조계종 총무원은 비상이 걸리고 불교계 안팎에서 개혁과 정화를 요구하는 목소리가 하늘을 찌른 바 있다. 석가탄일을 앞두고 전남 백

13 김방룡, 앞의 글, 292-300쪽.

양사에서 벌어진 승려들 도박 장면 동영상 폭로 사건이 그것이다.[14] 불교계에 주목하는 시민들로서는 이번에 터진 사건에 대해 그 자체의 문제도 문제려니와 이미 오래전에 터진 문제들이 아직도 반복되고 있다는 사실 때문에 더욱 답답한 심정을 가눌 수 없게 된다. 재가불자 박광서는 2000년 12월에 행한 강연에서 다음과 같이 말한 바 있다. "특히 한국 불교의 장자종단인 조계종의 경우 94년 개혁의 깃발을 치켜든 이후 내부 혁신의 의지는 사라지고 98, 99년 승려도박사건과 소위 조계종 사태를 거치면서 국민들과 세계인들이 우려하는 집단으로 비치더니, 최근에는 종단지도부가 비민주적이고 비자주적이며 불투명하고 비상식적으로 교단을 운영한다는 인상을 주고, 심지어는 일부 승려들의 파렴치한 범죄 행위까지 잇달아 노출되는 등 종교집단으로서는 치명적인 사건들이 이어지고 있다."[15]

새천년에 접어들어 참여불교운동을 제창하면서 지적한 저런 문제들이 이번에도 또 터져 나온 것이며, 이 사건도 단순한 개인적 비리라기보다는 종권다툼과 불교계 부패 관행을 보여 준 증례로 분석되고 있다.

(3) 정체성 혼란과 문화적 허약성

한국 불교의 근대화에 대한 불교학계의 논의가 활발하다. 신라 · 고려 시대에 국교의 지위를 누리던 불교가 조선 시대에는 억압받고 축소되어

---

14 한겨레신문사, 「술 마시고 담배 피고 도박한 승려들을 어이할꼬」, 2012년 5월 10일; 머니투데이, 「조계사 소속 등 승려 8명, 수 억 원 대 도박혐의 고발당해」, 2012년 5월 9일; 경향신문, 「불교계 '도박 파문' 당혹감 … 자승 총무원장 "전원 엄벌" 시민들 "정화운동 필요"」, 2012년 5월 10일.

15 박광서, "참여불교운동의 방향과 전망", 「대불청 청년지도력 개발교육 강의」, 2000년 12월 14일.

우수한 인재들의 불교계 진출도 줄어들었다. 무교 등 민속 종교의 습합도 신라 시대에는 대중화 과정에서 능동적으로 수용한 측면이 강했지만, 조선 시대에는 불교의 생존을 위해 민중들의 기복적 요구를 활용할 수밖에 없는 처지이기도 했다. 불교가 전통적, 관습적 의례와 기복적, 신비주의적 신행을 벗어나 근대화되는 시점에 우리나라는 일제의 침략을 받았고, 근대화를 위한 주체적 성찰의 과제는 혼란 속에 빠져들었다. 일제의 정책에 순응하면서 일본 불교를 수용하는 것이 대세를 이루게 되어 한국 불교의 근대화는 제 길을 찾을 수 없게 되었다. 그렇게 어려운 혼란의 과정에서 불교정신을 바로 세우고 한국 불교의 이정표를 세운 사람이 한용운이었다. 한용운은 대처승이면서도 일제에 항거하여 독립운동에 적극 나섰다. 대처승은 곧 친일이라는 단순화된 공식이 얼마나 잘못된 것인지 보여 주는 증거이기도 하다. 한용운은 근대화를 고민하고 실천한 사람이며, 제국주의 침략에 저항할 줄 아는 예언자적 종교인이었다.

이렇게 하여 한국 불교의 근대화 기회는 해방 이후로 미뤄진 셈이지만, 해방 이후 불교계의 역사는 또 다른 혼란에 빠진 사실을 보여 줄뿐이다. 불교계의 문제들을 스스로 정리하지 못하고, 이승만 대통령의 불교정책에 따라 일대 전쟁을 치르는 형국이 되고 말았다. 그 싸움이 정리된 것은 박정희 정권 시절이었다.

이처럼 근대화의 과정을 시작도 해 보지 못한 한국 불교는 일제 시대와 이승만 정권 그리고 박정희 정권으로 이어지는 제국주의 및 독재권력에 순응하는 행태를 이어 오게 되었다. 그러므로 미신적, 주술적 기복주의를 벗어날 기회를 만들지도 못했을 뿐만 아니라, 대부분 식민지권력과 독재권력에 순응하면서 불교 본연의 정신을 살려내지 못하였다. 불교의 기본 정신과 한국에서 불교 신앙인들의 바른 삶의 방향과 관련하여 불교는 과거에 대한 명쾌한 정리와 현재의 과제에 대한 고민과 토론 그리고 실천을 통해 바른 길을 찾을 수 있어야 했다. 그런 노력을 통해 한국 불교는 그 정체성을 확립하고, 이를 바탕으로 미래를 준비할 수 있어야 했다. 그러나 불교는 부분적으로 훌륭한 지도자와 실천가들이 있었지만, 전체적으로는 정체성의 혼란과 미흡한 문화 수준이라는 평가를 면치 못하고 있다.

기독교가 들어오면서 곧바로 학교와 병원을 세우고, 학문을 닦는 문화 풍토를 조성한 것에 반하여 불교는 과거의 찬란한 문화에 기반한 새로운 문화와 근대적 제도의 창출에 관심을 돌리지 못하였다. 동국대학교 불교학과가 설립된 것이 1946년이며, 인도철학과가 생겨 불교 원전 연구가 가능하게 된 것이 겨우 1964년도이다. 그리고 중앙승가대학교가 설립된 것이 1979년도이다. 불교학계에는 최근까지도 불교 논문들은 베껴 쓰기와 껍데기뿐이라는 비판이 남아 있다.[16]

황우석 사태는 불교의 정체성 문제와 관련되는 또 다른 사례라고 하겠다. 생명공학이라는 초현대적 학문 분야의 필요성과 순수성에 비해 황우석 교수가 보인 문제점은 너무도 반 불교적임에도 불구하고,[17] 불교계가 황우석 옹호에 내놓고 나선 것은 불교계의 문화적 한계를 드러낸 현상이라고 볼 수 있다.[18] 황우석 사건은 연구윤리의 위반이라는 측면에서 한국 지성계의 과학 문화에 대한 반성을 요구하는 것이기도 하고, 국익을 내세우며 민족주의적 우월의식을 노정했다는 측면에서 극우적 민족주의를 청산하지 못한 우리 사회의 허약한 기반을 보여 준 것이

16 심재관, 『탈식민시대 우리의 불교학』, 책세상, 031, 2001, 127-128쪽

17 탁효정, 「배아줄기세포 연구는 반불교적」, 법보신문 854호/발행일: 2006-05-31.

18 탁효정, 「불교계 '황박사 연구비 600억출연'」, 법보신문 853호/발행일, 2006-05-10.

기도 하다.[19]

3. 상식철학적 대안들

(1) 기복신앙과 신비주의 처방: 과학적 합리적 비판적 사고

과학과 종교는 길고 긴 역사의 흐름에서 끊임없이 긴장관계를 유지해 왔다. 원시 종교가 근대 종교로 발전하는 과정은 과학적 지식의 발전과 윤리적 규범의 진보가 밑바탕에 깔려 있었다. 자연과학과 정신과학이 고도로 발전한 현대 사회에서는 심지어 더 이상 종교가 설 자리가 없는 듯 보이기도 한다. 그러나 초현대 과학이 밝혀낸 우주의 신비, 생명체의 신비, 거대하고 장구한 규모의 자연적 역사적 사실과 유산에 대한 해명에도 불구하고 여전히 궁극적인 물음들은 하나도 답을 찾지 못한 채 불가사의로 남아 있다. 이런 사실은 과학과 종교의 긴장관계가 아직도 끝없이 이어질 수밖에 없음을 분명하게 말해 준다.

그런데 기복주의와 신비주의가 문제점으로 지적되는 것은 그것들이 결국 이기심과 무지를 조장하는 것이고, 정신적 건강성을 해치며 문화적 수준을 떨어뜨리는 요소가 되기 때문이다. 이런 점은 한국 기독교의 경우와 마찬가지이며, 이런 것이 바로 종교의 긍정적 역할보다 오히려 부정적 역할을 드러내는 결과를 초래한 것이다. 기독교의 경우 미국의 복음주의가 그 배경에 있었으며, 미국식 복음주의는 근대성을 거부하고 현대 과학의 이론들을 무시하는 근본주의 노선을 걸었기 때문에 그것은 우리의 민속종교와도 쉽게 결합할 수 있었다.[20] 이에 비해 불교는 시대

19 김의수, 「민족주의의 양면성과 한민족 공동체」, 『시대와 철학』, 2002, 봄호.

20 김의수, 「한국인의 종교생활 1」, 『동서철학연구』, 제56호, 2010, 344-346쪽.

적으로 주술적 신비사상이 만연하던 때에 한국에 들어와 자연스럽게 주술적인 민속신앙과 결합했던 것이기 때문에 그것의 극복은 새삼스러운 자기계몽의 과정이 필요했던 것이다. 그러나 앞에서 확인한 대로 자기성찰과 근대화의 과정을 제대로 밟지 못한 것이다. 기독교의 경우는 말할 나위도 없지만, 불교의 경우도 순수한 신도들의 기복주의와 결합한 신비주의는 자본주의적 물신주의와 결합하여 여러 가지 불합리한 종교현상으로 나타나게 되었다. 이로 인해 비과학적, 비합리적, 비상식적인 일들이 비일비재하게 일어난다. 이러한 한국 불교계의 문제들을 해소하기 위해서는 먼저 과학적, 합리적, 비판적 사고가 요구된다.

이도흠은 불자들이 기복성을 극복해야 한다고 요구한다. "절이 정녕 부처님의 말씀을 따르고 그 마음에 이르려 수행정진하는 도량이라면, 합격발원기도 현수막을 내려야 한다. 소망을 빌지 말라는 것이 아니다. 소망을 빌지 않고 어찌 종교가 성립될 수 있으랴. 타인의 소망과 어긋나는 일을 하지 말라는 것이다."[21] 이어서 그는 구체적으로 아주 단호하게 방법을 제시한다. "21세기 오늘의 시점에서 현대 과학을 믿는 젊은이들을 부처님 앞으로 인도하려면 종단은 정법의 칼을 단호하게 휘둘러야 한다. 우선 불교에 스며든 무속의 자취를 한 점도 남김이 없이 잘라내야 한다. 점을 치고 부적을 써 주면서 이익을 챙기는 자가 있다면 벌을 내려야 한다."[22] 그렇다고 이도흠이 모든 주문과 주법, 진언을 없애라는 것은 아니다. 초월을 향한 의지, 영성, 신비주의 없이 종교는 성립할 수 없다. 감성과 영성은 이성과 과학으로 도달할 수 없는 진리와 깨달음에 이르게 하는 길이기도 하다. 신비체험 없이 우리 인간이 부처로 거듭날

---

21 이도흠, 「기복성과 주술성-1」, 법보신문 1121호/발행일 : 2011-11-16.

22 이도흠, 「기복성과 주술성-4」, 법보신문 1124호/발행일 : 2011-12-07.

수 없다.[23]

오강남은 신비주의에 주목하면서 신비주의를 두 가지로 구분한다. 부정적 의미로 초월적 현상을 말하는 신비주의(Mystizismus)와 긍정적 의미의 신비주의(Mystik)가 다르다고 강조한다. 전자는 초월적 신비 지상주의이며 영매나 육체 이탈 현상 등을 말한다. 이런 것은 점성술, 마술, 열광적 흥분, 신유체험, 천리안 등과 관계되는 것이다. 이와는 대조적으로 긍정적 의미의 신비주의는 종교의 가장 깊은 면, 인간의 말로 표현할 수 없는 순수한 종교적 체험을 목표로 한다.[24] 오강남은 신비주의 체험은 변화를 수반한다는 점을 강조한다. 신비주의 체험은 영적 눈이 열리는 것이며, 내면의 깨달음이다. 지금 서양 기독교에서 일어나는 변화의 근본은 종교에서 이론이나 교리보다 실천과 체험을 강조하는 것이다. 깨달음을 통해 새로운 존재로 거듭난 신앙인은 새로운 가치관, 세계관, 인생관을 갖게 되고 나만을 위한 존재에서 남을 위한 존재로 변한다. 이렇게 신비주의 체험으로 내면의 깨달음을 얻고 남을 위해 헌신하는 새로운 가치관을 갖고 실천하며 살아가는 신앙생활이라는 면은 기독교나 불교나 마찬가지다. 여기서 두 종교는 만날 수 있다는 것이다.[25]

미국인 승려 현각은 자신이 불교에 귀의하고 승려가 된 과정을 기록하여 책으로 출간하여 베스트셀러가 되었다. 그가 기록한 다양한 체험들 중 한 가지로 자신의 전생에 대한 이야기가 있다.[26] 이 이야기는 윤회라는 불교의 교리에 바탕을 두고 있다. 많은 젊은이들은 전생에 대해

23 이도흠, 기복성과 주술성-6, 법보신문 1126호/발행일 : 2011-12-21.

24 오강남, 『불교, 이웃종교로 만나다』, 현암사, 2001/2011, 343쪽.

25 오강남, 앞의 책, 344-346쪽; 오강남 · 성해영, 『종교, 이제는 깨달음이다』, 북성재 2011, 67-134쪽.

26 현각, 『만행 하버드에서 화계사까지 2』, 열림원, 1999, 76-89쪽.

회의하기도 하고, 그럴 수 있을 것이라고 믿기도 한다. 보수적인 불승들은 문자적인 근본주의를 고집하고 있다. 성철의 경우 과학적 지식을 무시하는 기독교 근본주의를 비판하고, 칠성탱화나 산신탱화 같은 것을 싹 밀어 버려야 한다고 주장하는 과정에서는 과학적 지식에 대해 바른 생각을 가지고 있으면서도 윤회사상을 증명하려는 과정에서는 유사 과학마저 활용하는 우를 범하고 있다.[27] 그런데 법륜의 설법은 신선하다. “전생은 정말 있습니까?” 아내문제로 질문하다가 마지막에 평소의 의문이라면서 던진 신도의 질문이다. 법륜은 그걸 믿든 안 믿든 그건 개인의 자유이며, 그 존재 여부는 검증할 수가 없다고 대답한다. “그건 중요한 문제가 아닙니다. 중요한 것은 우리의 실천입니다. 아내에게 받고 싶은 일을 당신이 아내에게 해 주세요. 교만을 버리면 그렇게 할 수 있습니다. 그러면 남자들도 여자들만큼 수명이 길어집니다.”[28]

(2) 파벌과 부패/종권다툼과 비리에 대한 처방: 내부혁신과 시민 세력의 연대

불교계 파벌과 부패는 한국 사회와 한국 종교를 생각하는 사람들에게 불행한 현상으로 인지된다. 불교계의 다툼과 비리는 일시적인가, 지속적인가? 개별적인가, 구조적인가? 불교계 문제들을 해결하기 위한 불교계 내부 세력은 얼마나 되는가? 그들은 힘이 있는가? 불교계 밖에서는 누가 불교계 문제들을 해결하는 데 도움을 줄 수 있는가? 이렇게 다양한 의문들에 대한 점검을 통해 문제의 원인들을 찾아내고 해결의 길

27 김종인, 「한국불교 현실에 대한 성철의 대응과 돈오돈수」, 『퇴옹 성철의 깨달음과 수행』, 예문서원, 2006, 332–337쪽.

28 http://cafe.daum.net/santam/IQ3h/237, 법륜스님 즉문즉설.

을 모색해야 할 것이다.

우리는 앞에서 해방 이후 수많은 신생종단들의 성립 과정을 훑어 보면서 구조적으로 파벌의 문제가 상존하고 있음을 볼 수 있었다. 그런데 군소 종단들이나 불교계 사이비 종교들의 문제들을 생각하고 정비할 겨를도 없이 최대 종단인 조계종 내에서만도 다툼과 비리가 끊이지 않고 있는 것이다. 물론 조직이 크고, 재산이 많으며, 수입도 많기 때문에 문제가 더 많이 생길 수도 있지만, 불교 시민운동을 이끄는 사부대중들은 조계종의 성찰과 혁신을 역사적인 과제라고 강조하고 있다. 불교시민사회네크워크[29]는 지난해 1월 준비단계에서 성명을 발표하고, 불교계의 철저한 성찰과 혁신을 주장하였다. 군부독재 세력과 밀착한 서의현 총무원장의 3선에 반대하여 엄청난 충돌을 겪으며 이뤄낸 1994년 종단개혁을 한국 불교 현대사의 큰 획을 그은 사건으로 규정하고 한국 불교가 자주, 자립 그리고 종단 쇄신이라는 백년대계를 새롭게 정립하는 중차대한 시기를 맞이하고 있다고 말한다.[30]

불교계 다툼의 기본 요인은 이해관계 때문이다. 거대한 규모의 조계종은 인사, 재정, 조직, 재산관리 등 종단의 운영에서 행사하는 권한이 엄청나다. 그런데 그 권한은 총무원에 집중되어 있었다. 더구나 정치권력에 종속된 사람이 총무원장을 맡고, 그는 비민주적이며 비도덕적인 종단운영을 일삼아 문제가 곪아터지게 되었다. 그에 대한 저항으로 시

29 불교시민사회네트워크에는 실천불교승가회, 청정승가를위한대중결사, 불교환경연대, 마하이주민지원단체협의회, 경제정의실천불교시민연합, 사찰생태연구소, 종교와젠더연구소, 나무여성인권상담소, 광주전남불교NGO연대, 에코붓다, 한국대학생불교연합회, 인드라망생명 공동체, 전북불교시민연대 등이 참여하고 있다.

30 불교시민사회네트워크(준), 「철저한 성찰 통해 불교혁신 이뤄나가자」, 2011년 1월 28일.

작된 종단쇄신운동은 무려 18년의 세월을 흘려보내고 있지만, 아직도 멀었다는 평가를 받고 있다. 위기 때마다 개혁운동의 중심에서 중책을 맡아온 도법은 이번 승려 도박 사태는 조계종 쇄신의 마지막 기회라고 강조한다. 장기적으로는 종단권력이 아니라 불교정신 구현에 관심을 가진 불교시민사회의 사부대중이 종단의 실질적 주인으로 참여하고 역할을 해야 한다고 말한다.

그리하여 통합종단 50년 동안 쌓여 온 온갖 관습과 문제들 — 재정투명성 문제, 선거풍토, 계파정치, 비민주적 종단과 사찰 운영, 세속화 등 — 을 제도적으로 그리고 생활문화적으로 쇄신해야 한다고 역설한다.[31]

승려(비구, 비구니)와 신도(우바새, 우바이)들이 하나되어 종단을 개혁하고 불교의 근본 정신을 실천해야 한다는 주장은 참여불교재가연대를 이끌어 온 박광서가 누누이 강조해 오는 바이기도 하다. 사부대중(남녀 승려, 남녀 재가 불자) 모두의 철저한 역사적 반성과 미래를 꿰뚫는 안목, 그리고 부처의 가르침에 대한 대승적 재해석과 보살도의 실천이 필요하다는 것이다. 깨달음과 배움은 그것을 실천에 옮김으로써만 부처의 보살정신을 이 땅에 꽃피우게 될 것이며, 그래야만 비로소 불교는 구체적이고도 현실적인 중생 제도의 종교, 이 시대, 이 사회를 이끌어 가는 의연한 종교로 다시 태어날 수 있다. 사부대중 모두가 투철한 결사정신으로 시민 사회운동을 이끌어 생활 속에 뿌리내리는 불교로 새롭고 힘차게 펼쳐질 수 있도록 방생불사(放生佛事)와 참여불교(參與佛教)를 통해 불교의 사회적 기능을 회복시키는 데 지혜와 원력을 모을 때이다.[32]

31 경향신문사, 「조계종 쇄신, 이 기회 놓치면 희망없다」, 도법 스님 인터뷰, 2012년 5월 18일.

32 박광서, 앞의 글.

불교계의 사회운동은 사회개혁과 종단개혁이라는 두 갈래 과제를 안고 노력해 왔다. 1980년대는 전자가 그리고 1990년대에는 후자가 더 중심적인 과제로 떠올랐지만,[33] 지금은 이 두 가지가 함께 맞물려 간다는 사실을 실천 속에서 보여 주고 있다. 불교계의 오랜 과제인 종권다툼과 비리 문제를 해결하기 위해서는 불교계 안과 밖에서 시민 세력의 확장과 연대가 필요하다.

(3) 정체성 혼란과 문화적 허약성 처방: 진리, 평화, 생명의 상식철학

한국 불교 정체성 회복과 문화적, 실천적 역량 강화를 위한 노력은 상당기간 준비 과정을 거쳐 지금 폭넓고 왕성한 움직임을 보이고 있다. 첫째, 근대화 과정에 대한 학계의 논의가 활발하다. 이 과정에서 근대성과 정세성에 대한 과거의 단순화 오류를 벗어나 보다 섬세한 학문적 이론화 작업으로 발전하고 있다.[34] 학자들은 비구승 대 대처승의 대결이 반일 대 친일의 구도와 일치하는 것처럼 말하는 것은 오류라고 지적한다. 만해 한용운 평가의 단순 논리를 경계하고, 당시 불교계 지식인들이 처해 있던 딜레마적 상황에 대한 이해의 필요성을 강조한다.[35] 둘째, 한국 불교의 정체성 확립과 관련하여 호국 불교가 한국 불교의 정체성인양

---

33 유승무, 「현대 한국불교 개혁운동의 흐름과 그 특징」, 『불교평론』, 4호, 2000년 9월; 조대엽, 「시민정치운동의 확대와 불교시민운동의 전망」, 『불교평론』, 1호, 1999년 12월.

34 김광식, 『민족불교의 이상과 현실』, 도피안사, 2007; 동국대학교 불교문화연구원, 『동아시아 불교의 근대적 변용』, 동국대출판부, 2010; 김순석, 『백년 동안 한국불교에 어떤 일이 있었을까?』, 운주사, 2009; 조성택(편), 『퇴용성철의 깨달음과 수행 — 성철의 선사상과 불교사적 위치』, 예문서원, 2006.

35 조성택, 「근대한국불교사 기술의 문제 : 민족주의적 역사 기술에 관한 비판」, 고려대학교 민족문화연구원, 『민족문화연구』 53호, 2010. 12, 582-620쪽.

강조된 것은 극우적 군사독재정권 아래서 잘못 정리된 것이며,[36] 기독교인 독재자 이승만의 대불교정책에 편승하여 불교정화운동에서 패권을 잡은 조계종단이 스스로를 근대불교사의 중심에 세우려 하지만 조계종단은 근대불교 관점에서 보면 오히려 '전통복고'이며, 반근대적 종단이라는 예리한 비판도 있다.[37] 셋째, 한국불교학계에서 미래지향적 가치들에 대한 불교적 연구도 빠른 속도로 진행되고 있다. 김방룡은 불과 5-6년 사이에 생산된 불교학계의 논문들을 70여 종이나 소개하고 있다.[38] 특히 한국 불교에 대한 여성비하적 평가나 불교 경전 및 전통적 제도에서 나타난 성차별적 내용과 해석에 대한 여성주의적 연구와 대처는 주목할 일이다.[39] 넷째, 불교인들의 시민운동 참여 역사는 꽤 긴 편이지만, 막상 불교시민사회네트워크나 정의평화불교연대 등은 지난해에 겨우 출범했다.[40] 이상과 같은 불교계의 몇 가지 이론적 실천적 움직임을 확인하면서 한국 불교의 바람직한 발전과 지향은 이제부터 본격화

---

36 심재관, 앞의 책, 83쪽; 김종인, 앞의 글, 324쪽.

37 조성택, 앞의 글, 615쪽.

38 김방룡, 「환경 · 생태 · 배아복제 · 페미니즘에 대한 불교적 담론에 대하여」, 『범한철학』 제48집, 2008, 봄, 265-297쪽.

39 불교여성개발원이 2000년 11월 창립한 이래 활발한 활동을 전개하고 있다. 불교여성연구소(소장 조은수, 서울대 교수)는 2011년 12월 3일 창립기념 학술 토론회 "21세기 페미니즘 시대에 여성 신행의 재조명"를 개최하였다. 이날 발표된 논문들의 주제는 「치마는 없다: 젠더화된 기복신앙과 한국불교 가족주의 비판」, 「여성불교의 관점에서 본 기복불교」, 「치마불교 무엇이 문제란 말인가」 등이었다. 법륜은 부처님이 비구니 제도를 허락한 과정을 소개하고, 그 후 사라졌다가 대승불교에서 다시 살아난 과정을 얘기하면서 남녀에 차별이 있어서는 안 된다는 점을 강조한다. 법륜, 『붓다, 나를 흔들다』, 샨티, 2005, 196-218쪽.

40 민중불교운동연합 창립(1985. 05. 14), 경제정의실천불교연합 창립(1991. 07. 15), 불교시민운동단체협의회 창립(1995. 04. 01), 참여불교재가연대 창립(1999. 3.28), 불교시민사회네트워크 창립(2011. 4), 정의평화불교연대 창립(2011. 10. 29).

될 것으로 기대된다.

불교학계의 학술적 논의 수준도 나날이 발전하고 있다고 생각된다. 불교계 안팎에서 절대적인 권위를 인정받은 성철스님에 대해 근현대 한국 불교의 개혁과 근대성 담론이라는 역사적 관점에서 재조명한 것 등은 하나의 예가 될 것이다.[41] 황우석 사태에 대해서도 근본적인 비판을 담은 세계불교철학자들의 발표를 내용으로 하는 국제학술회의도 당시에 개최된 바 있다.[42] 김방룡의 연구가 보여 준 것처럼 미래지향적 가치에 대한 연구는 더욱 활발해질 것이고, 무엇보다도 한국 시민운동 세력의 역량과 수준에 맞춰 불교 시민운동이 빠른 성장과 발전을 보여 줄 것으로 기대된다.[43] 이러한 제 분야에서 일어나는 새로운 에너지와 그 성과는 한국 불교의 정체성 확립과 문화적 역량 강화에 더 없이 중요한 힘이 될 것이다.

이러한 노력들은 진리, 평화, 생명을 지향하는 상식적 불교철학과 맞닿아 있다. 우주만물이 하나로 연결되어 있다는 불교의 기본 진리는 갈등과 차별을 넘어 평화를 지향하고, 민족과 인류를 넘어 우주로 관통하

41 고려대학교 민족문화연구원 한국사상연구소는 2004년 11월 "근현대 한국 불교사상의 재조명: 퇴옹성철의 불교관과 현실인식을 중심으로"를 개최한 바 있다.

42 동국대학교 불교문화연구원은 2006년 5월 25일부터 26일까지 이틀간 "지식기반사회와 불교생태학"을 주제로 국제학술대회를 개최했다. 학자들은 황우석 사태에 대해 한국불교계가 방임인지 부정인지 모를 모호한 태도만 보여 주고 있다고 비판했다. 법보신문, 발행호수: 854호/발행일: 2006-11-16.

43 1999년에 창립된 참여불교재가연대는 8년만에 1,000명의 개인회원과 45개 단체회원을 가진 재가불자들의 네트워크로 성장했고, 불교시민운동 지도자 법륜은 수행과 봉사단체 정토회를 창설하여 괄목할 만한 조직으로 발전시켰을 뿐만 아니라 일반시민들과 청년들에게 엄청난 반향을 일으키며 대중강연을 이어 가고 있다. 이러한 활동들은 불교시민운동 발전에 커다란 영향을 미칠 것이다.

는 자비의 마음으로 나아간다. 이러한 불교 상식철학은 한국 불교의 정체성을 회복시키며 문화적 허약성을 극복하게 하고, 미래에 대한 철학적 지향을 가능하게 한다. 오늘 한국에 사는 한 사람의 불자는 스스로 이 커다란 인드라망에 함께하고 있다는 깨달음으로 모두와 함께 행복을 만들어 가야 할 것이다. 숭산이 달라이 라마(티벳), 고사난다(캄보디아), 틱낫한(베트남)과 함께 살아 있는 세계 4대 생불 중 한 분으로 평가받았다는 사실은 우리를 놀라게 하고 자랑스럽게 한다.[44] 테레사 수녀는 영국 BBC방송이 어느 해 연말 특별 프로젝트로 발굴한 이래 살아 있는 성녀로 추앙받게 되었다. 우리는 훌륭한 종교지도자들을 존경해 마지않는다. 그런데 아직 발굴되지 않은 많은 헌신적 종교인들이 바로 우리 주변에서 활동하고 있다. 생활세계에서 몸과 마음으로 그런 분들과 함께 나누고 참여하면 누구나 훌륭한 종교인의 길을 가게 되는 것이다. 그것은 오늘날 너무도 상식적인 가치인 진리, 평화, 생명의 길이다.

4. 나오는 말

불교철학자 강건기는 그의 불교TV 강의에서 불교정신은 이론으로 배우거나 깨달음에 이르는 것도 중요하지만 무엇보다도 중요한 것은 실천이라고 누누이 강조한다. 그 강의 마지막 부분에서 그는 "불교로 귀결되는 오늘의 지성"이라는 제목으로 강의하면서 로마클럽의 『성장의 한계』를 소개한다. 현대 과학의 시대에 인류가 처해 있는 위기에 대해 생각하고 함께 노력하는 것이 불자들의 자세라고 강조한다.[45]

44 현각, 『만행 하버드에서 화계사까지 1』, 열림원, 1999, 12쪽.

45 강건기, 『불교와의 만남 — 쉽고 재미있는 붓다의 가르침』, 불지사, 1993, 450-459쪽.

필자는 이 글에서 상식철학으로 읽는 불교의 문제들과 그 대안들을 생각하였다. 불교학자들의 책과 논문들을 참조하기도 하고, 비교종교학자 오강남의 불교이해와 서양불교 소개를 참조하기도 하였다. 그러나 무엇보다도 많이 공감하며 인용한 내용들은 일반인들이 쉽게 읽는 칼럼이나 에세이 등이었다. 서강대 물리학과 교수 박광서는 참여불교재가연대를 만들어 이끌어 오고 있고, 그러한 실천활동 중에 지속적으로 참여불교운동에 대해 강조하고 있다. 한양대학교 국문과 이도흠 교수는 정의평화불교연대 실무책임을 맡아 활동하면서 법보신문에 글을 썼다. 이들이 주장하는 내용들은 상식적인 불교정신이며 생활 속에서 개선하고 실천해야 할 내용들이다. 전문적인 불교학자가 아니지만, 그들이 주장하며 실천하는 내용들을 여러 사람들이 함께하기만 해도 불교계의 많은 문제들은 해소될 수 있을 것이다.

재가불자들과 함께 뜻을 모아 활동하는 도법과 법륜 같은 승려들의 실천과 주장은 시민들에게 감동을 주며, 끊임없이 문제들을 노정하는 한국 불교에 충분한 희망을 던져 주고 있다고 생각한다. 이 글에서 기본적인 문제점으로 지적한 3가지 사항들을 비롯하여 해결해야 할 많은 문제들에 대하여 불교계 안과 밖에서 모색하고 있는 다양한 대안들이 널리 확산되고 실현되기를 기대한다.

과학적 상식, 윤리적 상식 그리고 문화적 상식을 기반으로 하여 한국의 종교들이 제 길을 찾아갈 수 있기를 희망하며 종교다원주의 사회 한국이 이웃나라들에도 좋은 모범으로 다가설 수 있기를 기대한다.

3부
상식철학 에세이

제 1 장

인생상담과 철학치료

1. 생활 속에서 만나는 사람들

전주의 소아정신과에서 상담치료를 담당하고 있는 한 아동심리 전문가가 지난해 나에게 철학 상담의 필요성을 강조했다. 어린이들이 병원에서 상담치료를 받은 후 중요한 것은 집으로 돌아가서 바른 자세로 생활하는 것이다. 그런데 부모들이 가정에서 필요한 환경을 만들어 주지 못하고 전과 똑같은 태도로 아이들을 대하면서 상담치료의 효과가 나타나지 않는다는 것이다. 그래서 부모들에 대한 상담이 필요한데, 그것은 심리학 대신 철학으로 접근해야 할 것 같다는 주장이었다.

내가 성인이 된 후에 생활 속에서 만난 사람들 가운데는 신경정신성 질환을 앓고 있는 사람들이 의외로 많았다. 내 아이들의 친구 엄마들 가운데 심각한 정신질환자도 있었고, 일시적인 우울증 증세를 보이는 사람들도 여럿이었다. 유학시절에도 정상적인 여유를 갖지 못한 사람들이 있었고, 386세대들 중에 가치관의 혼란으로 어려워하는 사람들도 있었다. 종교인들 중에는 정상적인 신앙인인지 신들린 사람인지 잘 구분이 되지 않는 사람들도 많다. 좀 의외라고 생각되는 경우는 소위 사회적으로 한참 잘 나가는 사람들 중에 인생에 대한 회의와 건강 및 여가에 대한 자각을 새롭게 하는 사람들이다. 일에 중독되다시피 하며 많은 업적을 내고 살아가는 사람들 중에 어느 날 스트레스에 짓눌린 자신을 발견하고 인생을 돌아볼 기회가 생기면 바로 이러한 자각증세를 보이게 된다.

2. 철학치료는 꼭 필요한 분야인가?

이처럼 의외로 많은 사람들이 정신적으로 어려움을 겪으며 살아간다. 그런데 이들은 자신들의 문제를 어떻게 해결하는가? 그 길은 다양하다. 점집을 찾아다니는 사람, 술을 마시는 사람, 운동을 시작하는 사람, 여행을 다니기 시작하는 사람, 새로 종교에 귀의하는 사람, 공부나 독서 모임에 참석하는 사람. 이들 중에는 어려움을 해결하고 극복하는 사람도 있고, 점점 더 악화되어 인생에서 낙오되는 사람도 있다. 이 모든 경우에 그 배경과 바탕에는 철학이 깔리게 된다. 어떤 방법이든 그것이 효력을 발휘한다면, 그것은 철학적인 정리와 실천이 뒤따르는 경우에 한 한다. 물론 대부분의 경우에 사람들은 그것을 의식하지 못한다. 나는 생활 속에서 많은 사람과 대화하며 살아간다. 그것은 자주 사람들에게 중요한 인생 상담이 된다. 거기에 약간의 형식을 갖추어 철학 상담소를 개설하면 보다 전문적으로 철학치료자의 일을 할 수 있을 것이다. 실제로 서양에서는 철학치료가 하나의 중요한 전문 직업으로 자리 잡아가고 있다.

철학치료란 무엇인가? 그것은 임상철학이라고도 하고, 철학상담이라고도 하는데, 이것은 1980년 독일철학자 아헨바하(Gerd Achenbach)에 의해 창시되었다. 철학치료란 인생관, 세계관, 가치관과 관련된 인간의 모든 문제와 고민들을 내담자 스스로 풀어가도록 치료사(상담사)가 도와주는 대화의 과정을 말한다. 그것은 심리치료나 정신분석학의 한계를 넘어서고 보완하는 역할을 담당한다.

유럽과 미국에서는 이미 수백 개의 치료기관이 활동하고 있으며, 철학치료가 주요 대상으로 삼는 사람들은 ① 말기환자, 자살 충동자, 가족(애인)의 죽음으로 충격에서 벗어나지 못하는 사람 등 ② 인생의 큰 변화를 겪는 사람들 ③ 실연, 결혼, 이혼, 실업 등에서 대인관계의 문제로 고민하는 사람들 등이다. 그 외에도 교육, 가족관계, 삶의 의미, 종교, 기타 수많은 문제들로 고민하는 사람들이 대상이 될 수 있다. 철학치료는 이들에게 인생의 의미를 정리하게 해 주고, 대인관계의 문제들을 총체적 만남의 차원에서 해결하도록 돕는다. 스스로 마음을 다스리고, 자기정체성을 회복하며, 건강한 문화생활을 할 수 있도록 돕는다.

이러한 일은 다양한 분야의 상담소들이 어느 정도 담당하고 있기도 한데, 현대 상담학의 원리들이 점점 더 상담자와 내담자의 대등한 관계와 상호성에 비중을 두고 있고, 그것은 곧 현대 철학의 영향 때문이다. 철학이 이러한 간접적인 영향을 넘어 직접 치료의 역할을 담당하게 되는 것은 상담 사례들 중 많은 경우에 그 문제의 핵심이 아주 기본적인 가치관과 관계되고, 또 때로는 근본적인 철학의 문제와 맞닿아 있기 때문이다.

3. 철학치료사와 점쟁이의 대결?

합리적이며 고차원한 정신적 상담과 치료를 담당할 철학상담소는 그것이 법적으로 제도화되더라도 두 가지 관점에서 철학과과 대결을 해야 한다. 하나는 철학관을 찾는 수많은 고객들의 의식을 바꿔나가야 한다는 것이고, 다른 하나는 내담자들에게 확실한 결과를 보장해 주어야 한다는 것이다.

첫째, 주역, 풍수지리 같은 고전적인 동양 이론들을 활용하는 점쟁이나 신내린 무당들이 철학관이라는 간판을 내걸고 운명을 점쳐 주며 고민 해결의 길을 가르쳐 준다. 그곳을 찾는 사람들이 의외로 많고, 또 종교기관들 중에도 유사한 미신적 방식으로 신도들을 끌어들이는 곳이 너무 많다. 심리상담, 정신과 치료, 철학치료 등이 제대로 역할을 할 수 있기 위해서는 이러한 분위기와 태도들이 먼저 개선되어야 한다. 그런데 이것은 우리 사회의 오랜 문화이고, 그 뿌리가 깊기 때문에 결코 쉽지가 않다.

정치인들을 생각해 보자. 들리는 말에 의하면 군의원이든 대통령이든 선거에 출마하는 정치인들은 절대 다수가 점쟁이를 찾아간다고 한다. 본인이 안 해도 가족이나 캠프의 조직원이 찾아간다는 것이다. 나는 이런 소문 자체도 잘 믿지 않지만, 점쟁이들이 자기들에게 다녀간 사람들을 거명하면서 하는 얘기라고 한다. 하긴 역대 대통령 치고 대통령이 되기 위하여 조상의 묘를 이장하지 않은 사람이 거의 없으니, 그런 말이 믿어지기도 한다. 집안에 우환이 두세 번만 연이어 발생해도 누구나 떠올리는 것이 조상의 묫자리이다. 우리 사회의 정신적 수준이 이런 상태에 머물면 철학상담은 설 자리가 없다.

둘째로, 철학치료에 방법론이 필요한지 아닌지에 대해 철학자들은 논쟁을 벌인다. 철학치료의 창시자인 아헨바하는 방법이 그렇게 중요하지는 않다고 말했으나, 미국철학자들은 방법의 개발이 중요하다고 주장한다. 도인의 경지에 오른 철학자라면 방법론과 무관하게 그의 상담과 치료에 신뢰를 받겠지만, 젊은 철학도들은 과학적 방법론으로 접근해야 뭔가 결과를 보여 줄 수 있다. 그래서 지금 한국에서 구상하는 자격증은 철학 석사학위 소지자로서 심리학 등 관련 과목을 이수한 사람에게 부여하려고 한다.

이러한 논쟁은 끝이 없을 것이다. 결국은 둘 다 필요하기 때문이다. 철학상담에는 방법론이 필요하기도 하고, 방법론을 넘어서는 깊이와 열정이 필요하기도 하다. 미국의 철학적 분위기는 또 나름대로 독특한 데가 있는 모양이다. 가다머라는 철학자는 『진리와 방법』에서 진리는 방법에서 나오지 않는다고 주장했다. 그런데 미국에서 이 책이 많이 팔린 이유가 제목에 "방법"이라는 말이 들어갔기 때문이라는 것이다. 그리고 현상학과 해석학이 교육학, 상담학, 간호학, 사회복지학 등에서 질적 연구의 방법론으로 널리 활용되고 있다.

4. 철학과 미신의 차이는 무엇인가?

세상에 우연한 일은 한두 가지가 아니다. 세상에는 현대 과학으로도 알 수 없는 신비스런 일들도 끝이 없다. 그런 일들을 필연성의 원리에 따라 답을 찾으려 하면, 우연적인 일을 절대화하게 된다. 한두 가지 사례를 가지고 모든 문제에 대한 해답이라고 믿으려 한다. 그것은 곧 미신이 된다. 동양 고전이든 서양 경전이든 그 해석을 어떻게 하느냐에 따라 그것이 건강한 지혜나 신앙이 될 수도 있고, 혹세무민하는 미신이 될 수도 있다. 확실한 것을 선호하는 태도나 절대적인 것을 추구하는 태도는 미신의 유혹과 과학을 가장한 사기에 넘어갈 위험 앞에 노출될 수밖에 없다.

철학치료는 철학관이라는 이름을 걸고 유사 상담을 하고 있는 점쟁이들과 다르다. 철학치료자는 동서양철학에 대한 전문 지식과 함께 폭넓은 배경 지식 그리고 심리검사, 정신분석 등 과학적 방법을 익힌 사람이다. 그러니까 미신과는 정반대의 최고 수준의 정신과학적 접근을 하는 사람이다. 그럼에도 불구하고 철학치료란 딱 떨어지는 치료가 아니다. 그러므로 사람들이 믿고 찾아오게 하는 것이 쉽지 않다. 그렇다고 해서

고객을 끌기 위한 수단 찾기에 몰두하다 보면 또 다른 부작용을 만들 수 있을 것이다.

신도를 모으기 위해 기적과 신비주의를 강조하면서 사이비의 길로 가는 종교인들이 문제고, 돈을 벌기 위해 불필요하게 비싼 약품을 처방하는 의사들이 문제이듯이, 아무리 훌륭한 과학적 지식과 철학의 지혜를 가지고 하는 치료라도 돈 버는 데에 관심이 집중되면 곧 사이비의 길, 미신의 길로 넘어갈 수 있는 것이다.

철학치료에 대한 기대나 우려도 대체로 다른 의술행위와 마찬가지일 수밖에 없다. 소아정신과에서도 초기에 상담치료를 하면 치료의 효율성이 높은데, 먼저 약물치료를 하다가 병세가 악화되어 증세가 심해진 상태에서 상담치료로 넘긴다고 한다. 설마 환자를 오래 병원에 다니게 하려는 술수는 아닐 것으로 믿지만, 특히 치료행위에서 사람들이 과연 얼마나 순수하고 성실하게 환자나 내담자를 대하는가는 정말 중요하다.

5. 건강한 삶은 철학하는 삶이다

나는 초등학교 저학년 때 꾀병을 부려 본 적이 있다. 학교에 가기가 싫은 날에는 배가 아프다고 누웠다가 학교 시작 시간이 지나고 나면 일어나서 하루 종일 놀았다. 처음엔 좀 어색했지만, 다음부터는 그런 날이면 실제로 배가 싸르륵 아파온다. 그래서 꾀병이 아니라 진짜 병이 나서 학교에 못 갔다고 생각하고 편하게 놀 수 있었다. 알고 보니 어른이 돼서도 꾀병을 일삼는 사람이 있다고 한다. 원인은 없고, 아프기는 하다. 그러니까 자꾸만 더 실력 있는 의사를 찾아 나선다. 뭔가 자기의 부족함에 대한 핑곗거리, 관심을 받아야 할 핑곗거리를 만들려는 것이다. 이 두 가지 사례는 가족의 관심과 마음 통하는 친구가 필요하기도 하고, 전문가의 상담을 받아 원인을 찾고 마음의 평화를 찾을 수도 있다.

정신력이 약해진 할머니들 중에 쓸데없이 걱정이 많은 환자가 있다. 의사는 근엄하고 진지한 얼굴로 진찰해 주고 약을 한 보따리 처방해 준다. 그 약을 먹고 환자는 중병이라고 생각한 증세들이 순식간에 달아난다. 알고 보니 그 약들은 소화제에 불과하다. 이런 경우 사실은 일종의 정신치료(위무)를 받은 것이다.

건강한 생활의 토대는 건강한 정신이고, 철학하는 삶이다. 그 기초는 자기존중감이다. 그리고 개별 과학의 기초 지식들로 이루어진 합리적인 상식에 충실하게 사고하고 행동해야 한다. 독서하고 사색하며 문화유산 속에 전해 오는 인류의 지혜들을 습득해야 한다. 생활 속에서 대화와 상담, 그리고 토론을 통해 지식과 정보들을 나누고, 각자 자신의 것으로 체화시켜야 한다. 그리고 어느 것도 절대화해서는 안 된다. 확실한 것, 절대적인 것을 찾으려는 성향이 곧 사이비의 길로 들어서게 한다. 성의껏, 열성껏 노력하되 마지막 결론의 개방성을 인정하는 자세가 필요하다.

이처럼 철학이 있는 건강한 삶의 기반이 다져지면 우리가 일상 속에서 주고받는 인생상담이 대부분 건강한 철학치료가 된다. 사회적으로 그만한 문화 수준을 다지고 난 연후에는 전문적인 철학치료도 잘 정착될 수 있고, 중요한 역할을 수행하게 될 것이다.

제 2 장

상큼 쌉싸름한 철학 이야기

윤구병 교수가 철학회 학술대회에서 기조강연을 했다(본인은 강연장에서 10년 이상 농사를 짓는 농민인데 왜 교수라는 호칭을 쓰느냐고 지적했지만, 서양에서는 교수가 직함일 뿐만 아니라 "박사"와 같이 자격의 개념〈칭호〉으로 쓰인다). 그의 강연에 대해서 나는 '상큼 쌉싸름하다'는 수식어를 붙이게 되었다.

1. 윤구병 교수는 누구인가?

윤구병 교수는 충북대 교수로 재직하다가 50대 초반에 일찍 퇴직하고 부안에서 농사를 지으며 생태 공동체를 일구어 낸 분이다. 학계를 떠난 분을 학회 학술대회 기조강연자로 초청하는 일이 쉬운 일이 아니다. 대개는 학회에서 그런 분을 초청하려 하지 않거니와 혹 초청을 해도 그런 분은 응하지 않기 일쑤이기 때문이다. 이렇게 어려운 강연을 성사시켰기 때문에 나는 이 일을 철학계의 '하나의 사건'이라고 표현하기까지 했다.

윤구병 교수의 강연 원고는 학계의 입장에서 보면 거칠기 이를 데 없다. 자신이 대학에 자리 잡고 있다가 그만 두고 농사를 지으며 생활하고 있는 과정들을 간단히 소개하면서 이렇게 썼다. "광주학살을 자행한 전두환 체제 아래서 뒤늦게 대학에 몸담은 1년 동안 '우선은 살고 볼 일이요'를 되뇌는 순간 나는 이미 체제에 순응하는 침묵의 대열에 합류하고 있는 초라한 내 모습을 보았다", "가치중립이라는 말이 참 그럴싸했다. 학문은 가치중립이란다. 학문은 실증적이어야 한단다. 뒤늦게야 이 말이 일본 제국주의 시절에 식민지 지식인들이 걸핏하면 코 끝에 걸던 자기정당화 논변 가운데 하나라는 것을 알았다." 1년 만에 교수직을 집어치우려던 결심은 지도 교수의 호통으로 물러섰고, "그 뒤로 나는 대학에서 15년 동안 잘 먹고 잘 살았다. 그러나 마음은 편치 않았다."

이런 강연을 듣고 앉아 있는 사람들은 대부분 철학 교수들이었다. 공감하든 반발하든 교수들은 모두 편치 않은 자리였을 것이다. 나는 공감하는 사람들이 더 많았다고 생각하고, 어쩌면 모두가 일단은 공감하되 현실론을 근거로 약간의 반발을 내심 느낀 사람도 있었을 것이다.

2. 바늘철학, 컴퓨터철학

윤구병 교수의 강연 제목은 "바늘철학, 컴퓨터철학"이다. 우리 제도권 철학자들은 컴퓨터철학을 하지만, 자신은 바늘철학을 한다는 것이다. 그리고 당연히 바늘이 더 훌륭하게 완성된 기술의 산물이라고 말한다. "이런 생각을 해 본적이 있나. 왜 컴퓨터는 석 달, 여섯 달 주기로 업그레이드 되는데 바늘은 수천 년이 지나도 그 모습 그대로일까? 답은 하나다. 컴퓨터는 불완전한 기술의 산물이고, 바늘은 완전한 기술의 산물이다."

서양고대철학을 전공한 윤 교수는 서양철학에 대해 강한 비판을 가한다. “도시에서 움트고 꽃핀 서양철학은 수사학, 논쟁술, 논리싸움, 말씨름이 바탕에 깔린 상잔의 철학, 상쟁의 철학에 훨씬 더 가깝다. 이권 다툼이든 권력 다툼이든 다툼이 앞선 도시내기들 사이의 문제를 해결하는 가장 빠른 길은 전쟁이고, 착취고, 살육이다. 컴퓨터가 그 기능을 가장 잘 발휘하고 있는 곳이 어디인가. 팬타곤이고 월가다. 바늘이 사람과 자연 사이의 문제를 해결하는 기술의 산물이라면 컴퓨터는 사람과 사람 사이의 문제를 완화된 전쟁, 숨은 살육의 형태로 해결하는 기술의 산물이다.”

3. 유기농과 생명 공동체

윤구병 교수는 바늘을 컴퓨터에 대비시키며 평화의 철학, 생명의 철학을 주장한다.

“사람이고 짐승이고 밥통이 차야 기운이 생긴다. 먹고 기운이 생기면 손발 놀려서 남 먹일 것 가꾸고 길러내야지. ‘사람만이 희망이다’ 라는 헛소리 집어치우고 사람과 자연의 관계를 제대로 풀어갈 길을 다시 찾아야지.”

윤구병 교수는 올 해 안으로 모든 일들에서 손을 뗀다고 한다. 마지막으로 선행을 베풀기 시작했는데, 그것이 ‘문턱 없는 밥집’ 이라고 한다. 서울 마포구 합정동에 낸 식당으로, 낮 12시부터 2시까지 점심을 파는데, 변산에서 생산한 곡식과 서울 인근의 유기농 야채를 재료로 하는 웰빙 식당이다. 밥값은 1,000원 이상이다. 가난한 사람들은 1,000원 내고 먹고, 돈 있는 사람들은 알아서 더 낸다. “웰빙이 있는 놈들 전유물이냐, 없이 사는 도시빈민들도 웰빙 좀 해 보자. 과부 설움 홀아비가 안다고 가난한 농사꾼들이 가난한 도시 서민들과 만나서 진짜 잘 살아보세 운동 한번 펼쳐보자." 이런 소문이 퍼져서 손석희 아나운서의 라디오 프로에 밥집 아주머니가 출연했단다. 윤 교수는 이것도 따지고 보면 '생존전략의 일환' 이라고 고백한다.

윤 교수팀은 변산에서 수십 가구가 모여 자립적 공동체를 성공적으로 일구었다. 어떻게 성공할 수가 있었는가? 아마도 그 일화와 과정들은 수많은 다큐멘터리로 언젠가 소개되리라 생각한다. 그러나 그 성공을 본래적 의미의 성공이라고 볼 수 있는가? 봉사의 의미로 내는 식당이 알고 보면 생존전략의 일환이라고 윤 교수가 말하듯이, 변산 공동체의 자립은 윤 교수 주변의 수많은 사람들이 소비자로 협력하기 때문에 가능한 것이었다. 그리고 변산 공동체 사람들은 농사를 짓는 일만으로는 자립이 되지 않기 때문에 여러 가지 발효 식품을 개발하여 판매하고 있다. 유기농으로 좋은 농산물을 생산해도 판로가 없으면 망하는 것인데, 변산 공동체는 서울 등 여러 곳에 직거래 소비자 그룹들이 있기 때문에 자립이 가능한 것이다. 다만 그곳에 철학이 여전히 살아 있다는 증거는 장사가 되는 품목이라도 생산량을 많이 늘리지 않는다는 것이다. 자립에 꼭 필요한 정도만 골고루 생산을 유지한다는 것이다.

4. 윤구병을 비판하는 철학자?

여러 해 전 어느 철학회 발표회에서 젊은 철학자가 박원순 변호사와 윤구병 교수를 비판하는 말을 듣고 놀란 적이 있다. 그 사람들이 한국 사회에서 크게 인정받고 있지만, 그 사람들의 활동이란 결국은 자기만족을 얻는 수준 아니냐는 것이다. 도대체 이 사람이 어떤 사람이기에 이렇게 훌륭한 시민운동가와 생태운동가를 비판할 수 있는가? 기층민중이 아니면 아마도 이런 비판을 할 수 있는 사람이 없다고 생각하던 나에게 그것은 신선한 충격이었다. 불교철학자인 그는 별로 현실적 조건을 고려하지 않고 철두철미 사고하는 용감하고 투철한 사람이라고 생각했다. 그 사고의 미래가 어떻게 될지 궁금하지만, 일단 그렇게 투철한 사고에 박수를 보내고 싶었다. 부처를 만나면 부처를 부수라는 것이 불교의 원리 아닌가? 그런데 최근에 듣는 소문으로는 그가 극우적인 색채를 드러내고 있다는 것이다. 완전히 사기를 당한 느낌이다. 유신이데올로그들에 대한 과거 청산과 함께 거듭나야 할 한국철학계가 아직 현재의 위상도 확보하기 전에 벌써 그 장래마저 걱정해야할 판이다.

윤구병 교수를 기조강연자로 모시자는 것은 젊은 철학자들의 생각이었다. 나는 작년 여름 그분을 찾아가서 맛있는 시골밥상으로 점심밥과 막걸리 한잔 얻어 마시고 일종의 선문답을 하고 돌아왔다. "철학학술대회에 와서 강연 좀 한 번 해 주세요." "나 그런 거 못해요." "젊은 철학자들의 요구이기 때문에 뿌리치실 수 없습니다." "뿌리치나마나 못하는 걸." "점심 맛있게 먹고 갑니다." "잘 가요!" 그런데 금년 들어 다른 임원이 연락했더니, 자신은 나를 만난 적도 없다고 하더란다. 내가 전화를 걸어 막걸리 얘기며 자세히 했더니, 좀 생각이 나는 것 같은데 아무튼 결론은 "못해요"란다. 나는 다시 젊은 철학자들과 연대하는 의미로 준비해 달라고 부탁하여 허락을 받았다.

5. 『열린전북』의 독점 취재?

윤구병 교수는 학생들뿐만 아니라, 시민들과 철학자들도 경청해야 할 이야기들을 말해 준다. 그 이야기들은 그가 직접 생활한 이야기이고, 머리로 한 철학이 아니라 온 몸과 혼으로 체험한 철학이다. 그는 정말 근본에서 생각하는 철학자이고, 상식적 철학을 고스란히 실천에 옮기는 철학자이다. 윤구병 교수는 여러 가지로 매력적인 취재원이다. 윤구병 교수의 출현을 알리기만 해도 전북의 언론사들이 취재 경쟁에 열을 올릴 거라고 생각했다. 그런데 아무도 나타나지 않은 것으로 보아 아마도 『열린전북』이 독점 취재할 거라고 짐작했는지도 모른다.

제 3 장

한국철학계의 시계는 거꾸로 도는가?

나는 1999년 8월 17일부터 8월 19일까지 고려대학교에서 열린 제3회 한민족철학자대회(제12회 한국철학자 연합대회)에 참석하여 둘째 날(18일 수요일) 「한국 사회와 공동체」라는 주제의 논문을 발표하였다. 첫날부터 참석하였고, 국내외 많은 철학자들의 연구 발표를 들을 수 있었다. "한민족과 2000년대의 철학"이라는 대 주제가 말해 주듯 우리는 한 세기, 아니 천 년을 마감하고 새천년을 내다보는 중요한 철학 학술대회를 개최한 것이다. 시대의 전환점에서 역사적인 철학 학술대회를 마련한 우리의 실제 모습이 어땠는지 관심을 갖는 사람들이 많을 것이다.

그런데 대회가 진행되는 동안 토론이 없는 철학대회의 문제점을 지적하는 소리를 듣게 되었고, 많고 많은 발표 논문들이 너무도 그 지향성이 달라서 이런 대회가 도대체 무슨 의미가 있는지 회의하고 걱정하는 소리도 들렸다. 어떤 이는 각기 자신의 물건을 가지고 와서 펼쳐 놓았다가 다시 싸들고 각기 돌아가는 거대한 장 마당 같다고 말하고, 그런데 도대체 상품을 사고 파는 거래나 흥정이 없는 시장 같다고도 했다. 또 어떤 이는 덥고 좁은 발표 장소의 문제점을 말하기도 했다.

나는 이상의 문제들에 대해서는 좀 다른 각도로 볼 수도 있고, 혹 그렇지 않고 정말 문제라고 하더라도 앞으로 노력해서 차차 개선해 나갈 수 있는 일이라고 생각했다. 후자의 경우 지향성이 분명하지 않더라도 다양성 자체만으로 장점이 될 수도 있고, 전자의 경우 토론을 주고받는 것은 대회 이후에도 계속될 수 있기 때문이다. 다양한 분과의 다양한 쟁론을 굳이 공통된 지향성으로 묶어야 된다고 생각지는 않는다. 그럼에도 불구하고 내가 이 글의 제목을 이렇게 강하게 표현한 것은 다른 문제를 지적하기 위해서이다.

이번 한민족철학자대회는 1999년도에 개최되었다는 것과 한민족의 2천 년대 철학을 전망한다는 기획 때문에 20세기 한국철학의 반성과 미래의 철학적 지향을 제시할 것으로 기대했었다. 이초식 대회장도 대회사에서 "1999년도 한민족철학자대회 준비위원회가 1998년 8월 25일 제시한 발표논문 신청 안내문에 의하면 본 대회는 세계 한민족철학자 모두의 지혜를 모아 인류발전의 기틀이 되는 한국철학을 확립하기 위한 것으로 규정하였다. 1999년은 인류가 1,000년에 한 번만 갖게 되는 소중한 반성과 결의의 기회이며 현재 우리들만이 남달리 갖게 되는 행운의 해로 풀이하여, 대회 큰 주제를 "한민족과 2000년대의 철학"으로 마련하였다"고 강조했다.

이 대회에 앞서 이미 이런저런 매체나 학술대회에서 20세기 철학에 대한 정리와 평가가 이뤄졌다. 이번 대회는 그러한 개별적 정리 작업을 총합하여 대대적인 정리와 전망을 시도하는 것이라고 볼 수 있는데, 서울대 백종현 교수는 『철학과 현실』(1999년 봄호, 100쪽)에 쓴 「20세기 한국철학」이라는 글에서 다음과 같이 썼습니다. "1960/70년대 제1차 군사정부 시절 이른바 '한국적 민주주의'의 이름 아래서 개발 독재가 공산주의 원리뿐만 아니라 이제 막 싹틔우던 자유민주주의의 사회 운영 원리를 국가 사회 발전의 최대 장애물로 몰아세울 때, 기독교계나 문학계에서는 끈질긴 이론적 · 실천적 저항을 보였으나, 사회 체제에 대한 이론적 문제라면 마땅히 먼저 들고일어났어야 할 철학계는 침묵하고 있었다. 아니 오히려 상당수의 '철학자'들은 당시의 보수 반동적 주류에 합세하였다. 그 대열에 어차피 국가주의적 요소를 강하게 지니고 있는 전통 유교 사상가나 독일 이상주의 철학전문가가 끼어 있었다는 것은 신념상 그럴 수도 있다 하더라도, 분명히 반독재 이론을 폈어야 마땅했을 프랑크푸르트학파 비판 이론이나 후기구조주의 연구가들까지 '한국적 민주주의' 논객으로 변신했다는 것은 참으로 이해하기 어려운 '철학적(?)' 자세였다. 철학계 원로(?)들의 이 시기의 과오가 그들로 하여금 1980년대에 젊은 철학도들의 사회주의적 사회철학이 사상계를 뒤덮고 있을 때 그것을 묵묵히 바라보고 있을 수밖에 없도록 만들었는지도 모르겠다." 백 교수가 이렇게 썼다는 것은 — 그의 성향이나 위치로 보아 — 한국철학계에서 그러한 주장을 상식적으로 받아들이고 있음을 뜻한다고 본다. 그런데 이번 철학자대회에서는 바로 그 오류를 남긴 장본인들이 대회의 얼굴로 등장하였다. 대표적인 유신철학자 3인이 이 대회의 중심부에 자리 잡은 것이다. 2인이 대회 고문으로, 그중 1인은 대회의 간판인 기조사 발표자로, 그리고 나머지 1인은 제1분과 발표자로 등장했다.

어떻게 이런 일이 있을 수 있습니까? 이런 일은 있어서는 안 되는 일이다. 이것은 하나의 중대한 사건이다. 20세기 한국 민족의 삶과 철학을 돌아보는 철학자 대회에서 20세기 한국역사의 최대 오점이며 한국철학계의 최대 치부가 될 유신 시대의 독재이데올로그들이 부활하여 화려하게 재기했다는 것은 정말 부끄럽기 짝이 없는 사건이다. 언론이나 다른 지식인 그룹에서, 아니 평범한 시민들이라도 이런 사실을 알았다면 너나없이 손가락질을 했을 것이다.

나는 이번에 발표한 논문 「한국 사회와 공동체」에서 우리 사회가 안고 있는 사이비 공동체성을 척결해야 한다는 점을 강조했다. 그리고 그것은 곧 수구 세력의 무력화와 병행해서 진행된다고 주장했다. 그런데 내가 이런 논문을 발표하는 한국철학계가 바로 수구 세력을 청산하지 못하고 미래에 대한 방향성을 상실하고 있다는 것이 확인되었으니, 이 어찌된 일일까?

이러한 일이 발생한 과정이 어땠는지, 이러한 문제에 대한 책임을 누가 져야 하는지, 막연하게 느껴질지 모른다. 그러나 이 일은 한국에서 철학회 활동을 하는 모든 사람들이 책임감을 느껴야 할 일이라고 생각하고 문제의 책임소재도 분명히 따질 수 있을 것이다. 이 대회는 전국의 6개 철학회가 공동으로 주최했고, 한국철학회와 고려대학교 철학연구소가 주관했다. 주최 측과 주관 단체들은 1999년 한민족철학자대회의 방향과 주제, 그리고 발제자를 선정하면서 무엇을 기준으로 했는지, 어떤 논의 과정을 통해서 결정했는지를 밝혀야 할 것이다. 분과 발표나 자유 발표가 지나치게 다양하고, 심지어 산만하다고 하더라도 그것을 체계화하지 않은 것은 용인될 수 있다. 그러나 대회의 기본 조직과 대회의 얼굴에 대당되는 기조 발표에서 발표자나 발표내용에 문제가 발생하면 그것은 대회 주최 측이 책임을 져야 한다.

내가 제기하는 이 문제의 핵심 내용이 되는 유신이데올로그들에 대한 평가 문제는 그 자체가 하나의 논제가 될 수 있을 것이다. 한국 사회에서 여전히 종결되지 않은 채 논의되고 있는 이승만, 박정희, 서정주 등에 대한 평가와 마찬가지로 이규호, 류승국, 김형효에 대한 평가문제도 논쟁이 가능할 수 있다. 한국 사회가 유신 독재와 5 · 6공 군사독재에 대한 청산은 고사하고 그 잔존 세력이 아직도 한국 지배집단의 중요한 한 부분을 차지하고 있는 현실에서 극우 세력과 극우이데올로기에 오염된 대중들이 편중된 시각으로 아직도 이승만, 박정희 등을 옹호하고 있는 것이 사실이다. 그래서 그 주제에 대한 논쟁은 아직도 팽팽할 수 있다(물론 나는 머지않은 장래에 올바른 역사적 평가가 제자리를 잡을 것으로 확신한다). 그리고 하이데거나 니시다의 예에서 보는 것처럼 나치나 일본 군국주의에 가담한 철학자들이 20세기 세계적인 철학자 명부에 오를 수도 있다.

그러나 그 주제로 철학대회나 공개 토론회를 개최하는 것과 그들을 한민족철학대회의 대표 강연자로 내세우는 것은 전적으로 다른 차원이다. 그런 사람들을 이 시점에서 이러한 주제로 열리는 한민족철학자대회에 내세우는 것은 유신이데올로기와 철학자들의 관계에 대한 철학계의 정리 작업이 끝난 후에 그리고 그 결과 그들이 한국철학계를 대표해도 무방하다는 판정이 내려질 때라야 허용되는 일입니다. 그러나 위에서 본 대로 그들은 분명히 한국철학계의 오점으로 낙인찍혀 있습니다. 그것이 한국철학계의 상식이라고 본다. 그런데 이러한 현실에서도 기조발제자로 내세운다는 것은 있을 수 없는 일이다. 이것은 한국철학계가 아직도 유신시대의 미망에서 깨어나지 못하고 있다는 비난을 받게 하는 일이기 때문이다. 극우 언론이 살아 있고, 고문 관련자가 살아남아 큰소리치는 것은 구시대를 청산하지 못한 한국의 국회나 언론에서 나타날 수 있을지언정 한국철학계마저 그 수준을 벗어나지 못하고 있다면 그것은 정말 큰 일이다. 우리가 적당히 살아가기로 자포자기하는 것이 아니라면, 우리가 자유와 공동체정신을 공히 살려나가는 21세기 철학을 말하려면, 결코 그래서는 안 될 것이다.

지난 8월 고려대 한민족철학자대회 「사회와 철학연구회」 분과 발표에서 이 문제를 제기했다. 그리고 지난 10월부터 진행되고 있는 사이버 한민족철학자대회에서 여러 가지 주제 토론과 더불어 이러한 문제들도 활발히 토론될 것으로 기대했다. 그러나 사이버 한민족철학자대회가 의외로 무관심 속에 끝나 가는 것을 보면서 뒤늦게나마 다시 한 번 문제를 제기하게 되었다. 남은 기간 동안에라도 토론이 활발히 전개되기를 바라고, 그렇지 않더라도 앞으로 수년간 우리가 정리하고 나아가야 할 과제로 던져두고 싶다. 그리고 무엇보다도 전국 철학자대회나 한민족철학자대회를 준비하는 철학계 지도자들은 모든 철학자들의 의견을 충분히 반영하고, 역사와 민족의 지향성을 고민하는 자세로 임해주시기를 부탁드리는 바이다. 끝으로 이 글이 커다란 행사를 준비하고 진행하느라 너무도 많이 수고하신 '1999 한민족철학자대회' 주최 측의 노고와 대회의 성과에 누가 되지 않기를 바라마지 않는다.

제 4 장

천 년을 보내며 띄우는 철학 편지

김형,

김형은 시간의 흐름에 대해 어떤 생각을 하고 있는지 궁금합니다. 나는 그 점에 대해 이중적인 태도를 가집니다. 한편으로 인간이 나눈 시간 단위는 사실상 별다른 의미를 갖지 않는다고 생각하면서도, 다른 한편으로는 우리가 시간의 매듭을 지날 때마다 삶을 돌아보고 세상을 둘러보는 것이 유익하고 필요하다는 생각을 하지요.

세기와 밀레니엄의 전환기를 맞아 많은 예언서들이 쏟아져 나왔습니다. 세상의 종말이 다가온다는 이런저런 신비한 주장도 많이 나왔다고 합니다. 그러나 1999년 12월 31일과 2000년 1월 1일 사이에는 24시간이라는 물리적 시간의 흐름이 있을 뿐입니다. 거기에 의미를 붙이는 것은 인간들이지 자연과 우주의 현상이 달라지는 것은 아닙니다.

그런데 가만히 생각해 보면 금년을 마감하고 내년을 맞이하는 현재의 시점은 정말 대단한 비중을 갖습니다. 우리는 매년 해가 바뀔 때마다 한 해를 정리하고, 다음 해를 계획하며 새로운 의미를 부여합니다. 10년의 단위는 큰 의미를 갖게 되고, 100년은 더 큰 무게로 다가오지요. 그런데 우리는 바로 1,000년의 전환을 맞이하게 된 것입니다. 인류의 역사에서 실제로 이러한 큰 단위 시간의 전환점에서 볼 수 있는 사람들의 수는 그리 많지 않지요. 그런 점에서 우리는 일종의 행운아들인 셈입니다.

1. 역사를 읽지 못하는 한국인들

그래서 세계 각국에서는 새천년 맞이 행사 준비에 여념이 없습니다. 호주의 시드니 축제를 보기 위해 한 사람당 270만원이나 하는 식당 좌석이 동이 났다는 소식도 있고, 영국이 여러 해 전부터 준비한 거대한 기념 건축물은 행사가 끝난 후에도 관광 명소로 자리 잡을 것이라고 하지요. 나라마다 크고 작은 행사들을 준비하고 있어서 전 지구가 사상 최대의 축제를 연출하게 될 것입니다. 한국도 그런 일에는 뒤지지 않으므로 여기 저기서 행사들을 기획하고 홍보합니다.

그러나 사실 한국의 정치인들은 지금 시대의 전환이 다가온다는 사실도 모른 채, 피 비린내 나는 서바이벌 게임에 정신이 팔려 있지요. 그들에게는 모든 것이 권력 투쟁이고, 그들의 유일한 목표는 투쟁의 승리뿐입니다. 그들에게는 자신이 살아남기 위해 승리해야 한다는 일념밖에 없습니다. 말로는 정치를 개혁해야 한다면서, 실제로는 더러운 정쟁만 일삼고 있습니다. 한 번도 정정당당하게 원칙에 따라 개혁을 추진하는 모습을 보여 주지 않습니다. 언제나 표적사정 의혹을 남겼고, 무슨 일에나 축소 은폐 조작이 있었습니다.

똥 묻은 개 야당은 겨 묻은 개 여당을 용케도 잘 물고 늘어지지요(사실은 둘 다 중금속에 오염된 처절한 개들입니다). 개혁적 이미지였던 이회창은 김영삼에게 소외당하면서 5공 수구 세력의 힘으로 권력을 획득한 이래도 줄곧 죽을 쑤고 있지요. 오죽하면 흡혈귀 같은 고문 전문가 정아무개를 앞세워 무차별 공격을 감행하겠습니까.

김형,

한국의 자본가들 앞에는 꼭 '천민' 이라는 불명예스런 수식어가 붙어 다니지요. 하늘 높은 줄 모르고 세상의 끝이 있는 줄 모르는 기세로 날뛰던 자본가들이 국가를 위기에 몰아넣고 스스로 붕괴되는 몰골을 하고서야 고개를 숙이기 시작했습니다. 그래서 공정한 경제질서의 회복을 위해 재벌의 구조조정과 정경유착 관행의 단절이라는 개혁 과제가 제시됐지만, 그들은 끝까지 로비를 시도했고, 지역 감정까지 동원하여 살아남기 위해 몸부림칩니다. 그리고 겉으로나마 경제가 살아난다고 하니까 금방 '세계 일류 기업' 이라는 기만적 선전 공세를 재개합니다.

이 시점에서 비판하지 않을 수 없는 대상이 언론이지요. 최근에 정국을 뒤흔들었던 언론 공작 문건 사건 때문에 하는 얘기가 아닙니다. 그 문건의 작성자와 전달자가 기자들이었다는 사실은 시쳇말로 쪽팔리는 일임이 틀림없고, 기자 윤리가 땅에 떨어져 있음을 단적으로 보여 준 것이지요. 그러나 한국 언론의 진짜 문제는 훨씬 더 근본적인 데에 있지 않습니까. 한국 사회의 현대사가 보여 온 구조적인 모순들과 지배집단들이 유지해 온 몰가치적 지배 행태들에 그대로 맞물려 들어간 것이 언론입니다. 친일, 정언유착, 경언유착, 특혜, 탈세, 전근대적 소유구조, 곡필 등 극단적 비판을 피할 수 없는 것이 바로 언론입니다. 그럼에도 불구하고 그들은 틈만 나면 새 세기를 말하고 새천년을 말합니다. 실제로 세계의 언론들이 시대 전환의 대축제를 보도하고, 새 시대의 비전을 연일 내보내면서 대목을 보고 있으나, 한국의 언론은 그 좋은 대목마저 놓치고 있지요. 새 시대를 말하기엔 너무도 낡은 몸과 마음으로 찌들어 있기 때문이지요.

정부는 '새천년위원회' 라는 것을 만들었습니다. 새천년을 준비한다는 그 위원회가 실제로 얼마나 내용 있는 작업을 하고 있는지 모르겠으나, 2000년 초에 무슨 행사나 하나 하고, 국제 심포지엄이나 한두 차례 개최하는 것 아닌지 모르겠습니다. 지난 11월에 새천년위원회와 정책기획위원회가 공동 주최하여 대토론회(학술대회)를 열었습니다만, 그 거창한 대회에서 발표되고 토론된 내용은 우리의 삶과 얼마나 구체적으로 연결되는 것들이었는지, 그중에 쓸만한 것이 있다면 과연 정부의 정책으로 이어질 것인지 별로 믿음이 가지 않습니다.

2. 철학계와 교육계가 이 모양이니

김형,

애기를 하다보니 할 말이 많고 기막힌 일이 많아 정신이 없군요. 정신없이 남들을 씹다보니 사돈 남 말만 하는 격이 돼 버렸네요. 지난 여름 서울에서 제3회 한민족철학자대회가 열렸잖아요. "한민족과 2000년대의 철학"이라는 시의 적절하고 장중한 주제 아래, 전 세계에 흩어져 철학을 강의하고 있는 한국인 교수들이 모여 발표하고 토론하는 철학자대회였지요. 4년마다 한 차례씩 여는 학술대회이고 특히 1천 년대를 마감하는 해에 열렸기 때문에 사람들은 시대적 진단과 전망이 제시되는 철학대회로 기대했겠지요. 그런데 그 대회는 유신이데올로그들이 화려하게 부활한 대회였습니다. 이규호, 유승국, 김형효, 이 세 유신이데올로그들이 대회고문, 기조강연, 주제발표자로 등장했습니다. 20세기 한국의 역사를 반성하고, 새천년 민족의 철학적 방향을 제시한다는 철학자대회에서 한국철학계의 치욕으로 기록될 어용학자들에 대한 회고와 반성은 고사하고 바로 그들을 대회의 얼굴로 내세웠으니, 이 얼마나 부끄럽고 한심스런 일입니까! 그러니까 사실 우리 철학사들은 이승만, 박정희, 서정주 같은 반민주적 반역사적 인물들을 내세우는 극우 세력들을 나무랄 자격도 없는 셈입니다.

이 글을 쓰고 있는 지금도 입시부정과 관련된 서울의 유수한 대학의 음악 교수들이 잡혀가는 모습, 건설업체들로부터 상습적으로 뇌물과 향응을 제공받은 서울 10여 개 대학의 공대 교수들의 구속과 입건 얘기들이 연일 보도되고 있네요. '교육이 백년지대계'라는 상식을 한 번도 실감할 수 없었던 교육정책은 교육전문가들이 아닌 교육관료들에 의해서 입안돼 왔습니다. 교사들이 엄청난 투쟁과 고생을 경험한 이후에 겨우 전교조가 합법화됐지만, 교육관료들은 전혀 달라지지 않았기 때문에 지금도 교육의 내용이나 교원들의 지위는 미동도 하지 않지요. 교수들은 대학교육의 핵심 주체이면서도 그 대표조직이 아직도 법외기구로 남아 있을 정도구요. 아무리 개혁다운 개혁이 실현되지 않고, 여기저기서 구태의연한 모습들을 드러낸다고 하지만, 생각하면 기막히고 좌절감만 들지요. 교수들이 이만큼 무력하다는 사실은 서글프기 짝이 없는 노릇입니다. 수많은 비리 사립대들과 함께 얽혀 있는 구시대 교육관료들이 버티고 앉아서 교육개혁을 말하고, 시대착오적인 관치 행정과 신자유주의 교육정책을 결합시키고 있으니 백년은 고사하고 2-3년 후가 걱정입니다. 교수들은 미래 세계를 말하기에 앞서 대학의 주인으로서 그 위상이나 확실히 해야겠지요. 그러지 않고는 이 썩고 정체된 교육계의 운명을 계속 수구 교육관료들에게 맡기게 되지 않겠어요?

3. 20세기 인류의 삶과 철학

김형,

오늘 이렇게 편지의 형식으로 대화를 제안하는 것은 인류역사에서 몇 번째 안 되는 큰 시대의 전환을 맞으면서 동양과 서양의 철학을 연구해 온 우리가 커다란 한 굽이를 돌아서고 있는 역사의 흐름을 건너다보며 이런저런 주제들을 정리해 보고 싶었기 때문입니다. 사실 우리에게 자연스런 방식은 술잔을 기울이며 자유분방하고 거침이 없는 토론을 하는 것이겠으나, 그렇게 훌훌 날려 버리기보다 한번쯤 기록으로 남겨 후에라도 다시 생각해 볼 수 있으면 좋겠다는 생각에서입니다.

위에서 한국철학계의 오점으로 남을 철학자들을 거명했습니다만, 사실 20세기 세계적 철학자로 추앙받는 독일의 하이데거도 나치에 가담했습니다. 그리고 선불교와 현상학을 접목시킨 니시다를 일본인들은 세계적인 학자로 내세우고 있지만, 그는 천황을 찬양하고 일본의 아시아 제국 침략 전쟁을 옹호했습니다. 이런 사실들을 보면서 인류역사의 올바른 방향을 읽을 줄 알게 해 주는 힘은 결코 지적 수준이나 사회적 명성이 아니며, 건강한 상식과 진솔한 삶의 자세라는 것을 확인하게 됩니다.

인류역사는 신화 시대를 거쳐 인간의 이성이 기준이 되는 계몽의 시대로 넘어왔고, 현대의 자연과학은 초과학의 영역에까지 그 관심과 목표를 뻗어가고 있습니다. 그럼에도 불구하고 신화시대의 관심과 주제가 완전히 사라진 것은 아니지요. 그것은 초과학적 현상과 직결되어 현대과학의 시대에도 여전히 가능성으로 남아 있습니다. 다시 말해 귀신의 존재나 우주의 법칙에 대한 수많은 이야기들은 엄청난 발전을 거듭해 온 현대 과학으로도 딱 부러지게 정리가 안 된다는 얘기입니다. 그렇다고 점성술이나 종교적 신비주의가 우리의 일상 속에 자리 잡아도 좋다는 얘기는 결코 아니겠지요.

20세기는 기술적-도구적 합리성이 지배한 과학 문명의 시대, 기술 산업의 시대였습니다. 그것은 서구의 것이었고, 결국 20세기는 서구의 제도와 문화가 전 인류를 지배한 시대였지요. 20세기 철학의 조류들은 20세기 인류의 삶과 직결됩니다. 자연과학의 지배는 철학에서 과학적 정밀성의 강조로 나타나기도 하고, 과학주의의 비판을 불러오기도 했습니다.

무엇보다도 20세기 인류의 삶에 가장 커다란 영향을 미친 것은 정치와 경제이념이지요. 마르크스-엥겔스의 사상으로 1917년 레닌이 러시아에서 사회주의 혁명에 성공한 이래로 전 세계는 차츰 자본주의 진영과 사회주의 진영으로 나뉘어 대립하며 살았습니다. 그러다가 21세기를 10여 년 앞두고 사회주의권이 붕괴하여 자본주의 경제 체제가 전 세계를 지배하는 형상을 띠게 되었습니다. 그래서 미국의 유일 지배 아래 신자유주의 이데올로기가 주도하는 지구화의 파고가 높아지고 있습니다. 그러나 유럽에서는 이러한 추세에 그대로 따라가지 않고, 곧바로 새로운 길을 모색하기 시작했지요. 사회주의와 사회민주주의를 신봉하는 정치세력이 명맥을 유지해 온 유럽에서는 사회주의 국가들의 실패가 곧 자본주의의 영구적 승리이거나 인류 미래의 희망일 수는 없다고 인식합니다.

그리고 세계 곳곳에서 여전히 평등이념의 중요성이 강조되고 있지요. 나아가 자본주의적 삶의 양식을 정면으로 거슬러 무소유의 삶을 실천하는 사람들도 있습니다. 그들은 20세기 인류의 실패를 21세기의 새로운 도전으로 이어 줄 생명 줄들입니다.

4. 동양의 가치와 미래의 이념

서양철학의 역사를 훑어보면 합리주의의 한계가 드러날 때마다 그에 반하는 비합리주의의 경향이 힘을 얻지요. 동양의 사상은 이러한 지점에서 서양에 수용되어 결합됩니다. 또한 문명 비판과 함께 자연과 더불어 사는 태도가 중시될 때 동양적 수행과 사상이 관심을 끕니다. 생태계 파괴로 지구의 생존이 위협을 받게 된 20세기말에 생태주의적 생활방식과 공동체적 가치가 강조되고, 이러한 맥락에서 동양의 지혜와 삶의 방식은 그 의미가 새롭습니다.

김형,

인생을 달관하고 자연과 일체가 되는 삶을 사는 도인들은 누구도 범접할 수 없는 힘을 갖는 것 같습니다. 그런 분들은 너무도 겸손하고 끝없이 자신을 낮추지만, 모든 사람들의 눈에 한없이 높고 크게 보이지요. 동양적 삶의 지혜를 깨우친 철인은 정확한 과학적 잣대로 무장하지 않고도 미래를 내다봅니다. 그래서 단기간의 작은 문제에서는 서양의 과학이 옳은 것 같지만, 보다 길고 큰 문제에서는 동양적 삶의 자세가 열쇠가 될 수 있음을 봅니다. 그런 점에서 우리는 서양의 사상과 문화가 지배하고 있는 현재 우리의 학문과 생활 풍토를 바꾸기 위하여 부단히 노력해야 할 것입니다. 그러나 그것은 폐쇄적인 자기문화중심주의이어서는 안되겠지요. 동양철학이든 서양철학이든 결국 삶의 현실을 얼마나 진지하고 성실하게 성찰하는가가 중요하겠지요. 그러한 성찰이 아닌 한 살아 있는 철학이라고 말할 수 없을 것입니다.

요즘 매일 우리의 귓전을 스쳐 지나가는 '21세기'와 '새 밀레니엄'이라는 단어들은 언뜻 미래에 대한 희망을 전하는 느낌을 줍니다. 현실과 초현실이 구분되지 않는 갖가지 미래의 모습들이 제시되지요. 사이버 세계와 상상을 초월하는 과학적 발명품들(심지어 복제 인간까지도)의 세계가 미래를 새로운 꿈과 낭만의 세계로 비춥니다. 그러나 그것은 유토피아처럼 보이는 디스토피아(Dystopia)일 뿐입니다

21세기는 이데올로기와 힘(경제력과 군사력)으로 강대국이 지배하던 시대에서 다양한 민족과 문화들이 평화롭게 공존하는 다원주의의 시대로 나아가야 합니다. 문명의 충돌을 예견하면서 미국이 유럽과 손잡고 세계 지배를 지속해야 한다고 주장하는 헌팅턴식의 서구패권주의를 배

격하고, 민주주의와 지구의 생존을 지향하는 세계인들의 참여와 연대가 확대되어야 합니다. 21세기는 시민 세력이 정치적 결정력을 높여 가는 시대가 될 것입니다. 이미 20세기말에 환경, 여성, 인권, 반핵 평화, 교육, 경제 정의, 참여 민주 등 제 분야에 시민운동이 확고하게 자리 잡았지요. 이는 꾸준히 지속될 것이고, 정치 세력이나 사회 세력으로 확대되어 갈 전망입니다. 그리고 국제적인 연대도 강화될 것입니다.

5. 축제 너머에 있는 의미

우리가 역사를 돌아보고 미래를 내다보는 것은 삶의 지혜를 배우고 세계에 대한 안목을 얻기 위해서입니다. 그래서 우리의 삶을 발전시키고, 미래의 안전과 진보를 준비하기 위해서입니다.

김형,

우리가 축제를 벌이는 것은 좋은 일이지요. 축제는 삶의 활력소가 되고, 긴장을 풀어 주는 마당이기 때문입니다. 그러나 역사의 중요한 굽이를 먹고 마시는 한바탕 소동으로만 끝낼 수는 없는 노릇이지요. 좁은 의미의 축제는 말하자면 전야제일 뿐이고, 오히려 몇 년 동안 지속적으로 인류 삶의 현실을 차근차근 점검하는 연구와 토론이 이어져야 하겠지요. 내가 말하는 연구와 토론은 지식인들의 전유물을 의미하는 것이 아닙니다. 오히려 건강한 시민과 민중들이 중심에 서서 역사 담론을 주도해 가야 할 것입니다. 진지하게 살아가는 사람들이 의미심장한 삶의 지혜를 말할 수 있고, 땀흘려 일하는 성실한 사람들의 발언권만이 역사의 진보를 가져 올 수 있기 때문이지요.

역사 담론의 바탕에는 천 년을 넘어 유지되어 온 선인들의 가르침이 놓여야겠지요. 김형이 꾸준히 동료 교수들과 함께 읽는 동양 고전들, 그리고 동서양을 막론한 종교의 근본 정신들이나 수많은 논쟁 과정에서 명멸한 세계의 사상들이 유형무형으로 남겨 놓은 지혜들이 토대가 돼야 하겠지요. 그다음으로 과학이 해명해 준 지구와 우주의 조건들에 대한 고려가 포함되어야겠구요. 그러나 무엇보다도 중요한 것은 저만큼 내다보는 여유 있는 시선과 후손을 배려하는 애정, 그리고 우주의 섭리를 따르려는 겸손과 의지겠지요.

김형,

천 년을 보내며 쓰겠다던 편지가 두서없이 백 년 얘기 조금 하다 멈추게 되는군요. 우선 오늘은 여기서 맺어야겠습니다.

2001년 1월

제 5 장

인생의 스승으로 사는 법

— 누가 인생의 스승인가?

1. 들어가는 말

제가 정한 제목을 보시고 좀 건방지다고 생각하지 않으셨나요? 제가 어떻게 인생의 스승으로 사는 법을 가르쳐 드릴 수 있겠습니까? 저는 누구나 인생의 스승이 될 수 있다고 생각합니다. 더구나 경험이 풍부하신 어르신들은 바로 인생의 스승이 되기 가장 쉬울 것입니다. 그러므로 여러 어르신들이 자신들의 경험과 의견을 함께 나누시면 거기서 정말 훌륭한 비법을 찾을 수 있으리라 생각합니다. 제가 먼저 몇 가지 이야기를 말씀 드리면서 함께 토론할 수 있기를 희망합니다.

2. 착한 사람들 이야기

(1) 착한 시골 교회 교인들의 기도

저는 시골에서 태어나 13년을 그곳에서 살았습니다. 그 후 대도시에 나가 살면서 학교에 다니고, 결혼하고, 교사 생활을 하다가, 32세 때 독일로 유학 가서 7년 후에 돌아왔습니다. 고향에 임시 거처를 마련하고 대학에 시간강의를 나갔습니다. 그리고 내가 어릴 때 다니던 시골의 한 교회에 출석했습니다. 제가 세상을 돌아다니면서 경험해 본 바에 의하면 고향 동네의 할머니, 할아버지들은 이 세상에서 가장 착하고 성실한 사람들이었습니다. 그런데 그분들은 매주 교회에 나와 자신들의 죄를 용서해 달라고 기도했습니다. 그분들이 죄인인가요? 물론 그분들도 인간이므로 한계가 있고, 기독교 교리에 따르면 원죄가 있습니다. 그런데 그분들은 자신들의 원죄를 용서해 달라고 기도하는 것이 아니라, 지난 1주일 동안 또 다시 죄를 저질렀으니 그것을 용서해 달라는 것이었습니다. 그런데 저는 아무리 생각해도 그분들은 세상에서 가장 깨끗하고 착한 분들이었습니다.

(2) 누구를 위해 기도해야 하는가?

저는 그분들에게 기도를 다르게 해 보시라고 말씀드렸습니다. 깨끗한 자신들을 더 깨끗하게 해 달라고 기도하지 말고, 나쁜 사람들을 용서해 달라고 기도해야 한다고 말했습니다. 적어도 제가 돌아다니며 경험한 시골과 도시, 한국과 유럽의 어느 곳 사람들과 비교해 보더라도, 시골마을 사람들은 정말 죄가 가장 적은 착한 사람들이었습니다. 그런데도 자신들의 죄를 용서해 달라고 기도하는 것은 세계의 현실과 맞지 않는 일입니다. 그분들은 그렇게 착하고 또 신앙심이 깊은 분들이기 때문에 세상의 일들에 대해 기도하면 신을 감화시킬 수 있을 것입니다. 제가 경험한 바로는 세상에는 나쁜 사람들이 엄청 많기 때문에 바로 그 사람들을 위해서 기도해야 한다고 생각했습니다. 저는 시골마을 어른들에게 '나쁜 사람들이 정신을 차리게 해 달라' 고 기도하시라고 말했습니다.

(3) 회개기도 대신 감사기도를 드려야 합니다

우리가 가난하지만 깨끗하게 살 수 있게 해 주셔서 고맙습니다. 쉬지 않고 성실하게 일하며 살 수 있도록 건강을 허락하셔서 감사합니다. 비록 가난하지만, 마음이 편하고 떳떳하니 감사합니다. 한편으로 부자들이 부럽기도 하지만, 세상에는 떳떳한 부자들이 많지 않으므로 오히려 스스로 자랑스러워 감사합니다. 권세 있는 사람들이 많은 문제를 일으키고 있으니, 차라리 권세 없는 것이 더 감사합니다. 세상이 불공평하니 성실하게 사는 우리가 억울하기도 하지만, 하나님이 계셔서 우리를 알아주시므로 감사합니다. 우리 중에 도둑질하는 사람이 없으니 감사합니다. 우리에게 가족과 이웃이 함께 살아가게 하심을 감사합니다. 우리가 맑은 영혼을 갖게 하시니 감사합니다.

(4) 자부심과 행복감을 가져야 합니다

우리는 떳떳한 인생을 살고 있으니 기쁜 일입니다. 후회하지 않고, 감사하며 살아가므로 행복한 일입니다. 우리는 자기 자신이 자랑스러워서 행복합니다. 가난하지만 착한 사람들은 누구보다도 훌륭한 인생의 스승입니다. 자신들이 훌륭한 삶을 살아 온 것에 대해 자부심을 가질 수 있고, 행복감을 가질 수 있어야 합니다.

3. 철학이란 무엇인가?

(1) 철학과 삶은 하나입니다

철학이 없는 삶은 삶이 아닙니다. 우리는 생각 없이 살 수 없고, 해석하지 않고 살 수 없습니다. 누구나 자신의 가치관이 있고, 가치관에 따라 판단하며 살아갑니다. 삶에서 유리된 철학은 철학이 아닙니다. 뜬 구름

잡는 철학은 철학이 아닙니다. 철학은 삶의 현실 속에서 사색하고 고민하면서 생겨나는 것이고, 현실의 문제들을 풀 수 있어야 합니다. 쓸데없이 추상적이거나 고고함만 자랑하는 것은 진정한 철학과 거리가 멉니다. 철학은 사색하고(독서, 토론), 해석하고, 실천하는 것입니다. 사색하며 글을 쓰고, 독서하며 사색합니다. 사색과 표현, 독서와 해석, 그리고 토론은 철학하는 방법입니다. 이러한 일은 우리의 생활 속에서 매일 누구나 하면서 살아갑니다. 그러므로 철학과 삶은 하나입니다.

(2) 철학은 학문입니다

철학자는 점쟁이나 만병통치자가 아닙니다. 철학은 학문입니다. 철학자는 초능력 발휘자가 아닙니다. 그런데 한국에서는 "철학"하면 철학관을 생각합니다. 더구나 한국인들은 학력의 고하를 막론하고 너무도 많은 사람들이 점쟁이들을 찾아갑니다. 심지어 독실한 기독교인들 중에도 점쟁이를 찾아가는 사람들이 많습니다. 철학은 합리적인 사고이며, 학문이고 과학입니다. 그런데 사람들은 철학을 초월적인 것이거나 심지어 미신적인 것으로 생각하기도 합니다.

철학은 어떤 학문일까요? 철학은 하나의 학문이기도 하고, 또 철학은 모든 학문의 기초이기도 합니다. 그래서 사회학의 가장 근본적인 물음을 던지는 것이 사회철학이며, 역사학의 근본 문제를 다루는 것이 역사철학입니다. 과학과 진리의 문제를 다루는 것이 과학철학인데, 자연과학철학도 있고, 정신과학철학도 있습니다. 이렇게 모든 개별 학문 분야마다 철학이 성립됩니다. 문화철학, 예술철학, 도덕철학, 종교철학 등등 그 분야와 이름이 아주 많습니다.

철학은 논리적 사고와 비판적 사고를 필요로 합니다. 앞뒤가 맞지 않는 말은 언어로 제 구실을 못합니다. 그러므로 청산유수로 말을 잘하는 사람이 철학을 잘하는 것은 아닙니다. 논리적으로 연결이 되지 않는 말은 철학자의 말로 인정할 수 없습니다. 우리의 사고는 남의 생각과 기존의 주장을 무조건 수용하는 것을 의미하지 않습니다. 아무리 오래된 주장이라도 새롭게 점검이 필요하고, 비판적인 검토를 거친 지식만이 살아 있는 지식으로 인정받습니다. 비판과 반성을 갖춘 사고라야 올바른 사고로 발전하며, 그러한 사고와 토론을 통해서 우리의 문화가 발전하는 것입니다.

(3) 철학하기의 시작

철학은 돌아봄에서 시작합니다. 앞만 보고 사는 사람들은 인생을 철학하지 못합니다. 자신의 생각과 행동, 자신의 생활과 태도를 돌아보면서 철학이 시작됩니다. 철학은 물음입니다. 소매치기 당한 사람이 '에이, 재수없다' 한마디 하고 잊어버리면 철학으로 나아가지 않습니다. 그러나 소매치기는 유전될까? 인간은 선한 존재인가, 악한 존재인가? 소매치기 개인의 책임일까, 사회의 책임일까? 이런 물음을 던지기 시작한다면 그 사람은 곧 철학의 세계로 빠져 드는 것입니다. 철학은 문제의 의식에서 시작합니다. 문제를 문제로 의식하지 않으면 철학 없이 지나갑니다. 그러나 문제가 있구나 의식하면 그 원인을 캐묻게 되고, 문제 해결의 길을 찾아 나서게 됩니다. 그러면 철학은 시작되는 것입니다. 철학은 이론을 세우는 일입니다. 문제의 해결책을 찾아 나서면 거기서 이론을 세우게 됩니다. 어느 것이 올바른 이론인지 체계를 세우게 되고, 다양한 시각에서 여러 가지 방안을 모색하게 됩니다. 철학은 실천입니다. 그리고 실천하며 이론을 수정하는 것입니다. 알면서 행하지 않는 것은 잘못입니다. 아는 것을 실천하게 되고, 실천하다가 맞지 않으면 그 지식을 수정하게 됩니다. 그렇게 철학은 이론을 세워 실천하고, 실천하며 이론을 수정하게 되는 것입니다.

4. 소나기 질문

어디서 살았나요?
무얼 경험했나요?
누구에게 무엇을 베풀었나요?
어디서 누구에게 고마움을 느꼈나요?
언제 어떻게 행복했습니까?
어디서 누구에게 상처를 받았나요?
인생의 허무를 느꼈나요? 왜죠? 언제였나요?
인생이란 무엇이라고 생각합니까?

5. 나쁜 사람들 이야기

(1) 흉악범죄자들은 나쁜 사람들입니다

세상에는 정말 나쁜 사람들이 있습니다. 엽기적인 살인사건을 저지르는 자들은 나쁜 사람들입니다. 성폭력 범죄자들은 나쁜 사람들입니다. 그들이 피해 당사자들에게 얼마나 큰 상처를 주는지, 그들 스스로도 정신이 들면 천추의 한이 될 일이라는 것을 알 것입니다. 그들은 피해자들뿐만 아니라, 피해자의 가족들과 이웃들, 그리고 모든 시민들에게 엄청난 정신적 충격을 안겨 줍니다. 대구 지하철에서 불을 질러 많은 사람들을 죽게 만든 사람, 남대문에 불을 질러 모든 국민들에게 허탈감을 안긴 방화범 같은 사람들은 나쁜 사람들입니다.

(2) 재벌들이 법을 어기며 돈을 챙기는 것은 나쁜 짓입니다

가난한 사람들이 법을 어기며 돈을 챙기려 하는 것도 나쁜 일이고, 그렇게 범법 행위를 하는 사람들은 남들의 이해를 얻기가 어렵습니다. 그런데 정말 이해하기 힘든 사람들은 재벌이면서도 불법으로 돈을 챙기려는 사람들입니다. 법대로 세금을 내고도 얼마든지 많은 돈을 자식들에게 넘겨 줄 수 있음에도 불구하고, 법조인들을 동원하여 편법으로 탈세하는 것을 보면 정말 이해하기 힘듭니다. 어느 재벌이 아들에게 상속한 돈이 몇조 원이 된다고 하는데요. 1조 원이 얼마나 큰돈인지 일반 시민들은 헤아리기도 어렵습니다. 하루에 100만 원씩을 쓰더라도 그 돈을 다 쓰려면 무려 2,700년을 살아야 한답니다.

(3) 전쟁을 일으키는 사람들은 나쁜 사람들입니다

첨단과학이 발달하고 화려한 문화가 꽃 핀 20세기에 인류는 인간의 본질에 대하여 회의할 수밖에 없었습니다. 무려 두 차례나 세계대전을 겪었기 때문입니다. 그래서 새로운 천 년을 맞이하면서 전 세계 사람들은 21세기를 평화의 시대로 만들어야 한다고 이구동성으로 외쳤습니다. 그런데 새천년이 시작하는 바로 그해에 미국과 이슬람 테러단체는 연속적으로 전쟁을 일으켰습니다. 그리고 우리가 부러워하며 따라가고자 하는 나라들, 즉 미국, 영국, 프랑스, 독일 등은 첨단무기를 만들어 후진국에 팔아서 엄청난 돈을 벌어갑니다. 이처럼 전쟁을 일으키는 사람들, 전쟁무기를 만들어 파는 사람들, 그리고 갈등과 대립을 부추기는 사람들은 나쁜 사람들입니다.

6. 인생의 스승

(1) 다양한 체험을 해 본 사람이 인생의 스승입니다

타향에 나가 생활한 사람, 여러 가지 직업을 가졌던 사람, 많은 사람들을 대했던 사람, 여행을 많이 한 사람, 책을 많이 읽은 사람은 세상을 많이 알고 인생을 깊이 압니다. 그래서 그런 사람은 인생의 스승이 됩니다. 또한 고생을 많이 해 본 사람이 인생의 스승입니다. 집안에서도 부모님 모시는 며느리가 제일 큰 발언권을 가져야 합니다. 가끔 찾아가서 용돈이나 드린다고 효도라고 생각할 일이 아닙니다. 직접 몸으로 모시는 사람이 가장 고생을 많이 하게 마련입니다.

(2) 어디 가서도 살아갈 수 있는 사람이 인생의 스승입니다

온실에서 키운 화초는 비바람 부는 추운 들판에서 살아남지 못합니다. 저는 농촌에서 자라고 중학생 때는 거름도 지어 나르고 돼지우리도 치우고 했습니다만, 15세 이후로 도시에서 살아서 이제는 전원생활이 불가능하게 여겨집니다. 그리고 평생 교사와 교수가 직업이었기 때문에 육체노동이나 다른 직종의 업무는 할 수가 없습니다. 그나마 타향살이, 타국생활로 정신무장이 돼 있기 때문에 웬만큼 생존능력이 있습니다만, 고생을 모르고 평생 살아가는 사람들은 온실에서만 생존할 수 있는 약한 사람들입니다. 고통과 다양한 삶의 체험을 통해서 수양을 쌓은 사람, 독서와 수련을 통해 마음 비우기가 충분히 준비된 사람은 어디를 가도 자기의 역할을 찾아서 살아가게 됩니다. 자기 역할을 할 수 있기 때문에 다른 사람들과 더불어 살아갈 수 있고, 동료들이나 다음 세대에게 스승으로 자리 잡게 됩니다.

(3) 삶과 죽음을 초탈한 사람이 인생의 최고 스승입니다

언제 죽어도 여한이 없는 사람이 인생의 스승입니다. 성공했다고 자랑하며 목에 힘주는 사람, 병이 났다고 완전히 풀이 죽어 우울해 하는 사람은 인생의 스승이 될 수 없습니다. 삶을 유지하고 질적인 삶을 추구하고 이웃과 사회에 공헌하려는 노력을 기울이는 것은 성실한 인생의 길을 걸어가는 것입니다. 그런데 그것이 출세와 명예를 위한 수단에 불과하다면 그런 사람은 아무리 많은 성과를 자랑해도 인생의 스승은 될 수 없습니다. 오히려 반면교사일 뿐입니다. 사람은 누구나 죽음을 맞이합니다. 자연이 준 수명을 다하고 죽는 사람은 천수를 누린다고 말합니다. 그러나 그래봐야 100년 안팎입니다. 죽음은 인생의 마지막 과정이고, 자연의 흐름입니다. 그러므로 당연히 수용하고 받아들여야 합니다. 물론 사고를 당하거나 질병에 걸려서 일찍 세상을 떠나는 일은 피해야 할 불행입니다. 그러나 자연 수명을 연장해 보겠다고 명약을 찾거나 특별한 수련을 쌓으려 하는 것은 모두 부질없는 욕심일 뿐입니다. 삶과 죽음에 얽매이지 않고, 자연의 순리를 받아들이는 자세를 갖는 사람은 삶과 죽음을 초탈하게 되고, 그런 사람은 인생의 최고 스승이 됩니다.

7. 죽음을 극복하기

(1) 타나톨로지: 죽음에 대한 연구

타나톨로지는 죽음학입니다. 살기도 바쁜데, 무슨 죽음 연구가 다 있느냐고 생각할지 모릅니다만, 죽음에 대한 연구는 의학적으로 필요합니다. 신체의 모든 기관이 기능을 멈춘 상태를 죽음으로 여긴다면, 더 이상 소생할 가능성이 없는 사람도 오랫동안 병실에서 간호를 해야 합니다. 그러나 뇌의 기능이 멈춘 상태를 죽음으로 인정한다면 건강한 장기를 다른 환자에게 이식할 수 있습니다. 죽음은 심리학의 연구대상이기도 합니다. 사람들은 왜 죽음을 두려워하는지, 죽음을 앞둔 사람들은 어떤 심리적 변화를 일으키는지, 인생에 대한 부정적인 생각을 품는 사람들의 심리상태가 육체적, 정신적 질병을 일으키는 확률은 얼마나 되는지 등등 많은 주제들을 연구하게 됩니다. 죽음은 교육학적으로도 연구가 필요한 대상입니다. 연예인들의 자살은 일반 시민들의 모방 자살로 이어집니다. 특히 청소년들의 자살은 아주 예민하고 또 심각한 문제입니다. 그 원인은 무엇이고, 극복을 위해서는 어떤 교육과 상담이 필요한지 연구해야 합니다.

(2) 죽음은 삶의 핵심이고, 철학의 중심입니다

죽음은 삶의 한 부분입니다. 그리고 핵심적인 부분입니다. 죽음을 외면하고 잊고 사느냐, 죽음을 고려하며 삶의 의미를 정리하느냐에 따라 사람들의 태도와 철학은 상당히 달라집니다. 죽음은 다른 사람과 함께할 수 없는 나만의 고독한 것입니다. 그래서 죽음을 생각하면 자신의 주체와 정체성을 정립하게 됩니다. 죽음을 생각하면, 생활 속에서 염려하는 많은 일들이 부질없고 불필요한 것임을 확인하게 됩니다. 그래서 죽음이라는 거울 앞에 서면서 우리는 인간 본연의 자세를 가다듬게 됩니다. 이러한 사실을 발견한 철학이 실존철학입니다. 그래서 실존철학에서는 죽음, 불안, 한계상황 등이 핵심적인 요소가 됩니다. 이성의 힘을 자랑하던 인류는 전쟁과 살육을 경험하면서 스스로의 한계를 인정하기 시작했고, 죽을 수밖에 없는 존재, 한계를 가진 존재인 인간의 실존을 새롭게 정립하게 된 것입니다.

(3) 우리 아버지가 남기신 글

우리 아버지는 전형적인 가부장으로 평생을 살아오셨습니다. 그러다가 어머니가 당뇨로 고생하시면서 아버지는 병간호를 도맡아 하셨고, 가사노동을 전담하시게 됐습니다. 가사노동을 전담하신 3년 동안에 아버지는 홀로서기가 가능해지셨고, 어머니가 돌아가신 후 10년 동안 시골에서 혼자서 건강하게 사시다가 돌아가셨습니다. 우리 아버지는 교사 생활을 하신 경험이 있고, 혼자서 깊은 신앙생활을 하셨습니다. 92세에 1개월 여 병원에 계시다가 돌아가신 아버지는 일기장에 다음과 같은 말들을 써 놓으셨습니다. "고통은 죽음에 필수적이다. 고통 때문에 세상을 등지게 된다." "하나님이 내 병을 고쳐주지 않더라도, 나는 그분을 믿는다. 신앙은 우주와 인류의 넓은 토대 위에 세워야 된다." 건강하게 천수를 누리신 분이 죽음을 앞두고 고통과 질병에 대해 이렇게 글을 쓰는 것은 명상록을 쓴 몽테뉴만큼이나 깊은 사색을 하셨다는 증거 같습니다.

8. 인류의 미래를 생각하며

(1) 시간에 대하여

시간은 아주 긴 시간도 있고, 아주 짧은 시간도 있습니다. 우리는 평소에 일정한 한계 내에서만 시간을 생각하며 삽니다. 그리고 물리적으로 똑같은 시간이라도 길게 느껴지는 때가 있고, 아주 짧게 느껴지는 때가 있습니다. 지루하면 길게 느껴지고, 재미있으면 짧게 느껴지지요. 우리는 시간이 중요하고, 허비할 시간이 별로 없다는 생각을 하면서 살아갑니다. 그래서 "시간은 금"이라고 표현하기도 합니다. 특히 젊은 나이에 시간을 아껴서 열심히 살지 않는 사람들을 보면 안타까워 잔소리를 하게 됩니다. 그런데 60년 이상 인생을 살다 보니 과연 시간이 그렇게 중요할까, 1-2년 정도 좀 쉬면서 보내는 것이 전체 인생에서는 별로 큰 손실이 아닌 것도 같다는 생각이 들기도 합니다. 대학생들이 부지런히 공부를 마치고 취직하고 결혼하는 것이 중요하다고 생각했는데, 지나면서 다시 생각하니 학생 때 1-2년 쉬면서 아르바이트나 인턴쉽 또는 어학연수와 해외여행 같은 경험을 쌓는 것이 더 유익한 경우도 있을 것 같습니다.

(2) 100년과 1만 년의 차이

100년 전을 생각해 보면 정말 옛날입니다. 교회에서는 한가운데에 광목이 쳐져 있고, 한쪽은 남자석 다른 쪽은 여자석이었습니다. 작은 도시들은 말할 것도 없고, 서울의 경우도 100년 전에는 시골 같았지요. 10년 전의 기술이 지금 얼마나 쓸모없는 기술이 돼 있는지 생각하면 100년 후 과학이 어디까지 발달할 것인지 상상하기도 힘듭니다. 그런데 1,000년은 얼마나 길까요? 그런데 우리의 역사는 5,000년이잖아요? 그 기간이 얼마나 긴 시간이었는지, 역사를 자세히 거슬러 올라가다 보면 정말 길고 긴 시간이었습니다. 그러나 다시 정말 긴 시간들과 비교해 보면 그건 너무도 짧은 시간이지요. 인류의 역사는 기껏해야 10,000년이겠죠? 그런데 지구의 나이는 얼마나 될까요?

(3) 지구의 나이와 인류의 미래

지구의 나이는 46억 년입니다. 1만 년의 열 배면 10만 년, 백 배면 100만 년, 천 배면 1,000만 년, 만 배라야 1억 년인데요. 그러니까 지구의 나이는 인류역사의 46만 배나 더 오래됐다는 얘기입니다. 그리고 지구가 앞으로 살아남아 있을 기간도 그만큼 더 된다고 합니다. 아직도 46억 년을 더 산다는 거지요. 그렇다면 인류의 미래도 그만큼 길다는 얘기가 되겠지요? 그런데 정말 그런가요? 아닙니다. 인류는 앞으로 얼마나 더 현재의 문명을 유지할 수 있을지 과학자들조차도 아무런 장담을 못합니다. 앞으로 25년 후면 석유자원이 고갈됩니다. 기름 없이 우리의 생활이 가능한가요? 아닙니다. 핵융합기술을 개발해서 에너지문제를 해결하지 못하면 인류에게는 에너지 대 재앙이 닥쳐옵니다. 에너지 말고도 기후의 변화 때문에 위기가 닥쳐오고 있습니다. 공룡을 멸종시킨 운석 충돌 같은 사건이 언제 다시 나타날지도 모른답니다. 이런저런 재앙의 위험 속에서 인류는 몇 백 년을 버틸지, 몇 천 년을 버틸지 모릅니다. 우리는 가능한 한 인류가 현재와 같은 문명 사회를 오래 지속해 나가기를 기원할 뿐입니다.

9. 나오는 말 — 누구나 인생의 스승이 될 수 있습니다

위에 말한 내용들을 간추려 보면 우리는 다음과 같은 사람이 인생의 스승이 될 수 있다고 말할 수 있습니다. 그리고 누구나 그런 사람이 될 수 있기 때문에 누구나 인생의 스승이 될 수 있는 것입니다. 아래 10가지 중에 나에게는 몇 가지가 해당되는지 생각해 봅시다. 그리고 내가 더 채워나갈 수 있는 내용은 어떤 것들인지 생각해 봅시다.

1. 착한 사람
2. 경험이 많은 사람
3. 고생을 경험한 사람
4. 인생을 돌아보며 사는 사람
5. 성실하게 사는 사람
6. 죽음을 극복한 사람
7. 인류의 평화를 위해 기도하는 사람

8. 후 세대에게 좋은 환경을 남겨 주는 사람
9. 떳떳한 인생을 사는 사람
10. 자신과 인류와 자연을 존중하는 사람

참고문헌

강건기, 『불교와의 만남 — 쉽고 재미있는 붓다의 가르침』, 불지사, 1993.

강돈구, 보편적 해석학의기초로서의 언어와 사유. In: 한국철학회, 「철학」, 1985, 가을호.

강상구, 『신자유주의의 역사와 진실』, 문화과학사, 2000.

강원돈, 「민중신학의 유토피아 구상과 신자유주의 비판」, 『신학과 사회』, 제12집, 1998.

강인철, 「'사회문제' 로서 한국종교 — 영향력과 공신력의 변증법」, 『종교문화연구』, 제3호, 한신인문학연구소, 2001.

경향신문사, 「조계종 쇄신, 이 기회 놓치면 희망 없다」, 도법 스님 인터뷰, 2012. 5. 18.

경향신문사, 2012. 5. 10.

고입담당자협의회 회의자료, 2008.

곽재석 외 6인, 「주요국 초중등 교육개혁 사례분석과 한국적 시사점」, 한국교육개발원, 2005년 12월.

교육과학기술부, 「대통령 업무보고자료」, 2008. 3. 20.

교육과학기술부, 교육통계 자료, 2008년 졸업 상황 외 다수 2008 미국 교육여건(Condition of Education 2008) 자율학교 운영 현황.
국토통일원, 『한민족공동체 통일방안의 이론적 기초와 정책방향』, 국토통일원, 1990.
권용혁 외, 『공동체란 무엇인가?』, 이학사, 2002.
김광식, 『민족불교의 이상과 현실』, 도피안사, 2007.
김교빈, 「동아시아 근대 민중운동에 나타난 유토피아사상」, 『시대와 철학』, 1999, 봄호.
김녕, 「기독교의 이데올로기 관련성과 정치이데올로기적 역할」, 『현상과 인식』, 한국인문사회과학회, 2009, 겨울호.
김대환, 「참여의 철학과 참여민주주의」, 참여사회연구소(편), 『참여민주주의와 한국 사회』, 창비, 1997.
김두식, 『교회속의 세상, 세상속의 교회』, 홍성사, 2010.
김만흠, 『한국 사회 지역갈등 연구-영호남 문제를 중심으로』, 1987.
김방룡, 「해방후 한국불교의 분열과 신생종단 성립 과정」, 『종교 문화연구』, 제3호, 2001, 288쪽
김방룡, 「환경 · 생태 · 배아복제 · 페미니즘에 대한 불교적 담론에 대하여」, 『범한철학』 제48집, 2008, 봄호.
김병국, 「반유교적 유교정치 : 한국정치 담론의 모순」, 전통과 현대』, 1997(창간호).
김비환, 「현대 자유주의-공동체주의 논쟁의 정치적 성격에 관한 고찰」, 『철학연구』, 제45집, 1999, 여름호.
김상곤, 「새로운 세기 한국 사회운동의 발전조건과 과제」, 『연대와 성찰: 사회포럼 2002』.
김상득, 『윤리가 살아야 교회가 산다』, 에클레시안, 2007.
김상봉, 「철학적 과제로서의 남북통일」, 『2007 범한철학회 학술대회보』, 전주,

2007.
김성구, 『경제위기와 신자유주의』, 문화과학사, 1998.
김세균 외, 『자본의 세계화와 신자유주의』, 문화과학사, 1998.
김순석, 『백년 동안 한국불교에 어떤 일이 있었을까?』, 운주사, 2009.
김영란, "우리 교육 정책의 참을 수 없는 가벼움에 대하여", 『열린전북』, 2008, 4월호.
김영명, 『동아시아 발전모델의 재검토 — 한국과 일본』, 1996.
김영한, 임지현(편), 『서양의 지적 운동』, 지식산업사, 1994.
김우창, 「세계화 시대의 개혁과 인간」, 『비평 02』, 생각의나무, 2000.
김윤성 · 신재식 · 장대익, 『종교전쟁』, 사이언스북스, .
김의수, "Anthropologie und Hermeneutik. -Die Explikation einer Fragestellung W. Diltheys in den Schriften von G. Misch, H. Plessner und O. F. Bollnow-", 보쿰 루어대학교(RUB), 박사, 1985.
김의수, 「5 · 18정신과 사회통합의 길」, 『열린전북』, 2000, 6월호.
김의수, 「문화 다원주의와 21세기 인류의 철학적 지향」, 『시대와 철학』, 1999.
김의수, 「민족주의의 양면성과 한민족 공동체」, 『시대와 철학』, 한국철학사상연구회, 2002.
김의수, 「신문명을 창조해야 한다」, 『지역사회연구』, 제16권, 제2호, 한국지역사회학회, 2008.
김의수, 「한국 대학정책 시스템의 개혁」, 『국교협토론회자료집』, 1999. 11.
김의수, 「한국 사회와 공동체」, 『세계화와 자아 정체성-사회와 철학 1』, 2001.
김의수, 「한국 사회와 종교」, 『열린전북』, 2010, 1월호.
김의수, 「한국인의 종교생활 1」, 『동서철학연구』, 제56호, 2010.
김의수, 「한국인의 희망철학」, 『호남사회연구』, 1998.
김의수, 『현실과 철학 사이』, 동녘, 1997.

김재현, 『한국 사회철학의 수용과 전개』, 동녘, 2002.

김재현, 한석태, 「민족공동체 개념에 대한 연구」, 『한국과 국제정치』, 제16권, 제1호, 2000.

김종서, 『서양인의 한국종교 연구』, 서울대학교출판부, 2008.

김종성, 「옥천인재숙, 해법은 없는가?」, 『열린전북』, 2008, 1월호.

김종인, 「한국불교 현실에 대한 성철의 대응과 돈오돈수」, 조성택 편, 『퇴옹 성철의 깨달음과 수행』, 예문서원, 2006.

김종철, 최장집 외, 『지역감정 연구』, 1991.

김진, 『그리스도인과 함께 나누고 싶은 이야기』, 생명의말씀사, 2006.

김진, 『그리스도인은 인간을 어떻게 이해해야 하는가』, 생명의말씀사, 2006.

김항섭, 「신자유주의 이데올로기와 유토피아」, 『신학과 사회』, 제12집, 1998.

김형기, 「지방분권의 정치경제학: 대안적 발전을 위하여」, 『지방자치 10년 — 평가와 전망』, 한국지역사회학회 학술대회 자료집, 2002.

김호기, 「문화의 세계화: 이론과 현실」, 『신인문』, 1997(창간호).

남영신, 『지역패권주의 한국』, 1992.

노엄 촘스키, 『507년, 정복은 계속된다』, 오애리 옮김, 이후, 2000.

노치준, 『한국개신교 사회학』, 한울, 1998.

대구사회연구소, 『21세기 국가발전과 동서화합』, 1998.

데일리 서프라이즈, 「개판치는 목사가 왜 이리 많은가?」, 고은광순 , 2006. 03. 22.

도정일 · 이와사키, 「시장 전체주의와 대학 개혁」, 『당대비평 11』, 2000, 여름호.

도진순, 『한국민족주의와 남북관계』, 1997.

동국대학교 불교문화연구원, 『동아시아 불교의 근대적 변용』, 동국대출판부, 2010.

두순 외, 『독일의 경제정책』, 서울시립대학교출판부, 1994.

로널드 L. 넘버스, 『과학과 종교는 적인가 동지인가』, 김정은, 뜨인돌, 2010.
류대영, 『한국 근현대사와 기독교』, 푸른역사, 2009.
류성민, 「한국종교 문화의 현황과 특징」, 『종교문화연구』, 제3호, 한신인문학연구소, 2001.
르몽드 디플로마티크, 「2008 미국 교육여건」, 2008, 10월호.
마틴, 슈만, 『세계화와 신자유주의 비판을 위하여』, 공감, 1997.
머니투데이, 2012. 5. 9.
메시모 드 안젤리스 외, 『신자유주의와 세계 민중운동』, 전태일연구소 옮김, 한울, 1998.
민족통일연구원, 『통일이념으로서의 민족주의』, 통일연구원, 1993.
밀턴 프리드먼, 『자유시장과 작은 정부』, 안재욱 · 이은영 옮김, 나남출판사, 1994.
박광서, 「참여불교운동의 방향과 전망」, 대한불교 청년회 청년지도력개발교육 강의, 2000. 12. 24.
박병섭, 「C. Taylor의 근현대성 비판-자아 정체성의 서사를 중심으로」, 전북대 대학원, 박사, 2005.
박병섭, 「찰스 테일러의 현대 진단 — 민주제적 포섭과 배제의 동학」, 『과학기술 시대의 철학 — 사회와 철학 7』, 이학사, 2004.
박성호, 「교육관료: 마피아가 장악한 대학」, 『당대비평 11』, 2000, 여름호.
박일영, 「해방후 반세기의 한국 무교 연구사」, 한국종교학회, 『한국종교연구사』, 창, 1998.
박정순, 「공동체주의적 사회비판의 가능성 — 마이클 왈처의 논의를 중심으로」, 『범한철학』, 제30집, 2003.
박정순, 「왈처 교수와 특별대담: "테러와의 전쟁"과 "정의로운 전쟁", 그리고 미국 좌파의 향방」, 중앙일보, 2002. 9. 11.

박정순, 「자유주의의 건재」, 『철학연구』, 제45집, 1999, 여름호.

박정신, 『한국 기독교 읽기』, 다락방, 2004.

박호성(편), 『사회민주주의와 민주사회주의』, 청람, 1991.

박호성, 『남북한 민족주의 비교연구』, 1997.

박호성, 『사회주의와 민족주의』, 까치, 1989.

백낙청(편역), 『민족주의란 무엇인가』, 창비, 1981.

백낙청, 『분단 체제 변혁의 공부길』, 창비, 1994.

백낙청, 『흔들리는 분단 체제』, 창비, 1998.

백영서 외, 「20세기의 실험, 국민국가의 명암」, 『창작과 비평 106』, 1999, 겨울호.

백훈승, "Selbstidentitaet und Anerkennung bei Hegel und Ch. Taylor", 제 26회 국제헤겔학회(26. Internationaler Hegel-Kongress, 2006, 폴란드) 발표 논문.

법륜, 『붓다, 나를 흔들다』, 샨티, 2005.

빌프리트 뢰리히 , 『종교근본주의와 종교분쟁』, 이혁배 옮김, 바이북스, 2007.

성경륭, 「전환기의 문명충돌과 민족갈등」, 『신인문』, 1997(창간호).

손호철, 「이인제 망령에 발목 잡힌 신자유주의?」, 『진보평론 4』, 2000, 여름호.

손호철, 『신자유주의 시대의 한국정치』. 푸른숲, 1999.

송기도 외, 『열린전북』, 1999, 6-9월호.

송두율, 『21세기와의 대화』,한겨레신문사, 1998.

송두율, 『민족은 사라지지 않는다』, 한겨레신문사, 2000.

송영배, 「세계화 시대의 유교적 윤리관의 의미」, 『철학』, 한국철학회, 2000.

스테판 물홀 · 애덤 스위프트, 『자유주의와 공동체주의』, 김해성 외 옮김, 한울, 2001.

스티븐 제인 굴드, 『새로운 천년에 대한 질문』, 김종갑 옮김, 생각의나무, 1998.

신용하, 「두레공동체와 농악의 사회사」, 『한국 사회연구』, 제2집, 1984.

신은희, 「무교와 기독교 영(靈) 개념의 비교 종교 철학적 대화」, 『한국무속학』 제9호, 한국무속학회, 2005.

신정일 외, 『전주정신이란 무엇인가』, 전라문화연구소, 2000.

심미혜, 『미국 교육과 아메리칸 커피』, 솔, 2001.

심재관, 『탈식민시대 우리의 불교학』, 책세상, 2001.

알랭 드 보통, 『무신론자를 위한 종교』, 박중서 옮김, 청미래, 2011.

알렉산더 샨드, 『자유시장의 도덕성』, 이상호 옮김, 문예출판사, 1996.

앤서니 기든스, 『제3의 길』, 박찬욱 · 한상진 역, 생각의나무, 1998.

에릭 홉스봄, 『새로운 세기와의 대화』, 강주헌 옮김, 끌리오, 2000.

연합뉴스, 2001. 11. 24./2002. 3. 19./2002. 5. 9.

오강남, 『불교, 이웃종교로 만나다』, 현암사, 2006.

오강남, 『예수는 없다』, 현암사, 2001.

유석춘, 「유교자본주의의 가능성과 한계」, 『전통과 현대』, 1997(창간호).

유승무, 「현대 한국불교 개혁운동의 흐름과 그 특징」, 『불교평론』, 4호, 2000, 9월호.

윤건차, 『현대한국의 사상흐름』, 당대, 2000.

윤선구, 「제3의 길: 신자유주의에 대한 한국적 대응의 모색」, 『당대비평 06』, 1999, 봄호.

윤소영, 『신자유주의적 금융세계화와 워싱턴 콘센서스』, 공감, 1999.

윤이흠, 『한국종교연구 1』, 집문당, 1986.

이도흠, 「기복성과 주술성-1」, 법보신문, 발행호수: 1121호/발행일 : 2011-11-16

이도흠, 「기복성과 주술성-4」, 법보신문 발행호수: 1124호/발행일 : 2011-12-07

이도흠, 「기복성과 주술성-6」, 법보신문, 발행호수: 1126호/발행일 : 2011-12-21

이매뉴얼 월러스틴, 『사회과학으로부터의 탈피』, 성백용 옮김, 창비, 1994.

이병천, 「글로벌 신자유주의에 맞선 대구라운드」, 『창착과 비평 106』, 1999, 겨울호.
이병휴,「지역갈등의 역사」,『지역감정연구』, 학민사, 1991.
이승환,「누가 감히 '전통'을 욕되게 하는가?」,『전통과 현대』, 1997(창간호).
이승환,「한국에서 자유주의-공동체주의 논의는 적실한가?」,『철학연구』, 제45집, 1999, 여름호.
이승환 · 김형철,「의리와 정의」, 철학연구회,『윤리질서의 융합』, 1996.
이용범,「무속을 보는 눈」, 한국종교연구회,『종교다시읽기』, 청년사, 1999.
이원규,「종교적 확산과 문화 갈등: 기독교 선교의 문제를 중심으로」,『현상과 인식』, 한국인문사회과학회, 2008, 봄/여름호.
이원규,『한국교회 무엇이 문제인가』, 감신대출판부, 1998.
이종오,「분단과 통일을 다시 생각해 보며」,『창작과 비평』, 1993, 여름호.
이종진 외,「축제」,『문화저널』, 2000, 6월호.
이지현 편,『개인, 공동체, 교육 II — 자유주의, 공동체주의, 사회주의』, 1997.
이진우,「자유의 한계 그리고 공동체주의」,『철학연구』, 제45집, 1999, 여름호.
이진우,「칼 오토 아펠 교수 특별대담」,『철학과 현실』, 1998, 겨울호.
이찬근,「세계화 시대의 우리경제」,『당대비평 06』, 1999, 봄호.
이충한,「자유주의-공동체주의 논쟁에 대한 연구 — 찰스 테일러의 문제 의식과 그 의의」, 전북대대학원, 석사, 2005.
이희정,「현대 한국인의 삶에서 무(巫) 신앙의 의미」,『종교연구』, 제24호, 한국종교학회, 2001, 가을호.
임지현 외,『우리 안의 파시즘』, 삼인, 2000.
임지현,『민족주의는 반역이다』, 소나무, 1999.
임혁백,『시장 · 국가 · 민주주의』, 나남, 1997.
잔트퀼러, H. J.,「인간의 존엄성과 근대국가의 정당화, 그리고 광주 민주항쟁의 보편적 의의」,『5 · 18 기념 심포지엄 자료집』, 1999.

장 로블랭 외,『세계화와 신자유주의 비판을 위하여』, 공감, 1997.

장은주,「인권과 민주적 연대성 — 유가 전통과 자유주의-공동체주의 논쟁」,『시대와 철학』, 제13권, 1호, 2002.

장정태,「한국 불교와 민간 신앙의 習合關係 연구 — 삼국유사를 중심으로」, 동국대학교, 박사학위 논문, 2011.

전남사회연구회,『국가발전과 지역사회 개혁』, 1999.

전명수,「현대 사회에서의 종교 윤리의 역할과 과제 — 한국의 부정부패를 중심으로」,『한국학연구』, 제30호, 고려대한국학연구소, 2009.

전북대 철학과,『제9회 인문학 공개세미나 자료집』, 2009.

정대화,「2002년 권력교체기의 상황인식과 쟁점」,『연대와 성찰: 사회포럼 2002』.

정용섭,『설교와 선동 사이에서』, 대한기독교서회, 2007.

정용섭,『설교의 절망과 희망』, 대한기독교서회, 2008.

정용섭,『속빈 설교 꽉찬 설교』, 대한기독교서회, 2006.

정현백,「민족주의, 국가 그리고 페미니즘」,『열린지성 10호』, 2001년, 가을/겨울호.

제성호,「남북한 통일방안 비교」,『민족공동체 통일방안의 이론 체계와 실천방안』, 민족통일연구원, 1994.

조대엽,「시민정치운동의 확대와 불교시민운동의 전망」,『불교평론』, 1호, 1999, 12월호.

조민,「민족공동체 형성 방안을 통한 통일과정」,『민족공동체 통일방안의 이론 체계와 실천방향』, 민족통일연구원, 1994.

조민,『한국민족주의 연구』, 민족통일연구원, 1994.

조반니 아리기 외,『발전주의 비판에서 신자유주의 비판으로』, 공감, 1998.

조성택(편),『퇴옹 성철의 깨달음과 수행 — 성철의 선사상과 불교사적 위치』,

예문서원, 2006.
조성택, 「근대한국불교사 기술의 문제: 민족주의적 역사 기술에 관한 비판」, 고려대학교 민족문화연구원, 『민족문화연구』, 53호, 2010.
조흥윤, 『무』(巫), 민족사, 1997.
조흥윤, 『한국 무의 세계』, 한국학술정보(주), 2004.
조흥윤, 『한국종교의 비리와 제도적 개혁』, 한국학술정보(주), 2002.
조희연, 『한국의 국가 · 민주주의 · 정치변동』, 당대, 1998.
차기벽, 『민족주의원론』, 한길사, 1990.
찰스 테일러, 『불안한 현대사회』, 송영배 옮김, 이학사, 2001.
찰스 테일러, 『세속화와 현대문명』, 김선욱 외 옮김, 철학과현실사, 2003.
찰스 테일러, 『헤겔철학과 현대의 위기』, 박찬국 옮김, 서광사, 1988.
초의수, 「지역균형발전정책의 현실과 법 제정방향」, 『지방자치 10년 — 평가와 전망』, 한국지역사회학회 학술대회 자료집, 2002.
최완규, 「Icarus의 비운: 김영삼 정부의 대북정책 실패 요인 분석」, 『한국과 국제정치』, 29호, 1998.
최장집, 『한국민주주의의 조건과 전망』, 나남, 1996.
최준식, 「한국 사회의 종교」, 『한국문화와 한국인』, 1998.
최준식, 『한국의 종교, 문화로 읽는다 1』, 사계절, 2005.
충남여성정책개발원 사회복지팀, 『자살의 현황, 원인 및 대책』, 2008.
충청남도 교육청, 『2008 주요업무계획』.
충청남도 당진교육청, 『2008년 주요업무계획』.
카를 만하임, 『이데올로기와 유토피아』, 황성모 옮김, 삼성출판사, 1990.
캘리니코스, 「신자유주의라는 야만을 넘어서」, 정성진 옮김, 『창착과 비평 106』, 1999, 겨울호.
탁효정, 「배아줄기세포 연구는 반불교적」, 법보신문, 발행호수: 854호/발행일:

2006-05-03.

탁효정, 「불교계 '황 박사 연구비 600억 출연」, 법보신문, 발행호수: 853호/발행일: 2006-05-10.

테리 이글턴, 『신을 옹호하다 — 마르크스주의자의 무신론 비판』, 강주헌 옮김, 모멘토, 2009.

통계청, 2008년 사회통계조사(교육, 안전, 환경 부문) 교육통계, 사교육비 조사.

통일연구원, 『통일연구원 10년사』, 통일연구원, 2001.

한겨레신문사, 2002. 4. 22./2002. 4. 28./2002. 4. 30./2002. 5. 1/2002. 5. 2./2002. 5. 5-8.

한겨레신문사, 2012. 5. 10.

한경구, 「문화상대주의」, 『신인문』, 1997(창간호).

한국 서양사학회, 『서양에서의 민족과 민족주의』, 까치, 1999.

한국교육학회 고교체재개편연구팀, 「자율형 사립고등학교의 추진 방안 및 과제」, 2008.

한국사회학회, 『한국의 지역주의와 지역갈등』, 1990.

한국일보, 2012. 6. 28.

한국정치연구회, 『동아시아 발전모델은 실패했는가』, 1998.

한국종교연구회, 『종교다시읽기』, 청년사, 1999.

한국종교학회, 『한국종교연구사』, 창, 1997.

한정숙, 「문명과 문명론 — 헌팅턴의 문명충돌론 비판을 위한 시론」, 『신인문』, 1997(창간호).

현각, 『만행 하버드에서 화계사까지 1, 2』, 열림원, 1999.

홍윤기, 「다극적 현대성 맥락 속의 미완의 파시즘과 미성숙 시민사회 — 박정희 신격화 담론에 내재된 파시스트적 현대성 담론의 비판적 고찰」, 『한국 사회와 모더니티』, 이학사, 2001.

황경식, 「왜 자유주의와 공동체주의인가?」, 『철학연구』, 제45집, 1999, 여름호.

황경식, 「자유주의와 공동체주의」, 『사회철학대계 2』, 1993.

황경식, 『시민 공동체를 향하여 — 근대성, 그 한국 사회적 함축』, 민음사, 1997.

후쿠다 세이지, 『핀란드 교육의 성공』, 나성은 · 공영태 옮김, 북스힐, 2008.

Abendroth, Wolfgang, *Aufstieg und Krise der deutschen Sozialdemokratie*, Koeln, 1978.

Acham, Karl, "Historismus-Multikulturalismus-Kommunitarismus", In: Scholz, Gunter,(Hg.)(1997), *Historismus am Ende des 20. Jahrhunderts*, Berlin, 1997.

Albrow, Martin, *Abschied vom Nationalstaat*, Frankfurt/ M., 1998.

Altvater, Elmar/Mahnkopf, Birgit, *Grenzen der Globalisierung*, Muenster, 1997.

Anderson, Benedict, *Imagined Communities: Reflections on the Origins and Spread of Nationalism*, Verso, 1983, 1991.

Anthony Gddens/Ulrich Beck/S. Lasch(1994), *Reflixive Modernization*, Stanford, 번역본: 『성찰적 근대화』, 임현진, 정일준 옮김, 한울, 1998.

Apel, K.-O., *Transformation der Philosphie*, II, Ffm., 1973.

Arblaster, Anthony, *Democracy*, Open University Press, 1987, 1994, 번역본: 『민주주의의 이념과 역사』, 이중호 옮김, 신아출판사, 1998.

Avineri, Shlomo/de-Shalit, Avner, *Communitarianism and Individualism*, Oxford UP, 1992.

Barber, Benjamin, *Strong Democracy*, Berkeley, 1984.

Beck, Ulrich(Hg.), *Perspektiven der Weltgesellschaft*, Frankfurt/M., 1998.

Beck, Ulrich(Hg.), *Politik der Globalisierung*, Frankfurt/M. 1998.

Beck, Ulrich, *Die Erfindung des Politischen*, Frankfurt/M., 1993, 번역본: 『정치의 재발견』, 문순홍 옮김, 거름, 1998.

Beck, Ulrich, *Was ist Globalisierung*, Frankfurt/M.(Hg.)(1998), Politik der Globalisierung, Frankfurt/M. (Hg.)(1998), Perspektiven der Weltgesellschaft, Frankfurt/M., 1997

Bellah, Robert et al., *Habits of the Heart*, Berkeley, 1985.

Berger, Peter L.(Hg.), *Die Grenzen der Gemeinschaft-Konflikt und Vermitlung in pluralistischen Gesellschaften*, Guetersloh, 1997.

Berger, Peter L., *Die Grenzen der Gemeinschaft*, Guetersloh, 1997.

Bickel, Cornelius, "'Gemeinschaft' als kritischer Begriff bei Toennies", In: Carsten Schluter/Lars Clausen, *Renaissance der Gemeinschaft?*, Berlin, 1990.

Bloch, Ernst, *Das Prinzip Hoffnung*, Fft/M, 1959.

Bloch, Ernst, *Geist der Utopie*, Fft/Leibzio, 1918.

Bloom, Allen, *The Closing of the Amercan Mind: How Higher Education Has Failed Democracy and Impoverished the Souls of Today's Students*, New York, 1987.

Bobbio, Norberto, *Liberalism and Democracy*, London: Verso, 1990, 번역본: 『자유주의와 민주주의』, 황주홍 옮김, 문학과지성사, 1992.

Bollnow, O. F., "*Festrede zu* W. Diltheys 150. Geburtstag". In:*Dilthey-Jahrbuch fuer Philosophie und Geshcichte der Geisteswisswnschaften* 2(1984).

Bollnow, O. F., "Zur Frage nach der Objektivitat der Geisteswissenschaften". In: *Zeitschrift fur die gesamte Staatswisseuschaft* 97(1937).

Boxberger, G./Klimenta, Harald, *Die 10 Globalisierungsluegen*, Muenchen, 1998.

Brunkhorst, H./Kettner, M.(Hr.), *Globalisierung und Demokratie*, Fft, 2000.

Buhr, M./Klimenta, G., *Philosophisches Woererbuch Bd.2*, Berlin, 1975.

Chamberlain, Houston Stewart, *Die Grundlagen des Neunzehnten Jahrhunderts*, 1899.

Crick, Bernard R., *In Defence of Politics*, 2nd edn, Harmondsworth: Penguin, 1982.

Davis, H. B., *Nationalism & Socialim*, *Monthly Review Press*, New York, 1967.

Diemer, A., *Elementarkurs Philosophie. Hermeneutik*, 1977.

Dilthey, W., *G.S. I*.

Dilthey, W., *G.S. V*.

Dilthey,W., *Das Erlebnis und Dichtung*, Goettingen, 1970[15].

Dithey, W., *G.S. X I X*.

Dunn, John, *Western Political Theory in the Face of the Future*, London: Cambridge University Press, 1979.

Elias, Nobert, *Ueber den Prozess der Ziwilisation*, Frankfurt/M. 1-2, 1939; 1998[22].

Forst, Rainer, "Kommunitarismus und Liberalismus-Stationen einer Debatte", in: Axel Honneth(Hg.), *Kommunitarismus-Eine Debatte ueber die moralische Grundlagen moderner Gesellschaften*, Frankfurt/New York, 1993.

Gddens, Anthony, 『기후변화의 정치학』, 홍욱희 옮김, 에코, 2009.

Gddens, Anthony, *The Third Way*, London, 1998, 번역본: 『제3의 길』, 한상진, 박찬욱 옮김, 생각의나무, 1998.

Gellner, Ernest, *Nationalismus und Moderne*, Berlin, 1991.

Gellner, Ernest, *Nations and Nationalism*, Ithaca/London, 1983

Gellner, Ernest, *Thought and Change*, London, 1964.

Guehenno, Jean-Marie, *La Fin De La Demokratie*, Paris 1993, 번역본: 『민주주의의 종말』, 국제사회문화연구소 옮김, 고려원, 1995.

Habermans, Jurgen, *Die Einbeziehung des Anderen*, FfM 1996, 황태연 역, 『이질성의 포용』, 나남, 2000.

Hobsbawm, Eric J., *Nations and Nationalism since 1780*, N.Y.: The Press of University of Cambridge, 1990, 번역본: 『1780년 이후의 민족과 민족주의』, 강명세 옮김, 창비, 1994.

Hoesle, Vittorio, *Praktische Philosophie in der modernen Welt*, Muenchen, 1995.

Hoffman, John, *Marxism, Revolution and Democracy*, Amsterdam: B. R. Gruner, 1983.

Honneth, Axel(Hg.), *Kommunitarismus — Eine Debatte ueber die moralische Grundlagen moderner Gesellschaften*, Fft. 1993.

Honneth, Axel(Hg.), *Kommunitarismus-Eine Debatte ueber die moralische Grundlagen moderner Gesellschaften*, Frankfurt/New York, 1993.

http://knura.new21.net/index.htm.

Johach, H., *Handelnder Mensch und objectiver Geist*, MaG, 1974

Jonas, Hans, *Das Prinzip Leben*, Fft/M, Leipzig, 1994 .

Jonas, Hans, *Das Prinzip Verantwortung*, Fft/M, 1984.

Kant, Immauel, *Muthmasslicher Anfang der Menschengeschichte*, *Kritik der Urteilskraft*.

Lakoff, Sanford, "Democracy", in ; *Encyclopedia of Nationalism*, Vol. 1, California, 2001.

Lasch, Christopher, "The Communitarian Critique of Liberalism", in: C.H.Reynolds/R.V.Norman(Hg.), *Community in America. The Challenge of Habits of the Heart*, Berkeley, 1988.

Macpherson, C. B., *The Real World of Democracy*, Oxford, Clarenden Press, 1966.

Mann, Thomas, *Betrachtungen eines Unpolitischen*, 1918.

Markovits, Andrei S./Gorski, Philip S., *Gruen schlaegt* Rot, Hamburg, 1997.

Martin, Hans-Peter/Schumann, Harald, *Die Globalisierungsfalle*, Reinbek bei Hamburg, 1996, 번역본: 『세계화의 덫』, 강수돌 옮김, 영림카디널, 1997..

Marx, K./Engels, F., Werke Bd. 4, 20, Berlin, 1972.

Minogue, K. R., *Nationalism*, Basic Books, Inc., Publishers, New York, 1967.

Misch, G., *Lebensphilosophie und Phaenomenologie*, Darmstadt 1967[3].

Misch, G., *Vom Lebens-und Gedankenkreis W. Diltheys*, Ffm., 1947.

Motyl, Alexander J.(ed.), *Encyclopedia of Nationalism*, California, 2001.

Nairn, Tom, *Break-Up of Britain: Crisis and Neo-nationalism*, London, 1977.

OECD 교육자료, Table A1.2a, A1.3a, 교육과학부 홈페이지(http:// blog.edus.or.kr/jcinja/36214.post).

Poggeler, O.(Hrsg.), *Hermeneutische Philosophie*, 1972.

Rawls, John, *Die Idee des politischen Liberalismus*, Aufsaetze 1978-1989, Frankfurt/M., 1992.

Riedel, M., "Diltheys Kritik der begruendenden Vernunft". In: Orth, E. W.(Hrsq.), *Dilthey und Philosophie der Gegenwart*, Freiburg/Munchen 1985, S. 185ff.

Rifkin, Jeremy, *The end of work-the decline of global labor force and the dawn of the post-market era*, New York, 1995, 번역본: 『노동의 종말』, 이영호 옮김, 민음사, 1996.

Rodi, Friedjof, "Kultur und Zivilisation — Versuch einer Neubesinnung auf ein abgewertetes Begriffspaar", in: Baruzzi, Arno/Takeichi, Akihiro(Hg.)(1998), *Ethos des Interkulturellen*, Wuerzburg, 1998.

Ross, Jan, *Die neuen Staatsfeinde*, Berlin, 1998.

Sandkuehler, H.-J., *Europaeische Enzyklopaedie zu Philosophie und Wissenschaften*, Bd. 4, hamburg, 1990.

Schlueter, Carsten/Clausen, Lars, *Renaissance der Gemeinschaft?*, Berlin 1990

Schlueter/Clausen, *Lars, Renaissance der Gemeinschaft?*, Berlin, 1990.

Segal, Robert A., *Mith*, Vol. I-IV, New York, 2007.

Smith, Anthony D., *Nations and Nationalism in a Global Era*, 번역본: 『세계화시대의 민족과 민족주의』, 이재석 옮김, 남지, 1998.

Smith, Anthony D., *Theories of Nationalism*, London: Duckworth, 1971.

Snyder, Louise L., *The New Nationalism*, Cornell University Press, Ithaca, N. Y., 1968.

Spengler, Oswald, *Der Untergang des Abendlandes. Umrisse einer Morphologie der Weltgeschichte*, Muenchen, 1918/20.

Sullivan, William M., *Reconstructing Public Philosophy*, Berkeley, 1982.

Taylor, Charles, *Philosophical Arguments*, Cambridge/London, 1995.

Taylor, Charles, *Sources of the Self: The Making of the Modern Identity*, Cambridge: Harvard University Press, 1989.

Taylor, Charles, *Wieviel Gemeinschaft braucht die Demokratie? Aufsaetze zur politischen Philosophie*, Frankfurt, 2002.

Walzer, Michael, "The Communitarian Critique of Liberalism" *Political Theory*, 1 : pp. 6–23, 1990.

Walzer, Michael, *Interpretation and Social Criticism*, Cambridge, Mass, 1987.

Weidenfeld, W. *Mittel-und Osteuropa auf dem Weg in die Europueische Union*, Guetersloh, 1995.

Wolfgang, Kersting, "Die Liberalismus-Kommunitarismus Kontroverse in der amerikanischen politischen Philosophie", in: *Politisches Jahrbuch*, 1991, Stuttgart, 1992.

찾아보기

ㅊ

ㅎ